Tant que la terre durera
3

Henri Troyat
de l'Académie française

Tant que la terre durera
3

Éditions J'ai lu

*À mon père
et à ma mère*

SIXIÈME PARTIE

1904-1906

(suite)

15

Vers la mi-janvier 1905, eut lieu, à Goursouf, le mariage absolument inattendu d'Olga Varlamoff avec un dénommé colonel Gavriloff, âgé de cinquante ans et amputé d'une jambe. Dès la réception du faire-part, Tania s'était mise en quête de renseignements sur l'identité de Gavriloff. Mais nul, à Moscou, ne connaissait le personnage. On croyait savoir qu'il s'agissait d'un homme calme, doux et borné. Ses états de service étaient médiocres. Il avait contracté sa blessure au cours d'un accident de chemin de fer. Volodia prétendait l'avoir rencontré, une ou deux fois, dans le hall de l'hôtel.

— Une espèce de gros mouton, lourd et respectueux, disait-il. Il tournait autour d'Olga, n'osait pas l'approcher. Elle a voulu se caser, voilà tout. Mais elle aurait pu trouver mieux.

Visiblement, il était vexé de la décision saugrenue de son ancienne maîtresse. Non qu'il eût souhaité renouer avec elle les relations de jadis, mais il lui semblait que le souvenir de leur amour aurait dû l'inciter à un choix plus tardif et mieux réfléchi. Il ne lui aurait pas déplu de la savoir un peu désespérée. Peut-être l'était-elle, d'ailleurs ? Ce mariage pouvait s'interpréter aussi comme une sorte de suicide moral. Volodia résolut de se tenir, pour sa part, à cette version flatteuse. Tout compte fait, il était heureux de se retrouver disponible. Le souvenir de Tania lui prouvait qu'il avait regagné son estime. Un soir, comme ils bavardaient dans le boudoir, en attendant Michel, elle lui demanda :

— Et maintenant, Volodia, à qui le tour ?

— Que voulez-vous dire ?

— Avez-vous une remplaçante pour Olga Varlamoff ?

Volodia haussa les épaules :

— Personne. Elles m'ennuient toutes.

— Êtes-vous donc encore amoureux d'elle ?

— Non.

— Mais vous vous refusez à en aimer une autre...

Volodia écoutait Tania avec fatigue. Son aventure avec Olga Varlamoff l'avait curieusement rassasié des femmes. Au lieu de les désirer, il critiquait mentalement leurs toilettes et le grain de leur peau. Même, il se surprenait à éprouver une véritable répulsion physique à l'idée de coucher avec une inconnue.

Tania l'observait d'une manière immodérée et devinait le cours de ses réflexions. Elle dit, tout à coup :

— Entre nous, que pensez-vous de mon amie, Eugénie Smirnoff ?

— Elle est mignonne, dit Volodia.

— Il me semble qu'au cours du réveillon vous vous êtes fort intéressé à elle.

— Par politesse. Mais sa bêtise est décourageante. Comment un homme tel que Malinoff peut-il s'accommoder d'une semblable dinde ?

— Admettons qu'elle a des mérites cachés, dit Tania.

— Et Jeltoff aussi couche avec elle ?

— Autrefois, peut-être. Mais plus maintenant...

— En tout cas, il faudrait me payer cher pour que je les imite.

— Personne ne vous le demande, mon ami, dit Tania d'un air pincé.

Le soir même, ayant quitté Tania, Volodia se rendit, par désœuvrement, à l'hôtel particulier d'Olga Varlamoff. Les volets étaient clos, les lumières éteintes. La grande maison dormait dans la neige. Volodia éprouva un horrible serrement de cœur. Une envie de pleurer, violente et douce, lui montait à la tête. Il s'enfuit comme un voleur, tourna le coin de la rue, s'adossa à un bec de gaz pour reprendre haleine. Sa vie lui apparaissait déserte et banale soudain. Il médita un instant de partir pour Goursouf ou de se tuer. Puis, il arrêta un *likhatch* et se fit conduire au restaurant *Strélnia*. Là, il loua un cabinet particulier et convoqua le chœur tzigane avec la soliste Hélène Gorkaïa. Malgré leur rupture, elle n'était pas fâchée contre lui et chanta toutes les chansons qu'il voulut. Mais, après que le chœur se fut retiré, elle s'assit près de Volodia et lui demanda de sa voix un peu rauque :

— Alors, si tu reviens me voir, c'est que tu es de nouveau malheureux ?

— Oui, gémit-il, et il coucha sa joue sur l'épaule de la jeune femme.

— Je tâcherai de te guérir vite, dit-elle, et puis tu t'en iras. Comme l'autre fois. Comme toutes les fois.

Volodia reniflait avec dégoût le parfum de poudre de riz et de caviar qui flottait dans la pièce. Les flonflons de l'orchestre passaient à travers les cloisons de drap rouge.

— Est-ce que tu ne peux pas me guérir sans coucher avec moi ? dit Volodia.

— Non, dit-elle. Si tu veux guérir autrement, il faut aller à l'église.

Volodia la regarda avec étonnement. Elle ne riait pas. Son visage brun, à la grande bouche rouge, était attentif. Il dit :

— J'aime encore mieux ton lit. Oh ! quelle misère ! Verse-moi à boire.

Il but beaucoup. Et, subitement, il lui sembla qu'un déclic jouait dans sa tête. Les objets devinrent transparents et obliques. Il avait conscience d'une multitude de lèvres qui couraient sur son corps. Puis, il devina qu'il cassait des verres et que son petit doigt saignait comme une fontaine. Deux géants le sortirent en le soutenant sous les bras. Un matelas élastique et noir accueillit sa chute. Autour de lui, tintaient des cloches de cristal, pétaient des bouchons de champagne et clapotaient des gorges de crème fouettée. Une main étrangère dégrafait son col et le chatouillait sous la pomme d'Adam. Quelqu'un le gifla. Des pieds dansaient au niveau de son œil. Une voix grave disait :

— Il est saoul ! Il va dormir.

Lorsqu'il se réveilla, il comprit qu'il était couché sous la table, dans un cabaret inconnu. Il avait mal au cœur. Ses tempes étaient serrées. À travers un brouillard épais, il entendait les voix alternées de deux hommes qui balayaient la salle :

— Oui, mon nourricier, voilà où nous en sommes. Le tsar a fait tuer des ouvriers qui portaient les bannières saintes. Il n'aime plus son peuple. Le sang appellera le sang...

— Tu crois que les grèves vont continuer ?

— Et pourquoi pas ? Si on fait la grève, c'est qu'on est malheureux. Tu es heureux, toi ?

— Ben, c'est-à-dire...

Volodia souleva un coin de la nappe. Juste devant lui, se tenait un gros gaillard à la barbe jaune, le menton appuyé sur le manche du balai. Un peu plus loin, un bossu, la mâchoire entourée d'un foulard en tricot bleu, poussait des détritus sur une petite pelle. Tout à coup, il s'arrêta :

— Tiens, un billet de dix roubles !

L'homme à la barbe jaune hocha la tête.

— Il y en a pour qui c'est rien de semer l'argent ! Quand on pense...

Mais le bossu l'interrompit.

— Regarde, dit-il, les salauds. Ils avaient mis le feu à l'assignat. Pour rigoler. Tout le coin est brûlé jusqu'au chiffre.

— Moi, j'ai ma vieille qui est sur le point de passer, dit l'autre. Et le propriétaire réclame. Cherche voir si tu ne trouves pas un autre billet. Même un petit bout. Ça ne fait rien.

Le bossu se mit à rire :

— Tu crois qu'il y en a à la pelle ! Hier, j'ai entendu

un étudiant, à la Presnia. Il disait comme ça : « Bientôt, le règne des profiteurs finira. Ceux qui baissent la tête la relèveront. Tous, tous, vous deviendrez des hommes. » Mais les Cosaques sont venus. Il a foutu le camp. Moi, j'ai reçu un coup de cravache sur la gueule.

Volodia rentra la tête sous la table. Il ne pouvait se résoudre à sortir devant ces deux énergumènes. Leurs propos remuaient en lui une vague de honte et de colère.

— Eh ! une jarretière, s'écria le bossu. Rose avec de petites broderies bleues. C'est joli.

Craignant que la conversation ne reprît un tour désagréable, Volodia rampa sur les genoux, dépassa la banquette, atteignit la porte sans être remarqué. Comme il se relevait, l'un des balayeurs l'aperçut.

— Oh ! dit-il, il y avait quelqu'un.

Un flot de sang brûla les joues de Volodia.

— Ce n'est rien... Je m'étais assoupi, dit-il d'un air positif.

— Vous ne voulez pas qu'on brosse vos vêtements, barine ? demanda le bossu en s'approchant de lui.

— Non, non, dit Volodia. Ça va comme ça...

Puis, il fouilla dans ses poches, tira une poignée de monnaie et la versa dans la main du balayeur. L'autre plongea dans un salut rapide :

— Votre Noblesse !... Merci, merci... Nous ne méritons pas...

Les deux hommes le raccompagnèrent jusqu'à la sortie. Volodia était mécontent, humilié. Dans son cœur, persistait un sentiment de faute. Renonçant à rentrer chez lui, il se fit conduire dans un établissement de bains. Au sortir de l'étuve, un masseur kalmouk lui broya le corps avec science. Les mains de cet homme communiquaient à Volodia une chaleur et une énergie allègres. Peu à peu, il lui semblait que les crasses de la nuit se détachaient de sa peau. Il émergeait, vif et nu, modelé à neuf pour de joyeux combats. Sa bonne humeur soudaine, et comme artificielle, l'étonnait un peu. Il déjeuna au *Slaviansky Bazar* et se rendit ensuite chez Tania.

Les calculs les plus optimistes fixaient à la fin de mars la date probable de l'accouchement. Mais Tania ne pouvait plus attendre. À mesure que les jours passaient, elle éprouvait de plus en plus douloureusement la nécessité de cette nouvelle présence. Elle inventait à son fils des noms, des costumes, un caractère, un destin ; elle lui parlait en cachette ; elle le grondait pour ses ruades ; elle le berçait jusqu'à s'endormir elle-même. Parfois, cependant, elle se rappelait les souffrances, la mort de la petite Suzanne, à Armavir. Et, alors, une peur atroce lui glaçait le sang.

Marie Ossipovna ayant affirmé qu'elle savait une incantation circassienne qui préservait des accouchements difficiles, Tania autorisa sa belle-mère à expérimenter sur elle son pouvoir d'ensorcellement. Chaque soir, la vieille se rendait au chevet de sa bru, posait une main sur le ventre de la jeune femme et bredouillait des litanies inintelligibles en baissant les yeux. Le visage de Marie Ossipovna était ratatiné et enlaidi par le mystère. Des bulles de salive sautaient sur ses lèvres véloces. En la regardant, Tania avait envie de pouffer de rire. Mais elle avait peur aussi. Au bout d'un moment, elle repoussait la main de Marie Ossipovna.

— Assez maintenant, disait-elle.

— Je n'ai pas dit le quart de ce qu'il fallait.

— Vous direz le reste une autre fois.

— On ne peut pas, on ne peut pas. L'enfant sera incomplet. Il donnera un mauvais Tcherkess...

— Mais je ne veux pas un Tcherkess, maman. Je veux un Russe.

— Alors, cela suffit comme ça, disait la vieille.

Et elle quittait la pièce en grognant.

Pour tromper son impatience, Tania préparait déjà le trousseau, la chambre, les jouets de l'enfant. Eugénie Smirnoff la secondait fougueusement dans cette tâche. Les deux jeunes femmes étaient devenues des amies intimes. Elles se voyaient tous les jours. Et elles se montraient enchantées l'une de l'autre. Eugénie était béate d'admiration devant l'intelligence, la grâce et l'élégance de Tania. Tania ne pouvait plus se passer de l'adoration servile que lui témoignait Eugénie. Toutes deux couraient les magasins, raflaient des cargaisons de bavoirs, de bonnets et de robes de dentelle. Le soir, Tania étalait ses dernières acquisitions sur le lit, et sa femme de chambre personnelle était conviée à s'extasier devant cette garde-robe miniature :

— Oh ! barynia ! quel point de croix admirable ! Et ceci, est-ce assez mignon ? Et cela, est-ce assez coquet ? Un trousseau de prince, un trousseau de prince !

Une fois seule avec Michel, Tania lui présentait la facture et lui racontait l'étonnement de la femme de chambre :

— Elle était comme folle ! Il faudra que je lui offre quelque chose pour son neveu ! Tu ne regardes pas ce que j'ai acheté, aujourd'hui ?

Michel prenait les brassières, les bavoirs, les chemisettes minuscules dans ses fortes mains, les soupesait, les palpait consciencieusement.

— C'est de la bonne qualité, disait-il. L'étoffe a l'air solide. Mais ne crois-tu pas qu'il y en a trop pour un seul enfant ?

Toutes les possibilités d'achat ayant été épuisées dès la fin de janvier, Eugénie et Tania eurent à s'occuper de choisir une nourrice pour l'héritier des Danoff. Elles convoquèrent, sur recommandation, une forte paysanne aux seins plantureux, à la face ronde, au regard tranquille de génisse. La future nourrice s'appelait Prascovie. Un enfant lui était né dans le mois, mais elle ne savait pas exactement le nom du père. Il y avait tant d'hommes au village ! Et tant de travail ! C'était peutêtre Agaphon, ou Guérassime ? À quoi bon se creuser la tête ? Prascovie s'était rendue à Moscou pour se placer comme nourrice dans une maison honorable. Tania et Eugénie examinèrent la paysanne avec sévérité. Elles lui trouvèrent une mine saine, un visage avenant, des seins gonflés à bloc.

— Vous pouvez tâter, barynia, disait Prascovie en bombant le torse avec orgueil. C'est plein, là-dedans. Au village, pour amuser les gamins, je leur faisais gicler le lait à la figure. Avec moi, votre petit sera nourri à sa faim, je vous le garantis.

Et elle riait de toutes ses belles dents blanches et serrées.

Le médecin de Tania, ayant ausculté Prascovie, examiné son sang, analysé son lait, lui reconnut d'excellentes dispositions nourricières. Prascovie s'installa chez les Danoff. Elle se préparait au futur travail de l'allaitement en mangeant des harengs salés à tous les repas. Suivant l'usage, Tania et Eugénie se chargèrent de constituer le trousseau de Prascovie. Ce trousseau comprenait une jupe de satin rouge, une autre bleue, du linge de corps, du linge de lit, des tabliers blancs, un diadème russe à rubans multicolores, et un collier de perles incassables pour que l'enfant pût jouer avec elles et les mordiller sans danger. La toilette complète fut commandée chez un bon faiseur du pont des Maréchaux.

En revenant du magasin, Eugénie et Tania étaient surexcitées et joyeuses comme des collégiennes.

— Le costume que vous avez choisi est si joli, si seyant que, moi aussi, j'aimerais devenir nourrice, disait Eugénie.

— En attendant, je vous invite à prendre une tasse de thé chez *Siou*.

— Ce n'est pas une consolation suffisante. Mais enfin...

Comme le traîneau s'arrêtait à la porte de l'établissement, un bruit sourd et lointain ébranla la ville.

— Qu'est-ce que c'est ? demanda Tania.

— Encore des manifestations ouvrières, sans doute ? dit Eugénie.

— Mon Dieu ! Il ne faut pas rester là. Allons au bureau de Michel.

Le traîneau repartit lentement, car la rue était

embouteillée. Au bas de la Tverskaïa, Tania aperçut un gamin qui détalait le long du trottoir, en criant :

— Le grand-duc est mort ! Le grand-duc est mort !

— Qu'est-ce qu'il dit ? Quel grand-duc ?

Des gens au visage pâle couraient vers la place du Kremlin.

— Rattrape le gamin, dit Tania au cocher.

Le cocher descendit de son siège et s'enfonça dans la foule en agitant les bras. Il revint bientôt, poussant par les épaules un garçon de quinze ans, vêtu d'un paletot court, déchiré aux manches. Le gosse tremblait de tous ses membres. Il avait peur qu'on ne l'arrêtât, sans doute. Mais, lorsqu'il vit les deux dames dans le traîneau, il se mit à sourire, et, instinctivement, tendit sa main nue et violette de froid. Tania lui jeta quelques kopecks.

— Raconte, dit-elle. Qui a-t-on tué ?

— Le grand-duc Serge, dit le gamin en empochant l'argent. Sur la place du Sénat. Quelqu'un a lancé une bombe dans sa voiture...

— Tu y étais ?...

— Je n'étais pas loin... Mais on m'a dit... Tout est en miettes... Le grand-duc et sa belle voiture... Tout... Il y a des centaines de tués, paraît-il... Des généraux... Des princes...

— Ce n'est pas possible ! s'écria Tania.

Eugénie sanglotait comme une hystérique.

— Au bureau, dit Tania. Et vite...

Le cocher fouetta ses bêtes. Tania se sentait engourdie par une terreur intense. Elle ne pensait pas au grand-duc Serge. Mais à elle, à l'enfant qu'elle portait en elle. Les troubles du 9 janvier à Saint-Pétersbourg, les grèves de Moscou, les manifestations d'étudiants, ce meurtre atroce, présageaient une ère nouvelle de violence et d'insécurité. Et le petit allait naître parmi ce déchaînement de forces mauvaises. Oh ! vraiment, les révolutionnaires étaient des monstres. Elle les détestait. Elle s'indignait à l'idée que la police ne les exterminât pas assez vite. Pour sa part elle se savait capable de les tuer de ses propres mains, jusqu'au dernier.

Lorsque Eugénie et Tania arrivèrent au bureau, Michel était au courant de tout. Il les fit asseoir dans de profonds fauteuils de cuir et ordonna qu'on leur servît du thé pour les remettre de leur émotion. Tandis que les deux femmes lapaient leur infusion avec des mines de mourantes, Michel se promenait de long en large en parlant :

— On vous a mal renseignées. Il n'y a pas eu de généraux tués autour du grand-duc. Simplement, le cocher de Son Altesse. Quant au grand-duc Serge, il a été déchiqueté par l'explosion. La grande-duchesse se trouvait dans un autre traîneau. Elle a tout vu. Elle s'est précipitée sur les restes de son mari. Un spectacle affreux, paraît-il. Elle suppliait les gens de se découvrir. Les policiers couraient en tous sens...

— Le meurtrier a été arrêté, j'espère ? dit Eugénie.

— Oui. C'est un révolutionnaire. Un de plus.

— Mais pourquoi se sont-ils attaqués au grand-duc Serge ? demanda Tania.

— D'abord, parce qu'il était l'oncle de l'empereur et le gouverneur général de Moscou, dit Michel. Ensuite, parce que le peuple ne lui pardonne pas le désastre de la Khodynka, les répressions contre les ouvriers, l'espionnage policier dans les universités et les sociétés de toutes sortes. On l'accuse aussi d'avoir contribué à déclencher la guerre contre le Japon et d'avoir fait fusiller les manifestants à Saint-Pétersbourg, le 9 janvier. On l'accuse encore... Mais de quoi n'accuserait-on pas les hommes au pouvoir ?

— Ne va-t-on pas une bonne fois nettoyer la Russie de toute cette racaille rouge ? dit Eugénie en rajustant sa voilette.

— Il ne resterait plus grand monde, le nettoyage fait, dit Michel.

À ces mots, Volodia fit irruption dans la pièce. Il était blême, décoiffé, les yeux hors de la tête :

— Vous savez la nouvelle ?

16

Michel acquiesça du menton.

— Eh bien, s'écria Volodia. J'aurais pu le prévoir. Il faut lâcher du lest, lâcher du lest, signer la paix avec le Japon, accorder une Constitution au peuple, fraterniser avec les ouvriers.

— C'est agréable d'être enceinte à une époque pareille ! dit Tania avec humeur.

— Ma pauvre chérie, soupira Eugénie, et elle l'embrassa fougueusement sur la joue.

— Les temps sont durs, dit Michel, mais la Russie remontera le courant.

— Avec quel pilote ? demanda Volodia.

— Le tsar, dit Michel.

Volodia fit la grimace :

— Le tsar... le tsar... Il nous faudrait Pierre le Grand, et nous avons Nicolas II. Un Parlement ferait mieux l'affaire...

— Tu deviens de plus en plus outrageusement socialiste ?

— On doit vivre avec son temps, dit Volodia. Ce n'est pas pour rien que les professeurs d'université, les avocats, les hommes de lettres, les ingénieurs, indignés par le Dimanche rouge, ont formé des unions pour réclamer une Constitution libérale.

Il regarda Eugénie d'une manière significative :

— Malinoff a signé, avec vingt-cinq autres écrivains, une pétition demandant la cessation de la guerre et la convocation d'une assemblée élue au suffrage universel.

— Oh ! dit Eugénie en rougissant, Malinoff est un poète.

— Eh bien, vivent les poètes, puisque les militaires et les ministres ne savent plus nous gouverner !

Michel marchait d'un bout à l'autre de la pièce, les mains derrière le dos, la tête basse. Il s'arrêta tout à coup et dit avec une espèce de rage :

— Oui, oui, il faut finir la guerre. Mais pas pour accorder les réformes que demande une clique d'intellectuels chevelus. Pas pour jeter au peuple des libertés qu'il n'est nullement prêt à recevoir. Pas pour se lancer dans la démagogie...

— Et pour quoi donc ? demanda Volodia avec un sourire ironique.

— Pour rétablir l'ordre. À coups de cravache. Une fois l'ordre rétabli, on pourra discuter...

Michel appliqua un coup de poing sur la table :

— Mais, bougre d'imbécile, ne comprends-tu donc pas qu'en applaudissant aux initiatives des socialistes tu fais le jeu des révolutionnaires ? Tu donnes tes clefs à ceux qui pilleront ta maison. Tu encourages ceux qui creuseront ta fosse.

Volodia poussa un sifflement admiratif.

— Ton éloquence, dit-il, est celle d'un zélateur du Dimanche rouge. Je m'excuse de ne pouvoir te suivre sur ce terrain.

Michel s'épongea le front et revint à sa table. Habituée à la réserve un peu monotone de son mari, Tania était inquiète de le voir dans cet état d'exaspération. Sans doute, pour que Michel se départît de son calme coutumier, les événements étaient-ils plus graves qu'elle ne l'imaginait elle-même. Elle demanda prudemment :

— Tu prévois quelque chose ?

— Non, dit Michel, simplement je hais ces bavards qui haranguent la foule au coin des rues et se mêlent de bâtir une Russie nouvelle, alors que l'étranger envie notre force et notre richesse.

— Notre force ? dit Volodia. Nous avons prouvé, en Mandchourie, qu'elle n'était pas indestructible. Notre richesse ? Les lois actuelles en font profiter un groupe de privilégiés, alors que la masse du pays se décompose dans la misère.

— Il me semble, dit Michel, que tu fais partie de ce groupe de privilégiés.

— Oh ! dit Volodia, je ne tiens pas tellement à l'argent.

— Ah ! non ? s'écria Michel. Mais que ferais-tu sans argent, je te le demande ? Tu es paresseux. Tu ne sais

18

pas nouer un lacet de chaussure. Tu gâches ta vie à courir après les jupons. Et tu oses parler de travail, d'égalité, de pauvreté, de...

Il se tut parce que l'huissier frappait à la porte du bureau.

— Qu'est-ce que c'est ? demanda Michel.

— Un télégramme, dit l'homme.

Et il entra dans la pièce, tenant un plateau d'argent à la main.

Michel décacheta la dépêche, la lut rapidement et devint très pâle.

— Qu'y a-t-il encore ? dit Tania en se levant d'un mouvement vif.

— Un télégramme de tes parents, dit Michel. Akim est grièvement blessé.

16

Le matin du 1ᵉʳ janvier 1905, deux Cosaques, des avant-gardes, découvrirent le sous-lieutenant Arapoff qui gisait, inanimé, dans la neige. Ils le transportèrent au poste de secours, d'où il fut dirigé, séance tenante, sur un hôpital militaire de Moukden. La blessure d'Akim était grave, mais non mortelle. La balle avait pénétré de biais dans le dos et fracassé une côte. Le poumon était à peine déchiré par le projectile. La plaie était saine. Mais Akim avait perdu beaucoup de sang. Ce fut sur la table d'opération qu'il reprit connaissance. Ayant reçu les premiers soins, il fut évacué sur Kharbine, puis sur Irkoutsk, par le train blanc de l'impératrice Alexandra. D'Irkoutsk, où il demeura en traitement pendant quelques semaines, on l'expédia en Russie, jusqu'à guérison complète. À Saint-Pétersbourg, après un nouvel examen médical et la régularisation de ses papiers, Akim obtint une permission de convalescence de longue durée.

Le 15 mars 1905, il s'installa enfin chez ses parents, dans la vieille maison d'Ekaterinodar qu'il avait tant de fois évoquée en rêve. Tania, aussitôt avertie, voulut prendre le train pour aller embrasser son frère. Mais le docteur de la famille lui interdit formellement de se déplacer. Lioubov promit sa visite pour la fin du mois. Et la lettre adressée à Nicolas resta sans réponse.

Cependant, Constantin Kirillovitch Arapoff et sa femme goûtaient une joie sans réserve. La demeure, aux grandes pièces condamnées, aux longs couloirs froids et silencieux, aux miroirs vides, reprenait vie pour le retour d'Akim. Les domestiques s'affairaient à l'office. On chauffait les poêles, au risque de les faire éclater. La cuisinière rouge, essoufflée, se balançait devant ses fourneaux. Les commissionnaires vidaient leurs sacs de provisions sur la table en bois blanc. Des bouquets de fleurs garnissaient tous les vases.

Le docteur avait ordonné qu'Akim fît de la chaise longue au moins cinq heures par jour. Il y eut des chaises longues dans toutes les pièces de la maison. Comme ça, il pouvait choisir. Aux heures de sieste, on eût entendu voler une mouche. Les gens se taisaient, marchaient sur la pointe des pieds, avec des faces graves. Mais, lorsque Akim se réveillait et sonnait pour un verre de thé, un branle-bas général secouait le logis. Des portes claquaient. Des visages rieurs passaient d'une chambre à l'autre.

— Il est réveillé !...

— Il a demandé du thé !...

— Donnez-lui aussi de la confiture de groseilles !...

— Et quelques craquelins !...

— Et un pot de crème !...

La femme de chambre apportait le goûter du jeune maître sur un plateau. Zénaïde Vassilievna la suivait. Elle ne pouvait se rassasier de contempler son fils. Tandis qu'il buvait son thé, elle s'asseyait auprès de lui et lui touchait la main, de temps en temps, comme pour bien contrôler sa présence. Elle avait recueilli son cher enfant blessé par les hommes. Elle allait le garder, le guérir, lui donner la vie une seconde fois. Nourrir, soigner, consoler, réchauffer, recoudre, apaiser, bercer, endormir, tel était son rôle depuis de longues années, et elle s'en trouvait bien. Plus tard, Akim la quitterait de nouveau, pour se mêler à la folie du monde. Que n'était-il médecin comme son père, ou commerçant comme Michel, ou architecte, ou fonctionnaire ?... Elle s'était toujours opposée à ce qu'il choisît la carrière des armes. Mais il l'avait exigé, contre toute raison. Et, contre toute raison, il était parti pour la guerre. Lorsqu'elle songeait aux angoisses de son fils blessé, perdu en pleine neige, elle se sentait mourir, elle-même, dans le froid. Elle l'interrogeait :

— Mais comment se fait-il qu'ils ne t'aient pas découvert plus tôt ? Combien de temps es-tu resté sans soins ? Et qu'est devenu ce Namikaï dont tu m'as parlé ? Et ce Troubatchoff ?

Elle voulait tout savoir, pour le rejoindre exactement dans la souffrance. Il lui semblait qu'elle ne serait pas quitte envers Akim tant qu'elle ignorerait encore un seul détail de son martyre. Quand il recommençait, en souriant, le récit de ses peines, elle observait son visage amaigri, ses mains pâles, les mouvements de sa bouche, avec une sorte de ravissement affamé. Akim était un peu gêné par l'adoration que lui témoignait sa mère. Il avait peur de déchoir en quêtant son attention, en acceptant ses caresses. Certes, l'envie le prenait parfois de jouer au petit garçon qu'on dorlote. Mais il se raidissait alors contre cette lâcheté, refusait de la crème, réclamait du tabac pour sa pipe, jurait en militaire et riait des mines offusquées de Zénaïde Vassilievna. Il affectait même de considérer que sa blessure était une bagatelle et que, d'ici quelques semaines, il pourrait repartir pour le front. Troubatchoff lui avait écrit de Moukden deux courtes lettres où perçaient une fatigue, une angoisse navrantes : *Beaucoup de nos amis sont morts... On te regrette... Les nouveaux ne valent pas les anciens...* Une troisième lettre annonçait la défaite de Moukden en ces termes : *On dit qu'il y a eu soixante-cinq mille blessés, vingt mille tués. Tout le 5ᵉ régiment de Sibérie a été anéanti. C'est atroce. Et, cependant, il faut continuer la guerre. On ne peut plus s'arrêter. Pour ma part, ce sera un miracle si j'en reviens. Je le sais. J'y suis prêt. Dieu, que c'est bête !*

Enfin, par un officier permissionnaire, de passage à Ekaterinodar, Akim apprit que Troubatchoff avait été fait prisonnier par les Japonais au cours d'une patrouille. Ces mauvaises nouvelles attristaient Akim, mais n'étaient pas de taille à le décourager. Il aimait son métier. Il était né pour servir. Et il parlait de la guerre avec une sécheresse avertie de stratège. Tous les efforts de Zénaïde Vassilievna pour obtenir de lui quelques précisions pittoresques sur les paysages qu'il avait traversés, les mœurs des paysans mandchous ou la vie des officiers au bivouac, demeurèrent sans résultat.

— Je ne sais pas décrire, moi, disait-il. Il y a de la neige. On vit dans des *zemliankas*. On fait le coup de feu. Les Chinois sont des voleurs. Et leur vodka ne vaut rien. Tu es contente ?

— Mais comment sont leurs maisons ?

— En papier !

— Et... et les femmes ?

— Elles sont laides.

Zénaïde Vassilievna soupirait en hochant la tête :

— Je suis sûre que tu me caches quelque chose.

Avec son père, toutefois, Akim se montrait plus loquace. À peine rentré de sa tournée à l'hôpital, Constantin Kirillovitch se précipitait dans la chambre de son fils en criant :

— Me voilà ! Comment se porte le héros du jour ?

— Ne crie pas si fort, Constantin, disait Zénaïde Vassilievna.

— Pourquoi ? Il y a des malades ?

Suivant son habitude, Constantin Kirillovitch s'efforçait de paraître gaillard et désinvolte en présence de son fils. Son rôle de chef de famille l'obligeait à maintenir dans la maison une atmosphère de gaieté. La tâche n'était pas toujours facile. Mais les résultats étaient bons. Et puis, à l'égard d'un garçon aussi rude qu'Akim, une autre attitude eût été déplacée. Ainsi, le père et le fils s'astreignaient-ils à jouer l'un devant l'autre une sorte de comédie héroïque.

— On jurerait que vous n'avez pas de cœur, disait Zénaïde Vassilievna.

Les deux hommes s'esclaffaient, heureux d'avoir offensé la sensibilité de cette femme adorable.

— Que veux-tu ? mon fils est un ami pour moi ! disait Constantin Kirillovitch.

— Un ami ? s'exclamait Zénaïde Vassilievna. Mais regarde-toi ! Tu as plein de poils blancs dans la barbe. Et lui, il est tout jeunet, tout pâlot...

— Les poils ne font rien à l'affaire, disait Constantin Kirillovitch. Apportez-nous une table, des cartes et du vin. Et nous verrons si les vieux ne valent pas les jeunes.

Tout en jouant aux cartes, Akim et son père discutaient les dernières nouvelles militaires et politiques. La chute de Moukden, les défaites russes sur le reste du front affligeaient Akim. Mais il comptait sur une offensive des armées impériales dès le retour du printemps.

— Quelques mois encore, et nous serons vainqueurs, disait Akim. Les Japonais ont du nerf. Mais ils manquent de fond. Notre masse les écrasera...

— Oui, oui, disait le docteur, à condition que l'arrière tienne.

— Et pourquoi l'arrière ne tiendrait-il pas ? La police est nombreuse. Les garnisons sont sûres. Et puis, ne parlons pas de ça... La politique m'embête. Tous ces socialistes, ces révolutionnaires, ces démocrates me tournent les sangs ! Bande de voyous achetés par les Juifs ! Je te jure que, là-bas, on ne s'occupait pas d'eux ! On n'avait pas le temps ! Quand j'y serai de nouveau...

— Tu comptes vraiment repartir ?

— Bien sûr.

Constantin Kirillovitch regardait son fils. Il souhaitait lui expliquer qu'il avait peur de le laisser partir, que c'était une folie de tenter le sort une seconde fois, que Zénaïde Vassilievna se mourrait d'angoisse pendant cette nouvelle absence. Cependant, la crainte du ridicule l'emportait sur sa tendresse. Il grommelait :

— On avisera plus tard ! Après tout, ils finiront peut-être sans toi...

Et il jetait une carte sur la table :

— C'est encore moi qui gagne. Toute ta solde va y passer. Je ne te ferai pas grâce d'un kopeck.

Il riait. Akim aussi. Mais Constantin Kirillovitch se

sentait, tout à coup, très vieux et très seul, devant cet officier qui était son fils. Le monde était injuste, bête et cruel. On se détestait. On s'insultait. On s'égorgeait. On proclamait des victoires. On digérait des défaites. Partout, régnaient la jalousie, la haine, la cupidité, l'ambition, la souffrance. Que ne pouvait-il être égoïste et indifférent, comme autrefois : « Les Russes fuient ? Eh bien, qu'ils fuient ! Ils se battent ? Eh bien, qu'ils se battent ! Ils meurent ? Eh bien, qu'ils meurent ! Qu'est-ce que ça me fait, à moi qui suis vivant ? »

— Encore une partie, papa ? demandait Akim.

— Si tu veux. Quitte ou double ! Et tu verras de quel bois je me chauffe !

Chaque soir, Nina et son mari rendaient visite au convalescent. Le ménage Mayoroff habitait à l'autre bout de la rue. Nina n'avait pas changé. Elle était toujours aussi douce et discrète. Mais sa passion pour les petits chats de gouttière s'était développée au point qu'elle en gardait six à demeure. Elle accueillait aussi des chiens perdus, qu'elle nourrissait, lavait et relâchait le lendemain matin. Parfois, elle rentrait chez elle, accompagnée d'un pauvre à qui elle offrait une assiette de soupe et des chaussures usées. Ou encore, c'étaient de vieilles femmes qui venaient la voir, lui racontaient leurs pèlerinages et repartaient, chargées de menus présents. Le mari de Nina ne l'intéressait guère. Elle lui obéissait. Elle lui souriait. Elle le soignait lorsqu'il était malade. Mais on eût dit que sa vie essentielle était ailleurs, dans une région secrète où nul ne pouvait la rejoindre.

Mayoroff, lui, avait gagné du poids et de l'assurance. Installé dans la réussite, il arborait de petites joues roses, un menton replet, un ventre plein. Il secondait toujours Constantin Kirillovitch à l'hôpital, et avait repris quelques clients particuliers de son beau-père. Akim n'aimait pas ce bonhomme obséquieux et moite.

— Alors ? disait Mayoroff en pénétrant dans la chambre d'Akim. J'ai l'impression que nous allons mieux.

Et il faisait craquer les articulations de ses doigts.

— À l'hôpital, aujourd'hui, j'ai eu à traiter un cas assez curieux de fracture du tibia... Figurez-vous que le gaillard...

Nina s'asseyait auprès de son frère, une broderie à la main.

— J'ai encore eu une lettre de Tania aujourd'hui, disait Zénaïde Vassilievna. Elle enrage de ne pouvoir rendre visite à Akim. Mais Michel essaiera de passer la semaine prochaine...

Dès qu'elle entendait le nom de Michel, Nina rougissait et baissait la tête.

— Il ne faut pas qu'il se dérange, disait Akim. J'irai le voir, moi-même, dans un mois.

— Vous êtes bien pressé de vous lever, monsieur l'officier, disait Mayoroff. J'admire le courage de nos militaires. La vie au grand air, l'exercice quotidien forment des organismes robustes. Savez-vous, cher Akim Constantinovitch, que je me suis permis de donner à un journal local le récit de vos aventures pendant la nuit de la Saint-Sylvestre ?

— Je ne vois pas l'utilité de cette réclame, disait Akim.

— Ce n'est pas une réclame. J'ai même camouflé votre nom. J'ai mis le sous-lieutenant A-off, d'Ekaterinodar. Je me propose d'ailleurs de vous demander s'il ne vous serait pas possible de nous donner quelques souvenirs sur la guerre russo-japonaise pour notre feuille municipale. Vous étiez à Liao-Yang, n'est-ce pas ?

— Oui.

— Alors... En somme... Comment se présentait l'affaire ?...

Akim éclatait de rire :

— Mal.

— Qu'avez-vous vu ?

— De la fumée. La nôtre. Et celle de l'ennemi. Plusieurs fois nous avons chargé. Et puis, j'ai été blessé à la joue. Et puis, ça a recommencé.

Mayoroff dodelinait de la tête d'un petit air important.

— Tu entends ce que dit ton frère, Nina ? C'est très curieux, très curieux... Hum... Et à Vafangoou ?

— La même chose. De la fumée. On a chargé. On a tué. On a reculé...

— Oui, oui, oui...

— Akim n'est pas un littéraire, disait Constantin Kirillovitch en souriant dans sa barbe.

— Malheureusement, disait Zénaïde Vassilievna. Il ne nous aurait peut-être pas abandonnés, s'il avait été un littéraire...

La soirée s'achevait par une partie de dominos. Lorsque Nina et son mari avaient quitté la maison, Akim grognait en mastiquant sa pipe éteinte :

— Ce Mayoroff est une buse. Et Nina est une sainte. À moins qu'elle ne soit une buse, elle aussi.

À la fin du mois de mars, Volodia envoya un télégramme pour annoncer son arrivée. Il avait été chargé par Michel de traiter une affaire à Novorossiisk et comptait profiter de l'occasion pour rendre visite à Akim, entre deux trains.

Zénaïde Vassilievna et son mari trouvèrent que Volodia était élégant et distingué comme une gravure de modes. Il exhibait un complet neuf, des souliers bien cirés. Son visage exprimait la satisfaction tranquille de vivre. Et puis, il apportait des nouvelles excellentes sur la santé de Tania. Vraiment, il méritait sa réputation de charmeur. Volodia et Akim passèrent l'après-midi à bavarder ensemble. À vrai dire, ils parlèrent surtout de leur enfance. L'un comme l'autre, par une sorte d'intuition, évitaient d'aborder les sujets actuels. Une seule fois, Volodia soupira en tapotant la main d'Akim :

— Pourquoi vous battez-vous ? Pourquoi versez-vous votre sang ?

— Pour le tsar, dit Akim.

— C'est bien ce que je vous reproche, dit Volodia. Que de force, que de confiance, que d'intelligence gaspillées !

— Comment gaspillées ? Les Japonais sont nos ennemis. Notre devoir est de tout sacrifier pour les abattre.

— Qui vous a dit qu'ils étaient nos ennemis ?

— Tout le pays le sait. Le tsar l'a proclamé...

— Vous dites le pays, et vous dites le tsar. Les Japonais sont peut-être les ennemis du tsar, mais sûrement
pas les ennemis du pays.

— Le tsar et le pays ne font qu'un !

Volodia sourit d'un air sarcastique et demanda :

— Avez-vous entendu parler d'un certain 9 janvier
1905 ?

— Oui...

— Le tsar a fait tirer sur le peuple, sur le pays...

— Des révolutionnaires, des canailles achetées par
les Japonais !...

— Des hommes, mon cher Akim. Des hommes, des
femmes, des enfants...

Akim baissa la tête et la releva aussitôt d'un mouvement brusque.

— Je ne me permets pas de critiquer les ordres du
tsar, dit-il. Et je ne permettrai à personne de le faire en
ma présence. Je suis un officier.

— Comme c'est commode ! dit Volodia. Quand le
doute vous assaille : « Je suis un officier... » Quand la
tentation vous taquine : « Je suis un officier... »

— Oui, dit Akim, et, quand il s'agit de mourir, aussi :
« Je suis un officier. » Vous avez compris ?

— Je vous aime bien, Akim, dit Volodia, mais vous
retardez de quelques siècles. Le peuple entier ne vit
plus que dans l'espoir d'une Constitution. Et vous...
vous parlez comme Michel. C'est tout dire !

— Et vous comme Nicolas, grogna Akim avec une
moue de dégoût. Je ne sais ce qui est préférable !

Ce soir-là, Akim se coucha très tard. Sa mère, comme
d'habitude, vint le bénir dans son lit. Zénaïde Vassilievna aimait par-dessus tout cette petite cérémonie
nocturne. Lorsque Akim avait quitté son uniforme,
lorsqu'il s'était allongé sous les couvertures, il devenait

vulnérable et soumis, comme autrefois. Elle s'assit au chevet du lit et posa une main sur le front de son fils.

— C'est drôle, je pense souvent à Nicolas, dit Akim. Est-ce exact qu'il soit lié avec les révolutionnaires ?

— Oh ! dit Zénaïde Vassilievna en rougissant, n'exagérons pas. Sans doute, il est un peu à gauche... Tous les avocats sont un peu à gauche...

— Comment peut-il vivre dans ce fatras de paroles inutiles ? Comment peut-il conspirer contre l'armée, contre le tsar ? Tout compte fait, il vaut mieux qu'il ne soit pas venu !

— Christ soit avec toi ! s'écria Zénaïde Vassilievna. Tu parles de ton frère comme d'un ennemi. Tout ça parce qu'il a les idées un peu à l'envers. Tu es nerveux. Tu ne sais plus ce que tu dis. Il est temps que tu dormes.

— Oui, c'est préférable, dit Akim. Ainsi je réfléchirai moins.

Il ferma les yeux. Zénaïde Vassilievna prit une main d'Akim entre les siennes. Elle sentit, avec délices, que les doigts rudes s'abandonnaient, mollissaient dans ses paumes attentives. Le sommeil venait lentement, qui renversait les âges, déliait les conventions, rendait les hommes à leurs mères. Il était ce petit enfant qu'elle avait bercé, grondé, lavé, nourri, caressé jadis, et qui prétendait, aujourd'hui, pouvoir se passer d'elle. Mais elle savait bien qu'il mentait en affirmant cela. Même là-bas, il s'endormait veillé par son image. Et il l'avait appelée au secours, lorsqu'il mourait dans la neige. Zénaïde Vassilievna soupira de toute la poitrine. Comme elle était forte et consciente, lorsque son fils reposait auprès d'elle ! Comme ce jeune corps lui appartenait bien dès qu'il basculait dans le rêve !

Akim dormait avec une application ingénue, la tête tournée sur l'oreiller, la joue plate, l'orbite sombre, toute la chair enfoncée dans un massif de songes. Sa respiration était celle des premiers jours de la vie. Zénaïde Vassilievna le baisa au front, ébaucha le signe de la croix au-dessus de cette face pâle, éteignit les lampes. Le clair de lune tomba dans la pièce, bleu et pur, comme un morceau de ciel. Pour un peu, elle aurait pu croire qu'elle s'éloignait d'un berceau. Elle fit quelques pas, le cœur lourd de joie, les jambes faibles. Elle tremblait, comme si un miracle eût répondu à ses prières quotidiennes. Sur le seuil, elle murmura :

— Dors bien, Akimouchka.

Le silence qui lui répondit était celui d'une chambre d'enfant. Elle ferma la porte.

Après sa visite aux Arapoff, Volodia avait résolu de se rendre à Mikhaïlo pour saluer sa mère. En vérité, cette démarche ne représentait rien d'autre pour lui qu'une corvée raisonnable. L'idée de revoir Olga Lvovna qu'il n'aimait pas, et Kisiakoff dont il avait horreur, suffisait à lui gâcher sa soirée. Sans doute parlerait-on des comptes de tutelle. Il était impossible que la discussion ne devînt pas un peu vive et désagréable. Peut-être même serait-il obligé de dire à Olga Lvovna qu'elle se conduisait comme une sotte et une criminelle, qu'elle s'était laissé ruiner par un fourbe et avait dilapidé sans scrupule la part d'héritage destinée à son fils. Quant à Kisiakoff, s'il tentait d'intervenir, il faudrait le remettre à sa place, lui crier des injures, le gifler. Tout cela était bien ennuyeux. Volodia exécrait les querelles d'argent. Pourquoi donc allait-il au-devant de ces déconvenues ? Par respect de la tradition ? Un fils ne peut passer par la ville où habite sa mère sans courir l'embrasser avant de reprendre le train. Quelle bêtise !

Volodia était furieux contre cet obscur besoin qui subsistait en lui d'obéir à la loi commune. Dans le fiacre qui l'emmenait vers Mikhaïlo, il souhaitait violemment que sa mère et Kisiakoff fussent absents de la maison. La nuit était déjà venue. Les rues d'Ekaterinodar étaient calmes, avec des réverbères mélancoliques dont le reflet s'allongeait dans les flaques de boue. Çà et là, des promeneurs se hâtaient, et on entendait claquer leurs galoches. Tout à coup, Volodia éprouva un petit choc au ventre. La voiture passait devant son ancienne demeure. Il cria au cocher :

— Arrête-toi !

Longtemps, il regarda cette façade familière qui avait protégé son enfance, et derrière laquelle, aujourd'hui, vivaient des étrangers. Olga Lvovna avait tout vendu, les pierres, les meubles, les souvenirs, pour subvenir aux besoins de son amant barbu. Volodia fit une moue de dégoût. Une tristesse très douce lui serrait la gorge. Derrière les fenêtres allumées, il entendit le son grêle d'un piano. Autrefois, quand il était tout petit, sa mère lui jouait du piano, avant de le renvoyer dans sa chambre. Et elle chantait. Comment était-ce déjà ?

> *Moineau, moineau, d'où viens-tu ?*
> *De la Fontanka où j'ai bu,*
> *Où j'ai bu de la vodka,*
> *Tant que la tête me tourna...*

Les sons du piano ensorcelaient la rue entière. Les becs de gaz devenaient attentifs. Le cheval du fiacre baissait la tête. Volodia répéta stupidement, à voix lente :

> *Moineau, moineau, d'où viens-tu ?...*

Puis, une colère brusque l'envahit, et ses yeux s'emplirent de larmes.

— Hé ! cocher, cria-t-il. On ne va plus à Mikhaïlo. Rebrousse chemin. Direction, l'*Hôtel de la Gare*.

— Monsieur ! Monsieur ! C'est un garçon !

Michel s'adossa au mur, comme pris de faiblesse. Tout le boudoir, avec ses lampes allumées et ses coussins joufflus, tanguait devant ses yeux.

— Un garçon, monsieur, répéta la garde.

Il considéra longuement cette étrangère, vêtue de blanc, chaussée de blanc, au visage bouilli de fatigue, et qui lui souriait de loin, derrière une dentelle de vapeurs. Tandis qu'il la contemplait, une allégresse effrayante prenait possession de son être. Machinalement, il sortit un calepin, le feuilleta et inscrivit ces mots sur une page blanche : *Le 3 avril 1905, à 4 h 15 du matin, dans ma maison de la rue Skatertny, naissance de Serge Mikhaïlovitch Danoff.* Puis il referma le calepin et le glissa dans sa poche. La sueur perlait à son front. Il sentait bien qu'il avait l'air bête. Mais cela n'avait pas d'importance. Il demanda d'une voix mate :

— Et voyons... tout s'est bien passé, n'est-ce pas ?

— Le mieux du monde.

— Elle a souffert ?

— À peine.

— Puis-je la voir, au moins ?

— Quelques instants de patience encore ; je vous préviendrai.

La garde disparut. Michel se retrouva seul dans le boudoir de Tania, où la lumière avait brillé toute la nuit. Il avait refusé la compagnie de sa mère, qui attendait, elle aussi, dans son appartement, au deuxième étage. Pendant des heures, il s'était promené de long en large, dans cette petite pièce douillette et surchauffée, prêtant l'oreille au moindre bruit. Tout à coup, il avait entendu les cris de Tania, assourdis par les cloisons et les portières. L'idée de cette douleur sans nom, qui déchirait une chair bien-aimée, l'avait absolument vidé de tout courage. Mais, très vite, le silence était tombé sur sa tête comme un rideau. Et Michel avait compris qu'une vie nouvelle s'était allumée parmi les autres vies.

Comme cette garde avait un bon sourire ! L'univers entier s'était arrêté de tuer, de mentir, de haïr et de voler pour accueillir l'héritier des Danoff. Une accalmie générale. Une trêve de Dieu. Michel passa devant la glace murale et fut surpris d'y rencontrer son propre visage décomposé par le bonheur. Il sourit et arrangea sa cravate. La petite pendule Louis XV sonna la demie de cinq heures. Des pétales churent d'un bouquet de roses, épanouies sous la lampe. Tout le boudoir avait l'air engourdi par cette nuit sans sommeil. Michel compta vingt bouts de cigarettes dans le cendrier.

— Vous pouvez venir, monsieur.

La garde était là, de nouveau, souriante et calme, avec ses mains roses sur son tablier blanc.

Michel quitta le boudoir en courant, gravit l'escalier quatre à quatre, et s'immobilisa, tremblant et creux, devant la porte de Tania. Le battant s'ouvrit sans grincer, comme pivote une cloison de rêve. Le chambranle encadra un morceau de lit, une table chargée de linges et de bassines, un peu de lumière douce. L'air sentait la pharmacie, le vinaigre. Un silence épais entourait la pièce.

Michel s'avança précautionneusement vers le lit où reposait une femme étrangère, blanche, maigre, comme tuée. Mais, tout à coup, le visage inconnu s'anima, se tourna, et sourit du regard et des lèvres. Michel tressaillit : Tania ! Elle paraissait si petite et si fatiguée ! Avec quelle pauvre face d'enfant elle émergeait du martyre !

— Michel... Michel... Viens plus près, dit-elle dans un souffle.

Michel se découvrait fautif et maladroit, soudain. Il avait honte. Il voulait demander pardon. En même temps, une joie merveilleuse palpitait en lui.

Il s'agenouilla devant le lit, prit dans ses mains la main molle et moite de Tania, et l'éleva et l'appuya contre sa bouche. Elle murmura :

— Ce n'est rien... On t'a prévenu ?... Un garçon, Michel... Un garçon... Nous le souhaitions tellement !...

La figure de Tania exprimait une lassitude comblée. Il semblait qu'un enseignement nouveau l'eût élevée au-dessus d'elle-même. « Comment peut-elle m'aimer encore après tout ce qu'elle a subi à cause de moi ? » songea Michel.

— Il pèse huit livres, reprit Tania.

Que lui parlait-on de l'enfant ? Tania seule l'intéressait depuis qu'il l'avait vue, si frêle, si vulnérable, dans ce trop grand lit. Il cherchait quelque chose à dire d'affectueux et de juste pour célébrer cet humble triomphe. Et il ne savait que répéter :

— Ma pauvre petite... Ma pauvre petite...

— C'est pour toi, dit Tania sans presque remuer les lèvres.

Leurs regards se croisèrent. Michel lut dans les yeux de sa femme une affection si intelligente et si sûre que des larmes alourdirent ses paupières. Le battement de leurs cœurs, la température de leurs corps, le rythme même de leurs respirations s'accordaient avec exactitude. Cette entente tenait du prodige.

— Je n'ai jamais été aussi heureux, dit Michel.

Le docteur, que Michel n'avait pas remarqué d'abord, s'approcha de lui :

— Mes félicitations, mon cher. Le bébé est splendide. Et votre femme a été très courageuse. Maintenant, vous allez vous retirer pour ne pas la fatiguer davantage.

Michel se releva lourdement et passa une main sur

son visage. Ah ! oui, il fallait remercier cet homme sans doute.

— Je vous remercie, docteur, dit-il.

Puis, il se pencha au-dessus du lit et déposa un baiser sur le front mince et froid de Tania. Toute sa vie, il garderait aux lèvres la saveur acidulée de cette peau.

— Voulez-vous voir votre enfant ? demanda le docteur.

L'enfant ! Bien sûr, il y avait l'enfant ! Il n'y pensait plus.

— Va, dit Tania. Mais, tu sais, ils ne sont pas jolis lorsqu'ils viennent de naître.

Michel s'éloigna comme un somnambule. La garde aux espadrilles blanches le conduisit vers une autre chambre. Que de fois Michel et Tania s'étaient arrêtés au seuil de cette pièce vide et bleue ! Tania disait alors :

— Un jour, tu entendras crier là-dedans !

Et cela paraissait une plaisanterie.

— Entendez-vous votre fils ? Il a une bonne voix, dit la garde en ouvrant la porte.

Un vagissement aigu, inarticulé, venait du berceau. Michel éprouva un serrement de cœur. Il y avait quelqu'un là où, la veille encore, il n'y avait personne. Sur la pointe des pieds, il s'approcha du berceau, qui était une niche de rubans et de dentelles. Une lampe, voilée d'un mouchoir bleu, éclairait cette nacelle d'étoffe. Au fond, reposait un nourrisson au visage plissé et rouge, aux poings minuscules, à la bouche humide.

Michel s'inclina au-dessus de son fils avec inquiétude, avec respect. Le mystère de la création lui donnait le vertige. Gravement, il considérait cet inconnu, qui s'était démoulé de la nuit, et qui s'imposait au monde avec son avenir inscrit dans le creux de ses mains. En vérité, il lui semblait que l'enfant n'était pas à lui, mais communiquait encore avec un royaume préliminaire, inaccessible aux mortels. Plus tard, ce paquet vagissant s'éloignerait de l'énigme originelle. Il deviendrait le petit Serge Danoff. Un nouveau venu, avec qui les hommes devraient vivre et compter.

Michel se redressa pour aspirer l'air calme et tiède de la chambre. Il se sentait fort et léger. Il avait envie de rire.

À ce moment la porte s'ouvrit largement. Marie Ossipovna, noire et droite, entra dans la pièce. Michel fut fâché de cette intrusion. Il eût souhaité demeurer seul en face de son fils. Il dit :

— Ah ! te voilà, maman... J'allais te chercher...

Marie Ossipovna s'approcha de l'enfant.

— Je viens de chez Tania, dit-elle. Là-bas, tout va bien. Et ici, voyons... voyons... Il est laid, mais il a l'air fort !

— Huit livres, dit Michel avec orgueil.

— Chez nous, dit Marie Ossipovna, on les attache sur une petite planche pour qu'ils aient le dos plat, et on leur met un tuyau de bois entre les jambes pour dériver l'urine. Il faudra aussi le coiffer d'un bonnet serré, afin que ses oreilles ne s'écartent pas de la tête. Tout ça, une jeune femme ne peut pas le savoir, bien sûr !

— Tania sait très bien ce qu'il faut faire, dit Michel avec agacement. Et les méthodes circassiennes sont un peu déplacées ici.

— Elles font pourtant de beaux enfants, dit Marie Ossipovna avec hauteur.

Puis, elle ferma les yeux, mouilla son pouce d'un coup de langue, et se mit à réciter une lente prière en dialecte tcherkess. De temps en temps, elle claquait des dents comme pour couper un fil, balançait la tête et reprenait son incantation. À la fin, elle fit le simulacre de cracher par terre :

— Tfou ! Tfou ! Ça ira ! Tfou ! Tfou ! Tout ira.

Et elle sortit en grommelant :

— Les sourds apprendront à m'entendre !

Dans le couloir, se pressait déjà un groupe de domestiques, anxieux de voir leur petit maître : les femmes de chambre, la lingère, le cuisinier et ses aides, le portier, le cocher, le laquais, et Tchass, le gardien tcherkess, mandé d'Armavir sur l'ordre de Marie Ossipovna. Tous défilèrent devant le berceau avec des mines extasiées de suppliants. Les femmes se poussaient du coude et bredouillaient des câlineries à l'adresse du bébé :

— Regarde, s'il est mignon !

— À qui ressemble-t-il ?

— C'est Monsieur en plein !

— Non, c'est Madame !

Les hommes se penchaient, gênés, au-dessus de l'enfant et disaient :

— Oh ! qu'il est petit !

Le gardien tcherkess voulut glisser quelques balles de revolver dans le berceau, pour appeler sur le nouveau-né les vertus du courage et de la force. Michel eut beaucoup de mal à lui expliquer que ce geste mécontenterait la barynia.

— Est-ce que je pourrai au moins tirer un coup de feu dans la cour ? demanda Tchass, d'un air contrit.

— Non.

— Alors, on ne doit rien faire ?

— Rien.

— Et où est la gaieté ?

— Là, dit Michel en touchant du doigt sa poitrine.

Tchass fourra les balles dans sa poche, haussa les épaules et s'éloigna en faisant craquer ses bottes.

Le lendemain fut un jour de fête pour toute la maisonnée. Tania reçut les félicitations de ses domestiques et leur fit distribuer quelques menus cadeaux : des pièces de tissu, des colifichets, du tabac, de l'argent et des sucreries. Dès le matin, des corbeilles de fleurs arrivèrent à la maison de la rue Skatertny. La chambre de Tania en était bondée. Elle reposait dans un massif de pétales multicolores, comme une princesse de légende. Il y avait même des bouquets de violettes épinglés à sa couverture. Des monceaux de télégrammes encombraient le guéridon du boudoir. Michel avait recommandé d'offrir une gratification de cent roubles aux employés de la poste. Dans la rue, le portier avait étalé des jonchées de paille fraîche pour amortir les bruits aux abords de la maison. Eugénie ne quittait plus le chevet de Tania. Elle demanda qu'on lui fît dresser un lit dans la pièce voisine. Elle disait :

— C'est le plus beau jour de ma vie. Cet enfant est mon enfant.

Marie Ossipovna trottait dans les couloirs, bousculait les domestiques et déclarait, à qui voulait l'entendre, qu'à Armavir, pour la naissance d'un Danoff, il y aurait eu des réjouissances municipales avec courses équestres et illuminations. La nourrice, Prascovie, se pavanait en grand costume et présentait l'enfant aux visiteurs.

— Celui-ci, il sucera bien, disait-elle d'un air compétent.

Au pied de l'escalier, un laquais assurait le service d'ordre. Il recevait les corbeilles de fleurs, les télégrammes, les boîtes de bonbons et les dirigeait sur le boudoir de Madame. Il distribuait aussi des aumônes aux pauvres qui attendaient devant la porte, sur le trottoir. C'était également lui qui triait les visiteurs et leur fixait une date et une heure d'audience. Aux uns, il annonçait que Madame ne serait pas visible avant trois jours, aux autres, il conseillait de repasser le lendemain. Les intimes seuls avaient accès, séance tenante, à la chambre de Tania.

Volodia fut l'un des premiers reçus. Il exultait. Riant et pirouettant, il affirma que Tania était trop jolie et trop fraîche pour une accouchée de la veille. La tricherie était manifeste. L'enfant n'était pas d'elle.

Tania, les joues roses de joie, les yeux brillants, suppliait Volodia de ne pas la faire rire :

— Ça me fait mal !

— Le rire n'a jamais fait de mal à personne. Qu'on apporte le jeune homme !

Devant le « jeune homme », il s'écria :

— Il est magnifique. Le nez de Michel, les yeux de Tania. C'est le portrait du ménage.

Puis, il claqua des talons et dit d'un air grave :

— Serge Mikhaïlovitch, vous m'êtes décidément fort

sympathique. J'espère que nous aurons l'occasion de nous revoir.

Le bébé hurla.

— Emportez-le, dit Tania d'un air souriant et las.

Et la nourrice, tenant le poupon contre sa poitrine, sortit majestueusement.

Les jours suivants furent marqués par l'arrivée de la famille Arapoff. Akim, qui était encore très faible, n'avait pas pu accompagner ses parents. Nina s'était récusée, prétextant un malaise diplomatique. Mais Lioubov daigna se déplacer pour admirer son neveu. La rencontre entre Lioubov et sa famille fut assez pénible. Constantin Kirillovitch et sa femme avaient été profondément blessés par la fuite de leur fille aînée et ses « relations libres » avec un saltimbanque. Cependant, lorsque Lioubov leur eut annoncé qu'elle divorçait d'avec Kisiakoff pour épouser Prychkine, ils se détendirent un peu. Sans doute, Prychkine n'était qu'un acteur, mais il valait mieux que Lioubov fût sa femme légitime que sa maîtresse. La réconciliation générale s'accomplit devant le berceau. Il y eut des baisers, des larmes, des promesses solennelles et des bénédictions. Lioubov, pardonnée, acceptée, retrouva aussitôt toute son assurance. Vis-à-vis de Tania, elle posait à la comédienne égarée dans un milieu bourgeois. Elle affectait de mépriser le luxe et le confort extrêmes de la maison. « Tout ce qui est trop beau vous enchaîne », disait-elle, répétant les propres paroles de Prychkine. Et aussi : « Moi, j'estime qu'il y a d'autres joies pour une femme que celles du lit et de la chambre d'enfant. Si tu connaissais l'enivrement de la création artistique !... » Elle prétendit également que les bébés lui faisaient peur, comme une manifestation de l'au-delà, et qu'elle ne voyait rien d'appétissant dans le tripotage de ces petits monstres potelés et bavants. Devant son neveu, elle murmura :

— Est-il possible que cela devienne beau un jour ?

Pourtant, elle examina de près le trousseau, demanda si le tissu avait été fourni par les établissements Danoff, et si on pouvait lui en procurer quelques *archines*, à prix réduit, pour de la lingerie personnelle. Lorsque Michel lui eut répondu par l'affirmative, elle lui serra vigoureusement le bout des doigts.

— Merci, Michel. J'aime tant la lingerie ! À propos, j'ai une lettre pour vous de Sacha Prychkine. Il m'a priée de vous la remettre en main propre.

Michel prit la lettre, la parcourut et la glissa dans sa poche.

— Vous lui direz, prononça-t-il sèchement, qu'il est encore trop tôt pour compter sur mon aide. Je lui ai promis un peu d'argent pour monter son théâtre. Mais à la condition qu'il régularise une situation aussi désagréable pour moi que pour votre famille. Quand le divorce aura été prononcé et que M. Prychkine sera devenu votre mari, je me ferai un devoir de commanditer sa petite affaire. Mais pas avant, pas avant...

— Les formalités du divorce sont si longues ! soupira Lioubov. Et il est si pressé de réaliser son rêve !

— Admettons que je sois moins pressé que lui, dit Michel.

— Je comprends ! Je comprends ! Vous avez bien d'autres soucis en tête. Vos propres affaires ! Tania ! Cette naissance ! Vous trouvez que c'est un joli prénom, Serge ? Pas moi. Mais cela n'a guère d'importance ! Ce qui m'étonne, c'est qu'aimant Tania comme vous l'aimez vous n'ayez pas hésité à lui faire un enfant !

— Que voulez-vous dire ?

— Ce n'est pas gentil d'abîmer une jolie femme pour le plaisir d'avoir un héritier. Sacha et moi avons décidé que nous n'aurions pas d'enfants. Le théâtre exige des actrices une certaine discipline esthétique. Vous saisissez ?

— Non.

— Mais si. Nous devons demeurer parfaites aux yeux du public. Or, une femme est toujours déformée après un accouchement. Les seins tombent, les vergetures apparaissent. C'est atroce ! J'espère que Tania a une bonne masseuse.

— Pas mauvaise, je vous remercie, dit Michel, et il lui tourna le dos.

Après le départ de Lioubov, les parents de Tania restèrent quelques jours encore à s'extasier devant leur petit-fils. Zénaïde Vassilievna, surtout, était ensorcelée par la robustesse et la grâce du bébé. Elle ne pensait qu'à lui, ne parlait que de lui et regrettait de ne pouvoir le bichonner elle-même. Lorsqu'on baignait l'enfant, elle se pâmait d'aise et battait des mains :

— Ces petits pieds ! Ces petits genoux ! Ces petits ongles ! Oh ! je le mangerais !

Marie Ossipovna était outrée par les manifestations de cet amour dévorant. D'ailleurs, elle trouvait qu'il y avait trop de monde autour de Tania. Qu'avait-elle fait d'extraordinaire, après tout ? Selon la coutume circassienne, il était normal que des fêtes célébrassent la naissance d'un garçon, mais la mère se devait d'observer une attitude effacée et honteuse. Elle était impure. Au Caucase, sa vaisselle, ses vêtements, son linge particulier eussent été jetés à la fosse. Elle aurait vécu isolée de tous pendant les six ou sept semaines de la purification. Mais, à Moscou, aucune tradition n'était plus de mise. Tania recevait des étrangers dans sa chambre, écoutait leurs flatteries, acceptait leurs présents. Michel était bien sot de tolérer un pareil manquement à l'usage. Marie Ossipovna se consolait en gourmandant les domestiques. Tania étant alitée, elle devenait, de plein droit, la seule maîtresse de maison. Pourtant, elle devinait bien que la valetaille lui était hostile. Ou n'exécutait ses ordres qu'à contrecœur. On allait en référer à Madame. Alors, Tania donnait un contre-ordre. Il fallait s'expliquer avec la bru. Et la bru profitait de sa faiblesse, jouait les fillettes nerveuses, demandait de la valériane.

— Le malheur a commencé lorsque nous avons quitté Armavir, disait Marie Ossipovna. Tant que la famille Arapoff sera dans ces murs, tout ira sens dessus dessous.

Cependant, Zénaïde Vassilievna, fondue de bonheur,

ne voulait plus partir. Constantin Kirillovitch fut obligé de lui rappeler qu'Akim les attendait à Ekaterinodar pour qu'elle consentît à prendre congé de Tania.

Tania put se lever dès la fin du mois. Le 14 mai, elle donna un souper intime de quinze couverts. Il y avait un petit cadeau glissé sous la serviette de chaque convive. Des Tziganes chantèrent pendant le repas. Tania portait une toilette de velours violet sombre, ornée de dentelle écrue. Elle se sentait mince et légère comme autrefois. Et beaucoup plus respectable. Volodia lui débita des compliments durant toute la soirée. Vers une heure du matin, elle s'éclipsa pour aller regarder le petit Serge qui dormait dans la pâle clarté de la veilleuse. Elle le baisa au front et rejoignit ses invités, avec le besoin renouvelé de rire et d'être courtisée. Il lui semblait que, grâce à elle, l'univers entier entrait dans une ère de prospérité pacifique.

Ce même jour, tandis que Tania fêtait ses relevailles, l'escadre de l'amiral Rojdestvesnky, ayant achevé son héroïque voyage autour du monde, rencontrait à Tsou-Sima la flotte japonaise de l'amiral Togo. Après quarante-huit heures de combat, tous les navires russes étaient coulés, capturés ou dispersés par les unités nipponnes. Certains pensèrent que les hostilités n'avaient plus de raison d'être, puisque la Russie n'avait pas de flotte en Extrême-Orient et que le Japon était une île. Mais la guerre se poursuivit, vaille que vaille, et des hommes tombèrent encore pour une cause à laquelle ils ne croyaient plus.

18

De jour en jour, l'impatience et la rage d'Akim devenaient plus intenses. Son pays le dégoûtait. Ceux qui ne se battaient pas, les embusqués, les malades, les intellectuels, les socialistes, sabotaient la guerre. Là-bas, des milliers d'hommes luttaient pour la défense de la patrie. Ici, on ne parlait que de comités d'études, de réunions de *zemstvos*, de conférences d'étudiants et de professeurs. En mars, avril, mai, les instituteurs, les médecins, les avocats, les pharmaciens, les littérateurs, les champions du féminisme, les employés des chemins de fer fondèrent des associations abondantes. Ces congrès, plus ou moins officiels, rassemblaient des hordes de messieurs à barbiches et à faux cols sales, qui votaient, condamnaient, absolvaient au nom de leur prétendu mandat populaire. Et le gouvernement, débordé, laissait faire. La lecture des gazettes exaspérait Akim. Il eût aimé oublier dans l'action ce fatras de paroles insolentes, ou qu'on le chargeât de réprimer les émeutes et de disperser les meetings, à coups de sabre, à coups de fouet. Mais il était cloué à sa chaise longue et devait vivre, impuissant et furieux, dans cette odeur de sueur prolétarienne et de papiers journaux.

Et, tandis qu'il s'enlisait ainsi dans l'oisiveté et la quiétude, les défaites de Mandchourie suscitaient de nouvelles grèves. À Varsovie, un cortège de huit mille personnes était assailli par les Cosaques. Au Caucase, les Arméniens étaient massacrés par les musulmans.

Des révoltes sanglantes éclataient à Odessa. L'équipage du *Prince-Potemkine* se mutinait et malmenait ses officiers, pendant que la racaille pillait les magasins du port. L'inquiétude gagnait l'entourage même de l'empereur. Au mois de juin, Nicolas II acceptait de recevoir une délégation des *zemstvos*, conduite par le prince Troubetzkoï, et promettait d'envisager la création d'un nouveau régime fondé sur la représentation populaire. Akim croyait rêver en lisant les dépêches des quotidiens. Il en discutait le soir, avec son père. Mais son père, même, lui semblait vaguement favorable aux réformes. Akim ne trouvait personne autour de lui qui fût suffisamment indigné de ce qui se passait en Russie. On disait :

— Ça ne peut pas continuer ainsi... Les besoins des masses se sont accrus... Il est juste que le gouvernement y mette du sien...

Le mari de Nina prétendait même que le moment était venu pour la Russie de suivre l'exemple des pays civilisés d'Europe. Ne voyaient-ils pas, ces libéraux de fraîche date, que la Russie glissait à l'abîme ?

Vers la fin de juin, des ouvriers défilèrent dans les rues d'Ekaterinodar en chantant *L'Internationale*. C'en était trop. Malgré les supplications de ses parents, Akim hâta les formalités du départ. Il était guéri. Il n'avait pas le droit de profiter des quelques jours qui lui restaient encore sur sa permission. Sa vie était là-bas, avec ceux qui agissent, non avec ceux qui parlent.

La séparation fut pénible, Zénaïde Vassilievna sanglotait sur le quai de la gare. Constantin Kirillovitch était pâle et ne savait plus sourire. Lorsque le train s'ébranla, Akim vit sa mère qui chancelait un peu et se retenait au bras du docteur. Akim cria :

— À bientôt !

Mais sa voix se perdit dans le fracas des roues.

Une autre désillusion attendait Akim au pays de la guerre. Les informations de Russie le poursuivaient de station en station sur la ligne du transsibérien. Rébellion à Cronstadt, jacqueries sur la Volga, oukase portant adoucissement des condamnations politiques, réunions gouvernementales pour l'élaboration des projets de réformes, famines, grèves... Étaient-ils devenus fous à l'arrière ? Fallait-il que l'armée se détournât des Japonais pour tomber sur les libéraux de Russie ? Dans le compartiment, Akim ne retrouvait plus cette atmosphère de mâle gaieté, de courage modeste, qu'il avait admirée lors de son premier voyage vers l'est. Les officiers qui lui tenaient compagnie avaient des visages faibles et irrités. Ils parlaient de pertes énormes en hommes et en matériel. Certains, même, n'hésitaient pas à souhaiter la fin de la guerre à n'importe quel prix. Dernière nouvelle : le ministre Witte avait quitté Saint-Pétersbourg pour se rendre aux États-Unis. Là, il rencontrerait les représentants du gouvernement japonais. Il ne s'était déplacé que pour demander la paix, sans doute. Mais, si les conditions japonaises se révélaient trop dures, il refuserait son accord. Et, alors, tout serait à reprendre. Ces officiers d'une race médiocre vivaient dans l'espoir que les hostilités cesseraient avant leur arrivée au front. Sans l'avouer encore, ils misaient sur l'habileté de Witte et la désorganisation incurable de l'armée russe. Ils lisaient les journaux avec fièvre. Les soldats aussi, dans leurs wagons à bestiaux, réclamaient des journaux. On eût dit, vraiment, que les journaux leur étaient devenus aussi indispensables que le thé traditionnel et les munitions de campagne.

— Des journaux ! Des journaux !... Witte a dit... Witte a décidé... Witte ne permettra pas... Il paraît que les *zemstvos*... La fraction sociale-démocrate... Le système électoral...

Pour d'obscures raisons d'opportunité, Akim ne devait pas rejoindre sa formation primitive, mais un autre escadron de Cosaques de Sibérie, dont le commandant et les officiers lui étaient à peine connus. Ce fut le 23 août qu'il atteignit son cantonnement, dans le village de San-Tchi-Goou. Le 24 août au matin, il prenait le thé, sous la tente, avec ses nouveaux compagnons d'armes. On l'interrogeait avec inquiétude :

— Que dit-on en Russie ?... Parle-t-on sérieusement de la paix ?... Est-ce pour bientôt ?... Est-il vrai qu'un manifeste impérial du 6 août n'a promis la création d'une Douma que pour calmer les révolutionnaires ?...

Tandis qu'Akim répondait à contrecœur aux questions de ses camarades, un officier à cheval s'arrêta devant la tente. C'était un tout jeune homme. Sa face ruisselait de sueur. Ses yeux pâles étaient agrandis par une sorte d'effroi religieux. Il criait quelque chose d'une voix enrouée.

— Que dis-tu, Bouratoff ? demanda le voisin d'Akim.

Bouratoff sauta de son cheval, entra dans la tente en courbant le dos. Tout le monde se taisait. Une même angoisse fermait tous les visages. Le jeune officier jeta sa casquette par terre et dit :

— La paix est signée, messieurs.

Une masse de plomb tomba sur les épaules d'Akim.

— Quoi ? Quoi ? Comment pouvez-vous... ? s'écria-t-il.

— La paix, mes amis, répéta Bouratoff en s'asseyant sur une caisse. Je viens de lire le télégramme officiel.

Akim baissa les paupières. Il se sentait écœuré et las, fâché contre quelqu'un et trop faible pour exprimer sa colère. Un silence funèbre écrasait l'assistance. De grands gaillards hâlés, aux uniformes poussiéreux, aux bottes crottées, penchaient le front et n'osaient plus se regarder les uns et les autres. On eût dit qu'ils veillaient un mort. Une voix prudente demanda :

— Leurs conditions sont peut-être acceptables ?

— Aucune condition n'est acceptable, dit Bouratoff. En signant la paix, nous avouons notre défaite. Nous rentrons chez nous, en vaincus.

— Ça vaut mieux que de ne pas rentrer du tout, murmura un autre.

— Paroles indignes d'un officier, monsieur ! s'écria un vieux capitaine à la moustache grise. Vous me faites honte !

Et il se moucha bruyamment.

— Voici la copie du télégramme, dit Bouratoff.

Akim sortit de la tente à lentes enjambées. Il pensait à Namikaï tout à coup : « Il n'y aura pas la paix. Il n'y aura pas la guerre. Il y aura un télégramme. » Le pauvre Namikaï avait raison. Que n'avait-il vécu assez longtemps pour l'arrivée de ce télégramme ? Tant d'héroïsme et d'abnégation dépensés en pure perte ! tant de sang gaspillé, tant de chair meurtrie pour rien ! Akim avait fui l'arrière pour échapper à la honte, mais il retrouvait cette même honte à l'avant. Les armées russes pouvaient vaincre, devaient vaincre. Leur triomphe aurait rehaussé le prestige du tsar. Mais les socialistes veillaient. De grève en grève, d'émeute en émeute, ils avaient détruit la confiance de l'empereur dans sa toute-puissance. Ils l'avaient contraint à douter de lui-même et de son armée. Grâce à eux, la grande Russie capitulait devant un Japon minuscule. Et des officiers applaudissaient à ce désastre.

Akim marchait comme un visionnaire entre les tentes blanches. Le soleil lui cuisait la nuque. Des mouches vertes bourdonnaient autour de sa figure en feu.

Devant lui, un Cosaque, accroupi au seuil d'une guitoune, fendait du bois pour chauffer le thé. Il avait un bon visage rond et naïf. Sa hachette luisait gaiement. Il chantait en cadence :

> *Sans me nourrir, sans m'abreuver,*
> *Elle me jeta dans la rivière...*

Au refrain, il relevait la tête :

> *La-laï, la-laï, la...*

Sa voix s'envolait, loin, au-delà du camp de toiles blanches. Il ne savait pas encore, celui-là. Il était heureux. Pauvres soldats ! Pauvres officiers ! Pauvre tsar ! Pauvre Russie ! Un sanglot se gonflait dans la gorge d'Akim. Il se détourna, porta les mains à sa figure, comme pour cacher sa honte. Et des larmes chaudes lui montèrent aux yeux.

À Moscou, les troubles révolutionnaires, qui s'étaient apaisés au printemps, reprirent de plus belle après la signature de la paix de Portsmouth. Cette paix ne contentait personne. Les bellicistes trouvaient qu'on l'avait signée trop tôt et que l'armée russe aurait pu vaincre ses adversaires, avec le temps. Les pacifistes estimaient qu'on l'avait signée trop tard et qu'on avait ainsi sacrifié des milliers de vies humaines pour un idéal impérialiste odieux.

Le 19 septembre, les compositeurs de l'imprimerie Sytine se mirent en grève : ils réclamaient que les signes de ponctuation fussent comptés comme caractères dans le calcul du salaire aux pièces. Toutes les typographies de Moscou cessèrent aussitôt leur travail, par esprit de solidarité. Cette querelle de points et de virgules gagna rapidement le syndicat des cochers qui brûla le tsar en effigie, le syndicat des boulangers qui exigea l'élargissement des détenus, le syndicat des cheminots qui menaça d'interrompre le trafic ferroviaire du pays. Les grévistes ne demandaient plus un ajustement de leur paie, mais les libertés civiques, l'amnistie générale et la convocation d'une Assemblée constituante. La ville était bondée de chômeurs qui déambulaient par bandes dans les rues, chantaient *L'Internationale*, renversaient les voitures et huaient les emblèmes de l'empire. L'eau était coupée, puis revenait par miracle. Mais la ville manquait d'électricité. Et on ne trouvait plus de bougies. L'électricité était rétablie, mais le téléphone s'arrêtait. Le prix des denrées alimentaires augmentait de jour en jour. Michel constituait des réserves de siège dans les caves de sa maison. Tania n'osait plus sortir. La nourrice sanglotait et voulait retourner chez elle.

Le 7 octobre, les cheminots de la ligne Moscou-Kazan déclenchèrent la grève. Le lendemain, les lignes de Iaroslav, Koursk, Riazan-Oural furent bloquées. Le 12 octobre, Moscou était retranché du reste du monde. Ce même jour, fut déclarée la grève générale. Plus d'eau, plus de lumière, plus de trains, plus de tramways, plus de ravitaillement. La grande cité s'enfonçait dans l'ombre et le silence, comme un navire touché qui donne de la bande. Et, toujours, dans les rues mortes, le long des maisons peureuses, aux volets clos, défilaient des ouvriers avec des pancartes et des étendards rouges. La troupe était prête à marcher contre les manifestants. Mais on attendait des ordres. Et le gouvernement, isolé, affolé, ne savait quelle décision prendre. La police opérait bien quelques arrestations, par-ci par-là. Et il y avait bien des cortèges réactionnaires de « cent noirs » qui se heurtaient, drapeaux tricolores en tête, aux processions révolutionnaires. Mais comment lutter contre le poids d'un pays entier qui renonce à vivre ? Comment soulever, retourner la masse de toute une nation têtue ? Qui incarcérer ? Qui tuer ? Que promettre ?

Le soir, Michel se postait à la fenêtre de sa chambre et considérait avec stupeur le chaos de la ville éteinte. On eût dit une cité frappée par quelque cataclysme géologique, vidée de ses clartés, de ses voix, de ses chairs, réduite aux pierres et au silence, prête déjà pour les études des siècles à venir. La Russie entière suivait l'exemple de Moscou. Des millions d'hommes se liguaient pour protester contre un régime vieilli. Le 16 octobre, les prêtres de toutes les églises moscovites lurent à leurs fidèles un message du métropolite Vladimir qui leur enjoignait de combattre l'insurrection. Et, le 17 octobre, le *Moniteur officiel* publiait un manifeste impérial accordant la Constitution.

Le lendemain, Michel se rendit au bureau selon son habitude. Les trois quarts des employés étaient absents à cause de la grève des tramways et des fiacres. Mais Volodia était à son poste. Il rayonnait de joie.

— La Constitution est octroyée ! Le peuple est en liesse ! Tout est sauvé ! s'écria-t-il en apercevant Michel.

— Je suis moins optimiste que toi, dit Michel. Nos révolutionnaires ont les dents longues. Les ouvriers ont compris que le tsar a eu peur de leur nombre et de leur puissance. Ils se sentent les maîtres. Ils ne s'arrêteront pas en chemin !

— Tu les prends pour des ogres !

— Pour des hommes, tout au plus. Les hommes sont insatiables.

— Penses-tu ! Secoue-toi ! Sois jeune ! Sois européen, que diable ! Descendons dans la rue. Nous marcherons un peu. Nous regarderons la ville qui s'éveille. Nous saluerons la figure des premiers hommes libres de Russie.

— À ta guise, dit Michel. Mais tu me permettras de prendre ma canne ferrée.

Volodia se mit à rire et accusa Michel d'être un « cent noir » qui s'ignorait.

Ils sortirent tous deux et se mêlèrent à la foule. Aux fenêtres des maisons bourgeoises pendaient des drapeaux tricolores. Mais des étendards rouges étaient accrochés aux réverbères. Quelques magasins avaient eu leurs vitres brisées la veille, et des agents de police gardaient la devanture. Les passants envahissaient le trottoir, la chaussée. Ils allaient par petits groupes indécis : des ouvriers, des lycéens, des messieurs bien mis, à chapeaux melon et à cols de castor, des dames à voilettes. Les visages étaient calmes, heureux. Des voix discordantes criaient :

— Hourra ! Vive la liberté ! Vive le peuple !

— Eh bien ? dit Volodia. Je ne crois pas qu'ils soient si méchants !

En débouchant dans la rue Nicolskaïa, la foule ralentit son mouvement. Un orateur se tenait debout dans une voiture découverte. Il portait un ruban rouge à la boutonnière. On n'entendait pas bien ce qu'il disait, mais les mots : « liberté », « citoyens », « prolétaires », et « Constitution », revenaient à intervalles réguliers, comme des chocs de cymbales. Tout à coup, un ouvrier des premiers rangs tira le tribun par la manche et le fit basculer en glapissant :

— À moi, la parole.

Et il escalada péniblement le marchepied de la voiture.

L'ouvrier était ivre. Sa grosse face était marquée de coups. Il ouvrit la bouche, hoqueta et l'assistance éclata de rire.

— Heu ! Écoutez tous, cria-t-il enfin. On est des hommes libres !... C'est fini !... Les riches ont sucé notre sang !... Nous allons sucer le leur !...

— En attendant, tu suces la bouteille ! dit quelqu'un.

Le pochard montra le poing, se détourna et vomit sur le siège du cocher.

— C'est ignoble, dit Michel.

— Ne t'arrête pas aux détails, dit Volodia.

Plus loin, ils virent un gamin de quinze ans, en uniforme d'écolier, grimpé sur une borne et qui déclamait avec une voix de jeune coq :

— Citoyens ! Nous sommes tous frères ! L'union fait la force...

Des femmes riaient :

— Retourne chez ta mère.

— Descends, polisson !

Un petit homme à lunettes et à barbiche noire s'était installé au balcon d'un premier étage. Des drapeaux rouges masquaient la fenêtre, derrière lui. Il hurlait :

— N'acceptez pas la Constitution !... Elle n'est pas assez démocratique !... Un marché de dupes !... Le tsar vous a trompés !...

— Et la police tolère ça ! dit Michel.

— Il n'y a plus de police, s'écria son voisin. Grâce au ciel, les bourgeois ne peuvent plus compter sur la police !

Lui-même était habillé en « bourgeois » et portait une grosse perle à sa cravate noire.

— Imbécile, grogna Michel. Vous ne savez pas ce que vous dites !

— Tais-toi, dit Volodia. Tu finiras par nous faire remarquer.

Dans la rue Tverskaïa, Michel et Volodia se joignirent à un cortège en règle qui montait vers le palais du gouverneur Dournovo. La masse compacte des manifestants coulait entre les belles demeures à balcons ouvragés. Des drapeaux rouges ondulaient au-dessus de la foule. Çà et là, se balançaient des banderoles écarlates aux inscriptions blanches : *Libérez les prisonniers politiques, Vive le prolétariat victorieux, Ouvrez les cellules du tsarisme...*

La multitude chantait en chœur : *Debout ! Lève-toi, peuple laborieux !*... Quelques soldats marchaient, bras dessus bras dessous, avec des ouvriers et des filles. Des lycéens jetaient des proclamations par poignées. Trois dames élégantes passèrent en se tenant par la taille. Elles aussi piaillaient d'une voix aiguë :

Debout ! Lève-toi, peuple laborieux !...

Et les fleurs de leurs chapeaux oscillaient en cadence.

— Tu trouves ça beau, toi ? demanda Michel.

— Ce sont des enfants ! De grands enfants ! dit Volodia. Aujourd'hui, ils gueulent. Demain, ils se calmeront et reprendront leur travail.

En arrivant devant le palais du gouverneur, Michel fut étonné de voir que le général Doubassoff, en grand uniforme, était à son balcon. Il haranguait la foule où flottaient des drapeaux rouges et des pancartes insolentes. On n'entendait pas un mot de son discours. Mais le fait seul qu'il acceptât de parler devant ceux-là mêmes qui avaient bafoué les effigies impériales paraissait à Michel un signe évident de déchéance et de lâcheté. Les agents de police, perdus dans la cohue, avaient des visages moroses. Ils se sentaient vaincus, trahis. Le peuple exultait de leur défaite.

— Hou ! La police !

— Vive le prolétariat !

— Partons ! dit Michel. Je présume que je vais faire un malheur.

Volodia lui posa une main sur l'épaule.

— Que tu es nerveux ! dit-il. Ne sens-tu pas la grandeur de cette journée ? La Russie s'intègre à l'Europe.

Une Assemblée législative s'élabore dans l'ombre. Les élus du peuple...

— Je me méfie trop du peuple pour espérer quoi que ce soit de ses élus, dit Michel. Crois-tu que le moujik illettré, l'ouvrier inculte aient besoin d'être représentés au gouvernement ? Le pays n'est pas prêt pour la réforme...

— Dieu, que tu es en retard ! soupira Volodia.

Les deux amis s'éloignèrent du palais par des rues secondaires plus calmes. Cependant, à l'angle du boulevard Nikitsky, ils se heurtèrent à une procession d'hommes et de gamins, ceints d'écharpes blanches. C'étaient les fameux « cent noirs », champions de l'autocratie, instigateurs des pogroms d'Odessa et des meurtres d'étudiants aux abords des universités. Ils étaient précédés de drapeaux aux couleurs nationales. Ils chantaient : *Dieu protège le tsar*. Comme un cortège révolutionnaire débouchait de la porte Nikitskaïa, les « cent noirs » s'immobilisèrent. Leur chef, un grand gaillard barbu, vêtu d'une tunique bleue et chaussé de bottes boueuses, leva le poing.

— En avant, frères, cria-t-il. Pour le tsar ! Pour la foi ! Pour la patrie !

— Filons, dit Volodia. Il y aura de la casse.

Des pierres volaient d'un groupe à l'autre. Un coup de feu claqua. Quelqu'un hurla :

— Égorgez-les ! Assassins, payés par la police ! Valets du tsar !

Michel brandit sa canne ferrée.

— Tu es fou, Michel ? balbutiait Volodia. Il faut rentrer. Vite, vite...

Il était pâle. Il claquait des dents. Michel se laissa entraîner, à contrecœur. Non loin de sa maison, il avisa quelques voyous qui déchiraient un portrait du tsar et en offraient des morceaux aux passants :

— Un petit bout comme souvenir, citoyen... On le distribue pour rien... L'occasion ne se présentera plus...

Michel considérait le gamin haillonneux et blême, aux yeux de fièvre, aux lèvres tuméfiées, qui se tenait debout devant lui. La main maigre, bleuie par le froid, lui présentait un fragment de carton colorié :

— Acceptez, camarade... C'est la moustache du monarque... Peut-être préférez-vous son œil, ou sa barbe ?...

Sans dire un mot, Michel leva sa canne et en appliqua un coup sec sur les doigts du garçon. Tous se dispersèrent en criant, comme une volée de moineaux. Un pavé frappa le mur, à deux pas de Michel. Au bout de la rue, un agent de police observait la scène sans songer à intervenir.

— Rentrons, dit Volodia, Tania doit être inquiète.

Le lendemain, les meetings et les processions reprirent avec une ampleur nouvelle. Les révolutionnaires, satisfaits au premier abord par les termes de l'édit impérial, prétendaient à présent que les libertés octroyées n'étaient pas suffisamment « démocratiques ». Le 20 octobre eurent lieu les funérailles populaires du vétérinaire Baumann, qui avait été tué lors des manifestations. Plus de trois cent mille personnes, un millier de couronnes, trois cents étendards, suivaient le cercueil drapé de rouge et que n'assistait aucun prêtre. Au retour de l'enterrement, la procession rencontra des bandes de « cent noirs ». Un escadron de Cosaques fonça dans la bagarre. Des coups de feu furent échangés. Il y eut six morts et une centaine de blessés graves. Le 20 octobre, le gouvernement capitulait, pour la seconde fois, et Witte publiait un oukase impérial sur *l'allégement du sort des personnes qui, avant la promulgation du manifeste, s'étaient rendues coupables de crimes contre l'État.*

Cependant, le 1er novembre, l'état de siège ayant été proclamé en Pologne, des grèves partielles répondirent à cette « mesure de provocation ». La ville vivait par saccades, lentement asphyxiée, sûrement démembrée par les ordres et les contre-ordres des syndicats. Le 4 décembre, le soviet des députés ouvriers de Moscou commanda à ses fidèles de se tenir prêts, à tout instant, pour une seconde grève générale, accompagnée d'un soulèvement armé. De nouveau, les chemins de fer, les omnibus, les tramways, les imprimeries, les usines, qui s'étaient remis à fonctionner vaille que vaille depuis la publication du manifeste, furent arrêtés. De nouveau, il y eut des cortèges avec drapeaux rouges et *Marseillaise* dans la rue Tverskaïa, des meetings au théâtre de l'Aquarium et à l'Olympia, des échauffourées avec les Cosaques et des pillages de magasins. Le 9 décembre, sur la demande des organisations révolutionnaires, les terroristes commencèrent à exterminer méthodiquement les agents de police. La troupe cerna l'école réale de Fidler, où les socialistes révolutionnaires et les socialistes démocrates s'étaient rassemblés pour préparer une action commune. Mais les émeutiers refusaient de sortir et fusillaient les soldats par les fenêtres. Le soir même, dans le quartier de la place Stratsnaïa et de l'ancien Arc de Triomphe, des combattants bénévoles élevaient les premières barricades faites de poteaux entrecroisés, d'enseignes, de bancs, de volets, de charrettes et de fil de fer. Le lendemain, d'autres barricades poussaient un peu partout, dans la ville. Le centre de la rébellion était la manufacture Prokhoroff, dans le quartier de Presnia.

Volodia habitait depuis quelques jours chez les Danoff. La maison était close comme une forteresse. Michel n'allait plus au bureau. Marie Ossipovna lisait des incantations à longueur de journée. Tania prétendait que son fils devenait nerveux à cause des coups de feu qui ébranlaient les vitres de la chambre. Elle pleurait. Elle maudissait les révolutionnaires. Et elle buvait de la valériane avant de s'endormir. Seul le gardien tcherkess s'aventurait encore dans la ville pour son plaisir. Les combats de rues l'amusaient prodigieusement. Il rentrait de ses expéditions avec un visage animé et des mains noires de poudre.

— Oh ! disait-il, comme on a bien tiré ! J'ai tué un policier qui voulait m'arrêter, et un ouvrier qui voulait me féliciter d'avoir tué le policier ! Tenez, voici des œufs que j'ai volés dans une boutique...

— Tu es fou, Tchass ! s'écriait Michel.

Tchass avait un sourire animal, rusé et simple. Il balançait la tête :

— La porte était cassée... Les œufs étaient là... Et on tirait de tous côtés... Sûrement, quelqu'un d'autre les aurait pris, si je ne les avais pas pris moi-même...

— Mais qu'as-tu vu ? Qu'as-tu entendu ?

— Beaucoup de bruit. Sur une borne, il y avait une assiette avec un morceau de chair humaine. Une main, je crois. Et un homme criait : « Donnez votre argent pour les victimes de l'insurrection. » J'ai renversé l'assiette et je me suis enfui. Puis, je me suis un peu battu sur une barricade. Et une dame m'a embrassé. Ah ! quelle belle ville, quelle belle vie ! Je vais nettoyer mon revolver.

19

Dès les premiers jours de décembre, Nicolas et Zagouliaïeff avaient résolu de quitter Saint-Pétersbourg pour se rendre à Moscou. Ils montèrent dans l'un des derniers trains en partance. Zagouliaïeff était furieux contre le parti, qui n'avait pas jugé utile de soutenir plus efficacement l'insurrection moscovite. Les grèves de Moscou n'avaient pas été dictées par le parti. Elles étaient nées sous l'impulsion de quelques syndicats isolés. Les ouvriers manquaient d'armes et luttaient avec autant de bravoure que d'incohérence. Était-ce une raison pour les priver de renforts ? Les deux amis étaient seuls, par chance, dans le compartiment. Zagouliaïeff parlait d'une voix acide qui dominait le fracas monotone des roues et la vibration des vitres aux aiguillages :

— Quelle saloperie ! La vérité, vois-tu, c'est que les camarades du parti ne veulent pas salir leurs manchettes. Ils aiment jouer de la langue et pas du revolver. Ils préfèrent exposer la carcasse des autres. C'est normal. C'est humain. Mais ce n'est pas révolutionnaire !

Nicolas avait appuyé la tête contre la cloison. Il était fatigué. Il dit du bout des lèvres :

— Tu les attaques à tort, Zagouliaïeff. Ils ont leurs arguments, comme tu as les tiens. Ils estiment que, si quelque part en Russie, hors du contrôle du parti, contre toute logique, contre toute discipline révolutionnaire, des ouvriers mécontents déclarent la grève et dressent des barricades, le parti n'est pas automatiquement obligé de leur venir en aide !

— Et pourquoi ?

— N'est-il pas dangereux d'épuiser les ressources intellectuelles du parti pour le premier mouvement révolutionnaire qui se déclenche en Russie ? Faire tuer des chefs, désorganiser des cadres ? C'est grave, ça.

— Les chefs ? Les cadres ? Que me chantes-tu là, mon petit ? Une révolution se fait moins avec des chefs et avec des cadres qu'avec la masse anonyme de la nation. Je me fous des chefs, je me fous des cadres ! À quoi servent-ils ? Ils parlent. Mais qui jette les bombes ? Et qui meurt sur les barricades ? Ils n'ont jamais tenu un revolver dans leurs pattes de scribes, les chefs. Ils ne sont là que pour pousser les autres dans le dos. Moi, je dis, si tu reconnais la terreur, si tu prêches la bataille, tu dois être prêt, le moment venu, à risquer ta peau comme les copains.

— Il y a des gens qui ne sont pas faits pour la terreur, pour la bataille...

— Alors, qu'ils ne se mêlent pas de diriger les autres. Qu'est-ce que c'est que cette division du travail, je te le demande ? Les uns rédigent des circulaires, des décisions, des contre-décisions et des manifestes. Et ils ne sont nés que pour ça, paraît-il. Les autres se font égorger dans les rues pour le plus grand honneur de la révolution. Pourquoi ? Hein ? Tu crois qu'il faut des dispositions morales, des diplômes universitaires, un certain tour de poitrine, un poids spécial, une forme de mollet particulière, pour descendre un gendarme ou se faire casser la margoulette en gueulant : « Vive la liberté ! » Tu crois que tous les hommes ne se valent pas dès qu'ils ont un mauser à la main ? Ces bavards sentencieux me font rire : « Je ne pratique pas la terreur, parce que le parti a besoin de mes services... On ne peut décapiter le parti... Le bureau du parti... prenant en considération... » Et les langues marchent. Et les plumes grincent. Et, tandis que des centaines de braves gars se font trouer la bedaine pour le triomphe de la cause, ces messieurs du parti boivent du champagne et impriment des circulaires. Voilà, voilà ce que je comprends aujourd'hui ! La révolution aussi a sa bureaucratie. Elle finira par avoir son tsar, si ça continue. Et tout sera à recommencer ! Ah ! merde !...

Nicolas ferma les yeux. Zagouliaïeff parla encore quelque temps. Puis, il se tut et releva le col de son manteau. Le contrôleur pénétra dans le compartiment. Il portait une petite lampe à la ceinture. Son visage était lourd de sommeil.

— Vous allez à Moscou ? dit-il en poinçonnant les billets jaunes que lui tendait Zagouliaïeff.

— Oui.

— Je ne sais pas si vous y arriverez. Ils font la grève là-bas. Ils arrêtent les trains. C'est dangereux...

— Ah ! oui ! dit Zagouliaïeff.

— Quelle histoire ! soupira le contrôleur.

Et il sortit en bâillant.

La neige tombait à gros flocons rares et paresseux. Dans une rue proche de la Sadovaïa, quelques ouvriers, en courtes pelisses de mouton, construisaient une barricade. Un portier les regardait faire avec curiosité. Il s'approcha d'eux, enfin.

— Renversez le traîneau sur la barricade, dit-il, ça tiendra mieux.

— De quoi te mêles-tu ? lui demanda Zagouliaïeff.

— Eh ! dit le portier, si ça m'amuse ?

Nicolas pouffa de rire.

— Laisse-le donc, dit-il à Zagouliaïeff. Chacun vient à la révolution par sa propre route. L'un parce que ça le passionne, l'autre parce que ça l'effraie, le troisième parce que ça l'amuse...

— Oui... Oui... Voilà... Moi, ça m'amuse, répétait le portier en peignant à pleins doigts sa barbe rousse.

— Eh bien, alors, viens nous aider, phénomène ! cria un ouvrier.

Le portier cracha dans ses mains et se joignit aux

trois hommes qui tentaient de fixer des plaques de tôle pour couronner l'enchevêtrement de planches, de poutres et de chaises dépareillées qui formaient l'assise de la barricade. Des voix joyeuses se répondaient dans l'air froid du crépuscule :

— Appuie mieux la banquette, imbécile !

— Passe-moi du fil de fer !

— Si on plantait le drapeau rouge au-dessus de la commode ?

— Non, il sera mieux sur le traîneau.

— Pousse... Tire... Ho, hisse ! Ho !

Comme le traîneau était lourd à remuer, les insurgés se mirent à chanter et à jurer gaiement pour soutenir leur effort. On eût dit, vraiment, qu'ils étaient des gamins bâtissant un bonhomme de neige. Pour eux, l'émeute de Moscou demeurait un jeu viril, plein d'incidents cocasses et de dangers attrayants. Cependant, la veille encore, deux de leurs camarades avaient été tués, lors d'une échauffourée avec les Cosaques.

Il y avait trois jours que Nicolas et Zagouliaïeff avaient pris le commandement de la bande. Dans l'ensemble, ils avaient fait du bon travail. Mais c'était toujours la même chose. Une patrouille arrivait au trot. Les insurgés lui tiraient dessus, puis s'en allaient, un à un, en rasant les murs. Alors, les Cosaques ramassaient leurs morts et démolissaient la barricade. Quand ils étaient partis, on la reconstruisait avec entrain et on s'embusquait de nouveau. Aujourd'hui, pourtant, la lutte menaçait de devenir sérieuse. On racontait que le régiment de la garde Semionovsky avait été envoyé de Saint-Pétersbourg à Moscou. Si les troupes régulières de Moscou ne combattaient que mollement, chaque ouvrier savait que la garde, elle, se montrerait active et impitoyable. Nicolas regarda avec tendresse l'un des insurgés, un galopin aux joues rouges, qui piétinait la neige amoncelée sur le sommet de la barricade.

— Hé ! criait Zagouliaïeff, ça suffit comme ça. Tu t'amuses au lieu de travailler.

Nicolas s'approcha de Zagouliaïeff :

— Rien de précis au sujet de la garde ?

— Non, j'attends Antyp qui est allé aux nouvelles.

— Tu crois que nous tiendrons ?

Zagouliaïeff fronça les sourcils.

— Bien sûr, dit-il. Pourquoi ne tiendrions-nous pas ?

— Si l'artillerie s'en mêle...

— Toute la ville, tout le pays se soulèvera dans un remous d'indignation...

Nicolas sourit tristement.

— Je le souhaite, dit-il, mais je suis sceptique. Saint-Pétersbourg ne nous soutient pas. Et ici, dans cette cité de commerce et de plaisir, la population nous regarde faire avec sympathie, mais sans songer à nous prêter main-forte.

Il frissonna. Des flocons de neige glissaient dans son dos par l'échancrure de son col.

— Deux hommes en sentinelle à la barricade, ordonna Zagouliaïeff. Les autres peuvent se reposer.

Ils entrèrent dans la cour d'une école municipale où brûlait un feu de bois. Les combattants se groupèrent autour du bûcher.

— Qui est de garde ? demanda Nicolas.

— Fédia et le portier, dit un homme. Ils ont voulu rester. Moi, je gèle.

Il soufflait dans ses doigts.

— Sainte Mère, gémit un autre. Ça fait des jours et des jours que ça dure. Bientôt, on n'aura plus rien à bouffer. Antyp a promis de rapporter quelque chose, mais je parie qu'ils l'ont coincé en route.

Antyp revint vers cinq heures du soir. Il traînait un sac plein de boules de pain et de saucisson. C'était un petit homme verdâtre, vêtu d'une longue lévite de cocher, d'un bleu délavé, et coiffé d'un bonnet de fourrure. Tandis que ses camarades se jetaient sur la nourriture, il prit Zagouliaïeff et Nicolas par le bras et les entraîna vers un coin de la cour.

— Ça ne va pas fort, dit-il. Ils sont arrivés. Avec de

l'artillerie. On prétend que les opérations de nettoyage commenceront demain...

Il fut interrompu par un hurlement d'alarme.

— Hé ! les gars ! À vos postes !

D'un seul mouvement, Nicolas, Zagouliaïeff et Antyp se ruèrent hors de la cour. Les autres les suivaient, mâchant un dernier lambeau de saucisson ou fourrant des bouts de pain dans leur poche.

Fédia avait sauté à bas de la barricade et appelait ses amis en agitant les bras :

— Les Cosaques !

— Combien ? demanda Nicolas avec un tremblement dans la voix.

— Une trentaine.

Zagouliaïeff escalada le traîneau et plaça la main en visière. Nicolas le rejoignit. Au bout de la rue, dans l'ombre brumeuse du soir, s'avançait une patrouille de Cosaques en capotes grises. Ils étaient à cheval. Leurs fusils luisaient faiblement. Depuis le massacre du 9 janvier, Nicolas éprouvait une haine instinctive contre tout ce qui portait l'uniforme. L'armée entière partageait la responsabilité de ces fusillades criminelles à la porte de Narva. On ne pouvait s'apitoyer à la fois sur la misère du peuple et sur le sort de ses ennemis. Avec lucidité, Nicolas soupesait dans sa main la masse froide du mauser. Une allégresse cruelle battait dans ses artères.

— Alors, demanda-t-il, on tire ?

— Pas encore, dit Zagouliaïeff. Ménagez les munitions. Attendez mes ordres.

Les Cosaques avaient mis pied à terre et progressaient en groupes clairsemés, le dos rond, l'arme à la main.

— C'est le bon moment, grondait Nicolas. Allons... allons... Vite...

Zagouliaïeff embrassa du regard la quinzaine de combattants qui s'étaient établis à l'abri de la barricade : le portier, Fédia, Antyp, et tous les autres. Chacun avait choisi sa place derrière les obstacles hétéroclites. Quelqu'un toussa.

— Prêts ? demanda Zagouliaïeff.

Nicolas cligna des yeux et visa un sergent énorme et moustachu qui marchait au premier rang. Du seul fait qu'il se trouvait dans la ligne de tir, ce sergent cessait d'être un homme et devenait une cible.

— Feu ! commanda Zagouliaïeff.

Nicolas abaissa la gâchette et un éclatement nombreux l'entoura. Lorsque la fumée se fut dissipée, il vit que les Cosaques avançaient toujours. Mais le sergent moustachu gisait, les bras en croix, dans la neige. Nicolas en éprouva un plaisir orgueilleux. À présent, les Cosaques ripostaient par salves régulières. Les balles sifflaient au-dessus de Nicolas, éraflaient les murs des maisons voisines. Un projectile frappa de plein fouet les tôles de la barricade qui résonnèrent plaintivement.

— Feu ! feu ! hurlait Zagouliaïeff.

Les Cosaques n'étaient plus qu'à une cinquantaine de pas. On distinguait leurs visages, leurs mains. Trois corps sombres étaient couchés sur la chaussée. Nicolas visa un homme au hasard, tira. Mais l'homme continua sa route. Nicolas tira encore.

Tout à coup, un ordre guttural retentit au fond de la rue, et les Cosaques rebroussèrent chemin en courant. Au passage, ils ramassaient leurs camarades blessés ou tués, et les traînaient par les bras, par les jambes.

— Tirez-leur dans le dos, dit Zagouliaïeff.

Les insurgés mitraillaient à volonté la patrouille en retraite. Mais personne ne fut touché. Déjà, les Cosaques enfourchaient hâtivement leurs montures et s'éloignaient au galop.

— Hourra ! glapissait le portier en dansant sur place.

Fédia grimpa sur la barricade et cracha dans la direction des fuyards. Puis, il sauta lestement dans la rue et courut droit devant lui en criant :

— Deux fusils ! Les Cosaques ont laissé deux fusils !

Il les rapporta, serrés contre son ventre.

— Ils sont tout chauds encore, dit-il. Il y a du sang sur la crosse. Je peux en garder un ?

— Oui, dit Zagouliaïeff. Tu donneras l'autre au portier.

— Oh ! merci, dit le portier.

Il hésita et ajouta brusquement :

— Merci, Votre Noblesse.

Zagouliaïeff éclata de rire.

— Pourquoi me dis-tu Votre Noblesse ?

Le portier arrondit les yeux et répondit timidement :

— Parce que vous me donnez quelque chose.

La soirée se passa sans incidents. Lorsque la nuit fut venue, Zagouliaïeff doubla les sentinelles et emmena les autres combattants dans l'école municipale. Les insurgés avaient établi leur dortoir à l'intérieur d'une classe. Il y avait des jonchées de paille sur le sol. Une lampe à pétrole, qui brûlait sur la chaire de l'instituteur, éclairait d'une lumière blafarde le mur où pendaient encore deux lithographies lacérées de l'empereur et de l'impératrice. Au tableau noir, figuraient des inscriptions à la craie tracées d'une main malhabile : *J'aime me baigner dans la rivière... La couleuvre n'est pas un reptile venimeux...*

À côté de ces phrases banales, s'étageaient des chiffres : c'était le compte des Cosaques tués par la compagnie. Fédia effaça d'un coup de chiffon le chiffre 17, et écrivit, en appuyant fort sur la craie : *21, dont 3 sergents*. Cependant, Antyp ouvrait le placard où s'alignaient des flacons d'encre et des faisceaux de crayons. Il avait installé là sa réserve de vodka. Les bouteilles circulèrent de main en main. Ayant bu leur rasade réglementaire, les combattants mangèrent un peu de pain et de saucisson avant de se coucher sur la paille, entre les bancs. Bientôt, un ronflement unanime ébranlait la salle de classe.

L'air sentait le drap humide, les bottes pourries, la sueur, le tabac et l'ail. La clarté de la lampe baissait par secousses. Au loin, retentissaient des coups de feu isolés. Le froid était intense. Nicolas se roula dans son paletot ouatiné, ramena les genoux au ventre, et ferma les yeux. Les paupières closes, il repassait en mémoire les principaux incidents de la journée. Cette expérience nouvelle de la promiscuité, de la crasse, de la faim et du danger lui était agréable. Il lui semblait qu'en partageant la misère physique et le risque des combattants il devenait leur égal et s'intégrait à leur masse. Pour mesurer le progrès qu'il avait accompli dans l'indifférence au confort, il tenta d'évoquer la maison de Tania, qui n'était pas très loin de l'école : descendre la rue Spiridonovsky, puis le boulevard Nikitsky... Tania devait vivre dans la terreur. Nicolas savait qu'un garçon lui était né au mois d'avril dernier, mais il n'avait pas jugé utile de lui rendre visite. À présent, il imaginait sa sœur, penchée au-dessus du berceau, écoutant l'écho assourdi des fusillades, et maudissant les révolutionnaires qui osaient déranger sa quiétude. Jadis, Nicolas eût été troublé par ce rappel de l'existence familiale. Aujourd'hui, la pensée de Tania ne provoquait plus en lui qu'une curiosité amusée. « Je me suis détaché d'eux. Je me suis durci. Plus rien ne peut m'atteindre. Comme c'est bien, comme je suis heureux ! »

Zagouliaïeff, non loin de lui, poussa, en rêve, une sorte d'aboiement tragique et se retourna en froissant la paille. Nicolas se leva, sortit dans la rue. Le bûcher de la cour éclairait vaguement la barricade. Les silhouettes des sentinelles se découpaient, noires et nettes, attentives, sur le mur pâle des maisons. Le drapeau rouge pendait le long de sa hampe. Au ciel, brillaient des étoiles pointues et pures.

— Rien de neuf ? demanda Nicolas en s'approchant de l'homme qui dominait la barricade.

— Non. Mais j'ai envie de fumer.

Nicolas tendit une cigarette.

— C'est demain que ça va barder, reprit l'autre en frottant une allumette. Ils ne sont pas commodes, les Semionovtsy...

Sans répondre, Nicolas posa une main sur l'épaule de l'homme, soupira et s'éloigna lentement. La neige crissait sous ses semelles. Un coup de feu claqua du côté des Étangs. Quelqu'un cria :

— Vous préviendrez les copains pour la relève !

Nicolas demeura un instant dans la cour à se chauffer les mains devant le bûcher. Puis, il entra dans la salle de classe. La lumière avait baissé. De l'eau gluante coulait le long des murs. Planté devant le tableau noir, Nicolas lut machinalement : *J'aime me baigner dans la rivière*... Et, tout à coup, il eut vraiment envie de se baigner dans une rivière. Cela devenait une nécessité presque douloureuse. Il secoua la tête, enjamba quelques corps tendus et se coucha à sa place, la nuque appuyée contre un banc.

Le nez collé à la vitre, l'écrivain Malinoff observait les sentinelles qui montaient la garde sur la barricade. Durant trois jours, il n'avait pas quitté l'appartement qu'il occupait au coin de la rue Sadovaïa. Et tous les habitants de l'immeuble imitaient sa prudence. Malinoff était d'ailleurs fort mal jugé par les locataires, depuis qu'il avait signé la pétition des intellectuels en faveur de la Constitution. Pour toute la maison, il était en partie responsable des troubles insensés que traversait Moscou. Quant à lui, en tant qu'homme de lettres, ami des ouvriers malchanceux, des moujiks au nez rouge et des petits soldats sacrifiés, il ne pouvait raisonnablement qu'applaudir à cette courageuse manifestation de la volonté populaire. Certes, il se cachait comme tout le monde, et comme tout le monde, souhaitait intimement que la révolte prît fin et que l'ordre fût rétabli au plus tôt. Mais, tout en appelant la victoire des forces régulières, il accordait une préférence sentimentale aux vaillants défenseurs de la liberté. Son admiration pour eux était telle qu'il avait résolu même de célébrer leur héroïsme par une série de nouvelles brèves et colorées. Malinoff avait d'autant plus de mérite à former ce projet, que la grève des imprimeurs et l'insurrection de Moscou avaient retardé la publication de son dernier livre. Et, après les événements de décembre, le roman, qui était encore à la composition, risquait fort de paraître douceâtre et démodé. Confusément, Malinoff sentait que l'époque exigeait un style plus précis et plus cruel que le sien : des notations prises sur le vif, des images crues et vraies, une exactitude photographique. Ce n'était pas pour rien qu'il s'était embusqué derrière la vitre, afin de suivre ponctuellement les combats de barricades. Son carnet était déjà plein de remarques pittoresques sur les batailles de rues. Ainsi, pour la première fois de sa vie, il décrivait des événements dont il aurait été le témoin oculaire. Nul doute que la critique fût sensible au caractère authentique de son propos. Déjà, il songeait au titre : *Du sang sur la neige*, ou *Coups de feu dans la nuit*, ou *Vanka sur la barricade*...

Un moment, Malinoff répéta ce titre en regardant la ville noyée dans une aube sale.

— *Vanka sur la barricade*, pas mal, pas mal...

Puis, une décision subite le traversa. Pour bien faire, il eût fallu entrer en conversation avec les gens de la barricade, s'initier de plus près à leur existence, capter au vol des répliques savoureuses. Le devoir d'un écrivain était de se renseigner sur place. D'habitude, il n'y avait jamais d'escarmouches avant le lever du soleil. Qu'attendait-il pour sortir ? Un frisson parcourut son échine à l'idée de quitter la chambre chaude et douillette. Il tourna un moment, désœuvré et peureux, dans son cabinet de travail, feuilleta un livre, alluma une cigarette. Mais, déjà, il savait qu'il descendrait dans la rue.

Ce fut un gamin, au crâne coiffé d'une casquette, aux joues rouges, qui l'aperçut le premier.

— Qui va là ? cria-t-il du haut de la barricade.

Malinoff s'arrêta et dit d'une voix ferme :

— Ami.

Il devait avoir l'air inoffensif, car le gamin abaissa son fusil et le laissa approcher jusqu'au pied de l'obstacle.

— Camarade, reprit Malinoff, je suis un écrivain de

votre cause, et je voudrais vous aider dans la mesure du possible.

— On n'est pas de trop, t'as qu'à venir, dit un homme en lévite bleu délavé. Tends-lui la main, Fédia.

Malinoff escalada la barricade en soufflant.

— Qu'est-ce que tu sais faire ? demanda Fédia.

— Rien... j'écris...

— Eh bien, prends toujours un revolver et regarde un peu devant toi. Moi, je vais pisser.

Et Fédia, écartant les jambes, pissa vigoureusement dans la neige. Malinoff songea, avec délices, qu'il rapporterait cet épisode dans son œuvre future. « Rien de tel que le contact direct avec la réalité. » Puis, il pensa à Eugénie Smirnoff, et se dit que ce détail risquait de la choquer. « Au diable Eugénie, et vive la révolution ! » Il sourit à son audace et à la réussite. Les premières lueurs du jour usaient l'ombre où tournoyaient des aiguilles de neige. Un reflet jaunâtre glissait sur les toits. Fédia revint vers Malinoff et lui dit en riant :

— Rien à l'horizon ?

— Ma foi non, dit Malinoff.

— Comment non ? s'écria l'homme à la longue lévite bleue. Et ça ! Et ça !

Il pointait le doigt, et très loin, Malinoff distingua, en effet, un groupe de soldats qui se rapprochaient en rasant les murs des maisons. Un coup de feu claqua à ses oreilles. Fédia venait de décharger son fusil contre la troupe. L'homme à la lévite bleue tirait, lui aussi. Alertés par le bruit, d'autres insurgés sortaient de l'école et arrivaient en courant, leurs armes à la main. Les soldats ripostaient d'une manière inégale, hésitante.

— Tire donc, imbécile ! hurla Fédia en se tournant vers Malinoff.

Et Malinoff, terrifié, appuya sur la détente. La fumée et le choc des détonations l'empêchaient de réfléchir. Heureusement, une voix calme s'éleva derrière lui :

— Ça va, ne gaspillez pas les cartouches. Vous voyez bien qu'ils se retirent.

Celui qui avait dit cela était un jeune homme maigre aux vêtements déchirés et au visage exsangue. Il tenait à la main un mauser fumant.

— Qu'est-ce que c'est que celui-là ? demanda-t-il en désignant Malinoff.

— Un volontaire, dit Fédia.

— Hum, je me méfie ! dit le jeune homme.

— Laisse donc, Nicolas, dit un autre. Avec cette gueule-là, il ne peut pas être dangereux.

Tout le monde, autour de Malinoff, éclata de rire. Malinoff crut poli de rire aussi.

— D'où venez-vous ? Où habitez-vous ? demanda l'homme que ses amis venaient d'appeler Nicolas.

— À deux pas d'ici, dit Malinoff, dans la Sadovaïa.

À ces mots, Fédia poussa un ululement de victoire.

— J'ai une idée ! criait-il.

Et, saisissant Malinoff par la manche, il ajouta :

— Je suis sûr que tu as des provisions chez toi.

— Mais oui, dit Malinoff.

— Eh bien ! tu vas nous en apporter, mon pigeon. On crève de faim ici !

Dans un éclair, Malinoff comprit la chance qui lui était offerte. Depuis un moment déjà, il pensait à se retirer de la barricade, mais ne savait comment prendre congé sans éveiller la méfiance des combattants. Bien entendu, il ne reviendrait pas, mais leur enverrait peut-être un peu de nourriture par la femme de charge. Quant à lui, il avait vu ce qu'il voulait voir. L'expérience était suffisante pour donner matière à une excellente étude de mœurs. Avec joie, avec reconnaissance, Malinoff balbutia :

— Tout ce que vous voudrez ! J'ai du pâté, des harengs, de la viande séchée, des œufs, de la vodka...

— Hourra ! Hourra ! hurlaient les insurgés.

— Vous me remercierez plus tard, dit Malinoff, gêné par leur enthousiasme.

Des mains secourables l'aidaient à escalader la barricade. Une voix amicale lui dit :

— Garde le revolver. Tu pourrais en avoir besoin en route.

Le dénommé Nicolas, abandonnant sa réserve, cria, tandis que Malinoff sautait à pieds joints dans la neige :

— Pour revenir, vous raserez les murs, c'est plus prudent...

— Oui, oui, dit Malinoff, en agitant la main d'une manière cordiale.

Et il se hâta de prendre du champ. Ses galoches glissaient dans la neige fondante. Des chocs désordonnés brassaient le sang dans ses artères. Il avait chaud. Une fierté égoïste lui dilatait le front. « Et voilà... Pas plus difficile que ça... Il suffit de payer d'audace... » Le soleil embrasait un ciel de lait trouble. Des cloches sonnaient pour célébrer des victoires spirituelles. Comme Malinoff approchait de sa maison, il lui sembla apercevoir des têtes aux fenêtres. Il leva le nez vers les étages supérieurs. Et, à ce moment précis, deux ombres se détachèrent d'un porche et fondirent sur lui. Malinoff eut un haut-le-corps et faillit s'étaler de tout son long sur le trottoir. Son cœur avait cessé de battre. Devant lui, se dressaient deux soldats, en capote grise, le *bachlik* enroulé autour de la tête. Ils le menaçaient de leurs baïonnettes.

— Mais... Qu'est-ce que ça signifie ?... Voulez-vous me laisser passer, bredouillait Malinoff.

Au lieu de lui obéir, les soldats le poussèrent à petits coups de crosse dans le derrière :

— Allons, marche, marche...

Des balles sifflèrent au-dessus d'eux.

— Tes copains qui nous canardent, dit l'un des hommes.

— Ce ne sont pas mes copains, dit Malinoff. Je veux rentrer... J'habite dans cette maison... Demandez au portier... Ivan Kouzmitch, Ivan Kouzmitch !... La canaille, il se cache... Il vous renseignerait... Ivan Kouzmitch !...

— Ta gueule, dit un soldat. Tu t'expliqueras avec les officiers.

— Mais que me reproche-t-on ? gémit Malinoff.

— Simplement d'être monté sur une barricade pour nous tirer dessus...

Malinoff sentit que ses jambes se dérobaient sous lui.

— Ce... ce... c'est une erreur, dit-il dans un souffle.

Ils arrivèrent à l'étang du Patriarche. Là, devant un bûcher, se tenaient d'autres soldats en capotes sombres. Ils riaient en battant la semelle. Quelqu'un chantait :

> Soldats, soldats, mes petits compères,
> Où sont donc vos femmes ?...

Un jeune officier, au visage bleu par le froid, s'avança vers Malinoff, l'examina d'un bref coup d'œil et dit :

— Où l'avez-vous cueilli, celui-là ?

— Sur la Sadovaïa, dit l'un des soldats gaiement.

— Je rentrais chez moi, Votre Noblesse, dit Malinoff. Et, comme j'arrivais devant ma maison, ces messieurs...

— Fouillez-le, dit l'officier.

Malinoff essaya de protester, mais déjà, des mains rapides et dures dégrafaient ses vêtements, plongeaient dans ses poches, glissaient le long de son ventre et faisaient sauter les boutons de sa braguette. Il éprouva la morsure vive du vent sur sa peau nue. Une peur et une honte intenses le saisirent.

— Un revolver, Votre Seigneurie, dit l'un des soldats en se redressant.

Malinoff eut un éblouissement. Ayant retrouvé ses esprits, il voulut se justifier, mais l'officier n'était plus là, et quatre hommes en armes l'encadraient.

— Marche, canaille, ou on te défonce les côtes.

Malinoff obéit. Dans la rue, il vit les badauds qui s'arrêtaient sur le bord du trottoir pour le regarder passer. Sans doute tous ces gens le prenaient-ils pour un dangereux terroriste ? C'était grotesque. Au poste, il s'expliquerait, il demanderait des excuses. Subitement, il n'aimait plus du tout les petits soldats aux mains calleuses. Pour un peu, il leur eût reproché leur ingratitude envers un écrivain qui les avait si souvent glorifiés.

— Où allons-nous ?

— Tu verras bien, grogna un homme au visage hérissé de poils jaunes.

Le groupe tourna dans une ruelle et s'immobilisa devant la porte d'un commissariat pouilleux. Malinoff profita de la halte pour tenter de refermer son pantalon. Mais un bouton manquait. Il en fut irrité. Le soldat aux poils jaunes frappa à la fenêtre, de son gros doigt recourbé. Un brigadier ouvrit la porte, de l'intérieur. Tous entrèrent. Dans la salle glacée, deux gardiens jouaient aux cartes sur un coin de table. Aux murs, pendaient des affiches blanches racornies et marquées de chiures de mouches. Le brigadier chuchotait avec les soldats qui avaient escorté Malinoff. Puis, le brigadier disparut et un soldat dit :

— Il est allé prévenir. Ce ne sera pas long.

— Merci, dit Malinoff.

Maintenant qu'il se trouvait dans un local de l'État, il se sentait mieux. N'ayant rien à se reprocher qu'un excès d'imprudence, il songeait même à la façon amusante dont il relaterait cet incident à ses amis du Cercle littéraire. Une voix le fit sursauter :

— Veuillez me suivre.

Malinoff dressa le menton. Le brigadier était devant lui.

— Avec joie, dit Malinoff.

Il essaya même de plaisanter :

— On gèle chez vous.

Mais les soldats le poussaient aux épaules. Au bout d'un long couloir sombre, brillait le rectangle lumineux d'une porte ouverte. La pièce était vaste, propre, avec de hautes fenêtres brouillées de givre. Une table tapissée de drap rouge occupait le fond de la salle. Derrière la table, se tenaient assis un vieux colonel, soufflé, bourgeonnant, aux moustaches d'un gris pisseux, et un adolescent au visage aimable, à l'uniforme neuf, que décoraient des aiguillettes d'aide de camp. Les deux officiers bavardaient entre eux à voix basse. Tout en parlant, le plus jeune manipulait rapidement de petites fiches en carton qu'il tirait d'une boîte. Un poêle en faïence maintenait dans la pièce une chaleur engourdissante. Malinoff remua ses doigts gelés, dénoua son écharpe. Une mare de neige fondue s'arrondissait autour de ses chaussures. Il toussota pour se rappeler au souvenir de ces messieurs. Le colonel leva la tête. Son regard fatigué s'arrêta un instant sur la figure de Malinoff. Il demanda :

— Votre passeport ?

— Je... je n'ai pas de passeport, Votre Haute Noblesse, dit Malinoff. Je l'ai laissé à la maison.

L'aide de camp eut un sourire entendu et chuchota quelques mots à l'oreille du colonel.

— Bien sûr, bien sûr, dit le colonel.

Et il ajouta :

— Pas de passeport ? Peut-être avez-vous un nom, si vous n'avez pas de passeport ?...

Malinoff gonfla les narines, plissa les yeux et, sûr de son effet, prononça d'une voix forte :

— Malinoff, Arkady Grigorievitch Malinoff.

Puis il attendit.

Le colonel n'avait pas bronché. L'aide de camp inscrivait le nom dans un registre.

— Je suis Malinoff, l'écrivain, reprit Malinoff avec insistance.

— Connais pas, dit le colonel.

À ces mots, Malinoff éprouva un sentiment d'humiliation injuste. Il voulut même se fâcher.

— Vous avez sûrement lu des récits de moi, Votre Haute Noblesse, dit-il.

— Possible. Mais qu'est-ce que cela change ? demanda le colonel.

— Cela change... Cela change... tout, Votre Haute Noblesse...

— Que faisiez-vous dans la rue ?

— Je... je sortais pour prendre l'air...

— Ce n'est pas ce qu'on m'a rapporté. Mes hommes vous ont vu sur la barricade...

Malinoff fit une grimace nerveuse.

— J'admets, dit-il, que les apparences sont contre moi. J'étais allé voir les insurgés par curiosité littéraire, oui, pour me renseigner, en vue d'un livre que j'ai l'intention d'écrire...

L'aide de camp nettoyait ses molaires avec un petit cure-dent argenté. Le colonel fronça les sourcils et souffla d'un air mécontent dans sa moustache. Tout à coup, il s'écria :

— Et c'est par curiosité littéraire que vous avez emporté un revolver ? Un revolver qui a servi. Contre les soldats de Sa Majesté. Il manque trois balles dans le barillet !

Malinoff, atterré, ne savait que répondre. Au lieu de se justifier, il répétait lamentablement :

— C'est une erreur... Je ne peux pas avoir tiré... Les autres ont tiré... Il ne faut pas confondre... Je suis un écrivain... L'écrivain Malinoff... Vous avez sûrement lu...

On ne l'écoutait pas, l'aide de camp tapotait de sa main blanche et fine le revolver que la patrouille avait confisqué et qui luisait au bord de la table, sur le drap rouge. Cette pièce à conviction fascinait Malinoff. Peu à peu, il comprenait, avec une précision impitoyable, que son aventure était plus grave qu'il ne l'avait supposé. De toute évidence, pour les soldats qui l'avaient arrêté, pour l'aide de camp, pour le colonel, il n'était pas l'écrivain Malinoff, auteur de romans à succès, mais un individu coupable d'avoir participé à l'émeute. Quoi qu'il fît, à présent, rien ne le distinguait des dizaines, des centaines de malheureux qu'on emprisonnait, qu'on massacrait, qu'on déportait en Sibérie. La réplique à tous ces arguments était simple : un revolver auquel il manquait trois balles. Derrière la fenêtre du bureau, Malinoff perçut le pas cadencé d'une patrouille. Puis, une salve terrible ébranla les vitres. Sans doute venait-on de fusiller quelqu'un dans la cour ? Depuis le début de l'insurrection, la justice militaire était devenue singulièrement expéditive. Un frisson secoua le corps de Malinoff. Il avait beau se raisonner, toute sa chair se hérissait. Il gémit :

— Ce n'est pas possible, je suis... je suis Malinoff.

Le colonel signait des pièces de papier glacé. L'aide de camp, un tampon-buvard à la main, le regardait faire... Il sembla à Malinoff que les lèvres du vieux remuaient faiblement sous la moustache pisseuse. Il crut entendre :

— Exécuté... Séance tenante...

Des spasmes secs lui serraient la gorge. Ses jambes faiblirent. Un soldat lui donna une bourrade dans les reins.

— Tous les mêmes, grognait le colonel. Courageux derrière la barricade, et peureux comme des poules au moment de l'explication.

À cet instant, la porte s'ouvrit d'une volée, et un capitaine des hussards entra dans la pièce. Les deux officiers levèrent la tête.

— Comment va, les amis ? demanda le capitaine. Les Semionovtsy sont à pied d'œuvre. L'artillerie entre en action. Dans quarante-huit heures, Moscou sera nettoyé.

Malinoff dévisageait violemment le nouveau venu. Ce capitaine, mon Dieu, oui, il l'avait déjà vu. On l'appelait Berberoff. C'était un ami d'Eugénie. Était-il possible que cet homme refusât de le reconnaître et de le secourir ? La sueur coulait à grosses gouttes sur sa figure. Ses dents claquaient. Il tortillait nerveusement la pointe de sa barbiche blonde.

— Toujours beaucoup de travail ? demandait le capitaine des hussards.

— Ma foi oui, dit l'aide de camp. On nous en amène en moyenne deux ou trois par heure.

— Monsieur... monsieur Berberoff, murmura Malinoff d'une voix exténuée.

Le hussard se retourna, et son regard rencontra le regard implorant de Malinoff.

— Ah ! bah ! Mais c'est Malinoff ! s'écria-t-il. Qu'est-ce que vous faites là, mon bon ?

Malinoff, foudroyé par la joie, battit des paupières, essaya de remuer la langue. Mais aucun son ne sortit de sa bouche. Il chancelait. Deux soldats l'étendirent sur une banquette. Quelqu'un lui jeta de l'eau à la face. Il entendait, à des distances rassurantes, le dialogue des officiers :

— Mais oui, je le connais !... Je me porte garant !... Pensez-vous !... C'est un ami des Jeltoff...

Deux heures plus tard, Malinoff sortait du commissariat en compagnie du capitaine des hussards.

— Je vous dois la vie, disait-il. Sans vous, j'étais victime d'une erreur judiciaire inexcusable. Croyez-vous que je puisse rentrer chez moi sans danger ? Ces barricades m'inquiètent...

Un coup de canon ébranla le ciel.

— Ce ne sera pas long, dit l'officier.

Nicolas, couché derrière la masse du traîneau renversé, examinait le fond de la rue à la jumelle. Les maisons du carrefour étaient bondées de troupe. Çà et là, aux fenêtres, apparaissaient des bonnets de fourrure et des baïonnettes. Au milieu de la chaussée, un canon léger avait été installé en position de tir. Des servants s'agitaient autour de la pièce. Un artificier donnait des ordres en remuant les bras. Tout à coup, un nuage de fumée blanche bondit entre les façades, et un éclatement rageur fendit de bas en haut tout le paysage immobile.

— Couchez-vous, hurla Zagouliaïeff.

Le premier obus avait frappé à vingt pas de la barricade. Personne n'avait été blessé. Mais, déjà, Nicolas savait que l'armée prendrait le dessus et qu'il y aurait beaucoup de morts pour rien. Le second coup souleva, déchiqueta le rempart de tôles et de poutres. Des éclats de bois sautèrent vers le ciel. Fédia, qui se tenait en sentinelle près du drapeau rouge, poussa un juron, serra ses deux mains contre son ventre et se coucha dans la neige. Le canon tonnait toujours. Des shrapnells pétaient sec en sifflant. Une fumée âcre et grise flottait sur les décombres. Nicolas, aveuglé, assourdi, tirait au jugé contre des fantômes. Son mauser était brûlant. Il planta la crosse dans la neige pour la rafraîchir. À sa droite, il remarqua le portier qui vacillait en dodelinant de la tête. Le sang sortait de sa bouche. Ses yeux étaient blancs. Il répétait en crachant des filaments violâtres :

— Cochons ! Cochons !

Nicolas ne fut ni surpris ni peiné de le voir tomber d'un seul bloc. Il lui semblait subitement que tout cela était normal et sans mystère. Lui-même s'écroulerait ainsi dans quelques instants. Et il ne se trouverait personne pour le plaindre.

La voix de Zagouliaïeff le fit sursauter :

— Ils ont amené des mitrailleuses. On se replie...

— Lâcher la barricade ? demanda Nicolas d'un air égaré.

— Tu préfères qu'on nous extermine jusqu'au dernier ? C'est foutu. Il faut décamper. Attrape le drapeau rouge.

Une cinquantaine de pas séparaient la barricade de l'école. Cet espace libre était labouré par les balles de mitrailleuses et les éclats de shrapnells. Cependant, il fallait le traverser, coûte que coûte.

— En file indienne, commanda Zagouliaïeff.

Mais seuls Nicolas et Antyp lui obéirent. Les autres reposaient, blessés ou frappés à mort, dans un chaos de planches et de tôles démantelées.

— On les laisse ? demanda Nicolas.

— Que veux-tu faire d'autre ? dit Zagouliaïeff avec colère. Pas de sentiment. En route.

Ils partirent en rampant dans la neige. Nicolas tenait

le drapeau rouge serré contre sa poitrine. Là-bas, sur la barricade éventrée, gisaient les corps de douze camarades, flasques, souillés de poudre et de sang. Le canon tapait toujours dans cette matière morte.

Le lendemain, 18 septembre, l'usine Prokhoroff tombait aux mains de l'armée. Ce jour-là, Nicolas et Zagouliaïeff partirent pour Saint-Pétersbourg en traîneau. Le 20 du même mois, les derniers révolutionnaires, délogés de leurs retranchements, étaient arrêtés ou exterminés sur place. L'opération avait fait, des deux côtés, dix-huit mille morts et plus de trente mille blessés. Le général Doubassoff publia dans les journaux une proclamation triomphale :

En m'adressant aux parties de la population et de la presse qui sont restées de bonne foi, je tiens à leur faire remarquer que tout militaire, appelé à agir dans les circonstances actuelles, subit une cruelle épreuve pour l'esprit et pour la volonté : il est déchiré par la lutte entre la conscience de son devoir suprême et de sa parenté avec l'adversaire, follement soulevé contre lui...

L'insurrection étouffée, Moscou se réveilla de son engourdissement. Ceux-là mêmes qui avaient aidé les révolutionnaires à dresser des barricades n'étaient pas fâchés d'apprendre que l'ordre et la sécurité étaient revenus dans la ville. La Russie avait une Douma, les libertés de réunion et de presse étaient pratiquement acquises. Les autres libertés naîtraient en temps voulu, lentement préparées, pacifiquement proclamées par le tsar sur les instances de la nouvelle Assemblée législative.

Michel et Tania se rendirent à l'église pour remercier le ciel de leur avoir épargné l'épreuve d'une révolution. Et Volodia accepta de les accompagner. Le péril étant passé, il reprenait un peu d'assurance.

— J'ai confiance dans l'avenir de la Russie constitutionnelle, disait-il. Les partis apprendront à se connaître. Une vie politique naîtra sur les décombres de l'autocratie.

Au mois de janvier, Malinoff remit à l'impression un manuscrit intitulé : *Vanka sur la barricade*. De l'avis de son éditeur, ce livre était supérieur à tout ce qu'il avait écrit jusqu'à ce jour.

20

Après la signature de la paix de Portsmouth, Akim fut réaffecté à son régiment d'origine et dirigé sur la petite ville polonaise où il avait servi avant la déclaration des hostilités. La grève des chemins de fer, qui s'était étendue au transsibérien, retarda considérablement l'évacuation des armées de Mandchourie. En route, Akim apprit les désordres de Moscou, les émeutes nationales dans les provinces baltiques et en Pologne, et la décision impériale accordant enfin la Douma. Mais il ne croyait pas que les troubles révolutionnaires fussent susceptibles de bouleverser la cité quiète et laborieuse qu'il avait connue avant la guerre.

La ville était morne, vieillotte et sale. Une place circulaire marquait le croisement des deux voies principales qui coupaient l'agglomération, l'une du nord au sud, l'autre de l'est à l'ouest. La première voie menait de la gare à l'église catholique, la seconde du cimetière à l'école réale. Le palais du gouverneur se trouvait à l'intersection des deux avenues. Il était bâti en pierre de taille, avec des figures de plâtre sous le balcon. Derrière le bâtiment, s'étendait le jardin public, avec une grotte en miniature, deux cascades, des boules de verre et un jet d'eau qui fonctionnait le dimanche. Les autres édifices remarquables étaient la banque, l'hôpital et la synagogue. Vingt mille habitants au plus. Toute la population s'occupait de tissage à la main. On tissait dans les greniers, dans les caves, dans les cours, en plein air, partout. Et les tissus étaient expédiés à Lodz pour le finissage et la teinture.

Des mois s'étaient écoulés depuis qu'Akim avait quitté la ville. À son retour, il retrouvait les pierres et les visages à leurs places habituelles. Le drapeau russe flottait toujours sur le palais du gouverneur. Les Juifs allaient toujours à la synagogue, prêtaient toujours de l'argent, et discutaient toujours, par groupes noirs, au croisement des rues. Les Polonais marchaient toujours la tête haute, pleins d'un orgueil funèbre, d'un patriotisme sombre et méchant. Les métiers à tisser ronflaient toujours à tous les étages des vieilles maisons moisies. Et les soldats, cantonnés dans leurs casernes, aux quatre points cardinaux, faisaient les mêmes exercices et chantaient les mêmes chansons qu'autrefois. Cependant, à toutes ces pierres, à tous ces visages, les événements révolutionnaires de Russie avaient donné une signification nouvelle. Après la déclaration de l'état de siège et le refus du tsar d'étendre à la Pologne les mesures libérales octroyées au reste du pays, les casernes étaient redevenues le symbole d'une autocratie abhorrée. Les nationalistes polonais et les Juifs révolutionnaires, qui formaient la majeure partie de la population, s'entendaient enfin pour haïr l'oppresseur de Saint-Pétersbourg et son armée. Pas question de loger chez l'habitant. Les officiers étaient consignés à la caserne. L'instruction des jeunes recrues s'accomplissait, tant bien que mal, entre deux expéditions de surveillance aux fabriques voisines. Les réunions au mess étaient lugubres. On n'invitait plus les trompettes à chanter jusqu'à l'aube devant une tête de mort remplie de champagne. Déjà, quelques grèves avaient éclaté dans les tissages de la banlieue. Trois magasins russes avaient eu leurs vitres brisées par des manifestants. La troupe était intervenue pour rétablir l'ordre dans une usine de mélasse où les ouvriers avaient organisé un meeting de protestation nationale. Il y avait eu quinze arrestations et deux exécutions sommaires.

Malgré ces incidents, Akim était heureux de retrouver ses camarades et d'endosser à nouveau l'uniforme noir à brandebourgs argent des hussards d'Alexandra. Il revenait de la guerre en héros. Il avait vu le feu. Il avait été blessé, décoré et promu lieutenant depuis quelques semaines. Cette menue satisfaction d'amour-propre tempérait le chagrin qu'il éprouvait à l'idée de la défaite russe en Extrême-Orient et de la menace révolutionnaire à l'intérieur de l'empire.

Deux fois par semaine, le régiment défilait à cheval dans les rues pour se rendre au terrain de manœuvre. Les trompettes sonnaient. Quelques têtes mal éveillées surgissaient aux fenêtres. Des marchands sortaient sur le seuil de leurs boutiques, le bonnet sur le crâne, les pieds chaussés de bottillons en feutre. Akim appréciait en connaisseur ces promenades du petit jour. Une aube sale défaisait le ciel. La terre gelée claquait sec sous le pas des chevaux. Les fourreaux des sabres étaient recouverts de buée. Akim songeait avec délices à l'instant où il lancerait sa monture dans la campagne d'argent fin et de silence. Ce galop matinal était le meilleur moment de la journée, avec la séance au mess des officiers. Le soleil montait, rond et rouge, à l'horizon de perle. Les dernières maisons se dispersaient dans la plaine.

— Au trot...

Les sabres tintaient allégrement au rythme de la course. Akim sentait la chaleur, l'odeur amie de son cheval qui l'enveloppaient par bouffées. Voici le petit bois, qui est le lieu de rassemblement. Pied à terre. Exercices d'assouplissement. Galop en terrain varié. Tir à la cible. Repos. À dix heures du matin, les officiers allaient prendre un thé chaud chez le garde-barrière. Et ils discutaient en attendant l'arrivée du colonel. Puis, c'était le retour, à travers la cité enfin animée. On pouvait lorgner les femmes au passage. Du haut de son cheval, Akim voyait bien les chambres du rez-de-chaussée. Il connaissait par cœur leur ameublement de bois brun, leurs édredons multicolores. Les trompettes sonnaient.

Les chevaux dansaient légèrement sur la boue glacée. Akim se tenait très droit, les épaules dégagées, la taille souple. Il était fier du régiment et de lui-même. Lorsque son escadron s'engouffrait enfin dans la cour de la caserne, il avait l'impression de n'avoir pas perdu son temps.

Le 7 janvier 1906, au retour d'une de ces expéditions pacifiques, le colonel réunit tous les officiers au bureau et leur annonça que des troubles étaient prévus dans la ville pour le lendemain, et qu'il comptait sur leur loyalisme pour les réprimer avec énergie.

Le 8 janvier 1906, à l'aube, deux escadrons de hussards d'Alexandra se déployaient en ligne devant le palais du gouverneur. La place était noire de monde. Selon la consigne des comités locaux, la population réclamait l'élargissement immédiat des ouvriers arrêtés à l'usine de mélasse, la suppression du couvre-feu, qui avait été fixé à neuf heures, et l'abolition de la loi martiale. Au-dessus de la foule, se balançaient des pancartes blanches et des oriflammes rouges marquées de l'aigle polonaise. Akim considérait avec colère ce grouillement de fourmilière éventrée. Du haut de sa selle, il découvrait tout l'espace allant des maisons à l'escalier d'honneur du palais. Et, depuis ces maisons jusqu'à l'escalier d'honneur, il n'y avait que des têtes, des épaules, des bras, une substance humaine, confuse et multiple, qui palpitait à gros bouillons. On ne distinguait pas les visages des derniers rangs. Mais les premiers rangs étaient à dix pas à peine des cavaliers. En face d'Akim, se tenait un vieux Juif, à la figure chevaline, vêtu d'une longue houppelande et coiffé d'un bonnet de peau de mouton. Le vieux Juif ne bougeait pas, ne parlait pas. Il avait l'air de dormir debout. À ses côtés, il y avait deux petites filles en paletot déchiré. La foule grondait, criait des paroles indistinctes :

— Libérez Basutski... Laissez-nous vivre dans notre

tradition... Écartez les bourreaux... Levez l'état de siège...

Akim s'étonnait que tant de gens se fussent dérangés pour si peu de chose. Il faisait froid. La neige gonflait les toits des maisons, rembourrait les encoignures des corniches. L'air était d'une transparence bleue et cassante. L'horloge du palais sonna neuf heures. Akim se retourna. Derrière lui, les hussards d'Alexandra étaient alignés en bon ordre. Les chevaux renâclaient, soufflaient d'impatience. Les cavaliers avaient des faces blanches, impénétrables. Ils s'ennuyaient. Et c'était bien ainsi. L'anonyme perfection de ces capotes grises, à double rangée de boutons d'argent, de ces casquettes noires à bandes rouges, de ces sabres couverts de buée, de ces revolvers, de ces bottes, de ces mains, était rassurante. Rien à craindre pour la Russie, tant que l'armée aurait ce visage indifférent et correct.

Akim sourit, bâilla, regarda sa montre. En l'absence de son capitaine, qui avait été convoqué à Lodz pour affaires de famille, c'était lui qui assumait le commandement de tout l'escadron. Dans quelques minutes, le gouverneur paraîtrait sur l'escalier, prononcerait un discours inintelligible, et la populace se retirerait sagement, fière de son courage et de sa force, mais un peu surprise de n'avoir rien obtenu. Et, pour cette comédie décevante, toute une ville descendait grelotter de froid sur la place, et il fallait immobiliser deux escadrons de hussards, interrompre l'entraînement des hommes, fatiguer inutilement les chevaux. Quelle sottise ! Le commandant du régiment, un énorme gaillard au profil de pierre, parcourait le front de ses troupes. Sa jument noire caracolait finement, repoussait de la croupe les premiers rangs de la foule. Le commandant s'approcha d'Akim.

— Le gouverneur va paraître, dit-il. Êtes-vous prêt ?

— Toujours prêt. Mais à quoi ?

— Eh ! On ne sait jamais, mon cher, dit le commandant.

Et, tournant son cheval, il alla se poster au pied de l'escalier.

À ce moment, la porte du palais s'ouvrit à deux battants. Le gouverneur parut sur les marches de marbre, vides et luisantes. C'était un très vieux monsieur, vêtu d'une jaquette noire. Ses favoris blancs, touffus, lui sortaient des joues comme de la fumée. Il avait un nez rouge. Il s'appuyait sur une canne. À sa vue, la foule poussa un glapissement profond et rauque, comme le bruit de la mer montante. Des hommes et des femmes hurlèrent à plein gosier :

— Constitution !... Liberté !... Les prisonniers politiques !... Pologne ! Pologne !

Les étendards polonais et les pancartes blanches s'agitaient, telles des bouées dans la houle. Toute la marmelade humaine tremblait dans sa cuvette de pierres. Le vieux Juif du premier rang s'était réveillé, lui aussi, et criait des injures en yiddish. Les deux fillettes, à ses côtés, brandissaient leurs menottes nues. Et, sur l'escalier de marbre, le gouverneur tout petit, tout crochu, tout seul, faisait front au déferlement de la vague. Isolé sur ce récif officiel, il semblait promis à l'engloutissement.

— Quelle loque ! grogna Akim.

Des soldats murmuraient derrière lui :

— Il ne tiendra jamais, le vieux. Regarde comme il plie le genou. Sûrement, il va tourner de l'œil et il faudra l'emporter sur une civière.

Mais déjà, le gouverneur descendait les marches, une à une, et s'avançait vers ses administrés à petits pas séniles. Akim le vit tapoter la joue d'un bambin, serrer la main d'une vieille. La multitude gueulait toujours. Alors, le gouverneur étendit les bras. Et il se mit à parler d'une voix chevrotante. Des bribes de son discours passaient à travers la rumeur populaire. On entendait :

— Votre demande sera prise en considération... Impossible de rien vous promettre encore... Juste revendication... Éléments troubles... Patience... L'empereur... La magnanimité impériale...

Des coups de sifflet couvrirent ses dernières paroles. Comme les huées persistaient, s'enflaient de seconde en seconde, le vieillard s'arrêta, ébaucha des deux bras un geste impuissant et triste.

— Libérez les prisonniers ! aboyaient des voix innombrables. Augmentez les salaires !...

Le gouverneur, transi de frousse, gravit la première marche.

— Mes amis, cria-t-il d'une voix blanche, chaque chose en son temps... J'examinerai... J'interviendrai...

— Dé-ci-sion im-mé-diate ! Dé-ci-sion im-mé-diate ! vociféraient les manifestants.

Le gouverneur s'affolait. Il jeta un coup d'œil par-dessus son épaule, comme pour chercher de l'aide. Puis, il balbutia :

— Messieurs, il ne m'appartient pas... Il n'est pas dans mon pouvoir... Je dépasserais mes fonctions si j'accédais à votre désir... Il faut que j'en réfère à...

— Dé-ci-sion im-mé-diate ! Dé-ci-sion im-mé-diate !

— Soyez raisonnables !

— Dé-ci-sion im-mé-diate !

Le gouverneur gravit deux marches.

— Il se sauve ! Il a peur ! crièrent quelques voix.

Le gouverneur gravit trois marches.

— Hou ! Vieille canaille ! Suppôt de l'autocratie ! Traître !

Le gouverneur était sur la plate-forme supérieure.

— On aura ta peau !

À ces mots, le gouverneur pirouetta comme une marionnette et disparut à l'intérieur du palais. Les lourdes portes de bois blond se refermèrent en claquant. Un rire énorme secoua la foule.

— Bon voyage !

Akim se sentait enflammé de honte et de hargne. C'était l'empereur, c'était la Russie que cette meute de va-nu-pieds insultait en la personne du gouverneur. De toute son âme, il haïssait ce bric-à-brac de Juifs et de

Polonais, aux faces allumées d'insolence. Cependant, il ne les détestait pas pour leur race, pour leur religion. Se fût-il trouvé devant une foule russe, que son indignation eût été la même. Il exécrait la foule, parce qu'elle était la foule. En présence d'une armée ennemie, on était saisi, d'abord, par le sentiment de son organisation combative. Les hommes se déboîtaient les uns des autres avec exactitude. Il y avait les chefs, et on les reconnaissait à des signes conventionnels. Et il y avait les soldats, qui étaient dénombrés par formations. Et il y avait les bêtes, tant par escadron. Et les munitions, tant par homme. Et chacun, de l'homme à la bête, de l'officier à l'ordonnance, avait sa place, et son volume, et son coefficient de responsabilité. L'armée, c'était l'ordre. La foule, c'était le désordre. On ne pouvait pas aimer l'armée et la foule à la fois. Akim devinait qu'il préférait l'armée japonaise à la foule russe. C'était absurde, révoltant peut-être, mais c'était comme ça ! Plus il contemplait cette masse amorphe et bourdonnante, plus il se découvrait impitoyable envers elle. Instinctivement, il cherchait des yeux les généraux de cette troupe en vestons et en bonnets de peau, l'état-major de cette pouillerie civile. Mais il ne voyait rien devant lui que des visages interchangeables, alignés sur le même plan. C'était une chose extraordinaire que cette absence totale de « promontoires ». La foule était plate. La foule n'avait pas de chef visible. Elle était son propre chef. Ou plutôt, chacun était chef et soldat en elle. Chacun était en tous et tous étaient en chacun. La foire aux gueules. Une vaste saloperie sans étoiles. Les cordonniers, les tailleurs, les tripiers, les fripiers, les voyous, les putains, les maçons, les usuriers, les petits fonctionnaires à durillons, les pères de famille vicieux et les nourrices pelotables, toutes les humbles réserves de la termitière avaient coulé de leurs alvéoles et stagnaient là, devant lui, inemployées. Des consignes avaient traversé la cire jaune de leurs oreilles. Des formules de feu avaient fondu la poisse de leurs cils. « Nous aussi, nous sommes des hommes. Nous aussi, nous avons des droits. Nous aussi, nous allons diriger le monde. » Et, du taudis, ils étaient descendus sur la place publique. Ils avaient troqué leur boutique contre l'univers. Ils prétendaient gérer la Russie, puisqu'ils géraient une mercerie, ou savaient lancer la navette. Quelle formidable audace se dépliait dans ces crânes de quatre sous ! Quel fol orgueil redressait ces carcasses hétéroclites ! Où voulaient-ils en venir ? Se croyaient-ils vraiment de taille à discuter les affaires d'État ? Dire que dans chacune de ces cinq mille têtes mijotait la même petite cuisine élémentaire, le même petit plat du dimanche, le même idéal passe-partout ! La liberté pour tous. L'égalité pour tous. La fortune pour tous. Les loisirs pour tous. La dignité, le talent, l'instruction, la chance, le clystère, le caviar, la vodka, le spasme hebdomadaire et le crachoir nickelé pour tous. Tout pour tous ! Voilà ce que les intellectuels socialistes avaient trouvé pour soulever le monde. Ils n'avaient pas cherché loin. Ils avaient misé sur la plus sotte, la plus vulgaire, la moins réalisable de toutes les idées humaines. Et, parce que cette idée était sotte, vulgaire, irréalisable, elle avait embrasé les masses. La Russie entière avait la danse de Saint-Guy. La Russie entière partait pour une croisade contre les nuages. On appelait ça : l'éveil du peuple. Il aurait mieux fait de dormir, le peuple !

— Libérez les prisonniers !... Le gouverneur !... Nous voulons le gouverneur !...

Le gouverneur ? Et puis quoi encore ? Le tsar, peut-être ? « Qu'on lui amène le tsar, à cette assemblée de cloportes ! Et plus vite que ça ! Et qu'il s'explique. Et qu'il demande pardon ! Et qu'il promette des sucreries ! Ne sont-ils pas les plus forts et les plus intelligents ? Ne savent-ils pas, mieux que quiconque, ce qu'il importe de faire aussi bien pour sauver l'empire que pour éviter de payer la patente ? »

— Le gouverneur !

Akim devinait, avec une précision intense, qu'il représentait le pouvoir, la règle, la certitude, le *bien* éternel en face des forces mauvaises. Il lui poussait des ailes d'ange exterminateur. Il lui venait des envies sublimes de nettoyage et d'anéantissement. Laver cette racaille à grands seaux de vérité glacée. La refouler à coups de fouets plombés dans ses cavernes noires d'ignorance et d'odeurs recuites. Rétablir la lumière du tsar sur la ville. Qu'attendait-on pour charger ! L'inertie de la troupe encourageait les rebelles. Des poings se haussaient et se balançaient, comme de gros chrysanthèmes, sur le fumier brun de la foule. Des milliers de gencives prolétariennes mâchaient les mêmes prières et les mêmes malédictions.

— Le gouverneur ! Qu'il revienne ! Qu'il libère les prisonniers !

Le colonel commandant le régiment reparut devant le front de la cavalerie. Il s'approchait de l'escalier de marbre sur sa jument noire, qui faisait des pointes. Il s'arrêta. Il devint une image à la plume, fine et pure, seule et bien dentelée, devant le chaos informe de la place. Et, tout à coup, il cria, si fort, si bien, que les soldats relevèrent instinctivement la tête. Sa voix lançait des mots comme des pierres :

— Hé ! vous autres ! Dispersez-vous !

Des glapissements isolés lui répondirent :

— On attend le gouverneur !... Qu'il libère les prisonniers, et on s'en ira !...

— Vous avez vu le gouverneur. Il vous a dit ce qu'il avait à vous dire. Maintenant, il ne vous reste plus qu'à vider les lieux.

— Pas avant qu'il ait accepté ! piailla une femme.

— Non ! non ! pas avant qu'il ait accepté ! reprirent d'autres voix mal assurées.

Le colonel se dressa sur ses étriers :

— Le gouverneur n'est pas à votre disposition. Son rôle est achevé. Le mien commence. Pour la troisième fois, je vous intime l'ordre de vous retirer chez vous. Est-ce compris ?

Une fierté amoureuse enflammait le cœur d'Akim. Le colonel avait parlé comme il aurait voulu pouvoir parler lui-même. C'était l'armée entière qui s'était exprimée par sa voix. Déjà, la populace mollissait sur ses pattes torves. Çà et là, se faisaient des charrois d'épaules prudentes, des ressacs de dos et de chapeaux craintifs. Une figure filait, comme une aile rose, à travers l'épaisseur mouvante de la foule. Une pancarte oscillait, malade, et piquait du bec dans le flot. Le Juif du premier rang avait disparu avec ses fillettes.

— Je compte jusqu'à dix, reprit le colonel. Si à dix vous n'avez pas évacué la place, les hussards se chargeront de vous raccompagner chez vous. Je commence. Un...

Des visages se détraquaient. Des chemises se mouillaient entre les omoplates. Des semelles s'en allaient, tout doucement, vers les rues. Cela se devinait exactement, bien que la masse des manifestants parût toujours aussi compacte et unie.

— Quatre, cinq.

À « cinq », il ne resta plus sur la place que le noyau dur et résolu des protestataires. Les rangs s'étaient resserrés. Les pieds s'étaient enracinés. Les faces s'étaient tendues d'un cran. Une volonté stupide rayonnait de toutes ces prunelles.

— Six...

Les poumons se gonflaient d'air et les cœurs apprenaient à battre avant le combat.

— Sept...

Akim éprouvait une jubilation sourde. Cet héroïsme en veston lui était insupportable. Il avait hâte de châtier les voleurs de gloire. Dommage, simplement, qu'ils fussent désarmés.

— Assassins ! Idolâtres ! Bourreaux ! braillait la foule.

— Huit...

Une pierre vint frapper le colonel à l'épaule. Puis, une autre. Il ne bronchait pas. Il cria :

— Neuf...

Akim se tourna vers ses hommes.

— Les nagaïkas, commanda-t-il.

Et les hommes affermirent dans leur poing le fouet justicier aux lanières plombées. L'ordre avait été exécuté avec promptitude. Le déclic militaire avait joué nettement. Il n'y avait rien à craindre de ce côté-là. Déjà, les chevaux, pressentant la charge, dansaient sur place et renâclaient gaiement.

— Je dis neuf, clama le colonel.

— Escadron, dit Akim, à mon commandement...

Le sang bourdonnait à ses oreilles.

Soudain, dans les derniers rangs de la cohue, un coup de feu péta, sec et seul, provocant et raté.

— Marche, hurla le colonel.

— Marche, répéta Akim.

Dans la foule, il y eut comme un glissement de terrain, une rétraction géologique. La matière humaine se déchira, laissant des clairières de neige. Et la cavalerie fonça sur la piétaille démantibulée. Les chevaux heurtèrent du poitrail quelques mannequins chancelants aux yeux de verre. Des hommes, des femmes s'effondraient dans la neige avec maladresse. Akim n'avait pas dégainé son sabre. Simplement, il poussait sa monture dans le dos des fuyards. Une joie féroce lui enflammait la bouche. Ceux qu'il bousculait, ceux qu'il poursuivait, n'étaient autres que les responsables de la défaite : les socialistes, les saboteurs, les planqués... Les hussards vengeaient sur les fesses, sur les échines de cette racaille la mort inutile de leurs camarades de combat : les héros de Liao-Yang, les blessés du poste de secours, les cadavres de Moukden, Namikaï... Namikaï à lui seul valait mieux que cette bande d'énergumènes. Akim s'entendait crier d'une voix formidable :

— Hors d'ici, canailles ! Place ! Place !

Un vieillard à la barbe déteinte, aux yeux fous de peur, trébucha dans la neige et plongea sous les sabots du cheval. Pas de pitié. Il n'avait qu'à rester chez lui. Une grosse matrone en fichu demeurait debout, ahurie, la joue ouverte par un coup de fouet. Le sang coulait. Pas de pitié. Elle savait ce qui l'attendait dans la rue.

À midi, la place était définitivement déblayée. Le colonel félicita les hommes. Un peloton de surveillance fut laissé en faction devant le palais du gouverneur. Le reste de la troupe se dirigea vers les casernes. Le commandant du régiment prit la tête de la colonne, accompagné de deux trompettes. Akim se plaça en flèche devant son escadron. Les chevaux allaient au pas. Les rues étaient calmes. Des volets de bois masquaient les vitrines des magasins. Plus une voiture, plus un passant. La ville entière s'était recroquevillée dans la crainte. Les hussards bavardaient allégrement :

— Quelle raclée !

— Ils s'en souviendront, les frères !

— J'ai reconnu le vieux Yanek qui vend des cigarettes devant la caserne.

— Tu lui as tapé dessus ?

— Bien sûr, il n'avait qu'à ne pas venir !

La caserne était proche déjà. La tête de la colonne s'engagea dans une rue transversale. Akim ne voyait plus le commandant ni les trompettes. Tout à coup, une explosion violente ébranla la masse des maisons. Akim éperonna son cheval et dépassa en trombe les hussards des premiers rangs. Il déboucha dans une ruelle blanche et morte. Une bombe avait éclaté là. Le cheval du colonel gisait, le ventre ouvert, les pattes raides. Le colonel se tenait debout, adossé au mur. Son visage était pâle. Un sous-lieutenant lui garrottait la cuisse avec des courroies. Du sang coulait abondamment le long de la botte déchiquetée.

— Ils m'ont eu, dit le colonel en apercevant Akim.

À ce moment, Akim avisa un petit homme en pardessus noir qui détalait au bout de la rue.

— C'est lui ! criaient les hussards. C'est sûrement lui ! On l'a vu !

Akim lança son cheval sur la piste du meurtrier. Quelques hussards le suivirent. Mais, déjà, le fuyard s'était engouffré sous le porche voûté d'une maison. Akim arrêta sa monture et sauta à terre. Le porche franchi, il se trouva dans une cour entourée de vieilles bâtisses jaunes à trois étages. Dans la cour, il y avait une charrette hors d'usage, un tas de purin sucré de neige. Des poules effarouchées se sauvèrent en caquetant devant Akim.

— Fouillez les maisons, cria-t-il aux hussards qui l'avaient rejoint.

Lui-même se mit en devoir d'inspecter la cour. Il contourna une rangée de tonneaux, pénétra dans une resserre, où il y avait un établi de menuisier gardé par un chat noir, famélique. Comme il furetait dans la resserre, il entendit une porte qui se refermait, à quelques pas de lui. D'un bond, il fut dans la cour. Personne. Alors, il remarqua une petite cabane, attenante à la remise, et qui servait probablement de cabinets. La porte en était bouclée de l'intérieur. Akim colla son oreille au battant. Il lui sembla percevoir une respiration pressée.

— Sortez, cria Akim. Rendez-vous.

L'inconnu ne répondit rien.

« Il est peut-être armé », songea Akim. Et il s'écarta d'un pas sur la gauche. Son regard ne quittait plus le battant de planches barbouillées d'une vilaine couleur marron. Il dégagea son revolver :

— Si vous ne sortez pas, je tire !

Silence. Akim donna un coup de pied dans la porte :

— Vous entendez ce que je vous dis ? Sept balles dans la peau si vous ne vous rendez pas immédiatement !

Un bruit métallique parvint de l'intérieur. « Et s'il avait une seconde bombe en réserve ! »

— Je tire, dit Akim.

Résolument, il visa le centre du battant et fit feu. Les sept détonations claquèrent durement à ses oreilles. Des éclats de bois lui volèrent au visage. Il crut entendre un faible cri.

— Tu as ton compte ! hurla Akim.

La fumée ne s'était pas encore dissipée, que la porte s'ouvrait en grinçant sur ses gonds. Sur le seuil des cabinets, surgit un vieux Juif plié, barbu, aux yeux gonflés de larmes. Il tenait un garçonnet de quatre ans dans ses bras. Le bambin hoquetait de peur, la figure tournée contre l'épaule du grand-père. Akim considérait avec stupeur cette apparition inattendue et grotesque.

— Qu'est-ce que tu faisais là ? dit-il enfin.

— Le... le petit avait besoin, balbutia le vieillard.

— Et pourquoi n'es-tu pas sorti lorsque je te l'ai ordonné ?

— J'avais peur, Votre Excellence ! Et puis... le petit n'avait pas fini !...

Akim se sentait profondément ridicule et haïssable avec son revolver fumant à la main, et, en face de lui, ce vieillard et cet enfant perclus de frousse. Les poules, effrayées par les détonations, s'étaient perchées sur les tonneaux vides. L'une d'elles vola pesamment et se posa sur le toit en tôle des cabinets. Elle observait la scène de son œil rond, ironique. La sueur coulait sur le visage d'Akim. Le vieux Juif demeurait en place, reniflant ses larmes. Puis, de ses mains vertes et noueuses il reboutonna les culottes de l'enfant.

— Eh bien, qu'attends-tu ? File ! dit Akim.

Le vieux Juif déposa le garçon par terre et fit une courbette.

— Je vous remercie, Votre Excellence, dit-il. Vous ne m'avez pas blessé, et le petit non plus, vous ne l'avez pas blessé. C'est une chance. Je vais m'en aller. Merci...

Et il s'éloigna à petits pas, en tenant l'enfant par la main.

Les soldats qui avaient fouillé la maison revinrent bredouilles. Le malfaiteur était introuvable. Et personne ne l'avait vu. Aux fenêtres, apparurent des visages de locataires. Certainement, tous regardaient Akim et se moquaient de lui.

— Fouillez les maisons voisines, dit Akim avec rage.

Mais toutes les perquisitions demeurèrent sans résultat.

Le lendemain de l'attentat, Akim fut expédié, avec un peloton de trente cavaliers, pour rétablir l'ordre dans une usine de tissage voisine de la ville. D'après les renseignements parvenus à la caserne, les ouvriers de l'usine avaient isolé leur directeur dans son bureau et le torturaient pour obtenir une augmentation des salaires. Le téléphone était coupé. Le fondé de pouvoir, le comptable et quatre employés aux écritures avaient pu s'échapper, tandis que les émeutiers s'enfermaient avec leur patron dans les locaux de la direction.

Akim arriva sur les lieux à deux heures de l'après-midi. L'usine était située entre la rivière et la route. Un rempart de briques cernait l'établissement, dont on ne voyait de l'extérieur que quelques toitures vitrées, obliques, avec des plaques de neige aux jointures des carreaux. La haute cheminée ne fumait plus. Le sol ne vibrait plus au battement rapide des métiers. Comme la grande porte d'entrée était barricadée de l'intérieur, Akim se hissa, debout, sur la selle de son cheval, et regarda par-dessus le mur d'enceinte. Il découvrit une cour boueuse, où stationnait une charrette pleine de pièces de drap. Des fûts d'huile, des balles de laine, des caisses de fil étaient disposés sous un auvent de tôle. Un ouvrier, monté sur une barrique, haranguait ses camarades massés autour de lui. En apercevant Akim, quelques hommes lui lancèrent des briques. Akim descendit de son observatoire et ordonna de défoncer la porte. Quatre hussards empoignèrent une solive qui gisait au bord de la route et s'en servirent comme d'un bélier. Le battant céda enfin dans un craquement énorme. Les hussards élargirent la brèche à coups d'épaule. Et tout le peloton entra dans la cour au petit trot. Les ouvriers s'étaient alignés le long des hangars. Akim s'avança vers eux.

— Où est le directeur ? dit-il.

Les visages n'exprimaient qu'une résignation lugubre

et bestiale. Hommes et femmes. Cent têtes au plus, fermées sur le même secret.

— Où est le directeur ? dit-il.

Un gros vieillard, à la face flasque et pâle de castrat, sortit des rangs.

— Il est parti, dit-il.

— Pour où ?

— Ça, on ne sait pas. Il est parti, voilà tout. Il nous a laissés, et il est parti. Les employés de bureau, eux aussi, sont partis. On est seuls.

— C'est bon, dit Akim.

Et, se tournant vers la troupe :

— Quinze hommes avec moi pour fouiller l'usine. Quinze autres pour garder les ouvriers.

Il y eut un mouvement irrésolu dans la foule.

— Puisqu'on vous dit que le patron a foutu le camp, répéta le castrat.

— Je l'ai vu filer, dit une jeune femme au visage échauffé, aux lèvres épaisses et rouges. Il a pris la porte de derrière. Même qu'il tenait une petite valise à la main.

— Oui ! Oui ! poursuivit une autre. Il nous a laissés. Et c'est nous qu'on vient malmener et opprimer maintenant. Nous, les travailleurs. Comme toujours !

— Qui vous a malmenés ? Qui vous a opprimés ? cria Akim.

Un silence têtu lui répondit.

— Où est le portier ? reprit Akim.

— C'est moi, dit le castrat.

— Les clefs ?

— Je les ai.

— Alors, suis-nous. Tu nous ouvriras les portes.

— Elles sont ouvertes.

— Suis-nous quand même. Les bureaux d'abord.

Le bureau directorial était vide. Des liasses d'échantillons multicolores jonchaient le sol. Les tiroirs étaient arrachés, les vitres brisées. On avait coupé les fils du téléphone. Il y avait des traces d'excréments aux murs.

— D'où vient ce désordre ? demanda Akim.

Le castrat souriait, clignait des yeux.

— On ne sait pas. Ça le prenait souvent de tout déchirer, de tout salir. Il avait des colères. Oh ! quelles colères, Dieu nous pardonne ! Et puis, il s'en allait. Comme aujourd'hui. On lui a demandé gentiment d'augmenter les salaires. « Non ! qu'il a crié. Tas de chiens ! tas de rats ! » Et les papiers qui volent ! Et des coups de pied ! Et des coups de poing ! Et puis, bonsoir. Plus personne. Nous, on est resté là pour discuter le coup ! Sûrement, il reviendra demain. Oui.

Akim et ses hommes visitèrent les ateliers. Dans les salles silencieuses, les courroies de transmission étaient tendues à bloc. Les machines luisantes semblaient paralysées par les réseaux de longs fils pâles qui couraient entre leurs pièces d'acier. Seule une odeur persistante d'huile chaude et de laine en suint rappelait encore le temps où toute cette mécanique tournait avec un fracas régulier entre les têtes affairées des manœuvres. Des ateliers, les hussards passèrent dans les hangars réservés à la visite des pièces après tissage. Là, ils furetèrent longtemps entre les montagnes de drap, sans découvrir personne. Ils inspectèrent aussi le magasin d'expédition, la chaufferie, le vestiaire, la loge du portier. Peut-être le directeur avait-il vraiment quitté l'usine ? Que faire ? Akim redescendit dans la cour. Les ouvriers se tenaient toujours dans le même coin, avec les mêmes faces résignées. En apercevant Akim, ils se mirent à hurler lamentablement :

— Alors quoi ? On n'avait pas raison ? Relâchez-nous ! Qu'on retourne à la maison ! C'est pas notre faute si le directeur est une brute ! On en souffre assez comme ça !

Des femmes pleuraient. Akim tortillait nerveusement ses moustaches.

Silence, dit-il. Je vais vous consigner ici pendant la durée de l'enquête...

— Comment nous consigner ? On n'est pas fautifs !

97

On n'a rien fait ! C'est pas légal de consigner les gens qui n'ont rien fait !

À ce moment, la fenêtre du bureau directorial s'ouvrit en claquant, et la tête d'un hussard apparut violemment dans l'embrasure. C'était un tout jeune homme, blond et rose. Akim l'avait laissé derrière lui pour ramasser, classer et empaqueter les papiers épars dans la pièce.

— Qu'y a-t-il, Botkine ? cria Akim.

— Ici ! Ici ! haletait le hussard.

— Quoi ?

— Il est ici, Votre Noblesse ! Je l'ai trouvé !

Akim jeta un coup d'œil rapide sur les ouvriers. Un murmure méchant traversa la foule. Des visages se détournèrent. D'autres se levèrent avec insolence. Une femme glapit :

— Aïe ! aïe ! aïe ! Sainte Mère de Dieu !

— Surveillez-les de près, ordonna Akim.

Les hussards épaulèrent leurs fusils.

— Le premier qui bouge !... dit Akim.

Et il courut vers le petit bâtiment en brique des bureaux. Le hussard Botkine se tenait dans l'antichambre. Il conduisit Akim dans une pièce bourrée d'échantillons de tissus, de vieux cartons et de navettes. Dans le parquet gris, il y avait une trappe assez habilement dissimulée.

— J'empaquetais les dossiers dans le bureau, dit Botkine. Mais je n'avais plus de ficelle. Alors, je suis venu en chercher ici. Et, par hasard, j'ai vu l'anneau de la trappe. J'ai tiré dessus, bien sûr...

— Ouvre, dit Akim.

Botkine souleva le couvercle de lourdes planches. Akim se pencha, le cœur battant, au-dessus d'une fosse profonde de cinq pieds à peine. La fosse était pleine de seaux de peinture, de balais et de torchons sales. Entre ces ustensiles, reposait le cadavre d'un gros homme barbu, à la tête de viande blanche. Le crâne était défoncé. La barbe se retroussait, raide de morve et de sang. Les yeux grands ouverts avaient une expression

98

de gravité horrible. On avait arraché les pantalons du mort, et ses jambes maigres et poilues apparaissaient à travers les déchirures du caleçon de laine. Dans la bouche du supplicié, des farceurs avaient planté un porte-plume.

Akim recula instinctivement dans la pièce et se signa. La vue de ce corps torturé et grotesque lui donnait la nausée. Quelles brutes convulsionnaires, quels maniaques féroces s'étaient acharnés sur la dépouille du directeur ? Et il fallait encore compter avec ces chiens, les respecter, les condamner suivant les lois du monde civilisé ! On vous disait : « Attention ! Il y a la morale ! Il y a les principes humains ! Ces chiens ont un cœur, une rate. Donc, ils méritent la pitié ! »

— Les salauds ! grogna Botkine. Qu'est-ce qu'ils ont dû lui passer pour l'arranger de la sorte !

Akim se sentait envahi par une haine justicière, terrible et pure. Ses mâchoires tremblaient.

— Allons, dit-il. Il faut interroger ces hommes.

Dans la cour, les ouvriers essayaient de parlementer avec les hussards :

— On n'y est pour rien, nous. Dieu sait qui a fait le coup ! Laissez-nous partir. On vous revaudra ça. Qui veut des cigarettes ?

En voyant Akim, ils se turent. Akim s'approcha d'eux, à pas lents. Puis, il s'immobilisa, les jambes écartées, les poings aux hanches. Et il regarda durement ce troupeau de faces disparates, déformées par la peur et la rage. En vérité, il eût aimé pouvoir les tuer tous par l'éclat de ses yeux, par la fermeté de sa voix. Il dit :

— Que l'assassin se dénonce.

— Quel assassin ? Y a pas d'assassin, murmura un gaillard borgne, au premier rang.

— On n'a rien fait, nous ! dit une femme.

Akim eut une moue de dégoût.

— Je n'ai pas de temps à perdre, dit-il. Son nom ?

Les ouvriers se poussaient du coude, mais ne disaient rien.

— Son nom ! répéta Akim avec force.

— Le patron s'est peut-être suicidé, dit quelqu'un.

Akim haussa les épaules.

Il devinait, dans ce groupe d'hommes et de femmes, une complicité sourde qui le poussait à bout. Un seul moyen de rompre le complot : choisir des otages et les mettre en demeure de parler sous peine d'exécution immédiate. Certes, une mesure aussi radicale dépassait les attributions d'Akim, et il eût fallu que le commandant militaire de la place en assumât lui-même la responsabilité. Mais on pouvait aisément berner la foule. « S'ils me croient sur parole, la partie est gagnée d'avance. Sinon, eh bien ! j'en serai quitte pour les garder à vue, en attendant l'arrivée de mes chefs. »

— Alors quoi, on nous laisse partir, oui ou non ? geignait le portier.

— Je saurai vous faire parler, dit Akim. Alignez-vous !

Les hussards bousculèrent les ouvriers à petits coups de crosse. Lorsque tous furent rangés le long du mur, Akim prit du recul et considéra scrupuleusement cette série d'échantillons humains. Au-dessus des têtes, rondes ou maigres, jeunes ou vieilles, courait le même mur de brique, avec son chapeau de zinc, glacé de neige par endroits. Il faisait un froid sec. Des corbeaux passèrent en croassant. Un chien galeux vint flairer les bottes d'Akim, grogna et repartit, la queue basse. Akim appela son brigadier :

— Compte-les par dizaines en partant de la gauche, dit-il. Chaque dixième fera un pas en avant.

Quand le brigadier eut fini, il y avait sept hommes et deux femmes détachés du rang, immobiles et perdus devant la ligne clairsemée de leurs camarades. Les otages. Ils se regardaient, blêmes, bossus de peur, les mains pendantes.

— Le colonel commandant la place m'a conféré les pleins pouvoirs, dit Akim. Puisque vous ne voulez dénoncer personne, vos neuf camarades seront fusillés, séance tenante, sous vos yeux.

Cette fois, l'une des femmes qui avait été choisie comme otage se mit à hurler :

— C'est pas juste ! Nous, on n'a rien fait ! On a regardé, seulement !

L'autre tomba à genoux, et il fallut qu'un hussard la relevât et la soutînt aux épaules.

— Ayez pitié, monsieur l'officier ! criait-elle. Il est parmi ceux que vous avez pris ! Il est parmi nous. Alors, puisqu'il sera tué coûte que coûte, pourquoi sacrifier les autres ?

— Dénoncez-le, et je ne ferai pas exécuter les autres, dit Akim.

De nouveau, un silence.

— Eh bien, vous n'avez pas le courage de parler ? reprit Akim.

Les deux femmes sanglotaient. Les ouvriers se dandinaient, hochaient la tête et discutaient entre eux :

— Qu'est-ce que ça fait, maintenant ?

— Puisqu'il est pris !

— Tout de même, on n'a pas le droit de dénoncer un camarade !

— Les prolétaires doivent se soutenir.

— Ça en fera neuf de fusillés au lieu d'un seul.

Parmi les otages, un vieillard barbu, les yeux ensevelis sous des sourcils en broussaille, s'était agenouillé et se signait le ventre à petits gestes rapides. Un gamin, en cafetan roussâtre, s'était évanoui, et son voisin lui bassinait les tempes avec de la neige. Les autres regardaient leurs pieds avec obstination. Seul, au bout du rang, un gaillard râblé, au poitrail rond, aux jambes courtes, semblait parfaitement maître de ses nerfs. Akim examina curieusement cet homme au visage rouge et grêlé. Un bec-de-lièvre tirait sa bouche en accent circonflexe et découvrait un peu sa dentition. Il mastiquait des graines de tournesol et en crachait les cosses avec nonchalance. Sans réfléchir, sans hésiter, Akim s'approcha de lui.

— C'est toi qui as fait le coup ? dit-il brusquement.

L'homme cracha devant lui une pluie d'écales noires.

Puis, il renifla d'un air de défi et fourra les mains dans ses poches.

— C'est toi ? reprit Akim.

L'ouvrier marqua un temps, lorgna le ciel, et dit enfin d'une voix douce et traînante :

— Bien sûr que c'est moi !

Ses compagnons paraissaient figés dans l'extase.

— Pourquoi ne t'es-tu pas dénoncé plus tôt ? demanda Akim.

— Je voulais voir si vous devineriez, dit l'autre.

Quelques rires serviles répliquèrent à cette boutade. Rassurés sur leur propre sort, les ouvriers reprenaient courage.

— Bien répondu ! murmura quelqu'un.

L'assassin souriait à la ronde, fier de son effet. Son voisin lui passa une cigarette. Il la cueillit entre deux doigts et la fourra dans sa bouche.

— Jette ça, dit Akim.

L'homme décolla la cigarette de sa lèvre et la glissa derrière son oreille, prestement.

— Quel est ton nom ?

— Zloba.

— Prénom ?

— Je ne sais pas.

— Où es-tu né ?

— Quelque part.

— Tes parents ?

— Père inconnu. Mère trop connue.

De nouveau, des rires fusèrent parmi les ouvriers. Zloba se balançait d'une jambe sur l'autre avec insolence. Akim se sentait étourdi par trop de colère contenue. Il avait envie de gifler, de frapper, et, cependant, il lui fallait surveiller son langage et son attitude. En face de cette brute, il n'avait plus de droits, mais des devoirs impérieux et inexplicables.

— Que les autres se taisent, dit-il. Sinon, je saurai sévir.

Zloba bâilla longuement et se tapota la bouche du revers de la main.

— Ne fais pas le pitre, dit Akim. Tu me dois des comptes. Comment les choses se sont-elles passées ?

— C'est si simple, que ça ne vaut même pas la peine d'en parler, dit Zloba. On était allé trouver le patron avec une pétition. Augmentation des salaires. Repos en cours de semaine... Des choses justes, quoi ! Il n'a pas voulu nous écouter. Il a gueulé comme un écorché vif. Il nous a traités de va-nu-pieds.

— C'est vrai, ça ! cria une femme. Il nous a traités de va-nu-pieds !

— Si on va nu-pieds, c'est un peu sa faute, dit Zloba avec un sourire malin. Bref, comme le patron s'égosillait, je lui ai mis ma main sur la figure. Du coup, il a voulu me sauter dessus. Et je l'en ai empêché à ma façon. Voilà.

— Vous lui avez démoli la mâchoire, défoncé la poitrine, dit Akim d'une voix tremblante.

— Un simple avertissement, dit Zloba en levant les sourcils. La preuve, c'est qu'après la bagarre il tenait encore bien sur ses jambes. Alors, moi et les copains on l'a installé sur une chaise, et on l'a prié, très poliment, de nous accorder tout ce que nous lui demandions. Il s'est obstiné. Nous aussi, nous nous sommes obstinés.

— Vous l'avez torturé.

— À peine, dit Zloba sur un ton suave. On lui a un peu chauffé la plante des pieds. On lui a tiré les poils de la barbe. On l'a piqué avec des épingles. Juste ce qu'il fallait.

— Et après ?

— Après, comme il demandait à boire, la femme du veilleur de nuit a pissé dans un verre et je lui ai versé ce petit vin blanc en pleine gueule. Et il a bu !

Zloba se tourna gaiement vers ses compagnons :

— N'est-ce pas qu'il a bu, les gars ?

— Canailles ! grommela Akim en serrant les poings.

— Oui, soupira Zloba. Il a bu. Et puis, pendant que j'avais le dos tourné, il a tendu le bras vers le téléphone. Je l'ai aperçu à temps. Et je l'ai achevé à coups de brique. J'avais justement une brique sous la main...

Il se tut. Son visage rayonnait d'un orgueil tranquille. Il était content de lui. Il n'avait peur de rien. Akim considérait avec stupeur ce monstre accompli, cette parfaite incarnation de la méchanceté humaine. Et il ne savait que dire devant une telle hideur. Il murmura :

— Te rends-tu compte de ce que tu as fait ?

Mais il sentit aussitôt la navrante inutilité de ses paroles.

— On t'abattra comme un chien, dit-il encore.

Zloba avait fourré la cigarette dans son bec-de-lièvre. Akim la lui arracha de la bouche, la jeta et l'écrasa du talon dans la neige. Zloba émit un sifflement aigu :

— Peste ! Quel courage, monsieur l'officier ! Vous auriez fait une autre tête, si vous vous étiez trouvé à la place du directeur ! Ça viendra ! Ça viendra !

— Arrêtez la femme du veilleur de nuit, dit Akim. Elle mérite une bonne raclée.

— Pour ça oui, dit Zloba. Elle a refusé de coucher avec moi la semaine dernière. La voilà ! Elle se cache ! Elle veut se défiler !

Il riait en se tapant les cuisses.

Deux soldats empoignèrent une matrone de cinquante ans, à la grande bouche de grenouille et aux seins lourds. Elle se débattait, appelait à l'aide. Il fallut lui ligoter les mains. On ligota aussi les mains de Zloba. Il se laissa faire de bonne grâce.

Ayant relevé le nom de toutes les personnes présentes dans la cour, Akim fit évacuer l'usine. Les hussards chassèrent les ouvriers sur la route. Dix cavaliers demeurèrent sur place pour garder les bâtiments jusqu'à l'arrivée des autorités de justice. Les autres encadrèrent les deux prisonniers. Et la colonne se mit en marche. Les ouvriers, massés aux abords de la fabrique, regardaient s'éloigner le peloton qui emmenait Zloba et la femme du veilleur de nuit. Zloba se tourna vers eux et cria d'une voix claire :

— Adieu, les gars !

— Adieu, Zloba ! Adieu, frérot ! Que Dieu te bénisse ! répondirent les autres.

Et ils agitaient frénétiquement leurs bonnets et leurs casquettes. Puis, ils se mirent à chanter. Akim entendit des voix nombreuses qui psalmodiaient, au loin :

> *Vous êtes les victimes,*
> *Vous avez aimé le peuple,*
> *Et tout sacrifié*
> *Pour son honneur et pour sa liberté.*

Zloba fredonnait aussi, en marchant :

> *Pour son honneur et pour sa liberté...*

Un soldat lui allongea un coup de cravache. Zloba se tut. La femme du veilleur de nuit gémissait :

— Mon Dieu ! Mon Dieu ! Quelle innocence ! Et quel châtiment ! Quel ciel ! Et quel enfer !

Enfin elle se tut, à son tour.

Akim se sentait écœuré et las. Certes, il n'avait pas perdu son temps. L'assassin était identifié, arrêté, grâce à lui. Et, cependant, il lui semblait avoir déplacé un fétu de paille dans une grange. Nul doute que le directeur de l'usine eût été un vilain bougre, avare et vicieux. Mais fallait-il pour cela le torturer avec cette sauvagerie précise ? Et s'il n'y avait pas d'autre méthode pour obtenir de justes concessions ? Si le seul recours des pauvres, devant l'incompréhension des riches, était la violence ? À qui la faute ? Non, non, Zloba n'était pas un révolté, mais un criminel de droit commun. Il ne méritait pas qu'on lui cherchât une excuse sociale. Seulement, il y avait tant et tant de Zlobas, en Russie. On en découvrait un, et cinquante autres surgissaient dans l'ombre, avec leurs faces louches et couturées, leurs lourdes mains de massacreurs, leur cervelle étroite. Le pays entier était infesté de ces diables mesquins, plus redoutables que les Japonais. Il n'y aurait pas assez de toute l'armée pour les disperser et les abattre.

Il faisait froid. Le soleil se couchait derrière de longs nuages rouges et tristes. Au loin, brillaient déjà les premières lueurs de la ville. La colonne croisa une charrette venant de la rivière et chargée de gros cubes de glace translucide. Un maigre canasson gris tirait cette masse de lumière. Le conducteur, vêtu d'une touloupe et coiffé d'une toque de fourrure galeuse, était assis au sommet du bloc, sur un monceau de chiffons et de toiles de sac. Au passage des prisonniers, il retira son bonnet et se signa gravement.

SEPTIÈME PARTIE

1912-1914

1

Les yeux mi-clos, les draps tirés jusqu'aux joues, Serge observait Mlle Fromont, qui rangeait les jouets en maugréant d'une manière comique. Une lampe de chevet, voilée de soie bleue, dispensait à la chambre sa lueur immobile et pure de clair de lune. La ferme modèle, la caserne de soldats de plomb et les lignes de chemin de fer posées sur le tapis formaient un paysage fantastique, dont la masse énorme de la gouvernante contredisait les proportions. Cette gouvernante devenait, tour à tour, avec la tombée de la nuit, une montagne en mouvement, un monstre marin, ou un ballon pour expéditions lunaires. Ce soir, Serge estima qu'elle n'était rien d'autre qu'un cachalot échoué sur la plage. Il regretta même de n'avoir pas une règle sous la main pour la harponner. Cette idée le fit rire, et il se promit d'en tirer parti dès le lendemain.

En vérité, Mlle Fromont était une femme de haute taille, grasse et rubiconde, avec un buste gonflé à bloc et un arrière-train rebondi. Une moustache follette égayait sa lèvre supérieure. Quelques poils bouclés ornaient son triple menton. Son regard était dur, sa respiration sifflante. Elle venait de Suisse et se parfumait à la bergamote. Elle disait que la Russie ne valait rien, que les Russes étaient incultes et malpropres, et que seuls des malheurs de famille l'avaient contrainte à quitter son lac et ses glaciers. Depuis deux ans, Serge était passé des mains de la nounou à celles de la gouvernante. Mlle Fromont lui apprenait le français et les bonnes manières. Quand elle était contente de lui, elle lui chantait, d'une voix enrouée et forte, les chansons de son pays :

> *Salut glaciers subli-mes,*
> *Vous qui montez aux cieux,*
> *Nous gravissons vos ci-mes,*
> *Avec un cœur joyeux...*

En cas d'insubordination ou de paresse, elle le traitait de « petit moujik » et lui pinçait l'oreille avec une vigueur virile. Serge détestait cette créature hommasse. Dans ses prières, il demandait secrètement qu'elle devînt aveugle, ou qu'elle mourût, ou qu'elle se mariât. En ce moment même, tandis que Mlle Fromont ramassait les restes du train mécanique épars sur le tapis, il souhaitait qu'elle fît un faux pas et se tordît la cheville. Mais, malgré sa corpulence, Mlle Fromont se baissait et se relevait avec agilité.

— La prochaine fois, vous rangerez votre train vous-même, dit-elle. Sinon, vous me copierez autant de lignes qu'il y aura de wagons sur le tapis.

— Bien, mademoiselle, dit Serge d'une voix indifférente.

Et il ajouta, pour lui-même, en serrant les dents :

— Diablesse.

— Vous dites ?

— Rien.

— Rien qui ?

— Rien, mademoiselle.

Des pas se rapprochaient dans le couloir. La porte de la pièce voisine s'ouvrit en grinçant un peu. Les parents de Serge allaient border son petit frère Boris, âgé de deux ans, qui couchait dans la même chambre que la nounou. Puis, ils passeraient le voir, lui, comme chaque soir, et sa mère lui donnerait un bonbon vert, enveloppé dans du papier transparent. C'était la règle. Serge retenait sa respiration, attentif à surveiller les moindres rumeurs de la maison. Il entendit le chuchotement confondu de deux voix, celle de sa mère, celle de son père, un bruit de baisers, des soupirs, le balbutiement monotone de la nounou, Marfa Antipovna.

— Ils viennent, ils viennent ! dit-il gaiement.

— Vous n'êtes plus un bébé, dit Mlle Fromont en plissant avec mépris ses lèvres duvetées. C'est bon pour Boris d'attendre avec impatience le baiser du soir et le bonbon. Dans mon pays...

Mais déjà la porte s'ouvrait avec lenteur, et Serge se dressait, le visage radieux, dans son lit. Michel et Tania franchirent le seuil, sur la pointe des pieds.

— Ne craignez rien, leur dit Mlle Fromont, il ne dort pas encore.

Une autre silhouette apparut dans l'encadrement de la porte.

— Serge, dit Tania, ton oncle Nicolas voudrait te dire bonsoir.

Serge ne connaissait guère cet oncle Nicolas, dont ses parents parlaient souvent entre eux, avec des mines attristées. Il ne se rappelait même pas l'avoir vu dans sa lointaine enfance. Il regarda venir sur lui un long monsieur, très maigre, avec un menton mal rasé et des yeux noirs, brillants. L'oncle Nicolas posa une main chaude sur le poignet de Serge, le contempla longuement et dit :

— Quel joli garçon !

Serge se sentit rougir. Il n'aimait pas recevoir des compliments en public, comme une fille. D'un mouvement brusque, il détourna la tête et la fourra dans son oreiller.

— Il est sauvage, dit l'oncle Nicolas.

— Ne m'en parlez pas, monsieur, dit Mlle Fromont. C'est un vrai diable. Il me donne bien du mal.

Serge détesta l'oncle Nicolas et Mlle Fromont. Il pensa même faire un coup d'éclat, et refuser le bonbon vert et le baiser du soir. Mais, lorsque sa mère se pencha sur lui, il renonça facilement à se mettre en colère. Elle était la plus jolie et la plus parfumée des dames.

Quand sa main douce lui effleurait le front, il avait l'impression de devenir meilleur.

— Dors bien, mon chéri, dit Tania en baisant son fils sur les deux joues.

Puis, elle le signa de ses doigts aériens et déposa un bonbon vert sur la couverture.

Michel consulta sa montre :

— Il faut que je parte. Vous serez là à mon retour, Nicolas ?

— Peut-être.

Serge ferma les yeux. La moustache drue de son père vint lui chatouiller les tempes. L'oncle Nicolas serra la main de l'enfant. Et tous les grands quittèrent la pièce pour des besognes nocturnes et mystérieuses.

Mlle Fromont éteignit la lampe de chevet et sortit à son tour. Seule la flamme de la veilleuse palpitait, dans son gobelet de verre rose, devant la planche doré et noir de l'icône. Derrière la cloison, Serge entendit gémir le lit de la nounou. Le jour, il était fier d'avoir six ans et demi et de vivre seul, « comme un étudiant ». Mais, la nuit, il regrettait humblement la chambre de son enfance, quiète et chaude, avec le grand coffre de Marfa Antipovna dans un coin, les innombrables images saintes au mur, et la couchette de la nounou, que masquait un petit paravent. Il enviait Boris, qui, s'il s'éveillait après un cauchemar, pouvait appeler la servante et lui demander de chanter une chanson ou de raconter une histoire de nains et de fées. À évoquer tant de douceurs, Serge éprouvait le désir étrange de se recroqueviller et de pleurer en silence. Il avait l'impression qu'un morceau de sucre fondait au milieu de son corps. Pourtant, il rudoya ce désir de tendresse, indigne d'un garçon. Quand il tombait dans la cour, il s'astreignait toujours à refouler ses plaintes. Parfois même, il songeait à fuir en Amérique pour chercher de l'or ou faire le trafic des fourrures.

La porte d'entrée claqua, ébranlant toute la maison. Serge pensa que son père venait de sortir. Sa mère et l'oncle Nicolas devaient être assis au boudoir et boire du café avec des liqueurs. Puis, Serge imagina la silhouette de Mlle Fromont en chemise de nuit. Cette vision le fit pouffer de rire. Un poing furieux tapa contre la cloison. La voix de la nounou cria :

— Veux-tu rester calme, petit vaurien ! Sinon, pauvre frérot ne dormira pas, et demain, on dira : c'est la faute de Marfa Antipovna...

— Tais-toi, tu m'embêtes, dit Serge. Demain, je découperai des festons dans ta jupe.

Cette menace avait le don d'exaspérer la nounou. Elle grogna encore des imprécations. Puis, ce fut le silence. Serge glissa le bonbon vert dans sa bouche, se tourna vers le mur et le sommeil le recouvrit instantanément.

— Je suis désolée que Michel ait été obligé de sortir ce soir, dit Tania en versant le café dans de fines tasses bleues. Il est trop occupé, ces derniers temps. Ses affaires... Je le vois à peine...

— Il travaille beaucoup ? demanda Nicolas.

— Énormément. Les Comptoirs Danoff ont pris une expansion inespérée. Et puis, il finance le chemin de fer d'Armavir à Touapsé. Une grosse entreprise.

Elle marqua un temps, et ajouta d'un air détaché :

— Il est président du conseil d'administration, tu sais ?

— Ah ! oui ? dit Nicolas avec une indifférence qui choqua la jeune femme.

— Oui, il a eu des entrevues avec des ministres : Kokovtzeff, Sazonoff... Stolypine lui était très dévoué. Pauvre Stolypine ! C'est affreux ! Mourir comme ça, en plein effort, tué par quelque voyou à la solde de l'étranger. Il y a plus d'un an de ça, et, cependant, je ne peux m'en remettre encore...

— Le 5 septembre 1911, dit Nicolas.

— Tu sais la date ?

— Oui.

Nicolas but une gorgée de café brûlant et reposa sa tasse.

— Tu le connaissais, toi, Stolypine ? demanda Tania.

— Par ses actes.

Il y eut un silence. Tania observait son frère d'une façon intense, douloureuse. Elle finit par dire, en baissant les paupières :

— Pourquoi ne viens-tu pas nous voir plus souvent ? Depuis trois ans presque, nous ne savons rien de toi. Où es-tu ? Que fais-tu ? Et, tout à coup, tu nous tombes dessus, sans prévenir. Nous aurions pu être sortis.

— Je serais repassé demain.

— Je suis sûre que tu es déjà venu à Moscou sans nous rendre visite.

— Non. C'est loin de Saint-Pétersbourg, Moscou. Et puis, moi aussi, j'ai du travail...

Le sourire de Nicolas démentait ses paroles.

— Quel travail ? demanda Tania.

— Nous avons ouvert une entreprise de papeterie en gros, avec des amis. Je surveille la comptabilité. Je gagne un peu d'argent...

Tania haussa les épaules :

— Dire que Michel t'avait offert une place intéressante dans son affaire !

— Je n'aime pas mélanger les affaires et la famille.

— Il ne te sied pas de parler de famille, dit Tania en rougissant. Quand je pense que je n'ai même pas ton adresse, et que, depuis des mois et des mois, tu n'écris plus à nos parents...

— J'ai de leurs nouvelles indirectement, dit Nicolas. Je sais qu'ils se portent bien, que Nina est malheureuse avec son mari, que maman donne dans les bonnes œuvres, que papa songe à prendre sa retraite... Je pense souvent à eux... Je les aime bien...

Il devint rêveur.

— C'est si difficile, si compliqué, dit-il enfin.

— Quoi ?

— Rien, la vie, ma vie...

Tania crut le moment venu de confesser son frère. Des amis de Saint-Pétersbourg lui avaient dit que Nicolas continuait à se compromettre en fréquentant des individus hostiles au régime. Michel affirmait que c'était là un jeu dangereux et inutile. Tania posa une main sur le poignet de son frère et murmura d'une voix tendre :

— Dis-moi tout, Nicolas, tu es à gauche, n'est-ce pas ?

Nicolas arrondit un œil limpide et pouffa de rire.

— Je ne vois pas ce que j'ai dit de drôle ! s'écria Tania. De source sûre, nous savons que tu t'occupes de... de ce qui ne te regarde pas !...

— Que tu es bien renseignée, ma chérie ! dit Nicolas.

— Tu te lies avec des nihilistes, des révolutionnaires...

— Et quand cela serait ? dit Nicolas. Depuis la création de la Douma, il n'est plus interdit de faire de la politique, en Russie. Admettons que je fasse de la politique, et n'en parlons plus.

— Ceux qui font de la politique sont des mécontents. De quoi es-tu mécontent ? Si tu n'as pas la situation que tu mérites, tu ne peux t'en prendre qu'à toi !

— Il ne s'agit pas de ma situation.

— Et de laquelle ?

— De celle des autres.

— Il y a l'empereur, les ministres pour s'occuper de ça.

— Et s'ils s'en occupaient mal ?

Tania battit des mains et son regard étincela de fierté :

— Voilà ce que je voulais te faire dire ! Tu es contre le gouvernement. Tu veux renverser l'ordre établi. Tu es un fauteur de troubles.

Nicolas leva les bras au ciel :

— Que de mots ! Que de mots ! On aurait dû t'engager comme rédacteur aux *Nouvelles moscovites*.

— Que reproches-tu à ce journal ? Michel le lit régulièrement.

— Moi aussi.

— Mais pour d'autres raisons, sans doute ?

— Sans doute.

La conversation s'engageait mal. Nicolas se leva, inspecta le boudoir d'un coup d'œil rapide.

— Je comprends que tu m'en veuilles de mon attitude, dit-il.

— Pourquoi ?

— Parce que tout ceci (il désignait les murs, les tableaux, les meubles) te cache le monde extérieur. Tu vois la vie à travers des rideaux de dentelle. Et tu te gardes bien de soulever le rideau. Comme tu dois être heureuse, ma petite Tania !

Tania redressa le buste et défripa sa jupe d'une main nerveuse.

— Mais oui, je suis heureuse, dit-elle. C'est étrange, on dirait que tu reproches aux gens d'être heureux. Depuis longtemps, j'ai remarqué ça. Tu surviens, tout noir, tout triste, comme un messager de malheur. Tu regardes autour de toi avec ironie, avec tristesse. Tu critiques tout...

— Je ne peux pas m'empêcher de penser aux autres.

— Moi aussi, je pense aux autres, dit Tania. Je reconnais qu'il y a des pauvres, des infortunés. Je ne demande pas mieux que de les aider. Je souhaite que le gouvernement fasse quelque chose pour eux.

— Alors, nous sommes d'accord.

— Non. Il me semble que nous désirons la même chose avec un cœur différent. Oui, c'est cela. Toi, tu te fâches, tu injuries les gens en place, tu te crois plus intelligent que tous les ministres réunis. Moi, je me dis, ils savent leur métier et, peu à peu, malgré les difficultés, ils feront triompher la justice.

Le visage de Nicolas se plissa dans une grimace hargneuse.

— Petite-bourgeoise ! dit-il. Surtout ne cassez rien ! Ne changez rien ! Chaque chose en son temps ! Confiance ! Nos dirigeants sont bourrés de vertus jusqu'à la gueule !... Si tu voyais le peuple ! Si tu savais sa misère, son ignorance, son abandon, sa maladie, son désespoir !... Et, devant lui, une Douma qui dépense sa salive, des ministres qui ne songent qu'à leurs intérêts personnels, un tsar qui n'a qu'une idée : rester debout, encore un peu, entouré de portraits d'ancêtres...

— Cela fera trois cents ans, l'année prochaine, que les Romanoff restent debout, comme tu dis, entourés de portraits d'ancêtres.

— Oui, oui... Le tricentenaire des Romanoff... Je connais ça... On nous en rebat suffisamment les oreilles. La dynastie nécessaire... Quelle théorie de crimes, de trahisons, de luxures, de hontes, de malédictions, elle traîne derrière elle !... C'est Pierre le Grand qui fait exécuter son fils coupable d'avoir pactisé avec la clique des prêtres rétrogrades ; c'est Pierre III assassiné par l'amant de sa femme, la Grande Catherine ; c'est la Grande Catherine elle-même, qui, après une vie de réussites géniales et de débauches scandaleuses, succombe à une hémorragie, dans son cabinet de toilette ; c'est Paul Ier, qui est tué avec le consentement de son propre fils Alexandre Ier, c'est Alexandre Ier, qui meurt si mystérieusement à Taganrog, qu'on parle d'une substitution de personnes ; c'est Nicolas Ier, qui écrase dans le sang la révolution de 1825, et se suicide, dit-on, après la défaite de Sébastopol ; c'est Alexandre II, le Libérateur, déchiqueté par la bombe d'un nihiliste ; et, après Alexandre III, qui s'éteint, par extraordinaire, dans son lit, c'est Nicolas II, et la Khodynka, et la guerre russo-japonaise, et le tsarévitch malade d'hémophilie, et la présence à la Cour de cet ignoble Raspoutine... Trois cents ans de crimes et de dérèglements, voilà ce que l'on va fêter dans quelques mois, ma chère !

Le visage de Tania prit une expression songeuse.

— Peut-être, dit-elle, la Russie a-t-elle besoin de toutes ces violences, de toutes ces douleurs ? Je n'ai jamais réfléchi à la question. Mais il me semble que la Russie est un pays très différent des autres. Elle n'aura jamais le régime des autres. Elle sera toujours un peu à part, incompréhensible, malheureuse et si grande, si belle malgré tout !...

— Tais-toi, dit Nicolas. Tu racontes des sottises.

C'est avec des sentiments pareils qu'on retarde le bonheur d'un peuple.

— Si Akim t'entendait ! dit Tania.

Nicolas se rembrunit :

— Akim a ses convictions, j'ai les miennes. Ou plutôt, Akim n'a pas de convictions. Il a un uniforme.

Jamais encore Nicolas n'avait parlé à sa sœur avec cette franchise brutale. Par méfiance, par mépris, il la tenait à l'écart de ses agissements. Mais, aujourd'hui il éprouvait le besoin de secouer la torpeur de Tania. Il était arrivé de Saint-Pétersbourg, la veille, pour une conférence du syndicat des papetiers. Depuis quelque temps, les concessions successives accordées par le gouvernement à l'opinion publique autorisaient les révolutionnaires à moins de prudence. Les orateurs de la Douma donnaient l'exemple de l'audace légitime. Fort de cette pensée, Nicolas poursuivait d'une voix chaleureuse.

— Ce que je te dis là, d'autres ont dû te le dire...

— Oui, dit Tania, d'un air vague, et elle changea de fauteuil pour se rapprocher de son frère.

— Nous sommes au bord d'événements terribles, reprit Nicolas.

Tania porta les mains devant sa figure. Elle ne comprenait pas l'acharnement de Nicolas à prévoir le pire. Pourquoi ne voulait-il pas la laisser vivre heureuse, entre son mari et ses enfants, dans cette maison qu'elle aimait ? Certes, il y avait les désordres de la famille impériale, quelques révoltes dans les universités, la présence à la Cour de Raspoutine. Mais tout s'arrangerait, elle en était sûre. Nicolas était un pessimiste. Elle le regarda droit dans les yeux et demanda :

— Quelle est donc ta vie, Nicolas ?

Il repoussa une mèche de cheveux qui lui barrait le front.

— Je parle, j'essaie de convaincre, dit-il avec une lassitude soudaine.

— Et c'est tout ?

— Oui.

Mais elle refusait de le croire. Elle l'imaginait perdu dans une foule de terroristes aux faces blêmes et aux cheveux longs. Elle évoquait autour de lui des imprimeries clandestines, des bombes, des tracts, des cachots, un remous de boue et de sang. Elle eut peur de lui. Elle eut pitié de lui. Elle murmura :

— Tu ne fais rien de mal, n'est-ce pas ?

Nicolas fut ému par tant de candeur :

— Mais non, je t'assure...

Longtemps, ils gardèrent le silence. À leur insu même, cette conversation les avait rapprochés. Tania était fière de la confiance que lui témoignait son frère. Quant à Nicolas, il s'étonnait de la trouble douceur que suscitaient en lui la vue de ce visage, le son de cette voix, dont il s'était cru à jamais délivré. Il avait envie, tout à coup (c'était là une maladie chronique, il la connaissait bien), de ne plus être seul, d'avoir une famille, des souvenirs, des habitudes, un passé, comme tout le monde. Il se sentait fatigué et morne. Les jours passaient en luttes stériles, en morts, en arrestations, en rédaction de communiqués clandestins, en créations de cellules nouvelles, et l'idéal était toujours aussi loin, derrière des rideaux de nuages. Il se leva, regarda un tableau pendu au mur.

— C'est un Aïvasovsky, dit-il. Quelle profondeur dans cette mer, dans ce ciel qui se défient...

— Oui, dit Tania vivement. Un vrai chef-d'œuvre. Michel m'a offert ce tableau pour ma fête, l'année dernière...

Mais elle eut honte, soudain, de son exaltation, détourna la tête : Nicolas n'avait pas de tableaux, pas de meubles, pas de maison, peut-être ?

— Te souviens-tu, dit Nicolas, de la marine qui était pendue dans la chambre de nos parents, à Ekaterinodar ?

— Oh ! oui, les barques sur la mer bleue, et les rochers rouges au fond. C'était affreux ! Mais comme ce paysage nous a fait rêver !

— J'y pense souvent, dit Nicolas. Ekaterinodar, le vieux jardin, les portes qui claquent dans le vent...

Il sourit à ses souvenirs, d'une manière désenchantée et vieillotte. Un élan généreux gonflait le cœur de Tania. Elle avait méconnu son frère. Il était bon et noble ; il se sacrifiait pour une cause ; il souffrait. Et elle demeurait là, dans sa jolie robe, avec son visage fardé, ses mains inutiles. Ce n'était pas juste. Elle eût aimé le surprendre par un geste d'abnégation.

— Tu sais, dit-elle, je me juge bien sévèrement, parfois. Je voudrais faire quelque chose...

Elle rougit. Nicolas l'observait avec curiosité.

— Explique-toi, dit-il.

— Tu dois te figurer que je suis sotte, égoïste, frivole... Ce n'est pas tout à fait exact... L'occasion m'a manqué d'être meilleure, et c'est tout...

— Peut-être. Et moi j'ai trouvé cette occasion, dit Nicolas.

Il ajouta, plus bas, comme à contrecœur :

— Je n'en suis pas plus heureux pour ça.

Michel ne rentra qu'à onze heures du soir. Il était très agité par les dernières nouvelles. Sa réunion d'affaires s'était transformée en réunion politique. Jeltoff avait rapporté des horreurs sur Raspoutine et la famille impériale. À l'entendre, de véritables orgies s'organisaient autour de l'illuminé. Des demoiselles d'honneur, des dames nobles se laissaient prendre à son envoûtement. La tsarine ne jurait plus que par lui. Le tsar lui-même le recevait dans son cabinet de travail et acceptait ses conseils.

— Si tout cela est vrai, disait Michel, notre pays court à la ruine. La Douma et Raspoutine apprendront au dernier des moujiks à mépriser ses souverains.

— Mais la Douma est contre Raspoutine, dit Nicolas, et vous les mettez dans le même sac. Rodzianko à droite, Goutchkoff à gauche, n'ont-ils pas risqué leur situation pour obtenir le renvoi en Sibérie de notre illuminé national ?

— Si. Mais en divulguant le scandale, ils ont causé plus de tort à l'empereur que Raspoutine lui-même.

Raspoutine fait le mal et la Douma le publie. Les députés sont trop heureux de trouver un prétexte pour insulter le régime. Si Raspoutine n'avait pas existé, ils l'auraient inventé de toutes pièces. Voilà pourquoi je les mets dans le même sac. Voilà pourquoi j'estime qu'avant de renvoyer Raspoutine il faudrait dissoudre la Douma ou la laisser gouverner.

— Elle gouverne déjà.

— Non. Les ministres sont irresponsables devant elle. Ses parlotes ne changent rien aux décisions impériales. La Douma ne dirige pas, elle critique. Ah ! le beau rôle. Que le gouvernement promulgue une loi libérale, et toute la gloire en revient à la Douma. Que le gouvernement se trompe, et la Douma n'est pas en cause, mais la voici qui remue, bavarde, s'indigne ! Et le public, en lisant le compte rendu des séances, apprend à douter de ses chefs. Le plus sûr moyen de clore le bec aux mécontents, c'est de les appeler à l'action. Qu'on élargisse les pouvoirs de la Douma, et elle deviendra plus modeste et plus sage. Elle s'efforcera de calmer le peuple, au lieu de le convier à la révolte.

— Calmer le peuple, répéta Nicolas en souriant. Vous ne pensez qu'à ça...

— Je sais, dit Michel avec un haussement d'épaules, vous ne partagez pas mes idées. Vous croyez à la nécessité d'un cataclysme général...

Tania espéra que son frère allait répondre avec éloquence. Brusquement, elle était de tout cœur avec lui contre Michel. Mais Nicolas regardait ses mains et respirait difficilement.

— N'allumez pas un incendie que vous ne sauriez plus éteindre, reprit Michel.

Nicolas se leva.

— Hélas ! dit-il, parfois la pourriture devient si grande que le feu seul est capable de tout purifier.

Tania s'éveilla tard, le lendemain matin. Michel était déjà parti pour le bureau. La femme de chambre fredonnait en rangeant le cabinet de toilette. Dans la cour, le concierge raclait la neige. À travers les rideaux, filtrait une lumière bleue et froide. Tania s'étira, bâilla voluptueusement, et sentit une grande tristesse dans tout son corps. Elle n'avait envie de rien. La pensée même du petit déjeuner qui l'attendait, et du chapeau neuf qu'elle devait essayer chez sa modiste, ne suffisait pas à lui rendre sa bonne humeur. Elle sonna la femme de chambre qui vint tirer les rideaux. La clarté du jour envahit la pièce. Dans la glace de la psyché, qui faisait face au lit, Tania contempla son image avec le désir de se trouver laide. Mais elle n'était pas laide. Elle était même très jolie, avec son visage frais, à la bouche gourmande, aux yeux bleus, limpides. On ne lui eût certes pas donné trente-trois ans. Vingt-cinq, vingt-six tout au plus. Et encore, elle n'était pas coiffée. Michel avait bien de la chance. Elle soupira et fit bouffer ses cheveux d'une main légère.

— Madame paraît soucieuse, dit la femme de chambre, en déposant sur le lit le plateau du petit déjeuner.

Tania beurra un petit pain grillé, le nappa de miel et le croqua d'un coup net, en plissant les paupières. Puis, elle but une gorgée de thé, s'essuya les lèvres et demanda :

— Du courrier pour moi ?

— Pas ce matin, madame.

— Quelqu'un a téléphoné ?

— Non, madame.

Une impression pénible d'isolement affligea la jeune femme. Elle n'intéressait personne. Sa journée s'annonçait inutile. Elle se rappela sa conversation de la veille avec Nicolas et comprit que ce souvenir était à l'origine de son malaise. Cependant, tout ce que Nicolas lui avait dit sur la misère des petites gens et leur droit au bonheur terrestre, elle le savait. Pourquoi donc était-elle à ce point troublée ? Au moment de beurrer une seconde rôtie, elle se ravisa et la déposa sur l'assiette. Par un sentiment de mortification puérile, elle voulait renoncer à ce menu plaisir. Elle fut fière de l'étonnement que manifesta sa femme de chambre.

— Madame n'est pas bien ? Les rôties étaient un peu brûlées, peut-être ?

Sans répondre, Tania considérait ses mains pâles et longues.

— Quel ennui ! dit-elle enfin.

— Madame peut bien le dire, susurra la femme de chambre, à tout hasard. On ne sait plus sur quel pied danser !

Tania haussa les épaules. Elle songeait aux pauvres. Il lui déplaisait que tout le monde ne fût pas heureux autour d'elle. Avec effort, elle imaginait des taudis aux fenêtres gelées, des mendiants grelottants sous la neige, des tramways bourrés de voyageurs minables. Elle n'était jamais montée dans un tramway. Ses enfants non plus. Mlle Fromont prétendait que c'était plein de maladies, dans les tramways. Quelle sottise !

— Appelez les enfants, dit Tania.

Une brusque décision éclairait son visage.

Serge fit irruption dans la pièce, escalada le lit et se jeta dans les bras de sa mère. Tania pressa contre ses lèvres ce visage rose, essoufflé et rieur. L'enfant était polisson, courageux. Secrètement, elle le préférait au petit Boris, silencieux, rêveur, et qui semblait vivre à l'écart de tous une existence mystérieuse et monotone de plante.

Mlle Fromont, tout en violet sombre, la taille étranglée, le sein véhément, apparut dans l'encadrement de la porte.

— Il m'a devancée, dit-elle. Je lui avais pourtant interdit de courir dans les couloirs. Mais ce que je dis ou rien...

Elle s'approcha de Serge et rectifia les plis de son col marin.

— Si ça continue, vous serez ficelé comme votre frère.

À ces mots, le petit Boris pénétra en se dandinant dans la chambre. Il donnait la main à sa nounou, la vieille Marfa Antipovna, toute ridée, comme une pomme cuite. Mlle Fromont répondit d'une sèche inclination de tête au salut profond de la servante. Les deux femmes se détestaient. Marfa Antipovna prétendait que la gouvernante était une vilaine étrangère, qui n'allait pas à l'église, mais dans un « hangar protestant », qui parlait le russe avec un accent diabolique, et qui terrorisait les enfants au lieu de leur rendre la vie distrayante et facile. La gouvernante, elle, affirmait qu'il était scandaleux de confier un garçon de famille bourgeoise aux soins d'une créature illettrée, bornée et privée de toute notion de puériculture et d'hygiène. Tania n'ignorait rien de cette antinomie et tâchait par tous les moyens de réconcilier les deux puissances rivales.

— Voyons, dit-elle après avoir embrassé Boris, quels sont vos plans pour aujourd'hui ?

— Avec votre permission, barynia, dit la nounou, je voulais emmener Boris à l'église. C'est aujourd'hui le 8 novembre, la fête de saint Michel, archange, prince des milices célestes, et des archanges Gabriel, Raphaël, Uriel, et de sainte Marfa, princesse de Pskov, ma patronne, et de...

— C'est bon, dit Tania en souriant.

Mlle Fromont contemplait la nounou avec une moue de mépris intellectuel.

— Quant à moi, dit-elle, je comptais faire avec Serge une promenade hygiénique et accélérée dans le parc Petrovsky. L'archange saint Michel ne m'en voudra pas, je pense...

— Certainement pas, dit Tania. Mais j'avais d'autres projets pour mes enfants.

Elle hésita un instant, regarda Boris et Serge tour à tour, et murmura d'une voix mal assurée :

— Je veux que Serge et Boris fassent une promenade en tramway, ce matin.

Un double cri lui répondit :

— En tramway ! geignait la nounou, et elle se signait avec rapidité. Que Dieu vous bénisse, barynia, mais ce n'est pas possible. Tous les va-nu-pieds vont en tramway ! Ils saliraient leurs habits !

— Ils attraperaient des maladies ! renchérit la gou-

vernante. Le typhus, la rougeole, que sais-je encore ?
Dans une autre ville, je ne dis pas, les tramways sont
propres. Je me rappelle notamment qu'à Genève... Mais
ici... Ah ! non, madame, non, ou je retire toute responsabilité.

— Pour une fois, vous voilà d'accord, toutes les deux,
dit Tania. Mais vous n'arriverez pas à me convaincre.
Je trouve que, par les temps qui courent, il ne sied pas
d'être fier. Il faut aller vers le peuple, oui, le comprendre, se mêler à lui. Les enfants m'en sauront gré, plus
tard...

Et, tout à coup, elle se fâcha :

— Il n'y a pas à discuter. J'exige qu'ils aillent en
tramway, voilà tout.

Serge battait des mains et criait :

— En tramway ! En tramway !

Le petit Boris, assis dans les bras de Tania, imitait
son frère en agitant ses courtes menottes potelées :

— Traoué ! Traoué !

— Pauvres enfants ! dit Mlle Fromont avec un
soupir.

La nounou fondit en larmes et déclara que, pour elle,
la vie était une longue épreuve. Tania, exaspérée, la pria
de quitter la chambre. Alors, Boris se mit à pleurer, lui
aussi. Mlle Fromont emmena les enfants et siffla sur le
seuil de la porte :

— Je n'ai jamais vu ça ! Dans aucune maison !

Demeurée seule, Tania se félicita mentalement de
son autorité. Cependant, elle était inquiète quant aux
conséquences de cette expédition. Et si, vraiment, ses
enfants attrapaient quelque maladie contagieuse dans
le tramway ? Toute la faute en retomberait sur elle.
Michel ne lui pardonnerait pas sa dangereuse lubie.
Qu'il était donc difficile d'aller vers le peuple ! Et pour
quelle récompense, mon Dieu, se donnait-elle tant de
mal ? Prise de remords, elle appela sa femme de chambre et la pria de lui indiquer le tramway le plus propre
de Moscou. Au dire de la soubrette, le tramway n° 11,
menant de la place Arbatskaïa au couvent de la Passion,

125

était particulièrement bien entretenu. Aussitôt, Tania lui ordonna de recommander la ligne n° 11 à la gouvernante et à la nounou. Elle leur fit dire aussi de baigner les enfants dès qu'ils seraient rentrés de promenade, et de changer leur linge, qui serait lavé séparément par mesure de prudence.

Enfin rassurée, Tania se leva, enfila son peignoir préféré et convoqua le maître d'hôtel, qui demandait à lui parler d'urgence. Au réveil, elle avait eu l'impression d'accéder à un grand jour vide. Et, cependant, mille questions occupaient déjà son esprit. Le maître d'hôtel dénombrait les factures des fournisseurs et sollicitait une augmentation de gages pour la seconde laveuse de vaisselle qui attendait un enfant. Et quelles fleurs Madame exigeait-elle pour la table ? Et combien de couverts devait-on prévoir ? Et ne faudrait-il pas que Madame admonestât le cuisinier qui buvait plus que de raison ? Après le maître d'hôtel, ce fut le cuisinier qui se présenta, lourd, le nez rubicond, la bouche pâteuse. Tania tenta de lui reprocher son ivrognerie, écouta ses excuses, apprit qu'il buvait parce que sa femme couchait avec le maître d'hôtel, le complimenta sur son soufflé à l'orange de la veille et composa le menu, avec gourmandise et célérité. À peine le cuisinier avait-il quitté la pièce, que la masseuse parut, athlétique, lunettée, les cheveux courts. Tout en pétrissant le corps de Tania, elle lui donna des nouvelles de ses autres clientes :

— Figurez-vous, estimable Tatiana Constantinovna... je ne devrais pas le dire, bien sûr..., mais Mme Ostapova reçoit chez elle, tous les jours, un porteur de la confiserie *Siou*. Un gamin. Elle se ruine en bonbons. Elle le gave de sucreries. Et lui, pour la peine, vous comprenez... C'est une cochonnerie !... Je vous ai fait mal ? Ce n'est rien, ma belle. C'est pour votre bien. Vos tissus sont devenus d'un ferme ! C'est blanc et lisse ! C'est élastique et succulent !... Ah ! si Mme Ostapova avait votre corps !... Je le lui disais justement, ce matin...

126

Échappée aux mains de sa masseuse, Tania n'eut que le loisir de se passer un peu d'eau fraîche sur le front avant de recevoir la manucure. C'était une petite personne fardée, obséquieuse et ricanante. Elle avait travaillé deux ans à Paris, et prétendait avoir des intuitions fulgurantes en matière de modes. Tandis qu'elle polissait les ongles de Tania, plusieurs vendeuses se succédèrent dans la chambre, offrant, l'une des bas aux nuances extravagantes, l'autre des lingeries aériennes, ou des flacons de parfum arrivés directement de France. La manucure, les yeux allumés de convoitise, donnait son avis, ravalait sa salive, devenait rouge, nerveuse. Tania, gênée, lui fit cadeau d'un flacon de parfum, Vierge orageuse, et la manucure s'étrangla de plaisir en le respirant. Au moment de partir, elle baisa la main de Tania.

Déjà, la femme de chambre versait une essence odorante dans le bain. Mais, comme Tania entrait dans l'eau, le téléphone sonna victorieusement. La soubrette installa l'appareil à proximité de la baignoire, et Tania, molle et détendue, bavarda dix minutes avec son amie Eugénie Smirnoff, qui lui avait trouvé mauvaise mine, avant-hier, au théâtre. Puis, ce fut le tour de Volodia, qui la fit beaucoup rire en lui racontant une soirée qu'il avait passée chez les Tziganes, avec des femmes de petite vertu. Elle l'invita à dîner pour le soir même. À peine avait-elle raccroché l'écouteur, qu'une maison de couture l'appela pour changer l'heure de son essayage.

— Au prochain coup de téléphone, vous répondrez que je suis sortie, dit Tania à sa femme de chambre.

Elle feignait la colère, mais elle était heureuse d'être entourée de gens qui la dérangeaient et l'empêchaient de réfléchir. On frappa à la porte. C'était le coiffeur. Le temps de revêtir un négligé en charmeuse rose et voile de soie, et Tania était assise devant sa psyché, tandis que le coiffeur, tout bouclé, tout dansant, s'affairait autour d'elle dans un cliquetis de fers à friser.

— J'ai reçu de Paris... Une merveille !... Regardez ce peigne en forme de lotus épanoui... Est-ce léger, est-ce coquet ?... Et quelle écaille !... Prenez la peine d'admirer les incrustations qui l'enrichissent...

Tania acheta le peigne, et encore une fanchon en valenciennes dont elle n'avait nul besoin. Comme le coiffeur achevait de consolider l'édifice de ses cheveux, la femme de chambre annonça que le cocher et le chauffeur venaient prendre les ordres de Madame. Les deux hommes entrèrent. Le chauffeur, Georges, avait un pâle visage de voyou et portait des jambières en cuir fauve. Le cocher, Varlaam, énorme, barbu, larmoyant, le considérait avec mépris et enviait la faveur dont il jouissait auprès de ses maîtres. Depuis que Michel avait acquis deux autos, une Mercedes et une Lorraine-Dietrich, Varlaam sentait bien qu'il était passé au second plan, avec ses chevaux, sa calèche et sa houppelande. Détrôné, démodé, vaincu, il dégustait sa honte et appelait des malédictions immédiates sur la mécanique et les paresseux qui en tiraient profit. Chaque matin, il attendait avec angoisse le verdict de Tania. Sortirait-elle en auto ou en traîneau ? Tania plaignait le malheureux et lui accordait souvent la préférence.

— Vous attellerez pour midi, Varlaam, dit-elle.

Un flot de sang gonfla le visage de Varlaam. Ses yeux brillèrent de fierté et de gratitude. Il jeta un coup d'œil triomphal vers le chauffeur et articula d'une voix de basse profonde :

— À vos ordres, madame. Tout sera prêt pour midi.

Et, vraiment, tout fut prêt pour midi. Mais Tania ne put sortir. Elle achevait de s'habiller, lorsque sa femme de chambre fit entrer la demoiselle de compagnie de Marie Ossipovna. La belle-mère de Tania avait pris, depuis peu, à son service, cette jeune fille de dix-sept ans, transparente, jolie, naïve, dont la seule raison d'être au logis consistait à subir la mauvaise humeur de la vieille. Souvent, la demoiselle de compagnie venait se plaindre à Tania et solliciter ses conseils. Elle-même ne savait pas se défendre contre sa bienfaitrice. Orpheline, élevée au couvent, elle traversait la vie dans un bourdonnement de prières.

— Qu'y a-t-il encore, Svétlana ? lui dit Tania en la prenant par la main.

— Ah ! madame, gémit Svétlana, pour moi, je crois qu'il vaudrait mieux partir.

— Allons bon !

Tania attira la jeune fille vers un canapé et s'assit auprès d'elle. Svétlana avait les yeux pleins de larmes. Elle sentait le bébé bien tenu. Tania aimait la recevoir chez elle et la consoler.

— Encore des ennuis avec Marie Ossipovna ? demanda-t-elle.

— Elle... elle veut m'apprendre le circassien, bredouilla Svétlana.

Tania se mit à rire.

— Moi, je ne demande pas mieux, poursuivit la petite, mais il faut me laisser le temps... Et elle m'interroge, me crie dessus... Quand on me crie dessus, je cesse de vivre... Au couvent, mère Anastasie était si douce avec moi... Pourvu que je chante juste, que je couse bien et que je fasse mes dévotions, elle était contente...

Chaque fois que Svétlana parlait du couvent et de mère Anastasie, son visage à la peau très fine devenait rose et chaud de passion. Elle savait mille détails saugrenus sur la vie des saints et leur pouvoir d'intercession, et quelles prières convenaient à chaque jour de la semaine. Elle avait chanté dans le chœur et brodé des nappes d'autel. Sa tante, mère Anastasie, qui était la supérieure du couvent, la protégeait et surveillait son éducation. Puis, la tante était morte. Et la nouvelle supérieure avait convoqué Svétlana pour lui signifier que le couvent ne pouvait pas se permettre le luxe d'accepter des novices sans dot. Or, Svétlana ne possédait pas d'économies. Elle avait donc quitté le couvent et cherché une place par l'entremise de la sœur tourière. Maintenant, elle mettait de l'argent de côté. Dans un an, dans deux ans, elle retournerait là-bas. Elle soupira :

— Il faudra que vous veniez écouter la messe, chez

nous, barynia. Quand les religieuses chantent, on dirait les violons du ciel !

— Dans ces conditions, dit Tania, je comprends que vous répugniez à apprendre le circassien.

Mais Svétlana n'eut pas un sourire. Elle ne souriait jamais.

— C'est bon, reprit Tania, je parlerai à Marie Ossipovna.

— Elle est chez elle en ce moment, dit Svétlana. Si vous pouviez...

— J'y vais, dit Tania. Mais ne vous montrez pas avant la fin de l'orage.

Tania eut beaucoup de mal à apaiser le courroux de sa belle-mère. Marie Ossipovna criait que Svétlana était une paresseuse et une hypocrite, qui ne songeait qu'à marmonner des prières orthodoxes et ne savait pas lire les journaux à haute voix :

— Tantôt elle lit trop vite, et tantôt trop lentement. Et après, je ne me souviens plus de ce qu'elle m'a lu.

— Ce n'est peut-être pas sa faute.

— Si. Et puis, au lieu de me remercier du mal que je me donne pour lui apprendre le circassien, elle pleure.

— Moi non plus, je ne sais pas le circassien, mère.

— Toi, dit Marie Ossipovna avec une moue écœurée, toi, tu ne penses à rien de sérieux. Tu es dans les rubans et dans les voilettes. Et si ton mari ne veut pas t'ordonner d'apprendre le circassien, c'est qu'il est mou comme du fromage blanc. Mais cette fille, c'est moi qui la commande. Et moi, je ne suis pas molle comme le fromage blanc. Je dis : ça et ça. Et il faut m'obéir. Puisqu'elle est pauvre, elle doit obéir. Si j'étais pauvre, j'obéirais, moi aussi. Quand elle sera riche, elle nous crachera dessus.

— Non, elle ira au couvent.

— C'est la même chose. D'ailleurs, tout m'est égal. Je comprends seulement qu'elle n'est pas digne d'apprendre le circassien. Tant pis pour elle. Je ne lui parlerai pas pendant trois jours, et je ne lui donnerai pas les vieux mouchoirs que j'avais mis de côté.

Sur ces mots, Marie Ossipovna serra les mandibules et tapa le plancher de sa lourde canne à pommeau d'or.

Tania se hâta de battre en retraite. Il était plus d'une heure. Sa promenade était compromise. Michel rentrerait bientôt pour le déjeuner. En jetant un coup d'œil par la fenêtre, elle vit le palefrenier, qui tournait autour du traîneau, rectifiait les plis de la couverture, soufflait sur les médaillons des harnais. Elle eut pitié de lui.

— Allez lui dire de dételer, dit-elle à la femme de chambre. Je n'ai rien pu faire. La journée file si vite...

Entre-temps, les enfants étaient revenus de promenade. Tout s'était bien passé. Mlle Fromont faisait demander à Madame si Madame exigeait que cette randonnée se renouvelât quotidiennement. Tania convoqua toute la « nursery ». Serge et Boris étaient rouges, surexcités, dépeignés.

— Maman, maman ! criait Serge. C'était magnifique. J'ai vu comment faisait le conducteur. Et, près de nous, il y avait un homme avec une jambe en moins...

— Un estropié, dit Mlle Fromont. Nous avons été obligés de changer de place, parce qu'il voulait absolument caresser l'enfant.

— Vous avez bien fait, dit Tania.

Mais elle se rappela Nicolas, si bon, si charitable, et se reprocha aussitôt ses paroles.

— Et puis, dit Serge, nous avons failli écraser un ivrogne... Un vrai ivrogne. Il était sur les rails. Le tramway s'est arrêté devant lui...

— Ç'aurait été un spectacle édifiant pour vos fils, dit Mlle Fromont en adressant à Tania un regard glacé.

Marfa Antipovna se mouchait rondement :

— Moi, je n'ai rien vu... Mais j'en suis toute remuée encore...

— N'en parlons plus, dit Tania. Vous avez été en tramway une fois, cela suffit.

— Si ! Si ! Encore un peu ! geignait Serge.

— Si ! Si ! répétait Boris.

— Madame est servie, dit le maître d'hôtel.

Michel avait ramené du bureau un vieux monsieur

très digne, et le déjeuner se passa en discussions d'affaires. Les deux hommes partirent après avoir avalé leur café brûlant. Aussitôt, Tania se précipita dans sa chambre pour changer sa toilette du matin contre une toilette d'après-midi.

— Dites à Varlaam d'être prêt pour trois heures et demie.

À quatre heures, Tania était dans les magasins. À cinq heures, chez *Siou*, pour le thé, avec des amies. À six heures, chez Eugénie Smirnoff, qui avait la migraine et portait les cheveux flous. Mais, lorsque Tania l'eut invitée à dîner, Eugénie se sentit mieux et courut arranger sa coiffure.

— Il y aura aussi Volodia, dit Tania.

Alors, Eugénie Smirnoff décida qu'elle mettrait sa robe neuve, celle en velours pistache, avec jabot de dentelle crème.

Tania n'attendait Volodia qu'à huit heures. En rentrant chez elle, à sept heures et demie, elle apprit avec stupeur que M. Bourine était depuis un long moment en visite chez Marie Ossipovna. Tania se rendit à l'appartement de sa belle-mère. Volodia, assis en face de la vieille dame, pérorait avec désinvolture sur les déplacements de la famille impériale. La petite Svétlana, debout derrière le fauteuil de sa maîtresse, dévorait du regard cet homme élégant et beau, qui savait tant de choses et les racontait avec une telle aisance. Elle en oubliait de fermer la bouche.

— Vous êtes en avance, Volodia, dit Tania en lui tendant sa main à baiser.

— J'avais promis à Marie Ossipovna de passer bavarder chez elle avant le dîner, dit Volodia.

Maria Ossipovna hocha sa grande tête jaune, marquée de taches de café au lait :

— Ça fait dix jours qu'il me rend visite, comme ça, pour bavarder. Je me demande ce qui lui prend !

Elle bougonnait. Mais, sûrement, elle était flattée. Elle ne traitait plus Volodia de chenapan. Avant de passer à table, elle lui demanda même s'il comptait revenir le lendemain.

— Je tâcherai, dit Volodia.

Pendant le dîner, il fut très brillant, raconta des anecdotes, imita un orateur de la Douma, escamota une pièce de monnaie dans sa manche et fit la cour à Eugénie Smirnoff, qui se trémoussait d'aise et n'osait plus manger. Tania observait le manège de Volodia avec indulgence. Elle le connaissait si bien, qu'elle s'étonnait de son succès auprès des femmes.

Après le café, il s'approcha d'elle et lui dit à voix basse :

— Cette petite Svétlana a une peau qu'on ne se lasse pas de regarder.

— J'espère bien que vous n'avez aucune vue sur elle ! dit Tania.

— Quelles vues pourrais-je avoir ? Simplement, j'aime à la contempler, à la respirer.

— Et ma belle-mère s'imagine que vous venez pour elle ?

— Je viens *aussi* pour elle. Nous sommes devenus une paire d'amis. Je lui parle politique. Elle me répond rhumatismes. Je lui dis des amabilités. Elle me rabroue. Je lui apporte des fleurs. Et elle cache ses bonbons quand elle me voit paraître.

— Se doute-t-elle de votre admiration pour sa demoiselle de compagnie ?

— Non, et, à ce propos, je voulais même vous demander...

— Volodia, criait Marie Ossipovna, où est-il, celui-là ?... Je veux jouer aux cartes... Tu m'as gagné trente kopecks la dernière fois...

— Je viens, je viens, dit Volodia, en faisant un sourire.

Michel prit le bras de Tania.

— Tu ne veux pas jouer aux cartes avec nous ? Tu parais soucieuse...

Tania pressa la main de son mari, à la dérobée. Elle le voyait si rarement ! Toujours le bureau, les affaires...

Quel plaisir Michel éprouvait-il à travailler, à gagner de l'argent ? Il était riche. Il pouvait vivre de ses rentes. Tania songea que les Comptoirs Danoff devaient être pour Michel ce que la révolution était pour Nicolas : un prétexte à dépenser son intelligence et sa force, une excuse de vivre. Elle le regarda s'installer à la table de jeu, avec Marie Ossipovna, Volodia, Eugénie. Il se frottait les mains avec vigueur. Dans vingt ans, dans trente ans, il se frotterait les mains de la même façon. Elle en fut attristée, sans savoir pourquoi.

2

Les épreuves étaient criblées de fautes. Avec patience, Nicolas rectifiait l'orthographe, rétablissait la ponctuation, dépouillait le texte de ses coquilles. Parfois, il éprouvait le besoin de renforcer l'expression originale de sa pensée. Tout le début de l'article lui semblait, d'ailleurs, trop abstrait. Ayant réfléchi un moment, il ratura le paragraphe de tête, et inscrivit à la place, d'une plume vive et menue : *Le peuple s'éveille lentement, et ses premières paroles étonnent par leur profonde sagesse. Un paysan de Toula, illettré et pataud, à qui je demandais l'autre jour ce qu'il pensait de la Douma, me répondit...* L'anecdote du paysan de Toula était une invention. Nicolas répugnait à la raconter. Pourtant, elle égaierait heureusement le ton général du morceau. Que faire ? Il releva le front, considéra la chambre sordide, avec ses chromos pendus au mur, sa table de jeu, son samovar en cuivre terne, ses chaises de bois blanc. Des mégots à longs bouts de carton étaient écrasés devant lui, dans une soucoupe. Derrière les vitres, respirait la grande nuit d'hiver, blanc et bleu. La flamme d'un réverbère palpita et s'éteignit sous la fenêtre. *Un paysan de Toula...* Il devait être trois heures du matin. Nicolas avait sommeil. Mais il avait promis de livrer sa copie à l'aube. Autrefois, il goûtait un plaisir douloureux à travailler pour le parti jusqu'aux limites de ses forces. Mais depuis quelques semaines, une lassitude médiocre lui gâchait sa joie. Il se versa un verre de thé tiède, y jeta quelques rondelles de pomme et lapa distraitement le breuvage. Oui, il avait changé. Et le parti avait changé. Les socialistes révolutionnaires subissaient une crise indéniable. Depuis l'année 1907, des rafles monstres avaient décimé cette armée secrète. Les chefs étaient arrêtés ou se réfugiaient à l'étranger. Les imprimeries clandestines, les laboratoires d'explosifs, les dépôts d'armes tombaient aux mains de la police. Enfin, pour porter un coup suprême à la foi des conspirateurs, Evno Azev, directeur général de l'organisation de combat, était convaincu de servir les intérêts de l'Okhrana, en même temps que ceux des terroristes. Il était le dernier des hommes que ses camarades eussent accusé de trahison. Pourtant, sa duplicité était reconnue par le comité central, qui publiait à cette occasion un communiqué d'alarme. Cette révélation avait atterré les membres du parti. Un doute nouveau les torturait. Ils se méfiaient les uns des autres. Ils s'épiaient, se dénonçaient, oubliaient leur fraternité d'autrefois. À cette fièvre de délation, s'était ajoutée, lors des élections de la quatrième Douma, une discorde idéologique très grave. Les socialistes révolutionnaires devaient-ils participer aux élections de la Douma, ou combattre cette institution faussement démocratique ? Les uns prêchaient l'inutilité de la terreur et la nécessité de collaborer aux travaux de la Douma, afin de préparer légalement et pacifiquement le règne du prolétariat. D'autres proclamaient que la révolution risquait de s'endormir dans le lit du parlementarisme. D'autres encore méditaient de réorganiser le parti par la base, car l'affaire Azev leur avait prouvé les dangers d'une « hiérarchie dynastique ». Et, tandis que le parti se désagrégeait et se cloisonnait de la sorte, des flots de brochures illégales offraient aux fidèles une littérature à laquelle leurs auteurs mêmes ne croyaient plus !

Un paysan de Toula, à qui je demandais, l'autre jour...
Nicolas réfléchit à ce paysan fictif et tenta de l'imaginer, avec son buisson de barbe, son nez gonflé, ses grandes mains sarmenteuses. Il existait quelque part,

ce paysan. Et il n'avait nul besoin de Nicolas, de Zagouliaïeff, des groupes de combat et de la Douma d'empire. Il faisait son métier. Nicolas faisait le sien. Cette pensée lui parut atroce. C'était vrai que la conspiration était devenue un métier pour lui. Non plus un sacerdoce passionné, mais une profession, avec ses ennuis, ses intrigues, ses erreurs, sa monotonie. Les changements de domicile, les grèves, les manifestes, les assemblées clandestines, tout cela était aussi habituel et morne que les incidents d'une vie de bureau. Accoutumé à se cacher, à feindre, il avait découvert, dans cette existence souterraine, un certain confort moral, et même (n'était-ce pas absurde ?) matériel. Quand il évoquait le parti, il le voyait sous l'aspect d'une vaste administration, avec son règlement, sa hiérarchie, ses employés bien notés, ou mal notés, ses avancements au mérite ou à l'ancienneté, ses affaires courantes, ses complots de couloirs, sa routine. Il y avait les rédacteurs de tracts, les imprimeurs, les ingénieurs, les ébénistes, les spécialistes de la désorganisation dans les casernes, et ceux qui ne travaillaient que dans les usines ou dans les universités. Chacun tenait son rôle. Et, depuis des années, il en était ainsi. La révolution se faisait trop attendre. À parler si longtemps de « masses ouvrières », de « technique insurrectionnelle » et de « drapeau rouge levé contre la monarchie », les membres du parti avaient usé la vertu de ces mots. Nicolas lui-même ne les écrivait plus, ne les disait plus avec le même enthousiasme. Par moments, ils lui semblaient dénués de sens. Alors, Nicolas se souvenait avec nostalgie de l'époque lointaine où les seuls cris de « Terre, Liberté, Égalité » l'enflammaient d'une ardeur religieuse. Ces mêmes paroles, inutiles maintenant, bourdonnaient aux réunions de Bâle. Personne n'y prenait garde. La machine tournait à vide. La jeune révolution s'assoupissait dans la paperasse.

Zagouliaïeff s'était rendu en Suisse pour assister au congrès socialiste international de novembre 1912. Mais, pas plus que Nicolas, il ne croyait à l'efficacité de ces assemblées bavardes. Il avait annoncé son retour pour le lendemain, 5 décembre. Nicolas devait l'attendre chez lui. Et qu'y aurait-il de changé après cette rencontre ? Nicolas alluma une nouvelle cigarette et repoussa les papiers qui encombraient sa table. Le froid coulait des murs. Un silence de mort emprisonnait la ville, la maison, jusqu'à cette chambre du quatrième étage, où un homme réfléchissait, tentait encore de vivre.

— Je ne peux plus ainsi, murmura Nicolas.

Des houilles friables s'écroulèrent dans le poêle de faïence.

— Je ne peux plus ainsi...

Il y avait un manque dans son cœur. Comme s'il avait perdu une maîtresse et ne savait plus à qui dédier son amour. La révolution l'avait attiré d'abord par tout ce qu'elle exigeait de renoncement et de courage. Il avait aimé les tourments de conscience qu'elle lui imposait, ce jeu de terrain gagné, lâché et reconquis, ce va-et-vient, ces triomphes dont il était aussi la victime, ces défaites dont il était aussi le champion. Pendant longtemps, il s'était battu comme un forcené contre les mythes sacrés de son enfance. Il avait souffert d'humilier ce qui lui était cher. Il avait fait sa révolution. Une révolution intérieure, qui n'avait rien à voir avec l'autre. Et, maintenant que cette révolution intérieure était consommée, il s'étonnait que, hors de lui, l'autre révolution, celle des hommes, ne fût pas encore victorieuse. Était-il interdit, selon la doctrine socialiste, de se perfectionner soi-même avant de prétendre perfectionner le monde ? Pouvait-on concevoir une résurrection matérielle qui ne fût pas doublée d'une résurrection morale ? Allons donc ! La révolution, pour être efficace, devait opérer simultanément dans l'âme de chacun et dans le monde de tous. Secrète et personnelle, en même temps que publique et universelle. Que deviendrait la liberté, si ceux qui l'instituaient par la force étaient indignes de la penser par le cœur, si les hommes de demain s'employaient à régénérer le pays avant de s'être régénérés eux-mêmes ? En vérité, un régime nouveau, établi par des boutiquiers, des paysans, des ouvriers, des cochers, uniquement poussés par l'envie, serait la caricature de la grande œuvre à laquelle on les appelait. Attention ! Le drame est sur le point de tourner à la farce. La révolution n'est pas une bonne affaire. Elle exige de ses fidèles du sang, des larmes, la folie des martyrs. Chacun, pour sa part, doit parier, courir un risque. Et lui, Nicolas, c'est parce qu'il hésite encore à s'engager totalement que la vie lui paraît monotone et absurde. Certes, il y a eu, jadis, l'émeute de Moscou, il s'est battu sur les barricades, tirant, tuant, souffrant comme les autres. Mais cet héroïsme de groupe était un héroïsme facile. Et, depuis, quelle occasion lui a été offerte de se vaincre et de s'admirer ? « Réservez-moi des tâches qui me fassent trembler. Sortez-moi de cette paix où je m'enlise. »

Le ciel pâlissait derrière les vitres cernées de givre. Les réverbères s'éteignaient un à un dans le vent du dehors. Nicolas revint à ses papiers :

Un paysan de Toula...

Non, il ne pouvait pas écrire. Il remettrait le texte tel quel à l'imprimerie. Ce travail n'était plus le sien. D'autres seraient heureux d'assurer ce service patient et secondaire. Il respira profondément, peigna d'une main lourde ses cheveux bouclés. Le thé trop sucré lui faisait une bouche pâteuse. Ses yeux étaient brûlés par l'insomnie. Il s'approcha d'un rayon de livres, prit une Bible reliée en toile noire, l'ouvrit au hasard pour y chercher, selon son habitude, une réponse aux questions qui le tourmentaient. Il lut à mi-voix : *L'homme naît pour souffrir, comme l'étincelle pour voler.* Et, plus loin : *La tente des méchants disparaîtra.* Une tranquillité merveilleuse envahit sa chair. Il se rassit devant la table et posa le front sur ses deux mains ouvertes. À ce moment, un coup de poing ébranla la porte.

— Qu'est-ce que c'est ? demanda Nicolas en relevant la tête.

— C'est moi, Zagouliaïeff. Ouvre...

Zagouliaïeff déambulait dans la chambre en grommelant :

— Des bavards ! Des hypocrites ! Ils déshonorent la révolution ! Si tu avais entendu ça...

— Mais qu'ont-ils décidé ? demanda Nicolas.

Zagouliaïeff, le visage consumé de fatigue, se tourna vers lui d'une pièce :

— Décidé ? Est-ce qu'ils peuvent décider quelque chose ? Ils ont voté des motions. Voilà tout. Et quelles motions ! Contre la guerre, bien sûr, mais avec cette réserve qu'une nation attaquée a le devoir de se défendre. Pour la lutte des classes, mais avec une nuance de reproche à l'égard des terroristes. L'affaire Azev les a tous défrisés. L'autonomie du groupe de combat les choque. La gloire de ceux qui risquèrent leur vie pour descendre un Plehvé ou un Stolypine leur semble de mauvais aloi. Pour un peu, ils nous traiteraient d'assassins ! Maintenant, j'ai compris. Deux routes sont possibles. L'une avec le parti, les avocats, les beaux parleurs, la légalité, les congrès, les comptes rendus, les commissions, les motions et les adresses... L'autre, eh bien ? celle du feu et du sang. Nous étions engagés sur la première route. Et au bout, qu'y avait-il ? Rien. Rien. Zéro. Le parti gagne en nombre et perd en force. On recrute des tièdes, on repousse les violents. Imagines-tu une révolution dirigée par des messieurs aux mains blanches ? La vérité est qu'ils ont peur de la révolution. Ils sont tellement épris de leur rêve que l'action les effraie. S'ils osaient parler franchement, ils avoueraient que leur plus cher désir serait de continuer le plus longtemps possible à noircir du papier, à secouer des mots et à recevoir des coups de pied au derrière !

— Tout le monde n'a pas la vocation du terrorisme, dit Nicolas timidement. Il faut des chefs, des légistes, des...

— D'accord, mais alors qu'ils nous foutent la paix, ces chefs, ces légistes. Qu'ils se contentent de régenter les masses. Les combattants sont une race à part. Au péril de leur vie, ils ouvrent les brèches où s'engouffrera le troupeau. Qu'on les supprime, et le troupeau piétinera, impuissant, aveugle, devant le mur des institutions tsaristes... J'ai décidé... il y a longtemps de ça... j'ai décidé de lâcher le parti et son groupe de combat officiel, de recruter une compagnie de gens sûrs, d'agir par moi-même.

— Lâcher le parti ? s'écria Nicolas. Y penses-tu sérieusement ?

— Ne fais pas cette tête-là, mon pigeon. Un groupe de combat domestiqué ?... Des héros recevant les ordres d'un Grünbaum frileux et impuissant ?... Non... Non... Je ne lui déclare pas la guerre, au parti. Simplement, je ne lui obéis plus. Est-ce très grave ?...

— Il me semble...

— Les premiers temps, ces messieurs seront furieux contre moi. Et puis, ils se rendront à l'évidence et me supplieront de revenir parmi eux. Je les connais...

— Mais où prendras-tu l'argent ?

Zagouliaïeff cligna de l'œil :

— Les expropriations ne sont pas faites pour les chiens. Tout est permis à qui sert une noble cause...

— Et les hommes ?

— J'en ai déjà quelques-uns. Des durs. Des vrais. Ah ! je te jure que nous ne parlons guère entre nous de l'éthique révolutionnaire, de la mission future du prolétariat ou des assises historiques du capitalisme. Nous sommes des gens pratiques. Nos armoires ne recèlent pas un arsenal d'idées, mais des revolvers, des bombes et de faux cachets... C'est plus sérieux. C'est plus sûr. J'ai commencé à m'occuper de la chose avant mon départ pour la Suisse...

— Et tu ne m'en as rien dit ?

— En quoi cela pouvait-il t'intéresser ? D'ailleurs, je ne croyais pas encore que je saurais tenir... Je n'avais pas l'argent nécessaire...

— Tu l'as maintenant ?

— Depuis trois jours... À la frontière... Une expropriation... Oh ! rien d'important... Transfert de fonds d'une banque à l'autre... On n'a pas tué le garçon de recettes... Pourquoi me regardes-tu ainsi ?

— Pour rien...

Zagouliaïeff s'était assis sur un coin de la table et feuilletait négligemment la Bible reliée en toile noire. Puis, il rejeta le livre, renifla, cracha dans la direction du poêle.

— Voilà, dit-il. Tu restes avec le parti, avec les idées, les papiers. Moi, je m'éloigne. Chacun sa chance. Nous ne nous reverrons plus très souvent...

Nicolas frémit, baissa la tête. Zagouliaïeff incarnait pour lui l'esprit de vengeance et d'envie. Les mains de Zagouliaïeff, maigres, vertes, nerveuses, lui faisaient peur. Son rire aigre l'exaspérait. Pourtant, il éprouvait une jouissance bizarre à vivre aux côtés de cet homme.

— Donne-moi du vin, du pain, je suis transi, dit Zagouliaïeff.

Nicolas, docilement, ouvrit une armoire où il conservait ses provisions.

— Quels sont les hommes que tu as recrutés ? demanda-t-il, en déposant sur la table une assiette avec des harengs, un quignon de pain et une bouteille de kwas.

— Les hommes importent peu. Tu ne les connais pas.

— Je voudrais les connaître.

Zagouliaïeff s'arrêta de mâcher :

— Pourquoi ?

— Pour être des leurs, dit Nicolas tranquillement.

Et, aussitôt, il se sentit pénétré d'effroi.

Zagouliaïeff leva les sourcils :

— Ça t'a pris comme ça ?... Tout à coup ?...

Nicolas voulut se rétracter. Mais il fit un effort et répondit d'une voix égale :

— Non... Depuis longtemps, j'y pense... Mon travail pour le parti m'assomme... Je souhaiterais aller plus loin, risquer, sacrifier...

Un éclat de rire strident l'interrompit :

142

— Monsieur cherche des sensations neuves !

— Pas du tout...

— Si, si... Je te comprends, mon petit. La paperasse ne te suffit plus, il te faut de la chair fraîche.

— Tais-toi, dit Nicolas. Tu salis tout dès que tu ouvres la bouche. Si je décide de te suivre, c'est que je partage tes sentiments.

— Tu m'étonnes ! dit Zagouliaïeff. Pour moi, la terreur est une nécessité intérieure...

— Pour moi aussi... Depuis... depuis l'émeute de Moscou...

— Tu me fais rire avec ton émeute ! Là, nous étions en état de légitime défense. Attaqués par la troupe, nous devenions nous-mêmes des soldats. La besogne du terroriste est autrement difficile. Te sens-tu de taille à abattre un homme froidement, logiquement, sans qu'aucune menace de sa part puisse excuser ton geste ? Non, non, tu es tout pâle. Tu te dis : « Le sang de mes semblables... une créature de Dieu... » et tu as peur...

— Je n'ai pas peur.

— Si, tu as peur. Tu as peur des mots. Tu es encore tout embrouillé de morale, de religion...

Zagouliaïeff désigna du doigt la Bible noire qui traînait sur la table.

— Tu lis ça. C'est tout dire.

— J'ai besoin de ce livre, dit Nicolas. J'y trouve une réponse aux questions qui m'inquiètent. Mais j'irai avec vous. Quelles que soient mes raisons, j'ai décidé d'agir.

— On agit mal avec la Bible sous le bras, dit Zagouliaïeff. Ce bouquin-là, plus qu'un autre, gêne les mouvements. Il est dépassé... *Tu ne tueras point*. D'accord. Mais un assassin est exécuté par les juges, et c'est bien. Un soldat en égorge un autre au cours d'une bataille héroïque, et c'est bien. Guillaume Tell est un terroriste, mais les bourgeois conservateurs suisses en ont fait un demi-dieu national ! Les moyens sont bons, si la fin est bonne. Un coup de feu est tiré. S'il abat un chien enragé, le tireur est un honnête homme, s'il abat un garçonnet cueillant des cerises, le tireur est un monstre de perversité. La fin seule compte. Et notre fin est assez généreuse pour excuser le sang, le mensonge, le vol. À la technique révolutionnaire, correspond une morale révolutionnaire. Au lieu de penser au Christ, au Sermon sur la montagne, à toutes ces vieilleries débilitantes, songe au bonheur du peuple, et tu trouveras la force de lever ton revolver, de lancer ta bombe...

— Tout serait donc permis...

— Est permis tout ce qui mène à la libération de l'homme. La morale émancipatrice du prolétariat s'oppose à la morale esclavagiste chrétienne, pour qui l'égalité, la fortune, la paix, toutes les récompenses n'interviennent que dans le ciel. Christ veut consoler les hommes d'être malheureux sur terre en leur promettant qu'ils seront heureux dans les nuages. *Rendez à César...* Nous ne voulons pas de César. Christ accepte César, les impôts de César, la monnaie de César, les théâtres de César, les tribunaux de César, les policiers de César. Nous n'acceptons rien de cela. Notre royaume est de ce monde. Et, pour le conquérir, nous sommes prêts à tout. Notre morale suit nos actes. Il faut lire nos actes à l'envers. L'effet avant la cause. La fin avant les moyens. Tu diras : « La révolution compte un ennemi de moins, Zagouliaïeff a tué cet homme. » Et non : « Zagouliaïeff a tué un homme qui était l'ennemi de la révolution. » Saisis-tu la nuance ? D'abord le résultat : un ennemi de moins. Le geste ? peu importe : un homme tué, une ville rasée, un cheval abattu... Ne me regarde pas de tes yeux stupides. Tâche de comprendre...

— Je n'ai pas besoin de comprendre, dit Nicolas avec élan, puisque nous ne parlons pas la même langue. Le Christ nous ordonne d'aimer notre prochain. J'aime tellement mon prochain que je suis prêt à perdre mon âme pour le servir. Je veux bien être damné pour que des milliers d'êtres soient sauvés de la misère. D'ailleurs, je ne serai pas damné. Le Christ absorbera le sang, la honte, la lâcheté. Le Christ prendra tout sur lui, en lui.

— C'est si commode !

— Souviens-toi des deux voleurs crucifiés de part et d'autre du Christ. Il leur a pardonné... *Je te le dis en vérité, aujourd'hui, tu seras avec moi dans le paradis.* Telles ont été ses paroles. Et ces deux-là étaient des criminels. Comme toi, comme moi, Zagouliaïeff...

Nicolas avait pris la Bible et la feuilletait nerveusement. Puis, il reposa le livre et prononça d'une voix blanche :

— Je suis des vôtres.

— Tu quitterais le parti ?

— Je ferai ce que tu me diras de faire.

Zagouliaïeff but un verre de kwas et s'essaya la bouche du revers de la main.

— Après tout, tu n'as qu'à venir, dit-il. On te jugera à l'œuvre. Si tu ne fais pas l'affaire...

— Mais Grünbaum... Comment le prévenir ?

— Je m'en charge.

— Et d'ici là ?...

— Occupe-toi de ta papeterie. Lis la Bible, si ça t'amuse. Et attends que je te convoque.

— Ah ! mon ami, dit Nicolas, ce serait tellement mieux si tu pensais comme moi, si tu te sentais d'avance excusé.

— Je n'ai pas besoin d'excuse, dit Zagouliaïeff.

Il enfila son manteau, coiffa sa casquette de laine grise.

— Je descends avec toi, dit Nicolas. Il faut que je porte les épreuves à l'imprimeur...

Ils sortirent ensemble. Le petit jour froid et brumeux étouffait la ville. Les portiers balayaient le pas de leur porte. Un accordéon jouait dans une cour. Marchant à côté de Zagouliaïeff, Nicolas éprouvait une impression bizarre de gêne et de malheur. De toutes ses forces, il essayait de dominer son angoisse. Il se répétait pêle-mêle des paroles de la Bible et des paroles de Zagouliaïeff. « La fin justifie les moyens... » *L'un des malfaiteurs crucifiés l'injuriait, disant : « N'es-tu pas le Christ ? Sauve-toi toi-même, et sauve-nous.* » Subitement, il glissa dans la neige, tomba sur un genou.

— Debout, camarade, lui dit Zagouliaïeff.

Nicolas se releva, épousseta son manteau d'une main engourdie. Un traîneau passa, rasant le trottoir. Le cocher barbu glapit d'une voix enrouée :

— Gare !

Une femme emmitouflée de fourrure était assise au fond du traîneau. Instinctivement, Nicolas se rappela sa sœur, le boudoir, les liqueurs, la chambre d'enfant avec la flamme rose de la veilleuse. Il ferma les yeux, étourdi par la valeur de son sacrifice.

— Quoi ? Ça ne va pas ? demanda Zagouliaïeff.

— Oh ! si, murmura Nicolas. Ça va bien. Ça va tellement bien...

Et il se remit à marcher, boitillant, souriant, le regard triste.

3

Michel partageait ses journées entre les Comptoirs Danoff et la Compagnie privée de chemin de fer, dont il présidait le conseil d'administration. Cette double activité épuisait toute son énergie. Les affaires de la Compagnie de chemin de fer étaient particulièrement embrouillées. Trop d'intermédiaires en faussaient le dessein. Le gouvernement avait autorisé l'équipement de la ligne d'Armavir-Touapsé sur présentation des plans et des devis, et garanti un intérêt normal au capital engagé. Mais, conformément à la loi, un ingénieur de l'Administration centrale, Mordvinoff, avait été nommé pour surveiller les travaux, et les ingénieurs de la Compagnie refusaient de lui obéir. Chaque jour, les plaintes des techniciens rejoignaient, sur le bureau de Michel, les rapports de l'ingénieur Mordvinoff. Il ne se construisait pas une verste de voie ferrée sans protestations véhémentes de part et d'autre. Le terrain était mal choisi. Le bois des traverses ne valait rien. Éviter telle localité, c'était renoncer à de fortes recettes en trafic de marchandises. Traverser tel domaine, c'était risquer des remontrances officieuses, car le propriétaire était un ami intime du ministre des Voies et Communications. Et pourquoi ne pas exproprier le dénommé Stébéleff, riverain tapageur ? « Mais les Cosaques sont pour lui. Nous devons compter avec les Cosaques ! » Un jour, l'ingénieur Mordvinoff et ses collègues en étaient venus aux mains dans le bureau de Michel. Le mot de

« démission » avait été prononcé vingt fois en une heure. Puis, tout le monde s'était calmé, par miracle, et Michel avait promis que l'algarade resterait un secret entre lui et les responsables. On avait bu un champagne de réconciliation, sur la table débarrassée de ses cartes. Le lendemain, la dispute reprenait de plus belle.

Michel, soucieux de juger les ingénieurs avec équité, lisait des livres scientifiques, se noyait dans des études sur les rails à patins et les rails à champignon, calculait des surélévations pour les virages, s'intéressait aux mérites comparés du chêne, du hêtre ou du pin pour les traverses, et de la pierraille, de la brique concassée ou des scories pour le ballast, se fatiguait les yeux sur des graphiques, et, la nuit, faisait des cauchemars peuplés d'éclisses, de tunnels sans fin et de déraillements spectaculaires. Tout autre que lui eût abandonné ces questions aux spécialistes pour se réserver exclusivement la connaissance des problèmes financiers posés par l'entreprise. Mais Michel était trop consciencieux pour prétendre diriger une affaire sans en avoir approfondi les conditions techniques. Au reste, les tourments que lui causait la gérance de la Compagnie ne se bornaient pas à des controverses sur des thèmes mécaniques, géologiques et contentieux. Trois administrations se partageaient la direction des chemins de fer. Le Contrôle de l'empire inspectait la comptabilité des recettes et des dépenses. Le ministère des Voies et Communications supervisait l'exécution des travaux proprement dits. Le ministère des Finances examinait les tarifs, réalisait les emprunts, accordait les crédits, étudiait les développements ultérieurs du réseau ferré. Des flots de correspondance s'échangeaient entre la Compagnie et les institutions d'État. Pour la moindre question, il fallait déterminer une marche à suivre. À quelle porte frapper ? Quelle main graisser ? Au Contrôle de l'Empire, existait un « département spécial de la comptabilité des chemins de fer ». Mais, pour le moindre objet, près le ministère des Finances, fonctionnaient : le « Conseil des affaires de tarif », le « Comité des tarifs », le « Département des affaires de chemin de fer » et la « commission des voies ferrées nouvelles ». Au ministère des Voies et Communications, les papiers naviguaient entre la « Direction de la construction des lignes ferrées » et la « Direction des voies ferrées ouvertes à l'exploitation », ces directions étant elles-mêmes entourées du « Conseil des affaires de chemin de fer », du « Conseil des ingénieurs », de la « Section de statistique et de cartographie » et de la « Section de l'aliénation des biens ». De fonctionnaire en fonctionnaire, les dossiers traînaient, s'éparpillaient, s'égaraient. Michel, habitué au monde du commerce, où les menaces de la concurrence incitent les parties à traiter leurs affaires avec célérité, supportait mal les mœurs de l'Administration. Comment la Russie, si vaste, si riche, pouvait-elle vivre et prospérer, s'il fallait des mois pour obtenir que l'agent compétent apposât sa signature sur l'autorisation d'exproprier un champ de navets appartenant à quelque Cosaque, qui, d'ailleurs, négligeait de le cultiver ?

À plusieurs reprises, Michel avait fait des visites personnelles aux ministres, à Saint-Pétersbourg. Et, toujours, il en était revenu fier et malheureux à la fois. Fier d'avoir pu exposer ses idées à un haut fonctionnaire jouissant de la confiance impériale, et qui ne lui avait pas ménagé les compliments et les promesses. Malheureux d'avoir senti, derrière cet homme courtois, un monument de paperasse et de poussière, inébranlable... « Il faut patienter... L'affaire est à l'étude... Elle viendra à ma signature selon son tour d'inscription... » Le lendemain, Michel envoyait quelques enveloppes à des employés subalternes du ministère, et le dossier, sorti du rang, atterrissait sur le bureau du ministre.

Un jour qu'il était en audience chez le ministre des Finances, celui-ci lui avait dit, en le regardant droit dans les yeux, avec amitié :

— Vous êtes un idéaliste, monsieur Danoff. Vous voulez triompher vite et bien, parce que votre cause vous semble juste. Il faut compter avec le poids de ce pays. C'est si lourd la Russie, si difficile à remuer, à assainir, à diriger... J'étais comme vous, autrefois. J'ai changé. Vous changerez aussi. Vous deviendrez patient, sceptique, indulgent, un peu désabusé peut-être.

Michel était rentré à Moscou, découragé et las. Tania se plaignait de sa mine soucieuse. Il travaillait trop. Même à la maison, le soir, il lui arrivait de compulser un dossier, d'annoter un livre de mécanique.

— Tu es ridicule à force de probité, disait Tania. Qui te saura gré de ton zèle ? Pour l'affaire Danoff, passe encore. Mais pour les chemins de fer !... Est-ce que tu gagneras plus d'argent parce que tu auras veillé quelques nuits sur des bouquins auxquels tu n'entends rien ?

Michel répondait tristement :

— Il ne s'agit pas d'argent, Tania... C'est pour moi une satisfaction personnelle... Je veux avoir ces messieurs du conseil et ces messieurs des bureaux techniques bien en main... Je veux qu'ils sentent un chef au-dessus d'eux... Si je ne comprends pas le fond de leur dispute, comment pourrai-je les départager ?... Et puis, ce chemin de fer est une entreprise d'intérêt national... Je sers un peu mon pays... Cela me fait du bien. Le ministre m'a dit des choses très flatteuses...

Tania haussait les épaules :

— Aujourd'hui, il est ministre, demain il ne sera rien.

Au début de décembre, une dispute éclata entre Tania et Michel. Après le déjeuner, comme Michel s'apprêtait à retourner au bureau, Tania lui annonça qu'elle avait pris des places au théâtre pour une représentation du *Grillon du foyer*. Michel refusa de l'accompagner, parce qu'il avait une réunion du conseil le lendemain matin et qu'il voulait employer sa soirée à étudier des rapports. Tania se dressa d'un bond et renversa par mégarde une tasse de café sur le napperon de dentelle.

— Parfait ! s'écria-t-elle. En somme, le bureau ne te suffit plus. Je me demande si j'existe encore, si les enfants existent encore pour toi ?

150

— Pour qui travaillerais-je, ma chérie, dit Michel, si ce n'était pour toi et pour les enfants ?

Tania eut un sourire ironique :

— Tu ne travailles ni pour moi ni pour les enfants, Michel. Tu travailles pour ton propre plaisir. Et ton égoïsme est tel que tu n'hésites pas à me priver des rares instants d'intimité que je suis en droit d'exiger. Je ne te vois qu'à la dérobée. Nos dîners en tête à tête sont de plus en plus rares. Nos soirées, tu les passes à compulser des paperasses. Et, quand tu ne travailles pas, tu as l'air si absorbé, que je te sens étranger à tout ce qui me concerne.

— Je suis absorbé, c'est exact, dit Michel avec douceur. Les affaires que je mène ne sont pas faciles. Tu devrais le comprendre et m'aider un peu...

— T'aider ? dit Tania avec un haut-le-corps. Tu voudrais que je devienne ta secrétaire ? Merci bien !

— Tu peux m'aider autrement qu'en devenant ma secrétaire. Tu peux m'aider en me comprenant, en me soutenant, en m'évitant des scènes pareilles...

— Pourquoi serait-ce à moi de t'aider, et non à toi de m'aider ? dit Tania.

Et, tout à coup, des larmes jaillirent de ses paupières :

— Voilà... Tu ne penses qu'à tes chemins de fer, et à tes draps ! Et moi, je voudrais tant qu'ils aillent au diable ! Je me sens faible, seule, désœuvrée... Je... je ne sais plus comment tuer ma journée... Ai-je un mari ?... On se le demande !... Prends garde, Michel... Je suis jolie... Ne me délaisse pas trop...

— Tu dis des sottises, murmura Michel. Va voir Eugénie... Veux-tu ce manteau de fourrure dont tu m'as parlé ?...

À ces mots, Tania devint très pâle, et serra les dents :

— Tu cherches à te débarrasser de moi... Je t'embête... Alors, en avant le manteau de fourrure...

Michel, excédé, fautif, tiraillait ses manchettes et ne savait que répondre.

— Tu n'ouvres plus la bouche, dit Tania. Peut-être ne m'as-tu pas entendue ?

— Je t'ai entendue, Tania. Et je te demande un peu de patience. Après le conseil, je serai plus libre...

— Je souhaite qu'alors il ne soit pas trop tard, dit Tania.

Et elle sortit en claquant la porte. Michel regarda sa montre et ordonna d'avancer l'auto. En route, il se promit de prendre quelques jours de congé, la semaine prochaine, et de consacrer tout son temps à sa famille. Tania avait raison. Les affaires avaient envahi son existence. Il n'était plus qu'une bête à gagner de l'argent. « Organiser la vie... Équilibrer les heures de travail et les heures de loisir... Ne pas oublier Tania, les enfants... » En arrivant au siège de la Compagnie, il se sentit plus calme et comme pardonné. Le fondé de pouvoir lui ayant soumis quelques questions courantes, il les résolut avec plaisir et repartit pour les bureaux des Comptoirs Danoff. Son après-midi était réservé aux Comptoirs Danoff. Il ne voulait pas que cette entreprise eût à pâtir de l'intérêt qu'il manifestait aux chemins de fer du Caucase.

À peine installé devant sa table, Michel pressa sur un timbre, et le secrétaire parut, des dossiers sous le bras.

— Alors, Fédor Karpovitch, quoi de neuf aujourd'hui ? demanda Michel.

Fédor Karpovitch portait un faux col qui lui emboîtait la mâchoire. De lourdes moustaches, couleur chique, lui cachaient les lèvres. Il était toujours affairé, mécontent et sceptique.

— Rien de bien fameux, Michel Alexandrovitch. C'est le marais stagnant.

Michel sourit à cette formule familière.

— Voyons ça, par ordre d'urgence, dit-il.

Comme chaque jour, Fédor Karpovitch s'assit en face de lui et ouvrit les dossiers sur ses genoux.

Il y avait d'abord l'affaire d'Armavir. Un concurrent des Comptoirs Danoff, incapable de soutenir la lutte, était sur le point de déposer son bilan. Michel examina les tarifs pratiqués par le concurrent et donna l'ordre de hausser de quelques kopecks les tarifs de la succursale Danoff. Il ne fallait pas que cette maison rivale disparût du marché. L'émulation, en matière commerciale, était une nécessité majeure, tout acheteur aimant à trouver sur place plusieurs magasins diversement achalandés. C'était la théorie d'Alexandre Lvovitch. Michel en avait, à plusieurs reprises, vérifié l'exactitude.

— À votre guise, dit Fédor Karpovitch. Moi, je retire toute responsabilité.

— On ne vous demande pas d'en avoir, dit Michel.

La seconde affaire était autrement menaçante, et Michel en suivait depuis deux semaines le développement. À Astrakhan, où les Comptoirs Danoff possédaient un dépôt de première importance, avait surgi un négociant inconnu, dont le succès auprès du public dépassait toutes les prévisions. Cet homme avait loué une boutique sordide, une sorte de vieux hangar désaffecté, et y écoulait à vil prix des marchandises légèrement avariées. Où avait-il raflé ces stocks de drap, de soie et de linon ? Les uns disaient qu'il avait racheté la cargaison d'un navire échoué non loin de Bakou, sur la mer Caspienne, d'autres qu'il avait profité de deux liquidations à Nijni-Novgorod. Toujours est-il que ses réserves étaient importantes et que ses tarifs défiaient toute concurrence. À moins de travailler à perte, les Comptoirs Danoff ne pouvaient pas lutter contre lui. La succursale d'Astrakhan avait déjà limité ses prix au prix de revient des articles, et le directeur local envoyait télégramme sur télégramme pour obtenir l'autorisation de vendre moins cher encore. Ce matin, on avait reçu de lui une missive désespérée. Michel prit la lettre et la parcourut vivement : *On ne peut rien contre lui... Ses articles sont de qualité douteuse, mais le public se rue au magasin... Nos salles sont vides... Nécessité de rabattre un demi-kopeck sur l'archine de percale, un quart de kopeck sur l'archine de drap des Trois Montagnes...*

Comme Michel achevait la lecture de la lettre, le garçon de bureau apporta un télégramme qui était arrivé à l'instant : *Situation critique. Prière envoyer Astrakhan fondé de pouvoir avec instructions.*

— De mieux en mieux, grommela le secrétaire. Le fondé de pouvoir va être ravi. Justement qu'il baptise son dernier-né après-demain. Ah ! quelle saleté !...

Michel se rencogna dans son fauteuil et fronça les sourcils. Déjà, sa résolution était prise. Partir lui-même pour Astrakhan. Lutter sur place. Débarrasser le marché de ce margoulin. Cette épreuve de force le séduisait, bien qu'il affectât une mine fâchée. Mais il réfléchit à sa dispute récente avec Tania et son entrain l'abandonna aussitôt. Après les reproches que Tania lui avait adressés, le moment était mal choisi pour organiser un voyage d'affaires. Il aurait beau lui expliquer l'urgence de cette mission, elle ne le croirait pas et s'estimerait offensée. Et lui qui rêvait de prendre quelques jours de vacances pour se consacrer à sa femme, à ses enfants !...

— Dois-je appeler le fondé de pouvoir ? demanda Fédor Karpovitch.

— Non... Je... je réfléchis... Laissez-moi...

Michel soupira profondément. « Le fondé de pouvoir... Ce n'est pas sérieux... Et si j'y vais, moi... Tania, les enfants... Comment faire ? » Il regarda le portrait de son père, qui ornait le mur, face au portrait de l'empereur, et ne sut lire aucun conseil dans ces yeux immobiles, marqués d'une étincelle bleue. Les minutes passaient, et l'indécision de Michel devenait pénible. Il avait peur des réactions de Tania. Il avait peur de Tania. C'était inconcevable ! D'un côté, les intérêts de l'affaire Danoff, des millions engagés, une entreprise citée en modèle, une réputation commerciale à soutenir, et, de l'autre, les caprices d'une jeune femme qui s'ennuie !

Il n'avait pas le droit d'hésiter. Tant pis pour Tania. Tant pis pour lui-même. Force majeure. Il demeurait esclave de ses fonctions. C'était même très beau. Comment les femmes ne le comprenaient-elles pas ? « Ne pas se laisser dominer par les femmes. Volodia est un

raté, parce que les femmes comptent trop pour lui. »
Michel se leva, fit quelques pas dans la pièce pour se
dégourdir les jambes. Puis, s'approchant de Fédor Karpovitch, il dit d'une voix ferme :

— Vous me préparerez le dossier de l'affaire d'Astrakhan. Je partirai demain soir, après le conseil d'administration des chemins de fer.

— Dois-je vous soumettre les affaires suivantes ?
demanda Fédor Karpovitch.

— Mais bien entendu, dit Michel. Continuez.

— Voici le compte des frais d'emballage pour la
semaine... Je vous préviens qu'il est un peu forcé... On
a dû mettre double enveloppe pour les expéditions à
Saratoff...

— Qui a donné l'ordre ?

— Mais... nous... on a cru bien faire... Étant donné
le trajet...

— J'étais absent du bureau ?

— Non.

— Vous aviez peur de me déranger ?

— C'est-à-dire...

Michel haussa les épaules. On frappa à la porte.
C'était Volodia :

— Je passais au bureau... Je viens te soumettre un
projet de publicité...

— Pas de publicité pour l'instant, dit Michel.

— Pourquoi ?

— L'affaire d'Astrakhan me forcera sans doute à frei-
ner sur certains chapitres de dépenses. Compris ?

— Non.

— Tant pis pour toi.

— Bon, dit Volodia. Je m'en vais. Tania m'a téléphoné que tu n'irais pas au théâtre, ce soir. Tu as tort...
Elle a l'air vexée...

Tout en parlant, il lissait de la main ses cheveux
blonds, ondulés sur les tempes. Michel le regarda avec
colère et pria Fédor Karpovitch de poursuivre son
exposé.

Contrairement aux prévisions de Michel, Tania accueillit la nouvelle de son voyage avec une tranquillité parfaite. Elle ne lui demanda même pas le temps que durerait son absence. Comme il s'étonnait de cette attitude docile, elle lui répondit :

— Tu es libre de tes actions.

— Moins que tu ne le crois, dit Michel. Ce voyage m'assomme...

— Je t'en prie ! dit Tania avec un sourire vénéneux.

Le soir, elle s'habilla longuement pour le théâtre. Elle était très belle. Volodia et Eugénie Smirnoff vinrent la chercher. Michel, demeuré seul, rendit visite aux enfants qui étaient sur le point de s'endormir. Puis il tenta de travailler un peu. Mais il se sentait distrait, négligent, inquiet. Constamment, sa pensée se détournait des livres pour rejoindre Tania, dans sa loge, entourée d'amis. À minuit et demi, elle revint, accompagnée de Volodia. Elle paraissait follement gaie, exubérante. Michel la détesta pour sa grâce et son élégance. À l'idée de la quitter pour quelques jours, son cœur se serrait d'angoisse. Il regrettait sa décision. Il maudissait la succursale d'Astrakhan, le concurrent maléfique et les affaires en général. Il dormit mal. À ses côtés, Tania reposait, avec un visage paisible, souriant, menaçant. Au petit matin, Michel se leva, fatigué et morne, sonna le valet de chambre et lui ordonna de préparer ses valises. Il partit le soir même, après la réunion du conseil.

Tania, Volodia et Eugénie l'escortèrent jusqu'à la gare.

De Moscou à Tsaritsyne, le voyage se passa sans encombre. Mais, à Tsaritsyne, Michel apprit que des chutes de neige avaient coupé la ligne d'Astrakhan. Il fallait attendre plusieurs jours avant que les équipes de déblaiement eussent dégagé la voie. Michel résolut d'achever le trajet en troïka, et se rendit au bâtiment de la poste. Après de longs marchandages, il obtint un traîneau, trois chevaux solides et un cocher jeune et jovial, comme il les aimait. Puis Michel rentra à l'hôtel pour se changer. La course menaçant d'être longue et aventureuse, dans la steppe, par le grand froid, il coiffa une toque de fourrure, chaussa des bottes de feutre, enfila des gants chauds, revêtit une tunique doublée de petit-gris et un large manteau en poulain rasé. Deux revolvers garnissaient ses poches. Sous son linge de corps, il portait une ceinture rembourrée de billets de banque. Ainsi équipé, il se regarda dans la glace et pouffa de rire, car il avait considérablement augmenté de volume et ressemblait à un ours mal léché.

Le cocher l'aida à installer dans le traîneau une cantine chargée de fioles de vodka, de bouteilles de cognac et de boîtes de conserve. Michel avala un gobelet d'eau-de-vie avant de se mettre en route, glissa un pourboire dans la main du cocher, et la troïka s'élança dans les rues neigeuses. Après les dernières maisons, le conducteur accéléra le train de ses bêtes. Le vent tranchait les joues, supprimait une oreille, le bout du nez. Michel se frottait le visage pour ramener le sang dans la chair morte. La voie large et blanche traversait la Volga gelée. Dans la pesanteur molle et grise du brouillard, on entendait les patins qui mordaient la glace en grinçant. Les sabots des chevaux sonnaient d'une manière étrange, cristalline. Les grelots tintaient en plein vide.

Michel luttait de toute son énergie contre la fascination monotone du paysage. Il s'efforçait de réfléchir à Tania, aux enfants, à l'affaire. Le plus sage serait de vendre à perte dans les Comptoirs d'Astrakhan, et de compenser le déficit par une légère augmentation de prix dans les autres succursales. Armavir pouvait supporter une majoration de un pour cent, car la concurrence y était faible. Ekaterinodar... Attention, les établissements Weiss y menaient une lutte serrée. « Un demi pour cent, tout au plus, pour Ekaterinodar. À Stavropol, ça ira tout seul. À Moscou... Non, rien à Moscou. Les magasins Danoff n'y ont guère d'importance. Simple prétexte publicitaire pour la clientèle de luxe. Mais à Simféropol... Donc, un pour cent à Armavir... Diable, j'ai oublié de donner mes instructions pour le règlement des nouvelles traverses injectées de chlorure de zinc. Je télégraphierai d'Astrakhan. Je télégraphierai aussi à Tania. » Que faisait-elle, Tania, en ce moment ? Il était dix heures du matin. Elle devait être entre les mains de la masseuse qui lui racontait des sottises, comme à l'ordinaire. Sans doute était-elle fâchée contre lui. Malgré les années, les revers, les habitudes, les maternités, elle était demeurée si jeune, si puérile. Par instants, il ne la comprenait pas. Et c'était alors qu'il l'aimait le mieux. Quand il reviendrait, elle aurait oublié ses griefs. Elle le recevrait dans ce négligé de soie bleue qu'il admirait tant. Ils iraient voir les enfants. Une jolie femme. De beaux enfants. Une maison sagement ordonnée. « Je suis si heureux ! » murmura Michel. Et il ferma les yeux.

Le cheval de flèche hennit. Le cocher cria des paroles fortes dans le vent. Michel souleva ses paupières brûlées, cassantes. La neige s'étalait à perte de vue et rejoignait le ciel où vivait la tache lointaine et pâle du soleil. Seuls des poteaux télégraphiques marquaient le tracé de la route. Le dos du cocher était poudré d'étoiles blanches, très fines. Les têtes des chevaux se balançaient, noires et furieuses, dans le désert. Michel ne sentait plus son corps. Il n'était qu'un fantôme, privé de pesanteur, une goutte d'aquarelle glissant sur une page intacte. Il se retourna. Dans la steppe, seul un mince sillage bleuâtre rappelait le trajet des hommes. Michel goûta un plaisir enfantin à constater qu'il n'avait pas abîmé la neige. Une si belle neige ! Par endroits, elle était polie et mate comme une dalle. Et, ailleurs, elle se gonflait en mousse savonneuse, s'éparpillait en poussière de diamant. Une ombre mauve très douce doublait l'épaule d'un mamelon. Un corbeau volait, noir d'encre. Après l'avoir regardé, il vous restait dans l'œil des phosphorescences diffuses. La conscience de cet infini donnait la nausée. Une saveur de fer pénétrait dans la gorge, dans les narines. Michel ouvrit sa cantine, but un gobelet de rhum, qui lui déchira les entrailles, frémit d'une brusque chaleur et pensa qu'il allait dormir.

— On arrive, cria le cocher.

— Où ?

— Là-bas ! Cette tache brune. C'est le relais. On a marché vite. Les chevaux sont fameux.

Au relais, les garçons d'écurie, encouragés par un bon pourboire, amenèrent des chevaux frais. Michel s'accorda une collation rapide, fit quelques pas pour se dégourdir les jambes et remonta dans le traîneau. Et la course reprit, dans la même neige croustillante, sous le même ciel blême, à croire que l'attelage n'avait pas avancé d'une verste depuis son départ de la ville. De nouveau, l'espace et le temps ne furent plus que des conventions. Un néant impeccable s'ouvrait devant ces trois chevaux et ces deux hommes, reliés par des bouts de bois et des lanières de cuir. Michel voulut réfléchir, mais toute réflexion paraissait impossible. Sa tête s'était sclérosée, durcie dans l'éther. De seconde en seconde, il devenait plus bête et plus nu, plus neuf et plus inhumain. Il se sentait loin de Tania, loin des enfants, loin de tout ce qu'il pensait être lui-même. Il vit le ciel s'assombrir, le vent se lever. Le traîneau suivait la Volga, traversait des affluents, dépassait des îles, gravissait des berges infimes.

Un relais surgit. Les chevaux ralentirent. Michel but, mangea, parla, paya, repartit, avec un autre cocher et d'autres bêtes, pour le même horizon tremblant. Comme le soir tombait, ils atteignirent enfin un hameau enseveli sous la neige. Devant la bâtisse, était planté un poteau bariolé de noir et de blanc, et surmonté d'une lanterne à pétrole. Les armes de l'empire décoraient le fronton de la porte. Le traîneau s'engouffra dans la cour. D'autres voitures y étaient arrêtées. Une vapeur blonde sortait des écuries. Le tintement d'un marteau venait de la remise où travaillait le charron. Entre la remise et les écuries, se trouvait l'édifice de la poste, bossu, écrasé de neige. Michel pénétra dans la salle commune qui était pleine de monde.

Un fanal, accroché au plafond, éclairait cette pièce misérable, décorée d'icônes et de lithographies en couleurs. Une fumée âcre tournait sur place. Des civils, des militaires étaient encaqués dans la cabane, et somnolaient, allongés sur les banquettes, ou adossés au mur. Leurs chaussures baignaient dans des flaques de neige fondue. Des reliefs de repas traînaient sur le plancher raboteux. Un chien maigre passait entre les jambes, reniflait les bottes, happait un quignon de pain. L'air sentait l'alcool, le cornichon aigre, les pieds. Quelques regards vagues se levèrent vers le nouveau venu. Le maître de poste, un gros homme mafflu, au nez gonflé de petites veines violettes, s'approcha de Michel et lui dit en bâillant :

— Faudra passer la nuit ici, barine. La tempête va commencer. Déjà, elle balaie au nord.

— Et tous ces gens ? demanda Michel en désignant les voyageurs assoupis.

— Ils attendent comme vous.

Michel avisa dans l'assistance quelques officiers qui devaient être chargés de missions, et des employés de la poste, assis près de leurs sacs en toile.

— Les employés de la poste ont un droit de priorité, n'est-ce pas ? demanda-t-il.

— Évidemment, barine. C'est la loi.

— Et les officiers ?

— On les servira ensuite.

— Combien prévoyez-vous de traîneaux pour la poste ?

— Cinq.

— Et pour les officiers ?

— Quatre.

— Les civils devront donc attendre longtemps ?

— Un peu, un peu...

— C'est-à-dire ?

160

— Eh bien, avec l'aide de Dieu, vous pourriez vous remettre en route demain, vers midi ou deux heures...

— Je n'ai pas de temps à perdre. Je veux repartir à l'instant, dit Michel.

Un coup de vent furieux fit craquer la porte. Le maître de poste se signa :

— Sortir des chevaux par un temps pareil serait un crime contre le ciel. Aucun cocher n'accepterait. Et moi-même...

D'un geste brutal, Michel fourra quelques billets froissés dans la main de l'homme. Celui-ci poussa un soupir et cligna des yeux.

— Il y a bien Siméon, dit-il. Lui, il connaît la route. Il n'a pas peur. Seulement, il a femme, enfants... Vous savez ce que c'est... La vie est chère, l'argent est bon marché...

— Je m'arrangerai avec lui, dit Michel.

Une demi-heure plus tard, un traîneau attelé l'attendait dans la cour. La tempête s'était levée. Le vent rapide emportait les voix. Siméon se tenait près de ses bêtes. C'était un gaillard puissant, à la barbe noire, aux yeux cruels. Il accepta sans mot dire le pourboire que lui tendait Michel et se hissa lourdement sur son siège. Le traîneau partit, d'une glissade unie, vers l'horizon. Les lumières du village disparurent. Dans le ciel sombre, se formaient et s'éboulaient des continents aux rivages de soufre. La neige volante piquait le visage, emplissait les narines, aveuglait les yeux. Un sifflement continu, lamentable, rasait la terre. Puis venait un silence parfait, un point d'orgue sinistre, et les chevaux avançaient dans ce vide sans couleur et sans voix. Mais, déjà, quelque part, se gonflait un poumon de ténèbres. Les bêtes hennissaient, secrètement averties. On voyait s'agiter leurs crinières de soie, chauvir leurs oreilles intelligentes. La nuit prenait son élan, à l'autre bout du monde. Michel sentit comme une variation de pression atmosphérique dans ses tempes. Et, brusquement, le traîneau fut frappé, bousculé, enlevé par une vague de fond. Les chevaux luttaient de la tête, du poitrail, contre l'ouragan. Le cocher se cramponnait au siège. Michel perdait le souffle dans ce tumulte fou.

— Barine, que faut-il faire ? hurla le cocher d'une voix impuissante.

— Avance, répondit Michel.

— On ne voit plus la route.

— Tu la retrouveras.

Et le traîneau, lentement, d'une manière vague et stupide, tressauta, tangua dans le déluge des cristaux dansants. Michel, le cœur serré de plaisir et d'angoisse, se rappelait une image qu'il avait remarquée, autrefois, dans un livre d'enfants : une troïka prise dans la bourrasque. Jadis, il avait souri de cette lithographie naïve, maintenant il en admirait l'exactitude et la sobriété. C'était bien ça. Du noir. Du blanc. *Pris dans la bourrasque*. Il répétait machinalement le sous-titre de l'illustration. L'attelage s'arrêta. Les grelots se turent. Dans la clarté louche du soir, virait une fantasmagorie de plumes, de diamants, de perles irisées. Les yeux ne servaient à rien au-delà de ce papillotement de gemmes scintillantes. Puis, les chevaux repartirent, têtus, titubants, harassés. Michel alluma une lanterne à acétylène, qu'il avait emportée par mesure de précaution. La lumière jaune éclairait la barbe du cocher, salée de givre, ses coudes, le cuir de son siège, un coin de son bonnet. Quelques instants plus tôt, Michel pouvait discerner la tête du limonier. À présent, il ne la voyait plus. Les guides s'en allaient, poudrées de blanc, vers on ne sait quel attelage nocturne.

— Ça fait bien une demi-heure qu'on n'a plus vu de poteaux télégraphiques, dit le cocher. C'est mauvais. Il faudrait rebrousser chemin.

Une clameur folle lui répondit. Le ciel crevait, se vidait de ses voix et de ses neiges. Un dôme de pendeloques s'écroulait sur la tête des voyageurs. Les chevaux firent un écart brusque et s'immobilisèrent, effarés, renâclants. La lanterne palpita, s'éteignit. Michel la ralluma en la protégeant avec son manteau.

— C'est la colère de Dieu, barine, dit le cocher d'une

voix sourde. Il s'est éloigné de nous. Et les forces mauvaises s'amusent.

Il se signa.

— Ne fais pas l'imbécile, dit Michel. Fouette tes chevaux.

— Pour tout l'or du monde, je ne lèverai pas mon fouet. Dieu veut notre mort. Ce serait péché de la lui refuser.

Une rage subite envahit Michel. Il saisit le cocher par le bras et se mit à le secouer en criant :

— Vas-tu m'obéir ?

Le cocher sauta dans la neige.

— Vous pouvez crier. Moi, j'ai compris. Moi, j'aime mieux me coucher par terre.

— Eh bien, reste là. Je poursuivrai la route tout seul.

Et Michel fit mine de ramasser les guides.

Aussitôt, le cocher revint à son siège :

— Ce n'est pas juste, barine. Il faut se soumettre. Qu'est-ce que c'est que la vie ? Je n'ai pas connu mes parents. Ma femme me trompe. J'ai une fille qui se perd en ville, et qui ne mange pas à sa faim pour pouvoir se payer du rouge et de la poudre...

— Et ton fils est malade, je connais l'histoire, dit Michel. Combien veux-tu ?

— Quatre roubles, Votre Excellence, dit Siméon en baissant la tête.

— Les voilà.

— Ah ! je suis damné, gémit Siméon. Vos quatre roubles, je les ai demandés pourquoi ? Est-ce qu'on peut acheter le paradis avec quatre roubles ?

— Non, mais de la vodka.

— Il s'agit bien de vodka ! Les démons nous traquent. C'est leur jour de fête. Ils veulent notre peau. Aïe ! aïe ! Comme ils crient ! Écoutez-les... Brr... Brou... Bzz... Tfou... Allez-vous-en, maudits ! Il faudrait un peu d'eau bénite. Quelques gouttes sur leur museau, et ils n'oseraient plus revenir.

Michel ouvrit sa cantine, versa un gobelet de vodka et l'offrit à Siméon. Siméon prit le gobelet d'une main tremblante, le bénit d'un signe de croix, le vida, claqua de la langue.

— C'est de la bonne marque, dit-il, et il souffla comme une otarie dans sa moustache.

— Je te donnerai toute la bouteille, si tu nous amènes sains et saufs au prochain relais.

— Le prochain relais, c'est le sein d'Abraham, dit le cocher, en tendant de nouveau son gobelet.

Il but un second coup, essuya sa barbe d'un revers de la manche et murmura :

— Saint Néphonte, le bienheureux, protège-nous contre les démons. Saint Cyprien, prêtre et martyr, chasse les maléfices.

— Alors, on repart ? demanda Michel.

— On repart.

Le traîneau repartit, mais, au bout de quelques foulées, le cheval de volée, à gauche, trébucha et plia un genou dans la neige.

— Relève-toi, carne ! hurlait Siméon. C'est un homme généreux que tu transportes !

Une brusque accalmie succéda aux hurlements de la tempête. Dans le silence infini, seule persistait une plainte monotone, humaine, comme le gémissement d'un blessé, comme l'appel d'une pleureuse. La neige tombait, droite, sage, à petits flocons paresseux. La nuit devenait conciliante. Mais, très vite, un regain de colère drossa l'ombre, la tordit, la poussa, la brisa en poussière glacée contre ce frêle îlot de bois et de chair. Il n'y avait plus de raison pour que la bourrasque prît fin. Jusqu'à l'aube, le monde serait voué à ce désordre furieux. Or, l'aube était loin. Pour la première fois, Michel éprouva la crainte de la mort. Le doute n'était pas possible. Siméon avait perdu sa route. Égarés en pleine steppe, les voyageurs ne pouvaient compter sur aucun secours. Et la défaillance venait vite dans ces régions de froid intense et de solitude.

— Alors, tu te relèves, ma charogne, ma colombe ? gueulait Siméon.

Le cheval se releva.

— On fonce droit devant nous ? demanda le cocher.

— Non, dit Michel. Il faut d'abord retrouver la route.

— Cela, même pour dix roubles, j'en serais incapable, dit Siméon. Je veux bien avancer, puisque vous me dites d'avancer. Je reculerais, si vous me disiez de reculer. Je crois même que j'escaladerais le ciel, sur l'ordre de Votre Seigneurie... Mais la route...

Michel frémit d'impatience. Il pensait à Tania, à ses affaires. Une chambre bien chauffée, un travail dur et passionnant l'attendaient à Astrakhan. Et il était ici, bloqué en pleine steppe, à demi mort de froid. Déjà, il ne sentait plus ses mains, son visage. Un goût de sang était entré dans sa gorge. Le bord de ses paupières lui faisait mal. Il ramassa de la neige sur la couverture et s'en frotta le nez, les joues, pour se ranimer.

— Il n'y a pas trente-six solutions, dit-il enfin. Descends de ton siège. Prends ma lanterne et marche. Moi, je t'attends ici. Tu décriras des cercles de plus en plus larges autour du traîneau, jusqu'à ce que tu rencontres un poteau télégraphique. Alors, tu me feras signe. Je te rejoindrai avec l'attelage. Et tu recommenceras pour le poteau suivant. Ainsi, nous retrouverons la route...

— Que je parte ? glapit le cocher. À pied ? Comme ça ?

— Tu préfères crever sur place ?

— Je crois que oui, dit Siméon en se grattant la nuque.

— Alors, je me dérangerai moi-même.

— Non.

— Tu veux boire avant ?

— Le froid est vif et l'homme est faible.

— Eh bien, bois et va-t'en.

Siméon but un troisième gobelet et ses yeux brillèrent.

— Une bénédiction, dit-il en soupirant.

Puis, il sauta à terre, releva sa houppelande et en fixa les coins dans sa ceinture de drap. Michel s'assit sur le siège du cocher et prit les guides. Les chevaux, inquiets, bougeaient leurs oreilles. Une vapeur rose sortait de leurs naseaux. Siméon empoigna la lanterne, enfonça son bonnet jusqu'aux mâchoires, et se mit à marcher, en trébuchant à chaque pas, dans la neige molle. La lanterne, à vitres carrées, éclairait sur trois côtés. Michel la voyait se balancer, toujours plus lointaine, plus vague. Elle illuminait la silhouette trapue de Siméon. Bientôt, Siméon disparut, avalé par l'ombre mouvante. Et seule demeura dans la nuit la petite bouée radieuse, qui se dandinait. Michel regardait, le cœur serré, les yeux bridés par l'attention, cette flamme vivante, qui errait à travers l'immensité de la steppe. On eût dit une âme en peine, à la recherche de quel enfer, ou de quel paradis ? Toutes les chances de Michel étaient suspendues à ce clignotement minuscule. Le fanal s'évanouit, remonta, s'évanouit encore. « Il est tombé. Il se redresse, Sûrement, il ne trouvera rien. » Mais, obstinément, le feu follet poursuivait sa course.

Michel appela :

— Siméon ! Siméon !

L'espace buvait ses paroles. Depuis combien de temps Siméon était-il parti ? Dix minutes ? Une heure ? La lanterne hésitait, aux confins du monde. « J'ai confiance. Cela ne peut pas finir si bêtement. Tant de choses à faire. Une si jolie femme. Des enfants bien portants. Et, tout à coup... Non, non... » Un cheval hennit. Michel écarquillait les yeux, prêt à pleurer, à crier de rage. Tout le noir de la nuit, tout le blanc de la neige lui coulaient dessus. Il était pris dedans, enterré, englué. Il mâchait, crachait, mâchait encore ce gel, cette odeur d'éther et de mort pure. Maintenant, il était fâché d'avoir laissé partir Siméon avec la lanterne. Il importait que le cocher revînt au plus vite. Tant pis. On attendrait jusqu'au petit jour. Cela valait mieux. « Comment organiser cette attente ? Soyons pratiques. On couvrira les chevaux. Siméon se couchera près de moi, sous les fourrures. Ainsi, nous nous tiendrons chaud. Nous disposons de quatre bouteilles d'alcool. Deux bouteilles par tête. Cela fait combien de gobelets ? Oh ! je ne sens plus mes doigts. Où donc est Siméon ? On ne voit plus sa lanterne. Peu importe. Une crapule, ce Siméon. Mais je n'ai plus que lui. C'est drôle. Mon dernier ami... »

Michel tressaillit. Les chevaux tiraient le traîneau, à petits pas tremblants. « Surtout, ne pas rester sur place. La neige nous ensevelirait. Et il y a Tania, les enfants. Au fait, suis-je encore vivant ?... Siméon ! Siméon ! »

Le cheval timonier rua, battit de la queue. Michel se laissa descendre dans la neige, s'avança vers la bête, lui souffla doucement sur le nez, la chatouilla derrière les oreilles en murmurant des mots de tendresse. Les deux autres chevaux, attelés en bricole, rapprochèrent leurs têtes de Michel et lui poussèrent au visage une haleine chaude. Trois paires d'yeux, aux cils hérissés de givre, aux larmiers injectés de sang, le regardaient avec tristesse. Michel recula, se tourna pour voir la plaine. Rien. Rien. Il lui semblait que les flocons de neige montaient de la terre vers le ciel et se divisaient en bulles de lait, en croix de Malte lumineuses. Des arcs-en-ciel phosphorescents, des auréoles, des prismes, des charnières d'or se composaient au zénith. Un mirage ? Michel pressa sa figure contre ses moufles craquantes. Les os du front lui faisaient mal. Puis, il écarta ses mains, battit péniblement des paupières. Et, soudain, là-bas, dans le néant tumultueux, il aperçut un halo jaunâtre qui s'abaissait et se relevait lentement. Une fois. Deux fois. Trois fois. Plus de doute. C'était le signal.

Ivre de joie, Michel escalada le siège du cocher et fouetta ses bêtes. L'étoile rayonnante le guidait, à ras de terre. Il allait vers elle, à travers des épaisseurs de vent et de neige, d'ombre et de froid. Une légère usure apparut dans le rideau des flocons. Les chevaux entraient dans une région plus clémente. Le corps de Michel, privé de pensée, obéissait à l'instinct de vivre. Déjà, il distinguait la forme d'une épaule, une tête, des stalactites dans la barbe de Siméon. Et, derrière lui, le fût d'un poteau télégraphique. Un vrai poteau télégraphique, planté là par des hommes, pour servir la cause des hommes. C'était une belle colonne de sapin, rugueuse, craquelée en long, avec des beignets de neige, collés çà et là sur les aspérités. La tempête s'apaisait, devenait paternelle. Michel descendit, appliqua son oreille au bois du poteau, écouta, le cœur défaillant, chanter les fils d'acier dans le ciel invisible. Une rumeur de vie.

— Nous sommes sauvés ! cria-t-il.

— J'ai les pieds gelés.

— Bois encore. Et voilà pour toi.

Siméon vida le gobelet, empocha l'argent et partit à la recherche du poteau suivant. Michel regardait avec sympathie, avec amour, cet inconnu, ce froussard, cet ivrogne — son compagnon — qui s'enfonçait dans la nuit neigeuse, une lanterne au poing.

Ils arrivèrent au relais à deux heures du matin. Le ciel nettoyé, étoilé, veillait sur une plaine calme.

4

Le séjour de Michel à Astrakhan se prolongea au-delà de ses prévisions. Le concurrent était coriace et refusait de régler l'affaire à l'amiable. Il fallut commencer une lutte de tarifs. Les établissements Danoff d'Astrakhan, sur l'ordre de Michel, vendaient à perte, tandis que, dans les autres villes, les succursales haussaient leurs prix de quelques points. Au bout d'une dizaine de jours, la clientèle, qui avait déserté les comptoirs, commença docilement à refluer vers ses anciens fournisseurs. La crise paraissant enrayée, Michel se proposait de retourner à Moscou, lorsqu'il reçut un télégramme de son fondé de pouvoir lui annonçant des liquidations de marchandises dans la région de Lodz. Pressés par la menace de nouveaux troubles sociaux, les fabricants se débarrassaient de leurs stocks à n'importe quel prix. Sans hésiter, Michel écrivit à Tania une lettre de justification, très longue et très affectueuse. Puis, il partit pour N., aux environs de Lodz, où il comptait profiter de son passage pour revoir Akim.

Arrivé à N., dans la nuit, il descendit à l'*Hôtel de l'Europe* et convoqua aussitôt le gérant de l'établissement. Le gérant, un gros Polonais, au crâne rasé, aux yeux tendres, s'empressa de renseigner Michel sur la situation politique du pays et lui promit de prévenir, dès le lendemain matin, le capitaine en second Arapoff, « cet excellent officier, tant aimé de la population ».

Depuis quelque temps déjà, les hussards d'Alexandra

n'étaient plus cantonnés à N., mais à Samara. Toutefois, pour régler les questions de prise en charge de matériel par les nouvelles formations installées dans la ville, Akim était resté sur place, en service commandé.

Au dire du patron, les événements étaient moins graves que ne le laissait supposer le télégramme du fondé de pouvoir. Un officier de police ayant été trouvé assassiné chez lui, les autorités locales avaient arrêté le Juif Fingel, qui protestait cependant de son innocence, et contre lequel aucune preuve sérieuse n'avait pu être retenue. À l'enterrement de la victime, les Juifs de la ville avaient envoyé une couronne, par souscription, que le préfet de police avait refusée. Une délégation des Juifs notables, composée de médecins, de banquiers et de négociants, s'était rendue auprès du préfet, puis auprès du gouverneur, pour essayer de leur faire entendre que la communauté israélite n'était en rien responsable des actes commis par Fingel, et que Fingel même n'était peut-être pas l'auteur du meurtre dont on l'inculpait. Ils avaient été éconduits. Et, après la cérémonie religieuse, des ouvriers du faubourg avaient fracassé les vitres des magasins juifs et organisé quelques pillages sporadiques.

— Très peu de chose, croyez-moi, disait le patron. Rien de comparable aux pogroms de 1906. Pourtant, il est question d'établir l'état de siège. Notre préfet est assez sévère, et tellement chrétien ! Le gouverneur aussi est très chrétien...

— Mais estimez-vous que les Juifs soient coupables de cet assassinat ?

Le Polonais plissa les yeux et joignit les mains sur son ventre :

— Je crois ce qu'on me dit de croire. Sinon, pensez-vous que la vie serait possible en Russie ?

Michel se coucha, inquiet et de mauvaise humeur. Le lendemain matin, Akim, prévenu par l'hôtelier, lui rendait visite. Michel le trouva desséché, jauni. Il y avait dans son attitude quelque chose de volontaire, de tendu, qui indisposait au premier abord. Il semblait imbu de son rôle et décidé à ignorer tout ce qui n'était pas le règlement.

— Va-t-on déclarer l'état de siège ? lui demanda Michel.

— Je n'en sais rien, dit Akim. Mais on le devrait. Les Polonais et les Juifs s'entendent comme larrons en foire. Ils font le jeu de la révolution.

— Mais si les Juifs et les Polonais s'entendent si bien, qui donc menacerait d'organiser un pogrom ?

— De braves gens, sans doute, qui sont indignés par le cours actuel des choses.

— On prétend que ce sont des agents du gouvernement.

— C'est faux, répliqua Akim d'une voix brève.

Et ses yeux étincelèrent. Puis il changea de conversation, parla de Tania, de Lioubov, de ses parents, et finit par inviter Michel à dîner, le soir même, dans le meilleur restaurant de la ville :

— ... Si toutefois, par la faute de ces youpins, nous ne sommes pas consignés dans nos casernes...

Après le départ d'Akim, Michel se proposa de passer chez quelques fabricants. Mais le patron vint l'avertir qu'une dizaine de ces messieurs, informés de son arrivée, l'attendaient déjà dans le hall pour lui soumettre leurs offres. Michel pria le concierge de les introduire un à un dans sa chambre. Et le défilé commença.

Tandis que le troisième visiteur, un petit Juif obèse et bilieux, déballait ses échantillons, des coups de feu éclatèrent dans la rue. Le fabricant sursauta et courut à la fenêtre. Mais il revint aussitôt, en boitillant et en s'épongeant le visage.

— Qu'est-ce que c'est, monsieur Levinson ? demanda Michel.

— Rien...

— Serait-ce le début d'une émeute ?

— Voyons, monsieur Danoff, susurra Levinson, en plissant le nez et en secouant son mouchoir avant de le fourrer dans sa poche. Une émeute ? Ici ? Sous la protection des troupes russes ? Y pensez-vous ?

Visiblement, il voulait dissimuler son trouble, et craignait que Michel ne profitât de la situation pour lui imposer ses prix. Levinson se tortillait sur sa chaise, agitait ses petites mains grasses aux ongles vernis et sales :

— Des voyous échangent quelques coups de feu, et on parle d'émeute...

— Mais Fingel ?...

— Fingel est innocent. Toute la ville le sait.

— En somme, vous êtes optimiste ?

— Mais parfaitement, monsieur Danoff. Voulez-vous considérer ce que nous sommes en mesure de vous offrir ? Cent pièces de flanelle classique en trois teintes, cinquante pièces de drap pour uniforme, gris, brun et noir... J'ai pensé à vos succursales du Caucase... Cosaques, Tcherkesses... Ils y trouveront leur compte... Et voici de la percale, pour cent soixante-quinze pièces, et du zéphyr en mouchoirs, cinq cents douzaines... Les prix sont marqués sur l'étiquette... Ah ! et notre satinette... Tâtez notre satinette...

Michel tira un compte-fils de son gousset et se pencha sur le carnet d'échantillons. Contre sa joue, il sentait la respiration pressée de Levinson. Sans doute le fabricant avait-il hâte de conclure l'affaire et de voir enlever sa marchandise ? Il redoutait le pogrom, les pillages. Et il avait raison.

— Combien ? demanda Michel.

Levinson feuilleta son calepin et murmura :

— Je vous ferai huit pour cent sur le tarif indiqué.

— Trop cher, dit Michel.

Levinson joignit les mains :

— Honorable Michel Alexandrovitch, nulle part vous ne trouverez une qualité pareille, à un prix aussi dérisoire.

— Je sais ce que je dis, grommela Michel. D'ailleurs, ces articles ne m'intéressent pas.

— Comment pouvez-vous dire ? gémit Levinson. Du drap pareil !... Un beurre, un vrai beurre !... Et ce zéphyr ?... Et cette satinette ?... La valeur du rouge...

Aucune femme ne résistera devant ce rouge... C'est si pimpant...

— Admettons que ce le soit trop, dit Michel.

— La femme est reine du marché. Sa grâce prime-sautière...

— Allons, allons, dit Michel. Je n'ai pas de temps à perdre.

Une moue de clown détendit la vieille face spongieuse de Levinson :

— Loué soit celui à qui nous devons la subsistance. Vous, les jeunes, vous êtes tous pareils. Vous voulez étrangler le fabricant au lieu de marcher la main dans la main avec lui. Et pourtant, nos intérêts sont les mêmes. Du vivant de votre père... J'ai très bien connu feu Alexandre Lvovitch, savez-vous ? Ah ! quel homme ! Avec lui, c'était top-top, et au revoir. Pas de discussions, pas de marchandages. La confiance...

— Je ne vois pas ce que mon père vient faire dans cette histoire, dit Michel. Je prétends que votre marchandise est trop chère. Un point, c'est tout.

Levinson se leva. Son œil devint tendre et triste. Les commissures de ses lèvres frémirent :

— Eh bien, cher Michel Alexandrovitch, séparons-nous. Voici dix-sept ans que je fournis les établissements Danoff...

— N'exagérons rien.

— Dans mon cœur, cela fait dix-sept ans, et...

Il n'acheva pas sa phrase, promena un regard circulaire sur les meubles et s'écria soudain :

— Mourir pour mourir ! Je veux que ma marchandise revienne à des amis. J'abats quinze pour cent. Un coup de hache !

Il ouvrit ses bras dans un mouvement pathétique, et demeura debout, crucifié, la tête haute, la bedaine en avant.

— Trop cher, dit Michel.

Alors, Levinson porta les deux mains à sa poitrine et feignit d'arracher les boutons de son gilet.

— Vous buvez mon sang, très estimé monsieur Danoff, dit-il.

— Soit, n'en parlons plus.

— N'en parlons plus, dit Levinson. *Besitchem*, que Dieu vous garde.

Et il rangea ses échantillons dans une serviette. Mais ses gestes étaient lents. Ses doigts tremblaient. Il dit encore :

— La mort de l'industrie. La discorde au lieu de l'entente. Ah ! quel deuil !

Michel songea qu'à tout autre moment il eût payé ces tissus au dernier tarif que lui proposait Levinson. Mais, aujourd'hui, il n'en avait pas le droit. La menace de désordres graves incitait les fabricants à liquider leurs stocks. Il fallait profiter de cette occasion pour rafler de la marchandise à vil prix. C'était de bonne guerre. N'importe quel commerçant eût imité l'intransigeance de Michel. Cependant, Michel se sentait honteux de son rôle. Car, en somme, pour défendre les intérêts de son affaire, il n'hésitait pas à exploiter la détresse, la peur, la malchance des autres. Il fondait la prospérité des Comptoirs Danoff sur l'effondrement d'un Levinson quelconque. « Eh bien ?... C'est du commerce... Le commerce est une lutte constante... Si j'étais à sa place... »

Levinson s'était redressé, très pâle. Les rides pendaient sur son visage. Il toussa et tendit la main à Michel :

— Michel Alexandrovitch, j'ai le cœur broyé, mais la conscience nette. Je pars, et c'est vous qui le regretterez.

Pourtant, il ne s'en allait pas. Il se balançait d'une jambe sur l'autre. Tout à coup, une fusillade retentit dans la rue. Des vitres volèrent en éclats. Une voix de femme hurla longtemps, puis se tut. On entendit courir des bottes.

Michel vit les épaules de Levinson tressaillir imperceptiblement. Tout le corps de son visiteur parut se tasser vers le ventre. Le fabricant murmura d'un ton humble :

— Vingt pour cent de rabais et l'enlèvement immédiat. Non ?

Michel éprouva au cœur un pincement désagréable. Une brusque colère le prit contre son interlocuteur. Pourquoi ce Levinson était-il si veule ? Pourquoi ne renonçait-il pas à vendre sa camelote ? Des esclaves. Mais à qui la faute ?

— Alors ? demanda Levinson. Cette fois, vous ne pouvez plus refuser.

— Si, s'écria Michel. Je n'en veux pas de votre drap, de votre percale. À aucun prix. Allez-vous-en !...

Et il s'approcha de la fenêtre. Dans la rue de l'hôtel, il aperçut un groupe de voyous qui pillaient un magasin de confection pour dames. Une femme était couchée en travers de la chaussée, le crâne ouvert, les cheveux mêlés de sang. Des hommes couraient, à droite, à gauche, les bras chargés de tissus multicolores. L'un d'eux portait une cape du soir en travers de l'épaule. Derrière lui, venait une créature décharnée, aux yeux brillants, qui traînait sur le trottoir un fauteuil Louis XV. Un petit homme, coiffé d'une calotte noire, jaillit hors de l'échoppe et se mit à crier en yiddish. Quelqu'un le frappa par-derrière, et il s'assit bêtement sur le pas de sa porte.

— C'est Abraham Danilovitch, chuchota Levinson, qui avait collé le front à la vitre. Un homme... un homme si bien... intègre... père de famille... Ah ! qu'est-ce qu'ils font ?...

Michel regarda Levinson à la dérobée. Sa mâchoire vibrait. De grosses gouttes de sueur perlaient sur ses tempes, autour de ses lèvres et descendaient vers sa barbe rare. Il exhalait une odeur aigre. Bien sûr, il pensait à son usine, qu'il avait laissée, à sa femme, à ses enfants. Instinctivement, Michel imagina la vie de ce petit ménage juif de province. L'atelier familial. Quelques métiers rustiques. On travaillait jour et nuit. Dans l'atelier, cela sentait l'ail et la graisse d'oie rancie. Mme Levinson était une personne molle, blanche, un peu sale, qui avait des battements de cœur. Les petits

Levinson grouillaient à ses côtés, oreilles écartées, bouches larges et mauves. Et, autour, s'organisait tout un univers palestinien de lévites noires souillées de boue, de papillotes en tire-bouchon, de chapeaux ronds, de mains fébriles, de misère affamée, de mystère inquiet.

Dans la rue, les manifestants se dispersaient en chantant. Quelques agents de police apparurent, engoncés dans leurs longues capotes sombres. Ils relevèrent Abraham Danilovitch et le transportèrent dans le magasin. Un officier de gendarmerie, debout à la porte de la boutique, prenait des notes sur un calepin.

— Ils arrivent toujours trop tard, dit Levinson. On jurerait qu'ils font exprès... Enfin, je m'exprime mal... On pourrait croire, si on ne savait pas...

Une lueur suppliante passa dans ses yeux qui se chargeaient de larmes.

— Je vous donne vingt-cinq pour cent, Michel Alexandrovitch, reprit-il.

Et il ajouta très bas :

— Il faut faire vite.

Michel revint à la table et se renversa profondément dans son fauteuil. Ce marchandage médiocre, tandis qu'on volait, qu'on tuait dans la rue, lui soulevait le cœur. Il détestait Levinson. Et, cependant, il ne pouvait se défendre d'éprouver pour lui une immense, une affreuse pitié. D'une main hésitante, comme pour vaincre les derniers scrupules de l'acheteur, Levinson tendit à Michel son étui à cigares :

— Prenez. Ils sont bons.

Michel sentit qu'une boule remontait dans sa gorge et l'étouffait lentement.

— Non, dit-il.

On frappa à la porte.

— Entrez, dit Michel.

Un petit garçon, à la tignasse rousse, aux yeux arrondis d'épouvante, parut sur le seuil et cria :

— Monsieur Levinson, ils ont pillé l'usine Schwartz. Mme Schwartz a été tuée. La police est venue trop tard.

— *Shah ! Shah !* Tais-toi ! Va-t'en ! Va-t'en ! glapit Levinson d'une voix aiguë de vieille femme.

Et, se tournant vers Michel :

— Alors, nous... nous disions trente pour cent... mettons trente-cinq... Aïe ! aïe !...

Il renifla. Il ne jouait plus. Il était à bout, harassé, malade.

Michel rougit, baissa la tête.

— Trente-cinq pour cent, reprit Levinson, pâle et volubile. Mais payables à l'enlèvement. Et en espèces. Vous savez... les chèques... nous ne pouvons plus... Nos comptes en banque ne sont pas sûrs... D'un jour à l'autre...

Michel eut une moue de répulsion.

— Ne parlons pas de ça, dit-il. Je vous l'achète, votre camelote. Mais je ne paie qu'à sa prise en charge par la compagnie de transport.

— *Mazel tov !* D'accord, monsieur Danoff ! balbutia Levinson. Vous devriez téléphoner immédiatement à la compagnie.

— Ce sera fait.

— Alors, je peux compter que, dès ce soir...

— Dès ce soir, oui.

Levinson se moucha et regarda sa montre.

— Pourvu qu'ils ne viennent pas avant, murmura-t-il.

— Quel était votre dernier rabais ? demanda Michel.

— Trente-cinq pour cent, dit Levinson.

Et il plissa les yeux, comme s'il s'attendait à recevoir une gifle.

— Je n'en veux pas, dit Michel. Vingt me suffisent.

Levinson sursauta et frappa ses mains l'une contre l'autre :

— Vous dites ?

— Vingt pour cent, répéta Michel.

— Notre bienfaiteur ! hurla Levinson. Comme son père ! Comme son père ! Je cours à l'usine. Non. Je téléphone... Retenez un wagon... Vous devez être bien placé... Mieux que nous autres... Le père, le père tout

177

craché... Juste, généreux... Mes enfants prieront pour vous... Une bonne affaire... Une bonne action... Une bonne action... Une bonne affaire...

Il déboutonnait et reboutonnait sa veste, machinalement, et souriait d'une manière navrante.

Michel le vit partir avec soulagement.

— À votre place, j'aurais été moins généreux avec ce Levinson, dit Akim en repoussant son assiette.

— Il était si misérable, soupira Michel. Je ne pouvais pas l'écraser.

— Et vous vous figurez qu'il vous admire et vous aime pour votre geste ?

— Je ne l'ai pas fait pour obtenir son amitié ou son admiration.

— Eh bien, tant mieux ! s'écria Akim. Car, permettez-moi de vous le dire, Levinson vous méprise. Il vous méprise, parce que vous n'avez pas su profiter de votre avantage. Ces gens-là ont une mentalité bien spéciale. Ils n'admettent pas la charité. Vous avez eu peur de les ruiner, alors que vous en aviez les moyens. Donc, vous êtes le plus ridicule des *goïms*.

Le maître d'hôtel changea les assiettes et déposa devant les convives deux glaces nappées de jus de fraise et entourées de biscuits blonds et roses.

— On ne mange pas trop mal ici, dit Akim. Et le public est supportable.

Un orchestre hongrois jouait sur une petite estrade ornée de branches de sapin. Des guirlandes en papier multicolore pendaient, en lourdes accolades, sous le plafond de poutres brunes. Les épaulettes des officiers, les visages las et fardés des femmes, se défaisaient dans la fumée des cigarettes.

— Et là-bas, au quartier juif, on est en train de piller, dit Michel.

— Non. Le pillage a cessé dès cinq heures de l'après-midi. Tout est rentré dans l'ordre. L'état de siège ne sera même pas proclamé.

178

— Vous avez l'air de le regretter.

Akim alluma un cigare et se renversa sur le dossier de sa chaise.

— Voyez-vous, mon cher, dit-il, autrefois, j'étais comme vous. Je plaignais les Juifs. J'avais même de la sympathie pour eux. Je les trouvais pittoresques, mystérieux, pleins d'attraits... Mais, peu à peu, j'ai appris à me méfier d'eux, à me défendre. Qu'on le veuille ou non, ils forment un danger pour l'État où ils s'implantent. Au lieu de se fondre à nous, ils s'érigent en communauté rivale. Ils prolifèrent sur notre sol et refusent de s'assimiler à notre peuple.

— N'est-ce pas nous qui leur supprimons cette chance ?

— Allons donc ! Qu'on leur accorde tous les droits des citoyens russes, et ils préféreront demeurer les citoyens de nulle part. Leur religion même leur interdit de trahir leur race. Elle prohibe les mariages mixtes. Elle exalte la signification messianique du sang. Elle règle le moindre geste de ses fidèles. Du lever au coucher, vos Levinson sont commandés par les cinq livres de Moïse et toutes les prophéties et arguties qui en découlent. De la façon de se moucher à celle de se coiffer, de manger, ou de boire, rien n'est laissé au hasard. Et vous voulez qu'ils adoptent nos modes, notre foi, notre politique ?

— Certes, dit Michel. Mais ne peut-on, au moins, vivre en bonne intelligence avec eux ?

— Ils ne le voudraient pas eux-mêmes, dit Akim. Car, traités avec douceur, les membres de la communauté seraient tentés de rompre avec leurs traditions. C'est dans la persécution que les Juifs retrempent leur force. Le danger les resserre. Les coups de trique leur donnent du génie. Quelle gloire pour une race d'être la victime éternelle ! Y avez-vous songé ?

— Mais que reprochez-vous aux Juifs ? demanda Michel en souriant. Leur race ou leur religion ?

— Je leur reproche d'avoir une religion qui ne vaut

que pour leur race, et d'être une race qui ne peut exister hors de sa religion.

— Un Juif converti demeure donc, pour vous, un espion délégué par sa race ?

— En quelque sorte.

— Mais les sources humaines du christianisme sont juives. Être antisémite, c'est être antichrétien.

— Je ne vois pas si loin, dit Akim. Je ne fais pas de théorie.

— Vous avez tort. Quel a été le sens de la révélation chrétienne ? Le christianisme est apparu dans un monde livré à des religions de tribus, de castes et de races. Et il a vaincu ce particularisme. Il a fondé un espoir nouveau, concevable pour tous. Il a enseigné qu'il n'y avait plus de Juifs, d'Égyptiens, de Turcs, de Romains, de Grecs, mais des hommes. Et, lorsque vous attaquez une nationalité au nom du christianisme, vous commettez une hérésie énorme. Vous adoptez l'attitude même des Juifs contre le Christ. Vous crucifiez le Christ une seconde fois.

Akim fronça les sourcils et marqua une seconde de réflexion.

— Je crois, dit-il, que, pour être grand, un pays a besoin d'avoir sa religion. La Russie doit être orthodoxe, non parce que la vérité est orthodoxe, mais parce que l'orthodoxie a présidé au développement de l'empire. Chaque pays a son Dieu. Mon Dieu est orthodoxe, et je souhaite qu'il soit le plus fort.

— Mais c'est du paganisme !

— Peut-être. Je ne m'interroge pas à ce sujet. Je sens que j'ai raison. Et voilà tout. Et, si tout le monde pensait comme moi, en Russie, nous aurions un peu moins d'émeutes, d'assassinats et de misères. Je suis un homme pratique. Un militaire. Je ne sais pas discuter. Mais je vois, d'un côté, Levinson et les siens, qui refusent d'être des citoyens russes et dont le seul désir est de renverser le régime parce qu'ils espèrent profiter du chaos, et, de l'autre, quoi ? les intellectuels russes qui bavardent et font le jeu de l'ennemi ! Dernièrement, on m'a proposé une affectation à Saint-Pétersbourg ; j'ai refusé, parce que je ne tiens pas à être mêlé aux parlotes politiques de la capitale. Je veux exercer mon métier. Il paraît que, là-bas, c'est de plus en plus difficile. On vous demande aussi d'avoir une opinion. On critique l'empereur.

— Je sais, dit Michel. Cette mentalité m'attriste, mais je reconnais que l'empereur ne fait rien pour infirmer les accusations dont on l'accable.

Akim rejeta la tête, et sa figure devint méchante et hautaine.

— Il a bien raison, s'écria-t-il. L'empereur est une fonction, une entité, un principe. Peu m'importe qu'il soit brun ou blond, petit ou grand, fort ou faible. Je n'obéis pas à sa personne humaine, mais à ce qu'elle représente. Ce sont les Juifs, les révolutionnaires, les parlementaires qui essaient de le rapprocher de nous. Grâce à eux, grâce aux journaux qu'ils impriment, l'empereur sort de son nuage d'encens, descend dans les rues, visite les usines, les taudis. Il est à la portée de tous. Il est à mettre entre toutes les mains. Songez donc, des soldats, des paysans, parlent déjà de l'empereur comme d'un homme, de l'impératrice comme d'une femme. J'ai entendu des bougres de mon régiment faire des allusions aux « rapports » d'Alexandra Feodorovna avec Raspoutine. Et ils disaient : « L'empereur est trop faible avec elle... Il devrait faire ceci, cela... Moi, à sa place... » À partir du moment où l'homme du peuple s'installe en pensée à la place de son souverain, le souverain est perdu, le pays est perdu. Imaginez-vous la Russie sans tsar ? Moi pas. J'y songe parfois, et alors m'apparaît un visage de bête.

Il écrasa son cigare dans un cendrier.

— Je ne veux pas de ce visage, dit-il. C'est pourquoi je lutterai férocement, aveuglément contre les Juifs, et les socialistes. Même si l'empereur se trompe. Même s'il est incapable. Même si j'ai tort momentanément. Car ce n'est pas Nicolas II que je sers, mais Alexandre III,

Alexandre Ier, Catherine la Grande, Pierre le Grand, Ivan le Terrible...

Il se tut un instant, mécontent d'avoir trop parlé. Puis il ajouta :

— Cette valse est jolie, n'est-ce pas ? Quand nous serons morts, on jouera encore de ces valses.

— Vous sentez comme moi, dit Michel, qu'un avenir dangereux nous attend ?

— Au diable l'avenir ! dit Akim. Je fais mon travail. C'est tout. Ah ! tenez, buvons un peu de champagne...

Son regard était triste, lointain.

Le violoniste de l'orchestre passait entre les tables et versait aux convives une musique sirupeuse et lente.

— Joue quelque chose de gai, lui cria Akim.

— Bien, Votre Noblesse.

Akim se tourna vers Michel :

— Il dit : « Votre Noblesse », et pense : « Saligaud ! » Des mots. Toute la Russie ne tient plus que sur une toile de mots. Si seulement il y avait la guerre !...

Le maître d'hôtel versa le champagne dans les flûtes.

— À la paix, au tsar, à la Russie ! dit Michel en élevant son verre.

— À la paix, si toutefois elle nous conserve le tsar et la Russie, dit Akim.

Michel le regarda. Il était vraiment beau, en proférant ces paroles violentes. Sanglé dans son uniforme noir à brandebourgs d'argent, la tête haute, l'œil fier, il paraissait le seul homme vivant dans cette salle pleine de monde.

Le lendemain matin, à l'hôtel, Michel reçut la visite de la tribu Levinson, au complet. Levinson était rasé de près. Mme Levinson portait une toque de fourrure rongée par les mites et des gants mauve tendre. Les petits Levinson avaient des cols durs et des cravates à pois.

— N'oubliez jamais, enfants, disait Levinson, ce que M. Danoff a fait pour votre père.

— Quelle délicatesse ! disait Mme Levinson en se tamponnant le nez avec un mouchoir en dentelle.

Elle était sincère. Avant de partir, elle murmura :

— Nous prierons pour vous. Au fond, le Dieu compte moins que la prière.

Demeuré seul, Michel se rappela les paroles d'Akim :

« Ils vous méprisent, parce que vous n'avez pas su profiter de votre avantage. »

« Akim est une brute, un traîneur de sabre », dit-il. Et il alla le retrouver au buffet de la gare.

5

Une neige épaisse et pure étouffait le jardin de l'église. Les branches des sapins ployaient sous leur charge étincelante. De raides buissons de sucre se haussaient en désordre derrière les fils de fer givrés. Dans le matelas de mousse blanche qui capitonnait le siège des bancs, un gamin avait tracé ses initiales. On voyait, au creux des lettres, luire le bois craquelé. Un vent léger agita la cime des arbres. Des flocons palpitèrent, descendirent dans l'air limpide, et Volodia sentit leur caresse fraîche sur ses lèvres. Il goûta, d'un coup de langue, cette eau glacée, qui avait le parfum du muguet. Deux femmes passèrent, la tête recouverte de châles. Volodia les regarda cheminer à petits pas vacillants dans l'allée neigeuse, contourner un massif, reparaître, plus loin, sur les marches de l'église. Depuis trois jours, il se postait à la même heure, devant cette même église, que Svétlana lui avait dit fréquenter assidûment. Et, depuis trois jours, pas une seule fois il ne l'avait vue. S'était-elle moquée de lui ? Elle en était bien incapable. D'ailleurs, elle n'imaginait certes pas qu'il eût l'audace d'utiliser ce pieux renseignement à des fins vulgaires. « Je perds mon temps. Elle n'est pas venue. Elle ne viendra pas. Ou, si elle vient, elle se fâchera de me voir aux aguets, comme un potache. Ces fillettes-là se font de la prière une idée si haute, si étrange... » Un instant, il eut envie d'aller boire du porto et grignoter des amandes chez *Maxime*. Il connaissait là-bas une servante très drôle. Puis, il se reprocha cette prédilection pour les conquêtes faciles. De petites vieilles frileuses et bavardes le dépassèrent. Par la grille du square, les fidèles affluaient en groupes noirs et pressés. Tout à coup, Volodia recula prudemment et se cacha derrière un sapin aux branches haillonneuses : elle venait ! Enfin ! Son visage était celui d'une enfant studieuse. Lorsqu'elle se fut éloignée, Volodia compta jusqu'à cent et, à son tour, se dirigea vers l'église.

C'était une petite église aux murs roses, aux coupoles d'or glacées de neige. Sur les marches, quelques mendiants tendaient leurs sébiles. Une odeur forte de cire et d'encens annonçait l'entrée du saint lieu. Volodia se mêla à la foule qui, debout, sous la haute voûte décorée de fresques, traversée de nuages, d'auréoles et d'inscriptions slavonnes, écoutait le chant profond du chœur. Soudain, toute l'assistance se prosterna, rejoignit la terre. Volodia s'agenouilla, lui aussi, inconsciemment. À côté de lui, un cocher frappait les dalles du front et se signait le ventre en murmurant des paroles ardentes. Avait-il tué quelqu'un, ou perdu son fils, ou trompé sa femme ? Volodia jugeait cette extase anachronique et barbare. Comme les fidèles se relevaient, il songea au mot de Voltaire : *La messe est l'opéra du pauvre*. Un bel opéra, certes, où les gens humbles pouvaient se saouler de musique, de parfums, de mystère. Lui, ne marchait pas. Il admirait cela de loin, en sceptique. Tout au plus cherchait-il un sens ésotérique à l'entrée, à la sortie du prêtre, au transport des éléments du sacrifice de l'offertoire à l'autel, aux génuflexions du diacre, tenant l'Évangile contre son front. Ce lent cérémonial byzantin ne manquait pas d'une certaine noblesse. Et il était normal que des âmes simples fussent impressionnées par la liturgie. Mais Svétlana ? Était-elle aussi crédule que ce cocher, que cette vieille femme en fichu, qui multipliaient leurs saluts au tabernacle ? Il était plaisant de penser que cette fillette croyait au paradis avec ses nuages de carton, à l'enfer avec ses feux de Bengale, aux saints administratifs, aux miracles du pain et du vin.

La ferveur qu'elle dédiait aux martyrs l'enrichissait à son insu d'une grâce touchante. On avait envie de la défendre, de la détromper, de la cajoler, de la salir un peu. Où diable était-elle cachée ? Eh ! parbleu, le plus près possible d'une icône. Sous un buisson de cierges allumés. Jouant des coudes, Volodia se rapprocha d'elle et toussota discrètement pour attirer son attention. Elle leva la tête. Il tressaillit, à voir de si près le joli visage éclairé par les flammes dansantes. Les yeux étaient grands, lucides, les narines menues avaient des transparences roses vers le bord. Un étrange chapeau à plumes — cadeau de Marie Ossipovna — oscillait sur son front.

— Je m'excuse de vous troubler, dit Volodia.

Mais elle porta un doigt à ses lèvres, baissa les paupières et se tourna vers l'iconostase brillante. Visiblement, elle ne voulait pas être dérangée. Il fallait attendre la fin de la messe pour lui parler. Or, la messe était interminable. À demeurer debout, parmi cette foule immobile, Volodia se sentait gagné par la fatigue. Ses mollets devenaient de bois. L'odeur de l'encens lui donnait la nausée. Il admirait que cette frêle fillette supportât mieux que lui la discipline de l'Église.

Tout à coup, un mouvement de reflux parcourut les fidèles, et la foule s'agenouilla de nouveau en soupirant, comme un bétail. Pour se distraire, Volodia détaillait du regard les cheveux follets qui bouclaient sur la nuque de Svétlana, et que la lumière des cierges transformait en filigranes de feu. Le pied gauche de la jeune fille était à portée de sa main. Sous sa jupe retroussée, il voyait une semelle étroite, usée, un talon pointu. Cette pauvreté soigneuse était émouvante. Volodia releva le front. Autour de lui, s'étalait une chaussée de crânes inclinés, un grand chemin de têtes soumises, qui s'en allait, de bosse en bosse, vers l'autel et ses prêtres d'or. Et Svétlana n'était plus soudain qu'une pierre entre toutes les pierres de la route. Le prêtre dressait un bras solennel pour bénir cette voie humaine, nivelée au passage du Christ. Un torrent de musique traversait les nuages troubles de l'encens. Le chœur chantait :

Je vois ton trône, mon Sauveur...

À gauche, des voix plus douces répliquèrent :

Transperce de rayons l'enveloppe de mon âme, ô source
                                                    [de lumière...

Svétlana chantait avec le chœur. Volodia distinguait sa voix dans l'ensemble, comme un fil d'argent. Et il en suivait les méandres avec délices, les yeux mi-clos, le cœur noyé de gratitude. Il lui sembla, brusquement, que l'office était dédié à la beauté, à la bonté de Svétlana. C'était elle qu'adorait cette foule obéissante. Volodia se signa rapidement et sortit de l'église, car la tête lui tournait un peu.

La messe tirait à sa fin. Par la porte ouverte, les fidèles se dispersaient lentement, et on entendait la plainte monotone des mendiants, assis à croupetons sur les marches, et le tintement des monnaies dans leurs sébiles. Svétlana parut enfin. Volodia vint à sa rencontre. Avant même de lui dire bonjour, elle s'écria :

— Le père Sabel a été admirable !

— Meilleur que jamais, dit Volodia avec une conviction hâtive.

— Je ne savais pas que vous fréquentiez cette église, reprit-elle.

— Mais si...

— Comment se fait-il donc que je ne vous y aie jamais rencontré ?

— Il y a tant de monde !...

— Oui, tant de monde ! C'est bien. On prie mieux ainsi. Et moi qui vous croyais moqueur, incrédule...

— C'est un air que je me donne, dit Volodia. Comme ça, on me laisse en paix. Dans notre monde, vous savez, il ne sied guère de paraître pieux.

Elle l'approuvait avec tristesse.

— Je joue donc au libre penseur, poursuivit Volodia. Mais, en secret, je viens prier ici...

Il hésita, chercha un terme plus noble.

— Je viens ouvrir mon âme à Dieu, dit-il enfin. Je passe un long moment, caché à l'ombre d'un pilier, dans le murmure des prières.

— Il ne faut pas se cacher, dit-elle gravement. Il faut être fier de sa foi. Surtout un jour pareil !

— Un jour pareil ?...

— Le 13 décembre est le jour de saint Eustrate, martyr, de saint Eugène et de saint Orest...

— Quel est donc le jour de votre sainte patronne ?

— Le 20 mars, dit-elle. En même temps que les sept vierges martyres Alexandra, Claude, Euphrasie, Matrone, Juliana, Euphémie et Théodosie.

— On vous assimile aux sept vierges martyres ? dit-il en riant.

— Pourquoi riez-vous ?

— Pour rien. J'ai encore beaucoup à apprendre. Savez-vous que j'ai failli me trouver mal à l'église ?

— Oui, l'office a été très long, dit-elle.

Ils firent quelques pas dans l'allée. Volodia n'osait prendre le bras de la jeune fille et se sentait un peu ridicule à ses côtés, comme un novice.

— Bientôt viendront les grandes fêtes, dit-elle. J'aime tant les préparatifs de la Noël. Il y a un tel mystère dans la nuit froide qui annonce la naissance du Christ ! Je ne crois pas que la Noël puisse être aussi belle en France, en Italie, où il n'y a pas de neige. Il faut de la neige, beaucoup de neige.

Elle ramassa de la neige dans ses mains, la modela un peu, la toucha du bout de la langue. Volodia sentit qu'il allait dire des bêtises.

— Je... vous reviendrez dans cette église ? balbutia-t-il.

— Mais oui !

— Moi aussi. Mais il ne faudrait pas dire à Marie Ossipovna que vous m'y rencontrez.

— Qu'y a-t-il de mal à cela ?

Elle ouvrait ses grands yeux candides.

— Rien, rien, dit-il. Mais Marie Ossipovna est si étrange. Simplement pour nous contrarier, elle pourrait vous interdire de me voir. Et j'en serais très malheureux...

Elle ne répondit pas et baissa la tête.

Chaque jour, il vint la rejoindre à l'église, et elle ne semblait pas surprise de le voir aussi ponctuel dans ses dévotions. Les génuflexions nombreuses de Volodia, ses largesses aux mendiants, ses achats massifs de cierges et d'hosties le rendaient même, de jour en jour, plus sympathique à Svétlana. Jadis, elle avait peur de lui. Elle se disait qu'il cachait un naturel pervers sous des apparences affables. Maintenant, elle croyait le comprendre et s'étonnait de l'avoir si longtemps redouté. C'était un brave garçon, honnête, pieux, travailleur et solitaire. Bien qu'il ignorât inexplicablement certains détails de la liturgie, sa foi paraissait ardente et méritait d'être encouragée. Leurs tête-à-tête, dans le square de l'église, étaient consacrés à des conversations édifiantes. Svétlana éprouvait du plaisir à lui parler de son enfance et des vertus de la religion. Lorsqu'elle se séparait de Volodia, elle se sentait légère et chantante, et elle remerciait Dieu d'avoir envoyé sur sa route une âme de cette qualité.

Quelques jours avant les fêtes, Volodia lui offrit une promenade en ville, et elle accepta gaiement sa proposition. Jamais encore, il ne l'avait accompagnée dans la rue. Et, à la veille de Noël, Moscou avait un visage si amical et si joyeux, que c'était un péché de le méconnaître. Ils louèrent un traîneau à une station proche de l'église. Volodia cria au cocher :

— Va toujours. On t'arrêtera.

Les chevaux s'élancèrent à travers les rues blanches.

— Moins vite, dit Svétlana. Je ne peux rien voir.

Le traîneau ralentit. Volodia s'était rapproché de la jeune fille et lui serrait la main sous la couverture de drap. Volontairement, il se désintéressait du spectacle mouvementé de la rue et n'observait que Svétlana, si menue, si rose dans l'air gris. Il s'attendrissait sur la qualité fine de sa peau, sur les minuscules veines bleutées de ses tempes, sur la fraîcheur fruitée de ses lèvres. Tout à coup, elle se mit à rire en désignant une fillette qui avait laissé échapper son ballon rouge. Le ballon rouge montait en se dandinant, aspiré par l'abîme mauve du ciel. Il fut un point écarlate dans l'immensité sans rives où fermentaient de lourdes fumées. Svétlana le regardait encore, la tête renversée, les yeux écarquillés, et le sang chauffait ses joues duveteuses. Puis, le ballon disparut, éclaté dans un courant d'air pathétique.

— Oh ! dit-elle d'une voix triste.

Mais, aussitôt, elle tendit la main vers un magasin aux vitrines illuminées :

— Regardez ! Regardez !...

Ils descendirent de voiture. Autour d'eux, dans la ville engloutie sous la neige, mille indices annonçaient l'approche de Noël. Des bosquets de sapins s'accotaient aux murs des maisons. Les acheteurs les palpaient, dépliaient leurs branches raidies, payaient le marchand et s'en allaient avec un arbre en travers de l'épaule. Des arbres, on en voyait d'énormes, qui encombraient de riches voitures aux carrosseries de laque bleue, et de tout petits qui dodelinaient de la tête au fond d'un misérable traîneau. Une forêt ambulante coulait à travers les rues. Sur la place du Théâtre, des aiguilles vertes ponctuaient la neige. Un parfum de résine flottait dans l'air et se mêlait au parfum de la pâtisserie. Les enfants s'écrasaient le nez contre la glace des devantures où gîtaient pêle-mêle des angelots en sucre, des pères Noël, flanqués de pétards en dentelle, et des poupées de luxe, couchées, avec leur trousseau, dans des boîtes d'argent. Des dames très élégantes regardaient les passants à travers leur lorgnette. Un monsieur sortit du magasin de jouets de Mamontoff, accompagné de deux commissionnaires, à casquettes rouges, qui portaient des brassées de colis légers. Chez *Siou* et chez *Abrikossoff*, une nuée d'employés se démenait dans l'odeur chaude et grasse du chocolat. Les bijoux de la maison Fabergé scintillaient sur des montagnes de velours bleu. Le fourreur Mikhaïloff avait exposé un renard empaillé dans une forêt en papier de zinc. Et Mme Aurélie avait installé une constellation de chapeaux dans des nuages de violettes.

Les réverbères s'allumaient çà et là, en sifflant. Le pont Kouznetsky était un carrousel de têtes. Tant de monde. Tant de joie. Tant de cadeaux. On ne voyait plus les pauvres. Svétlana, ivre, lasse, avoua qu'elle avait faim. Volodia arrêta un traîneau et se fit conduire aux « Rangées » qui bordent la place Rouge. Là, ils descendirent quelques marches de pierre glissante et pénétrèrent dans un restaurant où on leur servit des pâtés en croûte, gonflés et brûlants, avec du gruau gris. Dès les premières bouchées, Svétlana déclara qu'elle n'en pouvait plus, qu'elle était repue :

— C'était si beau ! J'ai la tête qui tourne. Je ne veux plus penser à rien.

Il s'attendrit. Il l'appela :

— Petite fille !

Secrètement, il regrettait de ne lui avoir rien acheté pour les fêtes. Il eût aimé la combler de cadeaux et jouir de sa confusion. Mais il n'en avait pas le droit. Il la connaissait à peine. Et puis, Michel, Tania, Marie Ossipovna l'apprendraient tôt ou tard — Svétlana était naïve, si maladroite — et en profiteraient pour compromettre leur idylle. Volodia tapa du plat de la main sur la table.

— On ne peut jamais faire ce qu'on veut, dit-il.

— Que vouliez-vous faire ?

— Vous rendre un peu plus heureuse.

— Mais je le suis.

Il devint rouge.

— Voulez-vous m'accompagner dans un magasin ? J'aimerais avoir votre opinion sur un cadeau.

Et il l'entraîna dans le premier magasin venu, parmi

les innombrables boutiques des « Rangées ». Il avait besoin de dépenser son argent pour elle. Devant le comptoir de papeterie, il hésita quelque peu et finit par demander un coupe-papier. On lui en montra de toutes les sortes, en écaille, en nacre et en ivoire. Le coupe-papier en ivoire recueillit les suffrages de Svétlana.

— Je ne sais à qui vous voulez l'offrir, disait-elle, mais moi je le trouve très joli. Surtout les petites fleurs qui sont peintes dessus !

Volodia acheta le coupe-papier, un encrier de cristal avec une plume d'oie toute rose, et une petite statuette en bronze, représentant un patineur et une patineuse qui se tenaient par la main. Tandis qu'il payait ses acquisitions à la caisse, Svétlana ne le quittait pas des yeux et murmurait :

— C'est si cher !... Si cher !...

Volodia l'entendait et avait envie de pouffer de rire, de l'embrasser, de la rouler dans la neige. Ils sortirent, escortés par le vendeur qui faisait des courbettes. Dans la rue, Volodia se rapprocha de la jeune fille, lui tendit le paquet et dit d'une voix sourde :

— Voilà... C'est pour vous... En souvenir de la promenade...

Le visage de Svétlana s'était enflammé d'un coup. Elle respirait vite. Ses yeux cherchaient un conseil sur les figures des passants. Elle finit par bredouiller :

— Mais je ne comprends pas... Mais ce n'est pas possible...

— Ne sommes-nous pas des camarades, des amis ?...

Cette pensée la rassura. Deux fossettes jouèrent aux commissures de ses lèvres.

— Oui, des amis, dit-elle.

— Alors, en gage d'amitié, vous allez accepter ce présent trop modeste...

— Et moi, je ne peux rien vous donner, dit-elle.

Il voulut répondre une galanterie, mais se retint, le cœur battant, la gorge sèche. Brusquement, elle ouvrit son sac à main, fourragea parmi des mouchoirs, des carnets, et remit à Volodia une minuscule icône en plomb, barbouillée de couleur jaune.

— Je la portais toujours sur moi. Elle me protégeait. C'est saint Nicolas.

Volodia prit l'image de plomb, l'appliqua à ses lèvres et la glissa dans la poche de son manteau. Il était lâchement ému. Il toussota. Elle le regarda droit dans les yeux, si fort, si loin qu'il dut baisser les paupières.

— Et maintenant, que faisons-nous ? dit-il.

Elle proposa de rendre visite à la chapelle de la Vierge-Ibérienne.

— Nous avons déjà été à l'église, dit-il prudemment.

— Et alors ?

— Rien. Je suis d'accord. Je vous suivrai partout.

Sur le parvis, se pressaient des nonnes quêteuses, vêtues de noir. Elles tenaient à la main le livre des offrandes. Leurs visages étaient marbrés par le froid. De leur groupe montait une plainte monotone :

— Pour un saint refuge dans la misère... Pour redorer l'icône miraculeuse... pour relever les murs d'un monastère...

Volodia tendit deux roubles à une nonne grelottante.

— Elles restent là, dans la neige, pendant des heures, à rassembler quelques kopecks, dit Svétlana tristement. Et vous avez dépensé tant d'argent pour moi !

Ils entrèrent dans la chapelle et s'agenouillèrent côte à côte. Les mèches des cierges charbonnaient. Les faces des fidèles oscillaient dans une buée rougeâtre. Svétlana priait. Volodia regarda sa montre et toucha le bras de la jeune fille :

— Il est temps de rentrer. Marie Ossipovna s'inquiéterait de votre longue absence.

Le ciel était sombre. Il neigeait doucement. Dans le traîneau qui les ramenait, Svétlana était songeuse.

— Plus tard, je veux être comme ces nonnes, dit-elle. Me sacrifier, me sacrifier jusqu'à la limite des forces.

Volodia lui pétrissait les doigts. Et elle se laissait faire, absente. Ils s'arrêtèrent à la porte Nikitskaïa. Svétlana sauta à terre, sourit vaguement, agita la main et se dirigea à petits pas rapides vers la maison des Danoff. Elle avait très peur d'être en retard. Mais, dès le vestibule, elle oublia ses craintes. Michel Alexandrovitch venait de rentrer à l'improviste, après son long voyage d'affaires à Astrakhan et en Pologne. Toute la famille était en liesse. Les domestiques couraient dans les corridors. Et Marie Ossipovna attendait, devant la porte de son fils, qu'il eût pris son bain et voulût bien la recevoir.

6

Durant tout son voyage, Michel avait appréhendé la scène que Tania lui réservait pour son retour. Mais Tania n'était plus fâchée. Avec l'approche des fêtes, une fièvre joyeuse s'était emparée d'elle. Elle dormait mal et les journées étaient trop brèves à son gré. Dès son arrivée, Michel fut pris dans le mouvement. Il s'agissait de savoir si on placerait l'arbre de Noël dans le grand ou le petit salon, et si on l'éclairerait aux bougies ou à l'électricité. Et quelle parure convenait mieux à Eugénie ? Et Boris était-il assez grand pour s'amuser avec un jeu de construction ? Il y avait aussi la question de la cérémonie religieuse qui revenait chaque année. Michel et sa mère étaient de confession arménienne. Mais Tania avait obtenu que ses enfants fussent baptisés selon le culte orthodoxe russe. Or, les deux Églises ne célébraient pas la Noël à la même date, et Marie Ossipovna refusait de prendre part à la fête des orthodoxes. Il fallait que Michel insistât auprès d'elle pour qu'elle consentît à paraître à l'heure du souper. Encore pouvait-il être sûr de s'entendre reprocher, en cette circonstance, son manque d'énergie et son mépris des traditions.

— Une salade ! Une vraie salade ! gémissait Tania en riant.

Michel la faisait enrager en lui affirmant qu'il n'avait pas eu le temps de lui acheter un cadeau. Elle répondait qu'elle-même n'avait rien trouvé qui fût digne de lui, et que, d'ailleurs, il ne méritait que des réprimandes parce qu'il avait délaissé sa femme pour courir les routes et gagner de l'argent. Ces cachotteries étaient de règle chez les Danoff à la veille des fêtes. Toute la maisonnée participait au mystère. De la gouvernante au chauffeur, du cocher à la nounou, chacun savait que les maîtres avaient pensé aux présents d'usage. À l'office, à la cuisine, dans les chambres d'enfant, les langues allaient bon train. Qui rêvait d'une robe, et qui d'un cheval mécanique, et qui d'un pot de tabac ou d'un samovar rutilant.

Serge et Boris, surtout, traversaient une période agitée. Il leur semblait que le monde quotidien s'acheminait vers un régime de miracles. Papa et maman gardaient l'entrée des resserres où mijotaient des étoiles d'argent, des chenilles incandescentes, des pétards enrubannés et des bulles de verre multicolores. Noël venait. Un parfum de résine emplissait le corridor, car on avait apporté le sapin, en cachette. Des aiguilles vertes signalaient son passage sur le tapis du vestibule. La porte du grand salon était fermée à clef. Les domestiques, qui avaient vu l'arbre de Noël, refusaient de renseigner Serge sur sa taille. Ils prenaient des airs stupides, riaient, éludaient les questions, et Serge, pour se venger, leur tapait du poing sur le derrière. Mlle Fromont, elle, considérait avec mépris ces préparatifs barbares et disait qu'on célébrait mieux la naissance du Christ dans son cœur qu'autour d'un « conifère harnaché de bougies ». Quant à la nounou, elle observait scrupuleusement le carême, mangeait des lentilles, se plaignait de vertiges, et accrochait des fleurs en papier à toutes les icônes de la maison. Deux jours avant la Noël, les enfants étaient devenus si turbulents que Tania les avait autorisés à découper des chaînes dans du carton argenté. Marfa Antipovna surveillait ces travaux en marmonnant des litanies incompréhensibles. La chambre sentait bon la couleur, la colle fraîche. Des lambeaux de papier traînaient sur le tapis. Serge admirait ses doigts saupoudrés de paillettes brillantes.

— Crois-tu que la chaîne sera assez longue pour faire le tour de l'arbre ? demandait-il d'un air rusé.

— Je n'ai pas vu l'arbre, disait la nounou. C'est un péché de voir l'arbre avant le jour sacré.

Mais Serge ne l'écoutait plus. Il avait entendu un coup de sonnette et se ruait dans le vestibule en poussant des cris stridents. Un commissionnaire remettait des paquets au valet de chambre, de grands paquets aux coins nets, enveloppés de papier glacé, noués de ficelles solides. C'étaient des jouets, à n'en pas douter. Lesquels ?

— Madame a donné ordre de ranger tout cela dans son boudoir, disait le valet de chambre en passant devant Serge.

— Attends un peu... Je jetterai juste un coup d'œil et tu pourras aller...

— Je n'ai pas le droit de vous laisser faire. Je regrette.

Serge haussait les épaules et retournait à sa chaîne. Il lui semblait que Noël n'arriverait jamais cette année, ou qu'il mourrait d'impatience avant d'avoir reçu ses cadeaux.

La nuit du 23 au 24 décembre, il dormit mal, et Mlle Fromont vint à plusieurs reprises border ses couvertures. Mais le jour se leva enfin, blanc et vide, pur et froid, comme tous l'avaient espéré. Les domestiques avaient des visages de fête. Maman étrennait une robe bleue, lustrée et bruissante comme un ruisseau. Papa était rasé de près et portait un petit filet transparent sur ses moustaches cirées. Tous deux sentaient le parfum et paraissaient heureux de vivre.

Les heures coulèrent lentement jusqu'au départ pour l'église. Peu avant l'heure de la messe, la famille Danoff, au grand complet, s'embarqua dans la Mercedes. Le chauffeur embaumait le patchouli et arborait une rose rouge à la boutonnière. Michel voulut la lui faire retirer, mais Tania dit en français :

— Pas de scandale un jour pareil, Michel.

Serge et Boris se tenaient par la main et n'osaient bouger, par crainte d'abîmer leurs vêtements neufs. La voiture roulait dans des rues de givre et de buée grise. Des réverbères clignotaient à travers les vitres de l'auto.

— Il suit le chemin le plus long, disait Michel en tiraillant sa moustache.

— Toujours tu t'inquiètes, tu t'énerves, murmurait Tania.

Serge trouvait qu'elle avait raison.

Tout à coup, l'automobile prit un virage, pétarada, patina et Michel dit :

— Nous y sommes.

Après l'ombre froide et la brume, Serge éprouva un choc au cœur en pénétrant dans l'église bondée de monde. Devant lui, il n'y avait que des dos et des têtes. À droite, à gauche, palpitaient des bougies innombrables. Des voix célestes chantaient, quelque part, très loin. Tania souleva Boris sur ses bras, et elle chuchotait :

— Regarde. Tout au fond, c'est le prêtre qui annonce la venue au monde de Jésus-Christ.

Serge enviait son frère et se haussait sur la pointe des pieds, tendait le cou. Il avait le sentiment de manquer un spectacle essentiel, et que derrière ces rangées d'hommes et de femmes opaques, Jésus-Christ venait de naître vraiment et gigotait sur un lit de paille, entre la Sainte Vierge, le bœuf, l'âne et les Rois mages chargés de présents. Il venait de naître. Et, pourtant, quelques mois plus tôt, il était mort, crucifié. Et, dans un an, il naîtrait encore. En vérité, Jésus-Christ passait son temps à naître et à mourir, et nul ne paraissait surpris de ce comportement bizarre. Serge se promit d'en discuter sérieusement avec la nounou. Il faisait chaud dans l'église. La foule fleurait le savon, les bottes neuves, le parfum. De l'or s'écaillait aux murailles du temple. Des nuages d'encens montaient au-dessus des têtes. Soudain, il fallut s'agenouiller. Puis, on se releva. Serge pensait à l'arbre de Noël.

— Est-ce qu'il y en a pour longtemps encore ? demanda-t-il à sa mère.

En guise de réponse, un chant énorme, tumultueux,

l'assourdit. Les icônes chantaient. Les pierres chantaient. C'était sublime et terrible. Serge sentit qu'il allait se trouver mal. Une nausée vide lui montait aux lèvres. Ses genoux vacillaient sous lui.

— Je vais sortir avec les enfants, dit Michel. Serge est tout pâle.

Sur le parvis, l'air pur et froid, le silence les accueillirent. Le jardin était plein de messieurs qui avaient déserté l'office pour fumer et se dégourdir les jambes. On voyait brasiller dans l'ombre les bouts incandescents de leurs cigarettes. Au ciel, dans une déchirure de nuages verdâtres, brillaient les constellations. Michel conduisit les deux garçons vers un banc accoté au mur de l'église. Il s'assit entre eux. À travers les parois, résonnait le chant sourd de la messe. On eût dit l'assaut furieux des vagues, derrière un rempart de rochers. Serge colla son oreille contre la pierre glacée.

— Ils chantent toujours, dit-il. On est mieux ici qu'à l'intérieur. Est-ce qu'on ne pourrait pas fêter Noël chez soi aussi bien qu'à l'église ?

— Non, dit Michel.

— Pourquoi ?

— Parce que ce serait un signe de paresse. Le Christ a été crucifié pour racheter nos fautes et...

— Mais il n'a pas encore été crucifié, puisqu'il vient de naître.

Michel posa une main sur l'épaule de son fils. Dans ces ténèbres de neige et d'étoiles, ils étaient assis, tous trois, lui qui avait douté, souffert, travaillé, et eux qui ne savaient rien encore de la vie. Et c'était à lui de leur apprendre ce qu'il faut espérer et ce qu'il faut craindre, ce qu'il faut aimer et ce qu'il faut haïr. Il lui parut que cette minute était la récompense de mille déceptions intimes et qu'il s'en souviendrait jusqu'à son dernier souffle, comme d'un beau paysage, comme d'une noble action. Et, pourtant, des milliers d'hommes avaient connu une fierté pareille, assis entre leurs deux fils, par une nuit tranquille. Mais c'était la banalité même de ce sentiment qui en assurait le charme. Michel rêva un instant à tous les bonheurs qui, depuis des siècles, avaient ressemblé au sien, préparé le sien.

— Comme ils chantent bien ! dit Serge. Qu'est-ce qu'ils disent ?

— Ils disent que le Christ est venu, murmura Michel, et qu'une grande joie commence pour les hommes de bonne volonté.

— Ce sont les Juifs qui ont tué le Christ, n'est-ce pas ?

Michel se rappela Levinson, pâle et défait, le front collé contre la vitre, tandis qu'on pillait, qu'on tuait dans la rue.

— Il y a longtemps de cela, dit-il. Mais on affirme qu'ils expient encore leur péché.

— Alors, ils n'ont pas le droit de venir à l'église ?

— Ils ont leur église.

— Et ils ne reçoivent pas de cadeaux pour Noël ?

— Non.

Serge devint songeur.

— C'est bien que nous ne soyons pas juifs ! dit-il.

Boris somnolait, dodelinait de la tête. Dans son dos, Michel sentait bourdonner la caverne pleine de voix. Une lueur rougeâtre éclairait le parvis de l'église. Derrière les grilles du jardin, brillaient les capots des voitures, les harnais des attelages patients. La lune parut, inonda d'une lumière vierge les sapins chargés de neige, les allées blanches où glissaient les ombres fainéantes des promeneurs. Un à un, ces messieurs regagnaient le temple. Michel et ses deux fils se joignirent à eux.

Après la messe, il y eut un souper de gala, auquel les enfants ne purent assister, parce qu'il fut servi trop tard. D'ailleurs, Serge avait hâte de se coucher, car il attendait pour la nuit la visite du père Noël. Il s'était bien promis de ne pas fermer l'œil avant de l'avoir aperçu. Et il resta longtemps, les paupières ouvertes, dans l'ombre tiède où la veilleuse palpitait doucement. Luttant contre le sommeil, il imaginait, pour se distraire, la figure du père Noël qui traversait la ville d'un pas lent. Il passait des maisons pauvres aux maisons riches, avec le même sourire. Des larmes de givre pendaient au bout de son nez rouge. Ses petits yeux brillaient, bleus et vifs, sous les lourds sourcils chargés de glaçons. Et, derrière son dos, dans le panier poudré d'étoiles, il y avait plus de cadeaux qu'on ne comptait d'enfants sur la terre. Le cœur de Serge battait d'amour pour ce visiteur nocturne et bienveillant.

— Mon Dieu, faites qu'il existe ! Faites que ce soit vrai ! dit-il en joignant les mains.

Dans la chambre voisine, la nounou, Marfa Antipovna, se retournait dans son lit, geignait, disait des prières incohérentes. Une pendule sonna dans le couloir. À l'étage supérieur, on entendait tinter la vaisselle et rire les grandes personnes qui ne croyaient pas à l'existence du père Noël.

— Tss, taisez-vous, murmura Serge.

Il répéta encore :

— Taisez-vous...

Et, brusquement, il ne fut plus impatient, mais rêva qu'il conduisait une troïka et que les chevaux chantaient la messe avec des voix de femmes.

Il s'éveilla tôt, le matin, parce qu'un poids insolite lui écrasait les pieds. Les rideaux fermés maintenaient dans la pièce une pénombre bleue. La flamme de la veilleuse brûlait sous l'icône aux dorures épaisses. Le portier chantait en balayant la cour. C'était Noël. Serge s'assit d'un bond dans ses oreillers, et avança la main vers les deux paquets rectangulaires déposés sur les couvertures. Plus de doute. « Il » était venu. Mais pour apporter quoi ? Les ficelles arrachées, les papiers déchirés révélèrent à l'enfant les raisons de son allégresse. D'abord, un bateau à vapeur, énorme, avec trois ponts, des cheminées, des hublots, un drapeau russe à l'arrière. Et, avec ça, une panoplie de chef de gare. Ivre de joie, Serge poussa un glapissement prolongé. Un cri analogue lui répondit de la chambre voisine. Boris avait trouvé, au pied de son lit, le jeu de construction auquel il rêvait depuis tant de jours. Mlle Fromont tirait les

rideaux, bousculait les chaises. Marfa Antipovna riait
en habillant le petit. Le soleil brillait derrière les vitres
aux dentelles de givre. Des carillons sonnaient par toute
la ville. L'odeur apéritive de la pâtisserie et du chocolat
chaud flottait dans les couloirs et se mêlait au parfum
des roses.

Noël ! Noël ! Serge se sentait léger comme un duvet
de cygne, comme un flocon de neige, comme un chant
de Noël. Il avait hâte de se consacrer aux cadeaux qu'il
avait reçus. Mais Mlle Fromont ne voulait rien entendre. Il fallait d'abord se laver, se vêtir correctement,
aller complimenter et remercier les parents, préparer
enfin la petite scène que Serge et Boris auraient à jouer
pour l'arbre de Noël. Ce numéro consistait en une série
de chansons que Mlle Fromont avait choisies avec
éclectisme. En premier lieu, venait une chanson à la
gloire des Genevois qui, le 21 décembre 1602, avaient
repoussé l'assaut des Savoyards et préservé leur ville de
la terreur catholique. Pour exciter l'enthousiasme de
ses élèves, Mlle Fromont avait commandé à Genève le
texte illustré de la chanson, ainsi que des casseroles en
massepain, symboles des projectiles dont ses ancêtres
avaient bombardé les infortunés Savoyards. Quelque
exigeante que fût Mlle Fromont, la dernière répétition
lui donna pleine satisfaction. Elle promit aux enfants
qu'elle leur apprendrait d'autres mélodies suisses, tant
guerrières que pacifiques. Et, sur ces paroles d'espoir,
Serge et Boris furent appelés pour le déjeuner. Après le
déjeuner, il y eut le somme obligatoire jusqu'à quatre
heures. Et, à cinq heures, enfin, la fête commença.

Tania avait invité aux réjouissances un grand nombre
d'enfants que Serge connaissait à peine. Dans la vaste
salle à manger aux boiseries safranées, il y avait deux
tables dressées face à face. À l'une de ces tables, des
fillettes et des garçons endimanchés dégustaient du
chocolat chaud et des pâtisseries. À l'autre, les parents
buvaient du thé et des liqueurs. La table des enfants
demeurait silencieuse. Les convives étaient oppressés
par la pensée des « surprises » futures. Ils se surveil-

laient du coin de l'œil, mangeaient gauchement, par crainte de se salir, et n'osaient s'essuyer la bouche avec les serviettes en dentelle. À la table des grands, en revanche, on parlait, on riait, comme si ce jour eût été un jour comparable aux autres.

Tout à coup, les sons d'un piano se firent entendre derrière la cloison. Les portes du salon s'ouvrirent. Et les enfants s'avancèrent timidement vers la pièce obscure où rayonnait l'arbre magique. Mêlé à ses compagnons, Serge contemplait avec extase, avec terreur, le haut sapin harnaché d'étoiles, de larmes et de flammes. L'air sentait la résine, la cire brûlée. Des lueurs folles dansaient sur place, verticalement. Sur les branches déployées, avait poussé une floraison prodigieuse de noix dorées, de pommes rouges, de comètes ardentes, de stalactites vitreuses et de poupées aux robes raides et aux chevelures de fil blond. Les grandes personnes regardaient les enfants. Les enfants regardaient l'arbre de Noël. Et le piano jouait toujours sous les doigts diligents d'une invitée.

— Faites une ronde, dit Tania.

Les garçons et les fillettes se prirent par la main, puisqu'on le commandait, et se mirent à tourner lentement autour de l'arbre qui les éclaboussait de rayons. Fasciné, étourdi, les jambes molles, Serge s'irritait d'entendre le bavardage des grands :

— Sont-ils charmants ? Où avez-vous trouvé ce ravissant costume marin pour Serge ? Le mien n'y comprend rien encore, regardez-le, mais regardez-le donc ! Quel spectacle adorable, ma chère ! On devrait les photographier ! Vassia ! Vassia ! Ne fais pas cette tête ! C'est beau ? N'est-ce pas que c'est beau ? Alors, chante donc, petit bêta ! Et ne t'approche pas des bougies !

Quelqu'un fit une plaisanterie. Et les visages de l'ombre ricanèrent sottement.

Enfin, la ronde s'arrêta. Michel et Tania distribuèrent les cadeaux. Serge reçut encore des livres de voyages illustrés, et Boris un cheval mécanique. Quand les petits furent servis, ils reculèrent vers le fond de la pièce, méfiants, têtus, serrant leur butin dans leurs bras. Et le chœur des parents entonna le cantique des louanges :

— Vous êtes folle, ma chère Tania ! Il ne fallait pas ! Si j'avais su ! Quelle merveille ! Il ne le mérite pas !

Et des baisers par-ci, et des gloussements par-là. Serge détestait les grands, parce qu'ils ne comprenaient rien à la fête, profanaient le silence et voulaient obliger leurs enfants à s'amuser comme des singes. Au reste, il subissait une inquiétude affreuse à l'idée de l'épreuve qui l'attendait encore. Ne serait-il pas ridicule en chantant les mélodies de Mlle Fromont ? Quelle déchéance, s'il lui arrivait de lâcher une fausse note ou d'oublier un mot ! Mais quelle gloire s'il se tirait honnêtement d'affaire ! L'instant fatidique approchait. Mlle Fromont, énorme, moite, cramoisie, chuchotait à l'oreille de maman qui souriait et acquiesçait de la tête. Les invités se rangeaient en cercle.

— À vous, Serge, dit Mlle Fromont.

Serge se sentit pâlir, faiblir et devenir quelqu'un d'autre. Ce quelqu'un d'autre croisa les bras sur sa poitrine, tendit le cou et se mit à chanter :

> *Ah ! la belle escalade,*
> *Savoyards ! Savoyards !*
> *Ah ! la belle escalade,*
> *Savoyards, gare, gare !*

— Adorable ! Adorable ! disaient des voix anonymes.

Derrière Serge, Mlle Fromont battait la mesure avec la tête, avec le buste, avec le pied. Sa face large et rouge rayonnait de contentement. Des gouttes de sueur brillaient dans sa moustache rare. Après *L'Escalade*, Serge exécuta un duo avec Boris. Serge chantait :

> *Comme les petits pinsons*
> *Chantent sur la branche,*
> *Ainsi les petits garçons*
> *Chantent le dimanche...*

Et Boris, après chaque couplet, tournait autour de son frère en imitant le vol hésitant d'un oisillon et pépiait en mesure :

Cui cui, cui cui, cui cui !

Mais au dernier « cui cui », Boris heurta du front le coin d'une table, éclata en sanglots et s'assit bonnement sur le tapis.

— L'imbécile ! grogna Serge.

— Ce ne sera rien, disait Tania, qui avait pris Boris sur ses genoux et le berçait pour étourdir sa peine.

Serge déclama encore une longue poésie en français qui commençait par ces mots :

Je vais me mettre en voyage
Pour visiter mes amis,
Je porte en main mon bagage,
Mon billet est bientôt pris...

Tania regardait ce garçon, son fils, debout au centre de la pièce, et qui récitait des vers détestables avec la gravité et l'aplomb d'un artiste professionnel. Et, tandis qu'elle le regardait, se levait en elle le souvenir d'un autre garçon, d'une autre fête. Dans une grande cour poudreuse, rongée de soleil, un gamin noiraud poursuivait une fillette blonde, à la jupe amidonnée, aux bottines pointues. Le gamin tenait un lasso serré contre sa hanche. Les parents, assis sur le perron, parlaient entre eux, riaient, comme font tous les parents du monde. Maintenant, ce garnement noiraud était devenu un homme. Et cette fillette blonde, à la jupe amidonnée, aux jambes agiles, c'était elle-même. Et c'étaient leurs enfants qui jouaient là, qui avaient pris leur place, leur jeunesse, leur insouciance d'autrefois. Tania tressaillit à cette pensée et consulta machinalement la glace du salon, dans son cadre doré. Parmi beaucoup de têtes indifférentes, elle vit son propre visage. Un peu en arrière, était le visage de Michel. Un visage de femme, un visage d'homme, sans fraîcheur, sans espoir. Hier encore, semblait-il, elle était une jeune fille pensive dans la maison d'Ekaterinodar. Et c'était avant-hier que Michel avait failli l'éborgner avec le cordon de store. Les dates, les noms se brouillaient dans son esprit. Elle se jugeait vieille, faible, inutile. Elle croyait percevoir, à travers son corps, la vitesse terrible du temps. Mais de quoi se plaignait-elle, en somme ? N'avait-elle pas un mari qui l'aimait, des enfants agréables, un logis bien tenu ? Sa vie était faite. Sans doute Michel était-il trop occupé par ses affaires et la négligeait-il un peu ? Elle le lui avait reproché vertement avant son départ pour Astrakhan. Aujourd'hui, elle regrettait cette scène violente. Personne, au fond, n'était responsable de cet état de choses. L'habitude, la tiédeur quotidienne enveloppaient tous les ménages heureux. On acceptait d'exister côte à côte, sans se regarder. On suivait le même chemin. Voilà tout. Qu'elle avait été sotte, avant son mariage, de rêver des amours éternelles ! Elle eût voulu prévenir toutes les jeunes filles qu'il ne fallait pas compter là-dessus.

Serge récitait toujours sa poésie, et Tania se sentait de plus en plus irritée contre cet enfant qui lui rappelait son âge. Puis, elle éprouva le brusque désir d'être complimentée sur sa toilette. Une soif de sottises galantes, de propos légers, la prenait à la gorge. Elle secoua la tête, sourit dans le vide. Comme s'il eût deviné son chagrin, Volodia s'approcha d'elle et lui dit :

— Il faudra toujours vous coiffer ainsi, Tania.

Elle le remercia du regard et s'estima bien naïve. Au reste, il ne pensait plus guère à ce qu'il avait dit. Toute son attention était requise par l'entrée au salon de Marie Ossipovna et de Svétlana. Svétlana sourit discrètement à Volodia et il cambra la taille. Un jabot de dentelle égayait sa robe grise de pensionnaire. Elle contemplait l'arbre de Noël avec des yeux brillants. Serge, ayant achevé sa poésie, se retirait couvert d'applaudissements. Mlle Fromont, sanglée dans son uniforme violet, transpirait de tout le visage et répétait :

— Merci pour lui... Merci pour lui...

Michel pria Volodia de corser la fête en racontant quelques anecdotes. Mais Volodia ne pouvait se résoudre à jouer son rôle de pitre devant une jeune fille dont il était profondément épris. Il craignait qu'elle n'emportât de lui un mauvais souvenir. En vérité, il lui semblait aussi qu'il avait dépassé ce rôle d'amuseur. Il était un autre. Chaque fois qu'il tombait amoureux, il devenait un autre.

— Je ne me sens pas en forme, dit-il. Mais Eugénie pourrait nous jouer du piano...

Eugénie, flattée, lui glissa une œillade coquine :

— Et si moi non plus je n'étais pas en forme ?

— Moi, s'écria Michel, je propose qu'après s'être occupé des petits on s'occupe des grands. Les cadeaux ! Les cadeaux !

Tania remarqua que son mari se forçait un peu pour paraître jeune et gai. Cette constatation l'attrista, et elle se dit : « J'ai été injuste pour lui. Il est vraiment très gentil. »

— Les cadeaux ! Les cadeaux ! répétait Volodia.

Tania se leva pour distribuer les cadeaux aux grandes personnes. Elle offrit à Michel une montre en or, et Michel lui offrit des boucles d'oreilles en diamants. Marie Ossipovna reçut une mantille en renard qu'elle jugea trop longue et mal coupée. Volodia eut un porte-cigarettes à musique. Eugénie une batterie de flacons de parfums. Les autres invités furent traités suivant leurs mérites. Et tous étaient contents, riaient, parlaient, s'embrassaient à bouche que veux-tu. Les enfants, ahuris par cette allégresse bruyante, considéraient leurs parents avec sévérité.

— Les vieux savent mieux s'amuser que les jeunes, disait un monsieur chauve, dont un lorgnon à monture dorée chevauchait le long nez veineux.

— Une farandole ! Je propose une farandole ! piaillait Eugénie Smirnoff.

Mais il restait encore des cadeaux à répartir. À Mlle Fromont, échurent les œuvres complètes de Victor Hugo, reliées en maroquin rouge, à la nounou, Marfa Antipovna, un assortiment d'étoffes pour ses tabliers de fête, et à Svétlana un nécessaire à broderie, avec dé en or, petits ciseaux et bobines de soie. Puis, ce fut le tour des domestiques. Ils attendaient dans le deuxième salon. Dépaysés, hilares, ils se poussaient du coude et parlaient entre eux à voix basse. Ils furent servis selon leur grade et leur ancienneté. Seul Georges, le chauffeur, n'était pas venu à la distribution. Tania l'envoya chercher. Il accepta de mauvaise grâce un rasoir mécanique dans son étui de velours bleu.

— J'avais rien demandé. J'avais besoin de rien, grommelait-il.

Mais sa voix se perdait dans la rumeur d'éloges qui montait vers Tania :

— Merci, barynia... C'est justement ce qu'il me fallait, barynia... Du rouge à pois blancs... Et c'est solide... Que Dieu vous protège, barynia...

Lorsque les domestiques se furent retirés, Tania revint au salon où une discussion politique opposait Michel et le monsieur à lorgnon.

— Pas de politique, pour l'amour du ciel ! s'écria Tania en faisant mine de se boucher les oreilles.

Marie Ossipovna, assise dans un coin, sa canne à pommeau d'or couchée entre les genoux, surveillait les invités d'un œil rapace. Elle grognait :

— Je me demande pourquoi une mantille ? J'en ai d'autres. Et, maintenant, il faut dire merci.

Puis elle prit la main de Svétlana et l'interrogea à brûle-pourpoint :

— Comment dit-on un cheval en circassien ?

Le valet de chambre apportait un plateau avec du champagne et des biscuits. Quelques invités pillaient l'arbre de Noël et tiraient sur les pétards, qui explosaient sèchement au grand émoi des dames. Les dernières bougies s'éteignaient en grésillant. La chaleur devenait intenable. On alluma les lustres. Un monsieur, qui était ténor, se mit à chanter :

Ah ! rendez-moi ma liberté,
Et je saurai laver ma honte...

Serge avait entraîné ses camarades dans le petit salon et leur expliquait les difficultés d'une expédition en canot sur le Mississippi. Marie Ossipovna grignotait des amandes grillées et en escamotait quelques-unes dans son réticule. Svétlana écoutait le ténor, et ses lèvres étaient entrouvertes, humides. Volodia se pencha vers elle et chuchota :

— J'irai à l'église, demain.

Tania s'approcha de la fenêtre, écarta le rideau. De l'autre côté de la rue, elle vit une maison aux vitres éclairées. La silhouette d'un sapin se dressait à contre-jour, derrière la croisée. Là-bas aussi, on riait, on chantait, il y avait des enfants, une mère en robe neuve, un père souriant, des cadeaux, la vie. C'était si banal, la vie. Elle soupira et retourna vers ses invités.

Cependant, à l'office, les visites succédaient aux visites. Tour à tour, les fumistes, les frotteurs, le gardien de nuit, le facteur, vinrent toucher leurs étrennes. Assis à la grande table, le chauffeur Georges expliquait au cocher Varlaam que l'instruction c'était la lumière, et l'ignorance, les ténèbres.

— C'est pourquoi, dit-il, un chauffeur vaut plus qu'un cocher.

Varlaam, ivre et mélancolique, hochait la tête et répétait :

— Sans le cheval, l'homme n'est pas un homme.

Il finit par s'assoupir devant son verre de vodka. Georges cracha son mépris, se leva et monta dans sa chambre pour expérimenter le rasoir mécanique.

Serge et Boris se couchèrent tard. Boris avait mal au ventre parce qu'il avait trop bu de chocolat. Et Serge ne voulait plus s'endormir, car une fillette lui avait dit qu'il récitait les vers mieux que les « acteurs au théâtre ». « Je serai acteur », songea-t-il. Puis, l'idée lui vint que la fête était terminée, les cadeaux distribués, le père Noël parti jusqu'à l'année prochaine, et des larmes lui brouillèrent les yeux. Là-haut, les grandes personnes s'amusaient toujours. On entendait les sons lointains du piano. Quelqu'un chantait. Mlle Fromont vint, sur la pointe des pieds, chercher un châle qu'elle avait oublié dans la chambre.

— Vous ne dormez pas ? dit-elle en se penchant sur le lit de Serge.

Elle tenait un volume de Victor Hugo sous le bras et sentait fort le champagne. Elle sortit en murmurant :

Waterloo ! Waterloo ! Waterloo ! morne plaine !

Serge l'entendit trébucher devant la porte. Plus tard, il y eut une galopade effrénée dans le couloir. Le valet de chambre poursuivait une soubrette essoufflée. Elle piaillait, elle riait sottement. Marfa Antipovna grogna derrière la cloison :

— Silence, les enfants ont besoin de repos !

Le silence vint. La journée était finie.

7

Après les fêtes de la bénédiction des eaux, Marie Ossi-povna ayant accordé un dimanche de liberté à sa demoi-selle de compagnie, Volodia s'empressa de décommander les obligations qu'il avait acceptées pour la journée et offrit à Svétlana de la suivre partout où elle voudrait le conduire. Ils s'étaient donné rendez-vous, dès le matin, dans le square de l'église, et Svétlana hésitait à exprimer le projet qui lui tenait au cœur.

— Parlez donc, dit Volodia. Mon temps vous appar-tient.

Elle rougit et secoua la tête :

— Je n'ose pas... Ce que j'ai à faire n'est guère dis-trayant pour un homme comme vous...

— Qu'entendez-vous par un homme comme moi ? demanda Volodia en riant.

— Un homme... Un monsieur qui est habitué à s'amuser dans les salons, dans les théâtres... Je voulais rendre visite à mère Alexandrine, au couvent... Elle a toujours été si bonne envers moi, même après la mort de ma tante. Elle me soutenait contre la nouvelle mère supérieure... Ce serait péché de ne pas profiter de cette journée libre pour aller lui dire bonjour...

— Eh bien, dit Volodia, allons voir mère Alexandrine et apportons-lui quelques présents...

— Mais vous ne pouvez pas entrer avec moi.

— Pourquoi ?

— Je ne sais pas. Ce ne serait pas bien. Personne ne vous connaît là-bas...

— Laissez-moi faire, dit Volodia.

— Vous ne préférez pas que j'aille seule et je vous retrouverai ici même, cet après-midi...

— Nous avons si peu l'occasion de nous voir !

— Je vous assure que ce serait mieux, dit Svétlana avec une moue peureuse.

Mais Volodia se frottait les mains, ravi de sa décision. Ils passèrent acheter des raisins de Corinthe, des oranges et des bonbons Montpensier à l'intention de mère Alexandrine, et louèrent un traîneau pour se rendre au couvent situé dans les environs immédiats de Moscou.

La journée était belle, bleue et froide. Un soleil rouge pendait au milieu du ciel. Des reflets de nacre jouaient sur la neige. Au sommet d'une colline farineuse, le couvent dressait ses murailles roses, ses dômes verts, ses croix d'or poudrées à frimas. Les grilles étaient ouvertes. Sous un auvent de tôle, une vieille petite nonne, toute bossue, toute ridée, se tenait assise derrière sa table et égrenait son chapelet entre ses doigts noueux. Devant elle, il y avait une soucoupe d'étain pleine de kopecks, des images de saints empilées et nouées avec un élastique et quelques croix de bois. Dès que Svétlana se fut approchée d'elle, la religieuse poussa un cri et les rides se mirent à danser drôlement sur son visage.

— Svétlana ! Ma petite colombe ! Nous nous languissions de toi ! Es-tu heureuse, ma fillette ? C'est mère Alexandrine que tu voudrais voir au moins ?

— Oui, dit Svétlana. Nous venions voir mère Alexandrine.

Elle paraissait gênée et baissait les paupières. La vieille regarda Volodia avec sévérité :

— Vous aussi, vous voulez voir mère Alexandrine, monsieur ?

Volodia s'inclina d'une manière galante et dit :

— C'est pour un don que je désirais faire à la communauté.

À ces mots, Svétlana devint très pâle et tourna vers

Volodia un visage étonné, douloureux. Il ne lui avait jamais parlé de cette intention. S'agissait-il d'une supercherie ou d'un geste généreux préparé en secret ? Péniblement, elle essayait de déchiffrer la figure de son compagnon, mais Volodia demeurait impassible, correct. Cependant, la nonne s'agitait derrière sa table :

— Dans ce cas, que Dieu vous bénisse, monsieur... Je vais sonner pour qu'on vous conduise...

Elle tira sur un cordon, et une clochette tinta, très loin, avertissant la sœur portière que des étrangers attendaient à la grille du jardin.

La sœur portière, rose et potelée, vint à la rencontre des visiteurs et les pria de la suivre. Elle marchait devant, et la neige grinçait sous son pas lourd et plat.

— Vous paraissez fâchée, dit Volodia en prenant la main de Svétlana. Pourtant, il ne s'agit pas d'un subterfuge. J'avais depuis longtemps le désir de consacrer quelque argent à une œuvre pie. Je l'ai déjà fait pour... pour de nombreuses confréries... Vous pourriez demander...

Elle leva sur lui ses yeux gris candides, et il eut honte de son mensonge.

— Alors, c'est très bien, dit-elle, en lui serrant la main.

Rassuré, il poussa un soupir et s'intéressa au paysage. Dans le jardin déformé, arrondi par la neige, régnait un silence de méditation. Quelques nonnes noires glissaient dans les allées. Elles saluèrent les visiteurs. L'une d'elles reconnut Svétlana et lui sourit avec bienveillance.

— C'est sœur Euphrasie, dit Svétlana.

Sœur Euphrasie s'éloigna en se dandinant comme une mouche dans une flaque de lait. Contournant la chapelle, la sœur portière pénétra dans un bâtiment long et bas, aux fenêtres grillagées. Dans le couloir dallé, Volodia respirait une odeur d'encens et de confitures. On entendait chanter, tout au fond. La religieuse frappa timidement à une porte de bois brun. Une voix enrouée demanda :

— Qu'est-ce que c'est ?

— Des visites pour vous, mère Alexandrine, répondit la sœur.

Et elle poussa la porte qui s'entrebâilla en grinçant. Volodia découvrit une pièce carrée, au plafond voûté, aux murs badigeonnés de couleur lie-de-vin. Une frise d'abeilles jaunes encadrait la fenêtre, profondément encaissée et garnie de barreaux. Des carpettes de corde étaient jetées sur le dallage. Une couchette tendue d'une couverture bise, une table, des chaises en bois blanc meublaient la cellule de mère Alexandrine. Dans l'angle le plus éloigné, se haussait une panoplie d'icônes. Volodia se tourna vers les saintes images et se signa gravement. Mère Alexandrine était assise derrière son bureau encombré de livres à couvertures noires. Elle avait un visage tout petit, à la peau fripée comme du papier de soie. Des lunettes à monture d'argent lui faisaient un regard très doux, rond et vague. En apercevant Svétlana, elle tenta de se lever, retomba dans son fauteuil et gémit :

— Oh ! je me fais si lourde !

Svétlana s'élança vers elle, et la vieille lui ouvrit les bras, l'embrassa sur les deux joues, lui tiralla l'oreille en riant :

— Te voilà ! Te voilà, ma chérie ! C'est bien de ne pas m'oublier. Que deviens-tu, loin de nous ? À quoi emploies-tu tes journées ?

— J'ai trouvé du travail dans une bonne maison. Des amis de ce monsieur...

— Je me présente : Vladimir Phillipovitch Bourine, dit Volodia en claquant des talons.

— Très heureuse de vous voir, dit mère Alexandrine en ajustant une seconde paire de lunettes. Vous vous intéressez probablement au sort de notre petite Svétlana ?

Volodia se sentit rougir.

— Pas exactement, balbutia-t-il. Enfin, j'ai beaucoup d'estime pour cette demoiselle dont la piété est un exemple pour son entourage. Et, comme je suis moi-même fort pratiquant...

— Oui, oui, dit mère Alexandrine, et elle plissa les lèvres, comme si elle eût goûté quelque chose d'amer.

Visiblement, la vieille se méfiait de ce visiteur trop bien mis que Svétlana lui ramenait de la ville. Volodia s'en rendait compte, mais ne savait que dire pour gagner la sympathie de la religieuse. Le rôle qu'il jouait était nouveau pour lui. Plus il réfléchissait à son aventure, plus il la trouvait piquante, insensée et digne de sa réputation. Mère Alexandrine l'observait des pieds à la tête, notait au passage — il l'eût juré — la blancheur impeccable de ses manchettes, le nœud trop riche de sa cravate, la chaîne d'or qui barrait son gilet bien coupé. Volodia toussota et dit d'une voix suave :

— Je ne connaissais pas votre saint asile. Et je me félicite de l'avoir découvert grâce à notre protégée...

Il disait exprès « notre » comme pour associer la religieuse à une œuvre de bien.

— J'ai connu un Bourine, autrefois, dit mère Alexandrine. Il était marchand de bestiaux.

— Rien à voir avec ma famille, dit Volodia. Mon père était architecte. Je dirige la publicité d'une grosse entreprise commerciale. Mais les travaux du monde ne me font pas oublier mes devoirs chrétiens...

— Oui, oui, dit la vieille.

Et, de nouveau, elle se mit à mâcher sa salive d'un air mécontent.

— Mère Alexandrine, dit Svétlana, nous vous avons apporté un petit cadeau.

Elle déposa le paquet sur la table et fit deux pas en arrière.

— Ce sont des raisins de Corinthe, des oranges et des bonbons, dit Volodia. Peu de chose...

— Trop de choses, dit mère Alexandrine en fronçant les sourcils.

Svétlana était désolée. Son menton faible tremblait par saccades. Volodia détesta cette nonne acariâtre et soupçonneuse qui osait affliger la jeune fille. Il dit :

— Vous feriez beaucoup de peine à Svétlana en refusant ce modeste présent. Et elle ne mérite pas de souffrir. Je reviendrai sans elle, demain, pour vous entretenir d'un projet qui intéresse votre communauté.

— Quel projet ?

Volodia consulta sa montre :

— Non, non, il est trop tard... Et puis, sans doute n'accepterez-vous pas ?... Il s'agirait d'un don que j'avais l'intention de faire...

Mère Alexandrine redressa sa taille et plongea un regard profond dans les yeux de son interlocuteur. Volodia soutint l'épreuve sans broncher. Svétlana avait tiré un mouchoir de son réticule et se tamponnait les narines.

— Voulez-vous vous asseoir et vous expliquer, dit mère Alexandrine.

Volodia attira une chaise et s'assit en face de la religieuse. L'argument avait porté net. La partie était gagnée d'avance.

— C'est une idée que j'ai eue, reprit-il avec aplomb, oh ! très vague encore, et que je ne peux réaliser sans votre assentiment. Je voudrais consacrer une petite somme d'argent à embellir l'intérieur de votre chapelle... Mais auparavant, j'aimerais connaître vos besoins... J'avais pensé à une belle icône de... de saint Marc, que j'ai vue chez un artiste de mes amis...

Mère Alexandrine devint grave.

— Nous avons déjà un saint Marc, dit-elle.

— Quel dommage ! s'écria Volodia. Mais il y en a d'autres... Voyons...

Il se gratta la nuque :

— Saint Vladimir, par exemple.

— Saint Vladimir, notre soleil rouge, dit mère Alexandrine.

— Notre saint Vladimir est bien abîmé, dit Svétlana. Vous en souvenez-vous ? On l'avait donné à nettoyer, et l'ouvrier a employé un mauvais vernis. Tout le visage de saint Vladimir est noirci. On ne voit plus sa barbe.

— Oui, oui, saint Vladimir, dit mère Alexandrine en

suçotant la pointe de son crayon d'un air réfléchi. Surtout que c'est un saint très remarquable.

— Comment donc ! dit Volodia.

— Il faudrait que j'en parle à la mère supérieure. Peut-être nous donnerait-elle une autre idée...

— Moi, je trouve que saint Vladimir s'impose, dit Volodia. On ne saurait trop honorer le patron de notre pays.

Cette réplique enchanta la mère Alexandrine. Ses joues devinrent roses, le bout de son nez se retroussa légèrement. Elle avait oublié ses derniers soupçons. Elle rayonnait :

— Voilà ! Voilà qui est bien parlé, monsieur. J'aimerais que tout le monde vous suivît. Chaque peuple chrétien a son saint patron qu'il révère. La France a la bienheureuse Jeanne d'Arc, l'Angleterre saint Albion, les Serbes saint Sabel. Et nous autres Russes ? Pourquoi n'offrons-nous pas un culte spécial à celui qui nous a tirés des ténèbres de la barbarie et du paganisme ?

Elle parlait avec fièvre, d'une petite voix haletante, sifflante, qui faisait mal. Volodia comprit que, sans le savoir, il avait éveillé une vieille passion dans cette âme pieuse. Mère Alexandrine ne voulait plus qu'il s'en allât. Elle le retenait de la main, du regard. Et Svétlana goûtait une félicité sans mélange à la pensée que Volodia avait gagné les bonnes grâces de la religieuse. Saint Vladimir était — on ne l'ignorait pas au couvent — le point faible de mère Alexandrine. Comment Volodia l'avait-il deviné ? Certainement, il ne s'agissait pas d'un hasard, mais d'une inspiration divine.

— On néglige saint Vladimir, poursuivait la vieille, et que serions-nous sans lui ?

— J'aime mieux ne pas y penser, dit Volodia avec force, des chiens, des porcs de païens...

— Voilà, mon bon, je ne te le fais pas dire, s'écria mère Alexandrine, qui, dans son émoi, n'hésitait plus à tutoyer son interlocuteur. Il y a neuf siècles que saint Vladimir a baptisé notre peuple. Et, depuis, d'autres saints sont venus, nombreux, divers, qui guérissaient les malades, rendaient la vue aux aveugles et acceptaient le martyre. Mais tous ils étaient tributaires de saint Vladimir. Et, comme saint Vladimir avait ouvert les portes, il leur était plus facile d'avancer. Mais lui, il a été le premier. Un débauché, un païen. Et, tout à coup, le voici possédé par la parole du Christ. Ah ! c'est beau, c'est beau !...

Mère Alexandrine tira un mouchoir à carreaux de sa jupe et se moucha bruyamment.

— De la nuit russe, il a fait le jour russe, dans la chair russe, il a fait naître l'esprit russe, dit-elle encore. Tu vois, j'ai accroché son image en bonne place dans ma cellule. À la droite du Sauveur...

— À la droite du Sauveur, répéta Volodia, quelque peu effrayé par cette exaltation qu'il avait involontairement provoquée.

En vérité, il n'était plus à son aise devant cette nonne agitée et volubile. L'enthousiasme, fût-il religieux, philosophique, politique, lui semblait un signe de folie.

— À la droite du Sauveur, répéta la vieille. Et il le mérite. Écoute bien, toi, étranger, qui que tu sois. Nous devons tous prier pour que saint Vladimir prolonge son règne sur notre terre. S'il mourait dans nos cœurs, la Russie serait perdue. Et maintenant approche-toi. Viens ici. Je vais te dire une chose capitale. Tu te souviendras toute la vie de mes paroles. Et toi aussi, Svétlana, tu peux entendre...

Elle haletait.

— Calmez-vous, mère, dit Svétlana.

— Je suis calme. Voici. J'ai beaucoup réfléchi et Dieu m'a éclairée. Et j'ai compris que les sept époques de la vie du Christ correspondaient aux sept époques de l'histoire de la Russie. Nous avons vécu six époques de cette histoire. La septième approche. C'est ainsi. La première époque, c'est la naissance du Christ dans un univers dégradé par les fausses religions, et c'est le premier écho de la parole divine parvenant dans les ténébreuses forêts de la Russie. La deuxième époque, c'est le baptême du Christ par saint Jean-Baptiste, et c'est le baptême de la Russie par saint Vladimir. La troisième époque, c'est la lutte du Christ contre le paganisme, contre le judaïsme officiel de la Galicie, et c'est la lutte du peuple russe, lentement évangélisé, contre la barbarie mongole. La quatrième époque, c'est le mystère de la pénitence, le Christ renouvelant le monde, et c'est la Russie rassemblant ses forces. La cinquième époque est celle du triomphe des Russes, qui secouent le joug mongol, et elle correspond à l'époque du mariage divin. Le Christ est victorieux. De la bataille de Koulikovo jusqu'au règne de Pierre le Grand, la nation, purifiée par ses souffrances, s'unit avec l'Époux céleste. Le christianisme rayonne sur la terre russe, où surgissent des martyrs, des saints nationaux, toute la constellation des gloires de l'Église orthodoxe. Et voici la sixième époque, nous y sommes encore. De même que les pharisiens s'assemblaient dans l'ombre contre le Christ, le jalousaient, le détestaient, se saisissaient de lui et le mettaient à mort, de même voyons-nous, depuis Pierre le Grand, croître le nombre des incroyants, se vider les temples et la menace de la crucifixion planer sur notre sol. On blasphème le tsar, on écoute les faux prophètes, on parle de science ; la luxure, la paresse, l'envie, la haine se déchaînent dans la chair russe, dans l'âme russe. Un jour viendra où la Russie, comme le Christ, sera clouée sur le bois, saignante, couronnée d'épines et souillée de crachats. Les peuples d'alentour se moqueront de notre peuple supplicié, comme ils se moquèrent de notre divin Maître. Ils lui crieront : « Sauve-toi toi-même ! » Et le silence seul répondra à leurs injures.

— Et la septième époque ? demanda Svétlana dans un souffle.

Les yeux de mère Alexandrine étincelèrent derrière ses lunettes à monture d'argent. Elle parut s'allonger, grandir, noir et blanc. Un frisson parcourut son visage de parchemin froissé :

— La septième époque, elle viendra plus tard, après

beaucoup de sang et beaucoup d'agonies, beaucoup d'erreurs et beaucoup de passions. Comme le Christ, tenu pour mort, enseveli, oublié, livré à la pourriture, se leva tout à coup de la couche funèbre, le troisième jour, et s'assit à la droite de Dieu, ainsi la Russie, bafouée, méprisée, et dont on parlera comme d'un cadavre puant, renaîtra de ses cendres pour étonner le monde. Et ce sera un grand cri d'un bout à l'autre de la terre : « Christ est ressuscité ! » « La Russie est ressuscitée ! » Un grand cri. Un tonnerre. On l'entendra jusqu'aux confins de la Chine, jusque dans les profondeurs des forêts tropicales. Je ne vivrai plus pour jouir de cette félicité. Pourtant, j'ai la conviction qu'il en sera ainsi. Et voilà pourquoi je suis calme.

Elle se tut. Des larmes descendaient dans les craquelures de sa face. Volodia, désagréablement impressionné par cette prophétie, regardait ses chaussures et ne savait que dire. Svétlana s'approcha de mère Alexandrine et lui baisa la main.

— Alors, dit Volodia, d'une voix mal assurée, nous nous arrêtons à saint Vladimir ? Je n'oublie pas qu'il est mon saint patron.

Mère Alexandrine parut émerger d'un rêve, dressa la tête, arrondit les yeux. Puis, elle soupira :

— Ah ! excuse-moi, mon cher. Je m'étais laissé emporter. Je bavarde ainsi, je bavarde. Que disais-tu ? Saint Vladimir. Eh oui ! c'est notre plus beau saint, et je l'aime avec sa barbe, sa couronne et sa croix baptismale. Mais, d'abord, il faut que j'en parle à la mère supérieure. Je ne suis rien, ici. Rien du tout.

Elle sourit :

— Je t'écrirai. Laisse-moi ton adresse. Mais, déjà, je te remercie. Je suis un peu lasse. Allez en paix, tous les deux. Que Dieu vous bénisse...

Elle ferma les paupières. Son visage se détendit. Volodia crut qu'elle s'était subitement endormie. Mais elle chuchota encore :

— Allez, allez... Et n'oubliez pas que mon regard est sur vous...

220

Svétlana posa un doigt en travers de ses lèvres et ils quittèrent la pièce sur la pointe des pieds.

Dans le jardin, elle s'arrêta devant Volodia et lui demanda d'une voix altérée :

— Pourquoi lui avez-vous parlé de saint Vladimir ?

Volodia haussa les épaules :

— Je ne sais pas... J'ai dit saint Vladimir comme j'aurais dit saint Joseph, ou saint Paul...

— Vous le croyez, dit-elle. Et moi je sais que non. Quelqu'un vous a conseillé.

— Qui ?

Elle leva les yeux au ciel sans répondre.

— Quelle étrange petite fille ! murmura Volodia. Vous êtes si neuve, si charmante... Dans cette neige, dans ce soleil, dans ce silence...

— Elle vous a béni, dit Svétlana. C'est donc que vous êtes un homme bon et digne. J'avais peur de cette épreuve. Maintenant, je me sens si bien. Je respire...

— Et si je lui avais été antipathique ?

— J'aurais été très malheureuse, dit Svétlana.

— Pourquoi ?

De la chapelle proche venáient le chant des chœurs, le parfum de l'encens.

— Laissez-moi entrer à l'église, dit-elle. Pour un instant.

— Je peux vous accompagner ?

— Je voudrais être seule.

Elle baissa la tête et ajouta très vite :

— C'est... pour remercier...

Puis elle s'éloigna en courant vers la porte surmontée d'une croix. Elle revint au bout d'un moment et tendit à Volodia un fragment d'hostie. Il se signa et mangea ce pain fade et mollet. Elle le regardait faire avec des yeux rayonnants de joie.

— Voilà, voilà, répétait-elle. Comme ça, c'est très bien...

Volodia s'étonnait encore de sa propre réussite. Certes, il avait médité d'attendrir Svétlana en offrant une icône au monastère où elle avait été élevée, mais la bénédiction de mère Alexandrine dépassait toutes ses prévisions. Depuis cette visite, il était comme embarrassé de sa chance. Il prit la main de la jeune fille. Elle marchait dans la neige, à petits pas, et annonçait :

— Voici l'entrée de la sacristie. Ici, autrefois, il y avait un potager. Dans la cabane que vous voyez là-bas, vivait une très vieille et très sainte créature qui avait fait le vœu de ne plus parler à personne. Elle était la femme d'un général. Son mari l'avait abandonnée. Elle est morte chez nous. Et, en mourant, elle a ouvert la bouche pour la première fois depuis des années, et elle a dit : « Pardon. » On l'a enterrée derrière l'église. Venez, nous allons prier sur sa tombe et sur la tombe de ma tante...

— À quoi bon aller au cimetière ? Cela va vous attrister inutilement, dit Volodia. Toutes ces croix... Brr... Je n'aime pas de semblables visites.

— Vous avez peur des croix ? dit Svétlana, et elle se mit à rire. Comme c'est drôle ! Un païen peut avoir peur de la croix. Mais un chrétien ne vit que pour la croix. Derrière la croix, derrière la mort, commence le véritable bonheur.

— Et cela, n'est-ce pas le bonheur ? dit Volodia en désignant le ciel rose, les arbres alourdis de neige.

— Si. Cela aussi, c'est le bonheur. Mais, là-bas, tout est encore plus beau et mieux mérité.

Ils étaient arrivés au cimetière. Un enclos de pieux encadrait quelques tombes dispersées. Le sable du chemin transparaissait à travers la mince couche de neige. Il y avait de la neige sur les petits toits de zinc qui protégeaient les croix. Des pigeons s'envolèrent à l'approche de Svétlana. Elle s'agenouilla et pria un moment, tandis que Volodia demeurait à l'écart et se demandait s'il avait le droit d'allumer une cigarette. Enfin, elle se releva et dit :

— N'est-ce pas qu'il est joli ce cimetière ? Si calme, si simple. On voudrait être enterré là.

— Taisez-vous, dit Volodia. Je ne peux plus vous

entendre parler de la sorte. Il faut partir d'ici. Oublier ! Oublier ! Vous êtes si jeune, si jolie...

De petites vieilles les rejoignirent au cimetière. Des pèlerins aussi, vêtus de houppelandes, chaussés de bottes, et qui portaient une boîte à sel sur le ventre.

— Ils viennent révérer la femme du général, la muette, dit Svétlana.

Volodia voulut risquer une plaisanterie.

— Je comprends qu'on admire une femme qui ne parle pas, dit-il.

Mais Svétlana eut un regard sévère et répondit :

— Il ne faut pas rire de ces choses.

Et il n'eut plus envie de rire.

À la grille du couvent, ils retrouvèrent la nonne derrière sa table, et lui achetèrent deux croix de bois peint et des vues du pays.

Des traîneaux attendaient devant la porte.

— J'ai faim, dit Volodia. Et vous ?

— Moi aussi, dit-elle gaiement.

— Alors, à *L'Ermitage*, cocher, et vite, cria Volodia.

Il était heureux de s'être évadé de cet univers de croix, de cellules, d'icônes, d'encens, de prière et de mort. Le cocher fouetta ses bêtes. Le traîneau glissa en grinçant sur la route courbe qui descendait de la colline. Svétlana s'était retournée et regardait disparaître, derrière la cime des arbres, les coupoles vertes et les croix dorées du couvent.

Tandis que le traîneau traversait les premiers faubourgs de Moscou, Volodia devenait perplexe. Il avait été bien léger en proposant à Svétlana de l'emmener déjeuner à *L'Ermitage*. Dans cette salle trop fameuse, il risquait de rencontrer des amis de Tania, peut-être Tania elle-même. Or, son aventure avec Svétlana devait demeurer secrète. Il imagina un instant la stupeur du ménage Danoff en le voyant pénétrer dans le restaurant avec la demoiselle de compagnie de Marie Ossipovna. Indignation. Regards glacés. Explications larmoyantes. Il avait horreur des scènes. À tout prix, il importait d'éviter celle-là. Brusquement, il lui semblait inconcevable que Svétlana n'eût marqué aucune appréhension de paraître avec lui dans un lieu public. Elle n'était plus une enfant. Elle pouvait prévoir l'interprétation que les étrangers donneraient de leur tête-à-tête. Fallait-il croire qu'elle ignorait le péril de cette fréquentation ou qu'elle acceptait de se compromettre par excès de tendresse ? Volodia se pencha vers elle.

— J'ai réfléchi, dit-il. Il vaut mieux éviter *L'Ermitage*. Là-bas, il y aura du monde, du bruit, nous pourrons à peine parler. Et j'aimerais bavarder longuement avec vous. Nous irons chez *Basile*. C'est moins élégant, mais plus discret. Et la cuisine y est excellente. D'accord ?

— Mais oui, dit-elle.

Il songea que, s'il lui avait offert de se passer de déjeuner, elle aurait acquiescé avec la même voix chantante et le même regard affectueux. « Voilà des femmes comme je les aime. Pas compliquées, satisfaites d'un rien, soumises enfin aux volontés de l'homme. »

— Vous êtes un ange, murmura-t-il.

Mais elle ne l'entendit pas. Inconsciemment, il se rappela Olga Varlamoff, sa peau de lait, sa tignasse rousse, ses répliques intelligentes, ses fausses pudeurs, son sourire moqueur. Lui en avait-elle donné des soucis, cette femme-là ! Sans l'insistance de Tania, il l'aurait peut-être épousée. À présent, Olga Varlamoff vivait à Goursouf, avec son mari. On racontait qu'elle attendait un enfant. Tant mieux. Volodia ne lui voulait pas de mal. Simplement, il était heureux d'avoir rompu avec elle. En vérité, il eût cédé dix Varlamoff pour une seule Svétlana. La preuve ? Quand donc auprès de la Varlamoff avait-il connu cet émoi de tout le cœur, de tout le corps, ce tremblement, ce manque d'air, ce vertige béat ? Il ne croyait pas se tromper : pour la première fois de sa vie, il était amoureux. « On souffre toujours quand on est amoureux. Et je n'aime pas souffrir. Bah ! On verra plus tard. » Frileusement, Volodia remonta son col de fourrure jusqu'à ses lèvres gelées et cria :

— Eh, cocher ! Changement d'itinéraire. Nous allons chez *Basile*. Tu connais ?

— Qui ne le connaît pas, barine ?

— Voilà un cocher sérieux, dit Volodia en se tournant vers la jeune fille.

Chez *Basile*, le maître d'hôtel, barbu et sautillant, conduisit les jeunes gens dans un cabinet particulier. Par une baie grillagée et décorée de feuilles de vigne en toile cirée verte, le local prenait jour sur la salle du restaurant. Volodia connaissait ce réduit pour y avoir amené quelques femmes de petite vertu. Il savait qu'un ressort manquait au divan, et que des épingles à cheveux traînaient toujours dans la vasque d'albâtre qui décorait la cheminée. Le maître d'hôtel, qui se souvenait de Volodia, lui souriait d'une manière significative. Volodia en fut gêné pour Svétlana. En présence de la jeune fille, ces réminiscences galantes lui devenaient pénibles. Il avait envie d'oublier tout ce qu'il avait entrepris de laid, de lâche, de commun, avant de la rencontrer.

Svétlana, cependant, ne paraissait nullement offensée par le caractère douteux de l'endroit. Incapable de concevoir le mal, elle s'amusait à inspecter la pièce et posait des questions naïves :

— Pourquoi a-t-on mis ce grillage ? Pourquoi y a-t-il des épingles à cheveux dans la vasque ?

Le maître d'hôtel se mordait les lèvres. Volodia était mécontent. Ayant tout examiné, tout admiré, depuis les girandoles jusqu'aux lithographies des murs, Svétlana consentit à s'approcher de la table. Mais, avant de s'asseoir, elle se signa et récita une courte prière à voix basse. Volodia se demanda s'il devait l'imiter. Le maître d'hôtel, stupéfait, avait reculé de deux pas. Enfin, Svétlana déplia sa serviette.

— Mais c'est trop, c'est beaucoup trop, murmura-t-elle, tandis que Volodia composait le menu.

Il fut enchanté de son étonnement devant les hors-d'œuvre, le turbot nappé d'une sauce odorante, le chapon doré et craquelé. Au dessert, qui était une glace à la framboise arrosée de jus de groseille, elle se pâma. Elle n'en pouvait plus. Le champagne lui montait à la tête. Elle regardait Volodia avec admiration et presque avec terreur. Elle répétait :

— Mais c'est une débauche ! Ce doit être mal, sûrement !

— Et pourquoi serait-ce mal ?

— Parce que cela fait trop plaisir.

Après le dessert, Volodia déplaça sa chaise et vint s'asseoir à côté de la jeune fille. Comme il approchait son pied du pied de Svétlana, elle devint songeuse.

— Mère Alexandrine ne mange que de la bouillie, dit-elle tout à coup.

Il se mit à rire :

— Est-ce une raison pour que nous l'imitions ? Il n'est que trois heures et demie, et nous avons tout l'après-midi, toute la soirée devant nous. Qu'allons-nous faire ?

Svétlana hocha la tête :

— Je ferai ce que vous voudrez.

Il lui prit les mains et la regarda gravement dans les yeux :

— Vous n'avez pas le droit d'être triste. Dieu a créé le monde pour que l'homme en jouisse. Ce serait faire injure à Dieu que refuser les satisfactions qu'il nous offre...

— Êtes-vous sûr que ce restaurant, ce repas, ces vins nous soient offerts par Dieu ? demanda-t-elle.

— Et par qui donc ?

— Il y a le diable aussi.

— Entre deux êtres comme nous, le diable est perdu d'avance, s'écria Volodia.

Elle baissa les paupières et parut réfléchir profondément. Un garçon apporta le café et se retira sur la pointe des pieds, referma la porte.

— Il est comme lui, le diable, dit Svétlana. Il entre sur la pointe des pieds, tout serviable, tout ordinaire. Il dispose devant vous ses tentations, et se retire, et referme la porte.

Volodia, imperturbable, sucra son café, le huma et en but une longue gorgée.

— Ce breuvage-là ne vient pas du diable, dit-il avec un grand sérieux.

Puis il demanda l'addition.

— Il commence à faire nuit, reprit-il après avoir payé. C'est l'heure rêvée pour les patineurs de l'étang du Patriarche. Voulez-vous que nous y allions ?

— Je ne sais pas patiner, dit Svétlana.

— Raison de plus. Je vous apprendrai. C'est bien mon tour de vous apprendre quelque chose, après tout ce que vous m'avez appris...

— Que vous ai-je appris ?

— À être heureux, dit Volodia, et il se leva en rejetant sa serviette froissée sur la table.

Dans la rue, le soir tombait d'un ciel sans profondeur et sans nuages. Une brume froide et grise, un infime poudroiement de givre déliaient le contour des maisons et les faisaient ressembler à de molles constructions de sable. La neige était phosphorescente, au pied des réverbères. Du restaurant *Basile* à l'étang du Patriarche, le chemin était court, et la jeune fille supplia Volodia de la laisser marcher un peu. Ils se mêlèrent à la foule. Les vitrines des magasins étaient illuminées. La chaussée canalisait un flot de véhicules hétéroclites. Des traîneaux anglais, des troïkas, des calèches, quelques autos aux roues garnies de chaînes. Les cochers énormes, impassibles, les bras tendus, la barbe déployée, glissaient dans le brouillard.

— Que c'est drôle, que c'est gai ! répétait Svétlana.

Au loin, on entendait les traîneaux du jardin zoologique qui dévalaient en grondant les montagnes russes, le grincement des chaînes qui remontaient les luges, les rires, les cris du public, et la musique militaire jouant des valses pour les patineurs.

Devant l'étang du Patriarche, stationnait une file de voitures élégantes. Volodia les examina en passant, car il craignait de reconnaître les attelages de ses amis. Sa peur du scandale devenait de plus en plus intense à mesure qu'il approchait de la cabane où les patineurs chaussaient leurs patins. Puis, soudain, et d'une manière absolument inexplicable, il se sentit prêt à affronter toutes les épreuves. Une voix intérieure lui affirmait qu'il ne devait pas avoir honte de se montrer avec Svétlana. Il ne s'agissait pas entre eux d'une passade, mais d'un amour sérieux, devant lequel les contingences sociales étaient vaincues d'avance. Si on les remarquait, s'il se brouillait avec les Danoff, si Svétlana perdait sa place, le fond de leur bonheur ne serait pas atteint. Il saurait dédommager la jeune fille de tous les ennuis qu'il aurait attirés sur elle. Comment ? Il y songerait plus tard. Mais la certitude était là. Tout de même, il poussa un soupir de soulagement, lorsque l'employé chargé de visser les patins lui répondit qu'il n'avait vu personne qui, de près ou de loin, ressemblât aux compagnons habituels de M. Bourine.

— Le dimanche est un jour populaire, barine. Vos amis sont venus vendredi dernier.

Des globes lumineux cernaient la glace lisse et luisante de l'étang. Tout au fond, sous l'auvent d'un vaste coquillage à nervures, jouait un orchestre de cuivres. Les patineurs glissaient comme des oiseaux légers dans la brume du soir. Il y avait les champions qui s'entraînaient sur le pourtour de l'étang, et les débutants qui s'agitaient au centre de la piste. Des dames, cramponnées à une chaise, jetaient de petits cris affolés, tandis qu'un militaire tourbillonnait autour d'elles, les poings aux hanches, les dents brillantes. Quelques enfants passaient en se tenant par la main. Ailleurs, de gros messieurs, penchés en avant, galopaient sur la glace, dans l'espoir de faire tomber leur ventre. Et, autour de ce monde actif et rieur, le miroitement du givre, la réverbération de l'eau gelée maintenaient une aurore artificielle, rose et tremblante. Svétlana, qui n'était jamais venue à l'étang du Patriarche, était saisie d'admiration par le spectacle de cette fête en plein air. Elle murmurait :

— Regardez celui-ci ! Comme il glisse vite ! Et l'autre va le dépasser ! Et là, cette dame avec ce grand chapeau ! Elle est accrochée à la barrière ! Elle va tomber ! Elle tombe !

Et elle poussa un éclat de rire en se cachant le visage derrière son manchon. Volodia commanda un fauteuil à patins pour la jeune fille et des patins pour lui-même. Ayant installé Svétlana dans le fauteuil, il prit son élan et la guida devant lui sans effort. Il patinait assez bien mais, surtout, il avait su observer le style des champions et les imitait avec une fidélité qui lui valait la faveur des profanes. Tour à tour accélérant ou ralentissant son allure, virant court, glissant sur un pied, il conduisait sa « dame » entre les patineurs qui entouraient le couple de leurs trajectoires folles. Svétlana, étourdie par la course, tournait vers lui son beau visage nu, éclairé par les globes électriques.

— Vous patinez si vite ! Mais je n'ai pas peur avec vous, dit-elle.

Il se rengorgea :

— Je crois que vous avez raison. Sans être un as du patinage, je peux dire...

— Il ne s'agit pas de votre habileté, reprit-elle d'une voix douce. C'est autre chose. Même si vous étiez très maladroit, je me sentirais en sécurité.

À ces mots, Volodia donna un coup de talon victorieux et dépassa une grosse dame, qui chancelait sur ses hautes bottines et gazouillait en remuant les bras :

— Je perds l'équilibre ! Soutenez-moi !

L'orchestre jouait un pot-pourri d'*Eugène Onéguine* et de *La Dame de pique*. Des étincelles d'argent brillaient dans l'atmosphère glacée du soir. Volodia se sentait très jeune, plein de force, d'enthousiasme, de naïvetés fécondes. Soudain, une certaine mollesse se fit dans l'air, et des papillons de neige tombèrent du ciel noir. Svétlana, pelotonnée dans son fauteuil, ouvrait la bouche, happait au passage les flocons légers.

— Selon les endroits, selon les jours, ils ont une saveur différente, dit-elle. Ils sentent la pomme, la pastèque, le muguet... Au couvent, la neige avait le goût des roses... Toutes, nous avions remarqué cela... Que jouent-ils maintenant ?...

Volodia, tout en patinant, se mit à chanter de sa voix juste et pure de ténor :

> *Un autre ? Non. Personne au monde*
> *Ne saurait prétendre à mon cœur.*
> *C'est une décision suprême.*
> *C'est le vœu du ciel : je suis tienne.*

Elle ne l'entendit pas, ou feignit de ne pas l'entendre. Volodia se tut, conscient d'avoir commis une gaffe, et redoubla d'ardeur à pousser le fauteuil, dont l'armature en bois craquait au moindre effort.

— Pas si vite, gémit Svétlana.

Il ralentit le train. Il haletait un peu.

— J'aime beaucoup *Eugène Onéguine*, dit Svétlana. Je crois que toutes les jeunes filles russes portent dans leur cœur l'image de Tatiana.

— Mais tous les hommes russes ne sont pas des Onéguine, Dieu merci ! dit Volodia.

Elle le regarda, de cette manière directe, profonde, qui le gênait toujours et murmura :

— Je veux croire que vous avez raison.

Volodia remarqua qu'elle frissonnait et remontait le maigre col de fourrure jaune qui garnissait son manteau.

— Allons prendre le thé, dit-il. Sinon, vous attraperiez froid et ne me pardonneriez plus ce dimanche.

Elle secoua la tête et ses yeux étincelèrent de gratitude :

— Comment pouvez-vous dire cela ? Ce dimanche, je n'en ai jamais eu de pareil ! Tant de distractions !

— Et ça ne fait que commencer, s'écria Volodia, en poussant le fauteuil vers la cabane des patineurs.

Ils prirent le thé chez *Philipoff* et, pour le soir, Volodia offrit à la jeune fille de l'emmener au théâtre. Il était tout à fait à l'aise dans son aventure, et ne craignait plus les rencontres fâcheuses. Même le fait que Svétlana fût humblement vêtue ne le retenait pas au bord de son projet. Quelles que pussent être les conséquences de leur apparition, côte à côte, dans une loge, il les acceptait d'avance. Tel était son amour. Telle était sa fierté. Cependant, Svétlana hésitait à accepter son invitation. Elle semblait honteuse, perplexe. Enfin, elle avoua timidement qu'elle préférait le cirque au théâtre :

— Je n'ai jamais été ni au théâtre ni au cirque. Mais le théâtre, cela me paraît, comment dire ? plus pervers comme distraction...

Volodia haussa les sourcils d'un air amusé. La jeune fille remarqua son expression moqueuse et poursuivit, avec gravité :

— Oui. On disait, au couvent, que les acteurs ne croyaient pas en Dieu et qu'ils menaient une vie dissolue. On disait aussi qu'ils jouaient des pièces inconvenantes, des comédies traduites du français. Au cirque, il y a des animaux savants, des chevaux, des clowns. Ce doit être si bien !...

Volodia exultait. Tant de pureté ! Tant d'innocence ! C'était incroyable ! Jamais pareille chance ne s'était proposée à lui !

— Le cirque ! dit-il. Bien sûr, le cirque ! Comment n'y avais-je pas songé ? Voilà ce qu'il nous faut !

Et, sur-le-champ, il appela un commissionnaire, et l'envoya louer une loge au cirque Salomonsky. Lorsque le commissionnaire revint, Svétlana voulut voir les billets et se récria en apprenant que Volodia avait payé dix roubles cinquante pour une loge à la barrière.

— C'est si cher ! Et pourquoi une loge entière, puisque nous ne sommes que deux ?

— Quand on veut être bien placé, il faut y mettre le prix, dit Volodia.

— Et qu'aurait coûté une loge au théâtre ?

— Au Grand Théâtre, quinze roubles, au Petit Théâtre, quatorze roubles, si je ne me trompe. Et je ne parle pas des soirées de gala !

— Alors, nous avons bien fait de choisir le cirque, dit-elle en soupirant.

Volodia eut envie de la saisir dans ses bras et de la couvrir de baisers. Il lui plaisait de jouer auprès d'elle le rôle d'un prince charmant, dispensateur de miracles. Il demanda :

— Je suis peut-être indiscret, mais j'aimerais savoir ce que vous gagnez au service de Marie Ossipovna.

— Oh ! je suis bien payée, dit-elle. Logée, nourrie, blanchie, je reçois soixante-dix roubles par mois.

Soixante-dix roubles ! Pour une aussi jolie fille ! Volodia était indigné. Il se promit de cuisiner Marie Ossipovna pour une augmentation de salaire.

— Un traitement de famine, disait-il. Vous ne devriez pas avoir besoin de compter votre argent, de surveiller vos dépenses.

— Mais je ne compte pas mon argent, dit-elle. J'en ai toujours de trop.

— Parce que vous ne savez pas encore tout ce qu'on peut faire avec de l'argent, dit Volodia.

Puis il consulta sa montre d'un geste péremptoire et déclara qu'il était l'heure de partir. Le traîneau qui les emmenait allait au petit trot à travers les rues aux façades riches. Au coin du boulevard Tsvétnoï et de la place Troubnaïa, Svétlana poussa un cri d'admiration en apercevant, derrière les châssis en verre des fleuristes, une profusion de roses et d'œillets engourdis dans la buée lumineuse de l'échoppe. Un carré de chaleur estivale s'incrustait dans la nuit neigeuse. Volodia arrêta le traîneau, courut vers le premier marchand de la rangée, et revint en tenant une boutonnière d'orchidées dans un cornet de papier transparent. Il exigea que la jeune fille épinglât les fleurs à son corsage. Et elle lui obéit, rouge, boudeuse, la lèvre humide, l'œil fuyant.

— Il ne fallait pas. Elles étaient mieux là-bas, je vous assure.

Devant le cirque Salomonsky, le va-et-vient des voitures encombrait la chaussée sur toute sa largeur. Les cochers juraient. Les agents de police criaient. Par la grande porte illuminée, s'engouffraient pêle-mêle des châles, des chapeaux à plumes, des crânes nus, des manteaux de fourrure, des épaulettes, des visages et des mains, tant de visages et tant de mains que Svétlana en avait le vertige. Comme à travers les fumées d'un rêve, elle longea des couloirs, frôla des gens, descendit des marches et se retrouva installée dans une loge de velours rouge. La foule grondait sur les bords de cet entonnoir gigantesque, agitait des lorgnettes, des programmes, tout un infime bric-à-brac de paillettes, de joues roses et de regards. Le sable jaune de l'arène sentait le fauve, le crottin et le bonbon acidulé. Très haut, vers les régions inaccessibles du plafond, où régnait un clair-obscur de poussière et de lumière opalescente, des fils blancs entrecroisaient leurs molles arabesques. Tout à coup, la musique tonna et Volodia dit :

— Regardez les clowns.

Pendant toute la durée du spectacle, Svétlana douta de ses yeux et de son intelligence. Il y avait trop de merveilles à voir, et elles se succédaient à un rythme trop accéléré pour qu'il fût possible de les apprécier au passage. Des pitres au museau enfariné et aux tuniques éclaboussées d'étoiles déchaînaient le rire énorme de la foule par une explosion de claques, de coups de pied au derrière et de cabrioles élastiques. Puis, c'étaient des rugissements de fauves, et un ours savant se tenait en équilibre sur une boule, tandis qu'autour de lui les fouets claquaient comme des pétards. Des ballerines en paillettes bleues chevauchaient de nobles coursiers aux crinières de soie, des adolescents aux maillots roses construisaient une pyramide de bras et de jambes qui s'écroulait soudain, et ils se retrouvaient au complet, l'un à côté de l'autre, souriants, moustachus, avec des joues de porcelaine et des yeux de diamants. Et, de nouveau, accouraient les clowns dans leurs habits trop larges.

À l'entracte, Volodia entraîna la jeune fille vers les écuries pour donner du sucre aux chevaux. Après, ce fut mieux encore. Mais Svétlana, gavée de prodiges, ne pouvait plus s'étonner de rien. Volodia, assis près d'elle, lui offrait des chocolats, comme si c'eût été là un passe-temps naturel pour une jeune fille de sa condition. Il lui disait :

— Maintenant vont venir les Chipps, les meilleurs gymnastes du monde.

Et, en prononçant ces paroles banales, il la regardait avec des yeux si bons, si tendres, qu'elle en était toute remuée. Lorsque les acrobates se hissèrent le long des agrès, il lui passa le bras autour des épaules en chuchotant :

— N'ayez pas peur. Ils sont bien entraînés. Surtout, je ne veux pas que vous ayez peur !

Et elle n'eut pas peur. Elle se sentait bien auprès de lui. Mais, tout à coup, l'un des acrobates se laissa tomber dans le vide, et elle poussa un cri, car elle le voyait déjà s'écraser au milieu de l'arène. Volodia la serra contre lui de toutes ses forces :

— Svétlana ! Ma chérie !

L'acrobate s'était rattrapé à un autre trapèze et se balançait en souriant à quelques mètres du sol.

Svétlana était molle et contente, parce que l'acrobate n'était pas mort, parce que Volodia se montrait si gentil avec elle, parce que les jeux terribles avaient pris fin, et que, de nouveau, entraient en piste les chevaux savants, aux larges selles de pierreries, et les clowns cabrioleurs. Des mots de confiance et d'amitié bourdonnaient à ses oreilles. Son cœur remontait dans sa gorge. Elle battait des mains à contretemps. Elle riait. Puis, soudain, elle eut envie de dormir.

À la fin du spectacle, comme Volodia et Svétlana quittaient leur loge, Volodia reconnut dans la foule Ruben Sopianoff, son ami d'autrefois, le témoin de ses anciennes folies. Jouant des coudes, Ruben Sopianoff se rapprochait de lui et criait :

— Volodia ! Vieille crapule ! Tu hantes les coulisses des cirques, maintenant ? C'est l'écuyère à panneau qui t'a ensorcelé, sans doute ? Quel râble !

Volodia, furieux, tentait de lui faire comprendre, par une mimique désespérée, qu'il n'était pas seul et que ces propos n'étaient pas du goût de sa compagne. Mais

Ruben ne voulait rien entendre et vociférait, par-dessus deux ou trois rangées de têtes :

— Tu nous as laissés tomber, cochon ! C'est bon de rompre avec les femmes, mais pas avec les copains ! Je ne suis pas une Varlamoff, moi...

Il aperçut enfin Svétlana, tira son gilet, claqua des talons, cligna de l'œil à Volodia et dit :

— Mes compliments. Elle est ravissante.

Ruben Sopianoff avait engraissé depuis sa dernière rencontre avec Volodia. Énorme, noir, velu, rigolard, il écrasait la jeune fille de toute sa taille et répétait :

— Par exemple, par exemple, sacré farceur !

Volodia sentit qu'il fallait à tout prix abréger l'entretien.

— Nous sommes pressés, dit-il. Je dois reconduire mademoiselle.

— Faisons route ensemble, dit Sopianoff.

— Non.

— Et moi qui avais tant de choses à te dire ! Sais-tu que je me lance dans le théâtre ?

— Comme jeune premier ?

— Non. Je commandite une nouvelle entreprise. C'est un dénommé Prychkine qui m'en a donné l'idée.

— Quel Prychkine ?

— L'acteur. Celui qui est avec la sœur de Tania Danoff. Tu dois le connaître.

— Vaguement, dit Volodia.

— Eh bien, voilà, s'écria Sopianoff. À Moscou, on est écœuré par les spectacles de gala, l'or, le velours, les fauteuils confortables et la bonne société. Pour réagir contre ces fastes officiels, nous avons eu l'idée de créer un tout petit théâtre, avec des bancs de bois, une scène en miniature, des spectacles gais. Pendant la soirée, on pourra manger, boire de la bière. On sera très mal assis. Les places coûteront horriblement cher. Et tout le monde se ruera pour nous applaudir.

— C'est astucieux, dit Volodia.

Ruben Sopianoff éclata de rire :

— N'est-ce pas ? Si tu as de l'argent à placer, ou si tu veux faire débuter mademoiselle...

Svétlana, qui ne comprenait rien à cette discussion, regardait les deux hommes à tour de rôle et souriait d'un air ahuri.

— Elle a sûrement une nature artistique, dit Sopianoff en claquant des doigts.

— Je ne le crois pas, dit Volodia sèchement.

À la sortie du cirque, des commissionnaires criaient :

— La voiture du baron Stoff ! La voiture du prince Baranoff !

Ruben Sopianoff gémissait en s'accrochant au bras de Volodia :

— Toute la bande s'est décollée... Stopper s'est marié... Elle a dix ans de plus que lui et elle fume le cigare... Khoudenko est dans sa propriété, sans un rond... Toi, tu cours les cirques...

Il ajouta à voix basse :

— Où l'as-tu dénichée ? Elle est fraîche comme une petite pomme !

— Ça ne te regarde pas, dit Volodia avec humeur. Et je te conseille de ne parler à personne de notre rencontre.

Ruben Sopianoff haussa ses larges épaules :

— Dieu, qu'il est compliqué ! On les a tous changés, ma parole ! Il n'y a plus d'hommes !

Sur ces mots, il baisa galamment la main de Svétlana et fonça, tête en avant, dans la nuit.

Volodia fut heureux de le voir partir. Il avait redouté, de la part de Sopianoff, une de ces gaffes irréparables dont son ami avait le génie. Mais, sauf les allusions à l'écuyère et à la Varlamoff, tout s'était bien passé.

Craignant une nouvelle rencontre, Volodia se hâta de pousser la jeune fille dans un traîneau.

— Dimanche, si vous le voulez bien, nous recommencerons, dit-il.

— Mais peut-être que Marie Ossipovna ne me laissera pas sortir, dimanche prochain.

— Celle-là !

Volodia grinça des dents.

— Vous avez l'air méchant, dit-elle.

— Non. Je réfléchis.

Svétlana soupira :

— C'est égal, Marie Ossipovna sera bien étonnée quand elle apprendra que j'ai passé la journée avec vous !

— Vous n'allez pas le lui dire ? s'écria Volodia.

— Pourquoi pas ?

Volodia, troublé, ne savait que répondre. Tant d'innocence le désarmait.

— Ce n'est pas bien de mentir, reprit Svétlana. On n'a pas le droit. Et que faisons-nous de mal, de quoi nous cacherions-nous ?

Après une brève hésitation, Volodia opta pour une attitude mystérieuse.

— C'est exact, dit-il, nous ne faisons rien de mal, mais il est des choses que je ne peux vous expliquer, et qui, en quelque sorte, m'obligent à vous demander le secret le plus absolu sur nos entrevues. Si vous avez de l'amitié pour moi, il faut vous conformer à cette consigne. Vous me rendriez un mauvais service en parlant. Ne me questionnez pas davantage.

Elle le regardait, inquiète :

— Mon Dieu, vous m'effrayez...

— Il ne faut pas vous effrayer. Plus tard, vous comprendrez tout.

Svétlana baissa la tête.

— Je n'ai jamais menti, dit-elle. Mais, pour vous, je le ferai.

— Merci, dit-il avec sentiment.

Et il en profita pour lui baiser la main.

Elle ne se défendait pas, mais semblait inerte, absente. Des flocons de neige fondaient sur ses joues. Elle murmura enfin :

— La fête est finie.

— Ma petite fille, mon enfant chérie, bredouillait Volodia. Nous irons encore au cirque. Souvent, souvent ! Et ailleurs. Où vous voudrez. Je vous abandonne tous mes loisirs. Je ne vis que pour vous... Je vous...

— Nous sommes arrivés, dit Svétlana.

Comme d'habitude, ils arrêtèrent le traîneau à quelque distance de la maison. Svétlana fit le chemin à pied jusqu'à la porte des Danoff. Marie Ossipovna l'attendait dans le vestibule. Dès qu'elle vit sa demoiselle de compagnie, elle se mit à crier :

— J'avais dit minuit, il est minuit et quart ! Tu n'as pas tenu parole ! Tu ne sais pas reconnaître les bienfaits ! Rends-moi le manchon que je t'ai donné ! Tu ne l'auras plus ! Et pour faire quoi ! Un imbécile quelconque et elle est folle ! Crachat ! Voilà, ce que c'est !

Svétlana gagna sa chambre en courant, se coucha vite, et rêva toute la nuit de patineurs phosphorescents, de chevaux marins aux narines de feu et d'acrobates aux cuisses mordorées. Mais c'était Volodia qui devenait tour à tour patineur, cheval, acrobate. Elle le reconnaissait facilement à travers ces métamorphoses.

8

À la fin du mois de février 1913, la compagnie indépendante de combat, sous les ordres de Zagouliaïeff, groupait cinq membres actifs et deux agents de renseignements. Tous, ayant rompu avec le parti et sa politique prudente, avaient juré de risquer leur vie pour hâter le triomphe de la révolution. Pour les débuts de l'association, Zagouliaïeff cherchait une entreprise audacieuse et spectaculaire. Deux affaires le séduisaient également : une expropriation dans un bureau de poste et l'assassinat d'un dénommé Koudriloff, procureur militaire et député de la droite constitutionnelle démocrate à la Douma. Le général Koudriloff était détesté par tous les révolutionnaires, à quelque groupement qu'ils appartinssent. Lors des interpellations relatives aux atrocités commises dans les prisons, en 1906, il avait défendu les administrateurs pénitentiaires et déclaré que le seul moyen de sauver l'empire était d'exécuter, séance tenante, les condamnés politiques et leurs avocats. Il avait été lui-même, autrefois, directeur de prison, et s'était signalé par des mesures d'une cruauté maniaque envers les détenus. À présent, vieillard vicieux, chancelant, hébété, il protégeait ouvertement tous ceux qui rêvaient d'étouffer dans le sang la révolution naissante. On citait de lui des répliques célèbres. *Un homme arrêté est un homme condamné... Un soufflet de plus sur la face d'un détenu, c'est un soufflet de moins sur la face du Christ...* Les journaux clandestins le menaçaient régulièrement des plus terribles vengeances. Mais il n'en avait cure. Il habitait, entre sa femme et sa fille, un hôtel particulier d'apparence modeste, dans le quartier de l'Amirauté, à Saint-Pétersbourg, ne sortait que pour se rendre aux séances des commissions, et une demi-douzaine de mouchards étaient attachés à ses pas. Malgré la surveillance de la police, Zagouliaïeff avait juré de « liquider » Koudriloff, et Nicolas l'encourageait à tenter cette affaire avant celle de l'expropriation.

Il y eut des conférences nombreuses au logis de Nicolas. Les moindres détails de l'exécution y furent discutés avec fièvre. Fallait-il user de la bombe ou du revolver ? Fallait-il se présenter au domicile de Koudriloff avec une fausse pétition ou l'attaquer dans la rue ? Fallait-il que toute la compagnie prît part à l'attentat ou charger un seul de le perpétrer à ses risques et périls ? Zagouliaïeff tempérait l'ardeur de ses hommes. Il les avait choisis avec discernement, suivant leurs qualités et leurs défauts, comme on choisit les chiens d'une meute. Nicolas était le rêveur aux mains soignées, qui pouvait emporter la décision d'une affaire dans un moment d'enthousiasme mystique, mais on ne devait pas l'employer à des tâches de longue haleine qui lui eussent donné l'occasion de s'interroger. Il trouvait son adjuvant naturel en la personne de Bloch, petit Juif ratiocineur, méthodique et patient. Alleluïeff, lui, était une brute énorme, un ancien boucher, tueur exemplaire, que Zagouliaïeff réservait pour les grosses besognes. Gédéonoff, chimiste de la compagnie, s'occupait de la fabrication des bombes, mais la vue du sang le rendait malade. Quant à Dora Rouboff, l'exaltée, la folle, elle entretenait, parmi ces hommes sacrifiés d'avance, une sorte d'émulation funèbre. Bloch, Gédéonoff et Alleluïeff étaient vaguement amoureux d'elle. Et Zagouliaïeff se félicitait de cette passion collective. Car, grâce à Dora, dans le cœur de chaque compagnon, la sotte vanité du mâle s'ajoutait à la vanité sacrée du révolutionnaire.

Nicolas connaissait bien Dora Rouboff pour avoir été recueilli et soigné par elle, un soir qu'il avait trop bu. Il se souvenait de la chambre, des canaris dans leur cage, de la toile cirée rouge sur la table, du visage pâle penché sur le sien. Il aurait pu, ce jour-là, devenir le maître de cette créature étrange, qui avait tué et qui prétendait encore à l'amour des hommes. Mais une répulsion glacée l'avait détourné de ce corps. Depuis, Nicolas reprochait à Dora d'avoir oublié, l'espace d'un instant, qu'elle était un soldat de la révolution. Et Dora ne pardonnait pas à Nicolas de lui avoir rappelé qu'elle trahissait son rôle. Cette hostilité silencieuse était connue d'eux seuls. Ils avaient leur secret dans le grand secret. Aux réunions, par un accord tacite, ils affectaient de se traiter avec bienveillance. Cependant, leurs rapports manquaient de naturel. Zagouliaïeff disait :

— Il suffit que le camarade Arapoff soit en face d'une femme pour qu'il lui pousse un faux col amidonné autour du cou. J'espère que tu seras moins timide en face de Koudriloff.

Nicolas rougissait. Dora inclinait la tête, et ses yeux étincelaient de façon cruelle. Un jour, pendant une suspension de séance, elle s'approcha de Nicolas et lui dit à voix basse :

— Vous me détestez, n'est-ce pas ?

— Non, dit-il, pourquoi ?

Elle se mit à rire :

— On déteste toujours les femmes qu'on n'a pas pu aimer.

— Je ne sais ce que vous voulez dire, balbutiait Nicolas.

— Autrefois, nous étions séparés par le sang, dit-elle encore. J'avais tué. Vous étiez d'un autre bord. Vous me regardiez avec horreur. Mais, demain, vous aussi serez un assassin. Nous pourrons mieux nous comprendre...

Vers le début du mois de mars, Zagouliaïeff, ayant arrêté son plan, résolut de passer à l'exécution. Les camarades étaient tombés d'accord sur la tactique de l'attentat : surveillance des allées et venues du procureur militaire ; emploi de la bombe ; nécessité d'attendre que Koudriloff se trouvât seul dans sa voiture, afin d'éviter que des innocents fussent frappés en même temps que le coupable. Alleluïeff se laissa pousser la barbe, acheta un cheval et une calèche, sur les fonds du groupe de combat, et s'établit cocher à Saint-Pétersbourg. Nicolas se déguisa en vendeur de cigarettes, et Bloch en cireur de bottes. Dora et Gédéonoff partirent pour la Finlande où ils devaient se procurer du fulminate de mercure. Zagouliaïeff centralisait les renseignements.

Des heures entières, Nicolas stationnait devant la villa de Koudriloff, le ministère de la Guerre, le Conseil d'empire, le palais de Tauride, l'état-major. Coiffé d'une casquette crasseuse, vêtu d'une blouse en peau de mouton, il déambulait dans la boue et criait honteusement sa marchandise. La courroie de l'éventaire lui sciait le cou. Ses doigts étaient gelés. L'eau des flaques clapotait dans ses bottes percées. Parfois, des agents de police ou des portiers lui criaient des injures et le chassaient d'un trottoir à l'autre. Alors, il s'enfuyait, le dos rond, le regard peureux. Et les autres riaient et se claquaient les cuisses. Mais il était payé de son humiliation, lorsqu'il voyait surgir, dans le flot des voitures disparates, la calèche élégante de Koudriloff, avec ses deux chevaux bais, son cocher à la barbe blonde et ses lanternes d'argent. Le procureur n'était jamais seul. Toujours l'accompagnait sa femme ou sa fille. Les aimait-il au point de ne pouvoir se séparer d'elles ? Ou avait-il deviné que leur seule présence le garantissait de la mort ? Nicolas observait ce petit homme lourd, en manteau gris de général. Il savait la dimension de ses épaulettes et le nombre de ses décorations. Les moindres verrues de son visage lui étaient familières. Même, il imaginait l'odeur de ce corps vieillissant. La nuit, il lui arrivait de rêver à l'affreux Koudriloff, pesant, bilieux, renfrogné, comme un adolescent rêve à sa maîtresse. Koudriloff lui appartenait, était devenu son bien, sa chose, une partie indispensable de lui-même. Il était jaloux de

Koudriloff, amoureux de Koudriloff. Et, en même temps, il avait honte de guetter dans l'ombre un ennemi désarmé. Cette besogne n'était-elle pas indigne d'un champion de la liberté ? Le révolutionnaire tue et risque sa vie. Il ne se déguise pas pour épier sa proie derrière une colonne. Mais peut-être fallait-il que le vrai combattant, avant de porter le coup, sacrifiât en lui jusqu'à cette dernière fierté ? Tout s'achète. Même le droit d'exécuter un coupable.

Un jour, enfin, Zagouliaïeff annonça que les renseignements recueillis étaient suffisants et que l'attentat aurait lieu dans quarante-huit heures. Ainsi, ce jeu de cache-cache puéril, cette mascarade, ces attentes n'avaient pas été vains. Koudriloff se débattait comme un gros poisson argenté dans un réseau de regards et de pensées hostiles. Koudriloff était condamné. Koudriloff était mort déjà. Et, cependant, il continuait de rouler dans sa calèche à flambeaux, avec sa femme, sa fille, son cocher barbu. Il compulsait des papiers, donnait des signatures, se croyait quelqu'un. C'était comique et sinistre. Nicolas fut attristé lorsque Zagouliaïeff lui signifia qu'il n'aurait aucun rôle dans l'exécution. Alleluïeff, Dora et lui-même se réservaient cette première affaire. On emploierait le camarade Arapoff pour l'expropriation du bureau de poste. Après tout, n'était-il pas un débutant qui devait faire ses preuves avant de s'attaquer à un morceau de choix ? Selon les dernières informations, Koudriloff comptait se rendre seul au théâtre impérial, pour assister à un spectacle de gala donné au bénéfice de la Croix-Rouge. Bloch, ayant interrogé quelques portiers du voisinage, avait appris que la femme et la fille du procureur étaient parties la veille pour Baden-Baden. L'occasion était inespérée.

Nicolas passa une mauvaise nuit. Sans doute était-il furieux d'avoir préparé un travail que d'autres achèveraient sans lui. Mais, en même temps, il n'était pas fâché qu'on lui refusât l'affreux privilège d'assassiner un homme. Un lâche soulagement lui venait à l'idée que, cette fois, encore, il n'aurait rien à se reprocher.

Le lendemain, à dix heures du soir, Zagouliaïeff, Alleluïeff et Dora se retrouvaient dans un square proche du
théâtre Marie. Nicolas les rejoignit pour leur annoncer
que Koudriloff était arrivé au théâtre peu après huit
heures. Tous étaient calmes. Dora cachait sa bombe
dans un carton à chapeaux. Alleluïeff, toujours vêtu en
cocher, tenait la sienne sur les genoux, enroulée dans
un plaid. Celle de Zagouliaïeff reposait au pied du banc,
dans un paquet de journaux mal ficelés. Ils étaient là,
avec leurs bombes, et nul ne songeait à les arrêter. Cette
circonstance paraissait à peine croyable. De nouveau,
Nicolas regretta de ne pouvoir participer à leur aventure. La nuit était calme et froide. Des flaques de boue
blanchâtre luisaient au tournant d'une allée. Zagouliaïeff regarda sa montre.

— Il est temps, dit-il. Alleluïeff se postera au coin de
la rue Glinka et de la rue des Officiers. Dora se tiendra
à l'autre extrémité de la place, entre le tronçon sud de
la rue Glinka et le Conservatoire. Moi, je surveillerai la
sortie du théâtre. En cas d'échec, rendez-vous ici. Nicolas nous attendra.

Ils se levèrent. Ils s'en allèrent un à un. D'abord Alleluïeff. Puis Dora. Elle avait du mal à porter sa bombe
qui était lourde. Avant de disparaître, la jeune femme
se retourna. Nicolas la vit sourire d'un air absent, égaré.

— Bonne chance, cria-t-il.

Il avait le cœur serré d'angoisse, de compassion. Elle
lui fit une grimace de fillette, haussa les épaules, poursuivit son chemin en boitant.

Zagouliaïeff ramassa son paquet de journaux, l'éleva
jusqu'aux oreilles de Nicolas. Nicolas entendit le mécanisme régulier de la fusée. Ce tic-tac funèbre absorbait
toute son attention : « Au moindre choc, le tube éclate
et la mélinite explose. Et c'est la mort. La mort de Koudriloff. La mort de Zagouliaïeff. » Nicolas ne pouvait
s'habituer à l'idée qu'il voyait Zagouliaïeff pour la dernière fois. Il le trouvait tout à coup très grand et très
beau. Pas un assassin. Mais un messager de la colère
divine.

— À bientôt, dit Zagouliaïeff.

Nicolas se dressa d'un bond, le prit dans ses bras, le baisa sur ses joues froides et rêches. Zagouliaïeff se débattait :

— Allons, laisse-moi. Tu vas gâcher mon plaisir.

Il ricanait, les dents serrées, les yeux plissés de haine :

— La plus belle heure de ma vie... Je n'ai vécu que pour ça, tu comprends ?... Et, tout à coup, voilà, c'est pour maintenant... Le dénommé Zagouliaïeff reçoit sa raison d'être... Si j'en réchappe... Non, je ne veux pas y penser...

Il grommela encore :

— Les chiens, les chiens, les salauds !...

Puis il s'éloigna d'un pas rapide, sa bombe sous le bras.

Nicolas demeura seul dans le jardin noyé d'ombre. Des festons de neige pendaient aux branches des arbres. Le vent apportait l'odeur puissante de la mer. On entendait craquer la glace de la Néva. Un instant, Nicolas pensa qu'il émergeait d'un rêve, que Zagouliaïeff, Alleluïeff, Dora, n'avaient pas l'intention de tuer Koudriloff, que les bombes n'existaient pas, que Koudriloff n'existait pas. Machinalement, il sortit du square et déboucha sur la place du théâtre.

Le théâtre était illuminé. Des policiers descendaient, remontaient les longues marches miroitantes. Les badauds circulaient entre les calèches. Nicolas chercha Zagouliaïeff des yeux, ne le trouva pas dans la foule et rebroussa chemin. Dans le square, il prit le parti de marcher un peu pour apaiser son impatience. Puis, il s'assit sur un banc, somnola, se réveilla en sursaut, honteux d'avoir succombé à une fatigue banale. Il regarda sa montre. Onze heures. Transi de froid, le cœur faible, il se mit debout et poursuivit sa promenade. À plusieurs reprises, il crut entendre une détonation. Et, tout à coup, Zagouliaïeff fut devant lui. Avant même que Zagouliaïeff eût parlé, Nicolas savait que l'attentat n'avait pas eu lieu. Zagouliaïeff tenait la bombe sous son bras. Son visage était figé dans une expression de dépit. Des aiguilles de givre hérissaient son menton pointu.

— Alors ? Quoi ? Qu'est-il arrivé ? cria Nicolas.

— Il était avec sa femme, dit Zagouliaïeff.

— Mais Bloch nous avait dit...

— Le voyage à Baden-Baden ?... Oui, il s'était trompé, ou on l'avait trompé, voilà tout... Quand sa calèche est passée devant moi, j'allais jeter la bombe, et je les ai vus à l'intérieur, tous les deux...

— Et Alleluïeff ? Et Dora ?

— La calèche s'est dirigée du côté de Dora. Et Dora non plus n'a pas jeté la bombe. Parce que Koudriloff n'était pas seul. C'est raté ! Une fois de plus !

Nicolas eut l'impression que Zagouliaïeff allait éclater en sanglots, comme un élève refusé à son examen. Lui-même avait la gorge serrée. Tant de travail, tant de précautions, pour aboutir à cet échec lamentable. Il ne voulait pas le croire. Il parlait vite pour s'étourdir :

— On pourrait les rattraper en chemin... Prendre une voiture...

— Ne dis pas de sottises, souffla Zagouliaïeff.

Nicolas se tut, regarda Zagouliaïeff un long moment et murmura enfin :

— Je n'aurais pas cru que tu renoncerais à jeter ta bombe pour épargner cette... cette femme qui ne nous est rien...

— Moi non plus, je ne l'aurais pas cru, dit Zagouliaïeff.

Il soupira, cracha par terre. Dora et Alleluïeff apparurent au bout de l'allée. Elle avait un visage mince, fatigué, et c'était son compagnon qui portait les deux bombes, une sous chaque bras. Alleluïeff grondait dans sa barbe :

— En voilà des histoires ! Il fallait taper dans le tas ! Lui et elle ! Ils se valent ! Alors, pourquoi hésiter ? Moi, je ne vous comprends pas. Si c'est ça la terreur ! Une occasion unique ! Et on la laisse échapper pour ne pas abîmer une madame !

— Notre premier attentat doit être tel qu'on ne

puisse rien nous reprocher, dit Zagouliaïeff d'une voix brève. Tuer l'ennemi, et rien que lui. C'est une question de propreté morale. Si tu ne saisis pas ça, tu es un porc et tu ne m'intéresses plus.

Alleluïeff se mit à rire :

— Ne te fâche pas, mon pigeon. On t'obéit. Mais on aime savoir...

Dora s'était assise sur le banc, la tête basse. Elle pleurait. Nicolas s'approcha d'elle.

— J'étais tellement sûre que je le tuerais ! dit-elle.

— Ne restons pas là, dit Zagouliaïeff. Dès demain, à dix heures, rendez-vous chez Dora, afin d'envisager la possibilité d'un nouvel attentat contre Koudriloff. Alleluïeff portera les bombes chez Gédéonoff pour qu'il retire les détonateurs. Compris ?

Et sans saluer personne, il tourna les talons et s'enfonça dans la nuit.

Le lendemain, après de longues discussions, il fut décidé de renoncer à une exécution en pleine rue, à la bombe. Pour surprendre Koudriloff seul, il était indispensable de l'attaquer chez lui. À cet effet, Zagouliaïeff se ferait engager chez le procureur militaire à titre de valet de chambre ou de palefrenier. Dora et Nicolas se présenteraient au domicile de Koudriloff un jour d'audience. Et, à eux trois, ils finiraient bien par abattre « le vieux ».

Il fallut deux semaines de démarches à Zagouliaïeff pour être embauché parmi le personnel de Koudriloff. Une place d'aide-jardinier était vacante. Zagouliaïeff l'obtint par l'entremise d'un horticulteur des environs, révolutionnaire convaincu et fournisseur du procureur militaire. Mais, d'après les instructions de Koudriloff, le jardinier principal avait seul le droit de tailler les buis disposés contre le mur de la maison. Ainsi Zagouliaïeff ne pouvait-il s'approcher des fenêtres du bureau qui était au rez-de-chaussée. Une fois seulement, profitant d'une absence du jardinier principal, il se faufila le long des massifs, jeta un coup d'œil dans la pièce où Koudriloff dictait le courrier à son secrétaire. Ayant noté la topographie des lieux, il eut une réunion avec Nicolas et Dora pour arrêter définitivement les modalités de l'opération.

Au jour dit, Nicolas devait se rendre chez le procureur en uniforme de scribe du tribunal militaire. (Cet uniforme, Bloch l'avait déjà commandé à un tailleur de ses amis.) Peu après, Dora, déguisée en lycéenne, viendrait se joindre aux solliciteurs parqués dans la salle d'attente. Lorsqu'elle serait en place, Nicolas déclarerait à l'huissier de service qu'il avait un pli urgent pour Son Excellence. Koudriloff, abusé par le titre administratif du visiteur, le recevrait probablement sans difficulté. Une fois seul avec le procureur militaire, Nicolas tirerait un revolver de sa poche, foudroierait le bonhomme à bout portant et sauterait par la fenêtre. Zagouliaïeff, posté dans les buissons, protégerait sa fuite. Si le procureur militaire évitait le coup et s'évadait du bureau dans l'antichambre, Dora se précipiterait sur lui et l'abattrait au passage. Enfin, si Koudriloff, par miracle, échappait à ce double attentat et cherchait refuge dans le jardin, Zagouliaïeff le poursuivrait et lui jetterait sa bombe dans les jambes. Sauf par malchance exceptionnelle, le plan ne pouvait pas rater. Les lieux étaient connus. Les armes étaient bonnes. Les mouchards qui défendaient la demeure de Koudriloff n'observaient guère les allées et venues de l'aide-jardinier, et leurs soupçons ne seraient pas éveillés par des personnages aussi notoirement inoffensifs qu'une lycéenne et un scribe du tribunal militaire.

L'uniforme de Nicolas fut prêt dans les derniers jours du mois d'avril. Il l'essaya chez lui, devant la glace, et s'étonna de ne pas se reconnaître dans ce fonctionnaire maigrichon et falot. Se pouvait-il qu'une simple livrée modifiât à ce point l'apparence physique et morale d'un individu ? Sans doute y avait-il, de par le monde, des scribes que Nicolas méprisait sur leur seule mine, mais qui n'étaient ni plus mauvais ni meilleurs que lui. Et, ce qui était vrai pour un uniforme de scribe, devait l'être pour un uniforme de général. En condamnant un général, on condamnait d'abord l'uniforme. On oubliait l'homme. À la faveur de ce déguisement, Nicolas comprenait soudain toutes sortes d'injustices dont les révolutionnaires se rendaient probablement coupables. Il eut peur de cet accès de pitié tardive. Il refusa d'y réfléchir. Mais, dans la glace, un petit fonctionnaire inconnu, triste, anxieux, le regardait avec une fixité gênante. Ce petit fonctionnaire lui demandait des comptes au nom de tous les fonctionnaires qui étaient tombés et qui tomberaient encore sous les balles et sous les bombes. Rageusement, Nicolas dégrafa son col, déboutonna sa tunique. Toujours trop de pensées avant l'action. Il étoufferait, un jour, dans la forêt de ses rêves. L'attentat contre Koudriloff était prévu pour le 13 mai. Nicolas passa aux Îles la dernière nuit avant l'exécution.

Aux Îles, régnait une fraîcheur humide. Le parfum de l'herbe jeune se mêlait à l'odeur âcre de la mer. Des feux multicolores palpitaient dans les branches nues. Nicolas se dirigea vers ces lumières, pénétra dans une salle de spectacle pleine de monde. Sur la scène, une diseuse, très décolletée, très maquillée, faisait des grâces, ondulait de la hanche. Des bourgeois, des officiers, l'applaudissaient frénétiquement. Nicolas s'assit parmi ces gens bien nourris, bien peignés, écouta leurs rires avec un sentiment d'envie. « J'aurais pu vivre comme eux, manger, dormir, avoir une femme, des enfants, aller aux Îles pour me distraire. J'ai préféré la voie dangereuse. » Il répéta doucement :

— La voie dangereuse.

Une angoisse laide montait en lui. « Est-ce que j'aurais peur ? Peur de mourir ? Ou peur de tuer ? » Non, il ne craignait pas de mourir. Il ne tenait pas à la vie. Ce qui l'effrayait, c'était la mort de l'autre. De nouveau, la vieille question obsédante barrait sa tête : « De quel droit, moi, Nicolas Arapoff, vais-je supprimer un homme ? » Les réponses classiques ne satisfaisaient plus sa raison : « Un soldat de la révolution peut tout se permettre dans l'intérêt de la révolution. Le bonheur du peuple est une excuse valable aux erreurs que l'on commet en son nom. Un combattant n'a pas de volonté propre. Il exprime la volonté du parti. » Eh bien, le peuple, le parti ne suffisaient pas à justifier le meurtre de Koudriloff. Au-dessus du peuple, au-dessus du parti, il y avait Dieu. Dieu ordonnait-il que Nicolas devînt un justicier ? De toutes ses forces, Nicolas souhaitait qu'un signe irrécusable le renseignât sur la pensée de Dieu. Il interrogeait la scène, la salle, comme pour y découvrir une approbation secrète à la mission qu'il avait acceptée. Les verres tintaient. Un bouchon de champagne claqua sec au milieu des rires. Les serveurs flottaient dans un cercle de visages congestionnés. Dans le verre de thé que Nicolas tenait à la main, nageaient des pastilles de lumière. « Dois-je tuer vraiment ? N'est-ce là que mon désir ou le désir de Dieu ?... » Une Tzigane, vêtue de haillons verts et rouges, harnachée de médailles d'or, la face sombre, la bouche souple, chantait :

> *Dis-moi, pourquoi t'ai-je rencontré ?*
> *Pourquoi suis-je amoureux de toi ?...*

Nicolas ferma les yeux, et, brusquement, sur le fond flamboyant de ses paupières, se dessina la figure blafarde et boursouflée de Koudriloff. Un filet de sang coulait hors des narines béantes. Les lèvres écartées laissaient voir une rangée de dents mortes et jaunes. Nicolas frémit, secoua la tête pour chasser la vision. Déjà, son âme immortelle était perdue, souillée. Et il lui faudrait vivre avec cette âme jusqu'au jugement dernier. « Mon Dieu, conseillez-moi ! » murmura-t-il.

Des voisins le considéraient avec surprise. Mais il n'y prenait pas garde. Il se sentait faible, vulnérable, anéanti, comme un petit enfant. « Un signe, je demande un signe... » Il regretta de n'avoir pas emporté avec lui sa vieille Bible reliée en toile noire. Il récita : *Mon Dieu, mon Dieu, pourquoi m'avez-vous abandonné ?...* Puis encore : *Celui qui aime son âme la fera périr, et celui*

qui hait son âme en ce monde la conservera pour la vie
éternelle...

Cette dernière pensée lui fit du bien. Il haïssait son
âme en ce monde. Volontairement, il la chargeait de
remords innombrables. Donc, la rédemption lui serait
accordée, comme à tous ceux qui avaient fait bon marché de leur réputation terrestre pour n'aspirer qu'au
royaume de Dieu. Maintenant, il savait qu'il tuerait
sans faute le procureur, que ce geste ne dépendait pas
de lui, qu'il n'était plus en son pouvoir de le refuser ou
de le retarder d'un jour, que tout était décidé pour lui,
depuis longtemps, depuis sa naissance, depuis le com-
mencement des âges. Une femme lui toucha la main en
passant. Il lui sourit. Il avait envie de sourire à tout le
monde.

Le lendemain matin, à huit heures, il revêtit son uniforme de scribe et se rendit dans le square Alexandre
où Zagouliaïeff l'attendait pour régler les derniers
détails de l'affaire. À onze heures, il se présentait au
domicile de Koudriloff. Quelques mouchards, coiffés
de chapeaux melon, chaussés de caoutchoucs solides,
déambulaient devant le porche. Un agent de police
bavardait avec le portier sur le perron à colonnettes.

— Pour l'audience, dit Nicolas en passant devant
eux.

Et ils ne songèrent pas à le retenir. On eût dit vraiment que son uniforme lui valait la confiance immédiate des petites gens. Dans l'entrée, un suisse à cravate
blanche l'accueillit et lui fit l'honneur d'un sourire.

— Son Excellence ne vous attendait que pour midi,
dit-il.

Sans doute Koudriloff attendait-il effectivement la
visite d'un scribe du tribunal militaire, porteur de
papiers importants. Et il avait prévenu son personnel
d'introduire le messager au plus vite. Cette coïncidence
favorable réjouit Nicolas. Il se sentait merveilleusement
lucide et dispos. Ses craintes avaient disparu avec les
dernières ombres de la nuit. Il avait l'impression d'accéder à une joie qu'il avait longtemps espérée. Sa consé-

cration, son ordination n'étaient plus qu'une question de minutes. Machinalement, il tâta le browning, au fond de sa poche. Le contact de l'acier froid n'était pas désagréable. Tout était pur, clair, mécanique, dans cette affaire. Le rêve n'avait plus de place entre cette main et cet objet, entre lui et la mort de l'autre.

Tandis qu'il marchait, il se vit dans la glace, avec son uniforme, sa serviette bourrée de dossiers. Les murs de l'antichambre étaient tendus de soie mauve. Des sièges dorés encadraient les fenêtres. Le suisse poussa une porte, et Nicolas se trouva dans le petit salon qui servait de salle d'attente. Une dizaine de personnes étaient rassemblées là. Des fonctionnaires, des marchands, une femme en manteau de fourrure. Tous semblaient oppressés par la solennité du lieu et la présence invisible du maître.

— Asseyez-vous, dit un secrétaire. Je vais faire prévenir Son Excellence.

Lui aussi était au courant. Nicolas s'assit, se releva, s'approcha de la fenêtre. À travers les rideaux de tulle, il découvrit un jardinet à l'herbe rare, aux plates-bandes retournées. Tout au fond, près d'une cabane à outils, se tenait un homme en tablier bleu. C'était Zagouliaïeff. Zagouliaïeff ne quittait pas des yeux la maison. En apercevant la silhouette de Nicolas derrière les carreaux, il fit quelques pas, s'arrêta et cracha dans ses mains avec désinvolture. C'était le signal. Tout marchait bien. Dora seule manquait au rendez-vous. Nicolas consulta sa montre. Tandis qu'il se rasseyait devant une petite table chargée de porcelaines, la porte s'ouvrit et Dora pénétra dans la pièce. Elle était très calme, très belle. Son regard glissa sur Nicolas avec indifférence, et, comme le secrétaire s'avançait à sa rencontre, elle sourit et tira un petit papier de son sac :

— C'est pour une intervention un peu délicate... Mon frère, n'est-ce pas ? était étudiant et se destinait à...

Nicolas n'entendit pas la suite. Le secrétaire hochait la tête. C'était un tout jeune homme au visage poupin et rose, aux douces moustaches laineuses.

— Je ne sais si Son Excellence aura le temps de vous recevoir aujourd'hui, dit-il. Attendez toujours...

Elle s'installa sur une banquette, sortit un roman de son réticule, l'ouvrit sur ses genoux, feignit de lire. Son attitude était si naturelle que Nicolas pensa, une seconde, qu'elle était une vraie lycéenne et qu'il la voyait pour la première fois.

Les minutes coulaient avec lenteur. On entendait des éclats de voix derrière la cloison. Le secrétaire allait et venait, important, inutile. Des mouches se promenaient au plafond. Était-ce là un décor convenable pour la mort ? Tout à coup, la porte du fond s'ouvrit avec lenteur, livrant passage à un lieutenant en grande tenue. Son pas rapide et sec fit tinter les pendeloques d'un lustre en verre de Venise. Le secrétaire s'approcha de Nicolas et lui dit à voix basse :

— Son Excellence vous attend.

Nicolas sentit un léger spasme à la gorge, et il lui sembla que tout le monde le regardait. Sûrement, « ils » allaient se saisir de lui, le fouiller, l'arrêter, le frapper au visage.

Une sonnette tinta.

— Vous venez ? dit le secrétaire. Son Excellence s'impatiente.

Nicolas eut l'impression que les draperies de l'éternité s'écartaient devant lui. Il se mit debout et traversa le salon, pas à pas, solennellement. Ses jambes étaient faibles. Son corps n'avait plus de poids. En passant devant Dora, il vit qu'elle relevait le front et le considérait fixement, amoureusement, comme elle ne l'avait jamais fait encore. Il eut envie de tousser. Un tremblement nerveux agitait sa lèvre inférieure. Le secrétaire tourna une poignée de cuivre, poussa un battant de chêne poli et murmura :

— Je vous laisse.

De lourds rideaux verts maintenaient dans la pièce une lumière profonde et fraîche d'aquarium. Aux murs, pendaient des portraits de Nicolas II et de l'impératrice. De chaque côté de la fenêtre, se dressaient deux étagères d'acajou, chargées de livres aux reliures précieuses. Nicolas se rappela que Koudriloff collectionnait les érotiques français du XVIIIe siècle. Le bureau Empire, aux bronzes massifs, était encombré de paperasses, de dossiers, de télégrammes. Au bout de la table, deux petits vases, garnis de roses rouges, encadraient une photographie de femme. Nicolas vit tout cela, et, cependant, il croyait ne regarder que Koudriloff. Il le regardait avec stupeur, avec intensité. Jamais encore il ne l'avait observé à une aussi courte distance. De près, il le reconnaissait à peine. Au-dessus de l'uniforme, se balançait une grosse tête blanchâtre, à la lippe pendante, aux yeux gonflés de larmes jaunes. Des veinules ramifiées divisaient la masse adipeuse des joues. Les oreilles s'écartaient du crâne. Et, sur le front, sur les tempes du vieillard, flottait une mousse de cheveux gris. Nicolas remarqua aussi, avec une répulsion inexplicable, qu'un saphir d'une eau très pure ornait la main large du procureur. Dans cet éclairage verdâtre, Koudriloff semblait un monstre marin, repu et somnolent. Une respiration sifflante s'échappait de ses lèvres. Sans s'occuper de Nicolas, il achevait la lecture d'un rapport et cochait des passages au crayon rouge. Puis, tout à coup, il se renversa dans son fauteuil, allongea les jambes et dit :

— Simon Andréïevitch m'avait annoncé votre visite pour midi. Les états sont prêts ?

Nicolas entendit sa propre voix qui répondait :

— Oui, Excellence.

— Mes compliments. Vous avez fait vite. Quel est votre nom ?

— Gléboff, dit Nicolas.

Et il songea : « Maintenant, il faut que je le tue. Sinon, il va me demander ces fameux états. »

Mais, tout en raisonnant de la sorte, il se sentait engourdi par un charme puissant. Son esprit travaillait vite, mais sa main refusait d'obéir. Il y avait rupture de contact entre l'âme et le corps. Koudriloff s'était levé et se promenait de long en large dans la pièce. Il paraissait d'excellente humeur. Un peu de rose était venu à ses joues.

— J'ai connu un Gléboff, autrefois, dans l'administration pénitentiaire. Ce n'était pas votre père ?

— Non, Excellence, dit Nicolas. Je regrette...

Et, pour retarder l'instant fatidique, il ajouta précipitamment :

— Mais j'avais un oncle qui était directeur de prison, Excellence. Un Gléboff aussi.

— À Tambov ?

Nicolas feignit de chercher dans ses souvenirs. En même temps, il pensait : « Ce que je fais est absurde. À quoi bon lui accorder quelques secondes de sursis ? Qu'aura-t-il de plus s'il ne meurt qu'à onze heures vingt-deux du matin, au lieu de mourir à onze heures vingt et une ? Une gorgée d'air frais en supplément. Un ultime sentiment d'importance. Ou la conviction subite que ses chaussures lui font mal aux pieds ? Une ligne rajoutée dans une addition de mille pages, est-ce que ça change le total ? » Les idées tournoyaient dans sa tête, sans se poser. Il voyait que le général le considérait avec surprise, attendait sa réponse. Mais il ne voulait pas lui répondre. « Le total de la vie... Le total de la vie... Il dépend de moi que le procureur militaire Koudriloff vive jusqu'à onze heures vingt-deux ou succombe dès maintenant. J'ai le pouvoir d'arrêter l'addition à la somme voulue. Moi, Nicolas Arapoff... » Devant cet homme qui allait mourir, Nicolas comprenait soudain la valeur inestimable, irremplaçable du temps humain. Chaque battement de cœur était un don de Dieu. Entre deux clignements de paupières, le monde était renouvelé pour le dernier d'entre nous, avec son ciel, ses arbres, sa lumière.

— À Tambov. En 1890, il me semble, non ? disait Koudriloff.

— Exactement, Excellence, murmura Nicolas d'une voix blanche.

— Ah ! vous voyez !

Koudriloff paraissait ravi de constater à quel point sa

mémoire était restée fidèle. Il se frottait les mains. « Il ne sait rien, pensa Nicolas. Et moi, je ne dois plus attendre. D'ailleurs, est-ce par pitié pour lui que je retarde mon geste, ou par pitié pour moi ? Est-ce à lui que j'accorde un délai, ou à moi-même ? »

Koudriloff s'étira et revint à sa table.

— Au travail. Montrez-moi ces papiers, dit-il.

Nicolas inclina la tête en signe d'assentiment. Un froid mortel entourait son cœur. Ses poumons étaient vides. Ses genoux tremblaient.

— Alors ? répéta Koudriloff.

Et il fronça les sourcils. Nicolas eut l'impression qu'une lueur de méfiance passait dans les prunelles troubles du procureur. Alors, il fourra la main dans sa poche, tâta le revolver, l'empoigna fortement. Il se répétait pour reprendre courage : « C'est une canaille... Il faut l'abattre... Déjà, il se doute... Il va crier... » En même temps, il remontait l'arme le long de sa cuisse. « Pas de pitié... La sale gueule... Et ce saphir au doigt... » Il regardait le saphir. Il le voyait grossir et cligner comme un œil.

— Vous êtes sourd ? glapit Koudriloff. Je vous ai demandé les états !

Nicolas, sans répondre, assura son index sur la gâchette. À ce moment, la porte s'ouvrit à toute volée. Une voix étouffée criait :

— Excellence, il y a erreur ! Le scribe de Simon Andréïevitch vient d'arriver ! Celui-ci...

Le procureur tressaillit, tendit les bras, avança son torse chamarré de décorations. Un coup de poing frappa Nicolas à la nuque. Il chancela, fit un pas de côté, et, sans réfléchir, sans viser, déchargea son arme dans la direction de la table. Mais le procureur n'était plus là. Quelqu'un braillait :

— Je le tiens !... Je le tiens !... À l'aide !...

Comme un forcené, Nicolas mordit une main qui s'agrippait à sa manche, cogna de la tête dans un visage mou. Puis, oubliant les recommandations de Zagouliaïeff, il fonça dans la salle d'attente en hurlant :

— Place ! Place !

Des gens s'écartaient devant lui avec des gestes d'épouvante. Une dame en manteau de fourrure gisait, évanouie, au milieu du passage. Le suisse, livide, l'œil hagard, ouvrait les bras pour barrer la route et vociférait :

— Tu ne t'échapperas pas !

Nicolas poussa une porte et se trouva dans une salle de bains. Alors seulement, il s'aperçut que Dora l'avait suivi.

— Bouclez la porte à double tour. Ouvrez la fenêtre, dit-elle brièvement.

Il tourna la clef dans la serrure, ouvrit la fenêtre, enjamba la balustrade et sauta dans le vide, de la hauteur d'un étage à peine. Dora se laissa descendre en prenant appui sur ses épaules. Autour d'eux, un verger. Des plantes chétives. Contre le mur de clôture, une échelle. Sans doute était-ce Zagouliaïeff qui l'avait placée à leur intention. Mais où était Zagouliaïeff ? Nicolas et Dora escaladèrent le mur et atterrirent dans un jardin abandonné. Derrière eux, résonnaient des voix discordantes, une rumeur de galopades et de branches cassées. Devant eux, s'étalait un terrain vague, envahi de ronces, où luisaient des boîtes de conserve et des tessons de bouteille. Ils le franchirent en titubant. Une porte. La rue. Des gens qui passent. Et personne pour les arrêter.

— Il ne faut pas courir, dit Dora. Sinon, on nous remarquera. Nous serons perdus.

Ils montèrent dans un tramway, et furent aussitôt des voyageurs parmi les autres. Puis, ils prirent un fiacre. Enfin, ils traversèrent à pied un quartier pauvre aux longues palissades de bois. Nicolas se laissait guider par la jeune femme. Sa tête était lourde et douloureuse. Un point de côté lui coupait le ventre.

— Entrons ici, dit Dora.

Elle ouvrit une porte tapissée d'affiches en lambeaux, la referma. Nicolas vit une grande cour boueuse avec des tas de planches, un peu partout. Les lattes étaient empilées les unes sur les autres pour former des cubes réguliers. Sur le faîte de ces constructions étaient posées des plaques de carton goudronné ou de tôles. L'ensemble avait un air irréel de cité morte, avec ses rues, ses ruelles, ses places.

— Je connais l'endroit, dit Dora. C'est le dépôt d'une scierie. Nous n'y serons pas dérangés.

Ils s'assirent côte à côte sur un tronc d'arbre. Dora retira son chapeau, ses gants. Des gouttes de sueur perlaient à son front. La fièvre enflammait ses joues. Elle parlait avec volubilité :

— C'est une chance inespérée, incompréhensible, que nous ayons pu fuir. Je ne m'explique pas encore ce qui s'est passé. Peut-être Zagouliaïeff a-t-il détourné les mouchards ? Nous le saurons plus tard, s'il n'a pas été pris...

Elle réfléchit un moment :

— Je suis sûre qu'il n'a pas été pris. Il est trop fort. Mais nous deux, toi et moi, sommes fautifs.

Elle le tutoyait tout à coup, comme si leur besogne les avait rapprochés.

— Oui, nous sommes fautifs, dit Nicolas.

— Tu aurais dû tirer, dès qu'on t'avait introduit dans le bureau. Mais tu as eu peur. Tu as retardé ton geste. Et l'autre est venu.

— Oui.

— Ah ! quand j'ai vu arriver un second scribe, un vrai celui-là, dans la salle d'attente, j'ai senti que tout était perdu. J'espérais simplement que Koudriloff, si tu le manquais, passerait en courant devant moi. J'avais préparé mon revolver. Et rien. C'était toi qui venais. Poursuivi, haletant. Mon pauvre...

Elle lui caressa la joue de ses doigts nus et froids.

— Koudriloff n'est pas mort. Je ne l'ai pas tué. J'ai les mains blanches, dit Nicolas d'une voix de rêve.

L'échec de son entreprise le remplissait de lassitude et de dégoût. Une nausée aigre lui gonflait la bouche. Comme si elle eût deviné son abattement, Dora dit avec douceur :

— N'y pense pas. Nous sommes sauvés. C'est l'essentiel.

— Non, ce n'est pas l'essentiel ! s'écria-t-il. Par imprudence, j'ai compromis une affaire sûre, je n'ai pas avancé d'une ligne...

— Avancé d'une ligne ! Que veux-tu dire ?

Il haussa les épaules :

— Rien, rien...

Mais en lui-même, l'idée creusait lentement son chemin. De cette journée, il attendait une sorte de régénération intime. En sacrifiant ses derniers préjugés à l'idéal révolutionnaire, en immolant Koudriloff sur l'autel de la liberté, il espérait crever l'enveloppe et devenir un autre. Or, après ces coups de feu dans le vide et cette poursuite bouffonne, il se retrouvait à la même place, avec le même visage et le même cœur qu'autrefois. Il était toujours Nicolas Arapoff, l'intellectuel, le timoré, l'innocent. Respirant à peine, il s'efforçait d'analyser ce sentiment de manque profond qui s'était installé dans sa chair. Ce n'était plus un désir réfléchi qui le tourmentait. Mais une nécessité organique, puissante. Un besoin animal de tuer et de voir du sang. Il murmura :

— Pourquoi, mon Dieu, m'as-tu refusé de servir ?

Une calèche passa dans la rue. Des chiens aboyèrent. Dora frissonna et dit :

— Dieu n'a pas voulu de ton sacrifice... Moi, quand j'ai tué pour la première fois, tout était simple... Peut-être ne faut-il pas que tu nous ressembles ?... On ne sait pas...

Il la regarda fortement.

— Je vais y retourner, dit-il.

— Tu es fou !

La fièvre le secouait. Une espèce d'affirmation absolue, insensée, prenait possession de son être. Il ne pouvait plus demeurer ainsi, hors du danger, hors du péché. Sans doute son visage était-il décomposé par la haine, car Dora lui dit :

— Que tu es beau ! Tu me fais peur !

— Partons, répondit-il.

— Mais où aller ?

— Là-bas.

— On ne nous laissera pas entrer. On nous arrêtera.

— Je ne veux pas de prudence.

— Il ne faut pas qu'on te prenne, dit-elle en baissant les yeux.

— On te prendra aussi.

— Il ne faut pas qu'on nous prenne...

Elle se plaquait contre lui, amoureuse, tremblante, les lèvres sèches. Il la repoussa et se dirigea vers la porte.

— Eh bien, je te suis, dit-elle tristement. J'aime que tu sois fou.

Ils sortirent dans la rue.

— Donne-moi ton revolver, dit Nicolas, j'ai perdu le mien.

Elle ouvrit son sac, lui tendit un browning qu'il cacha dans sa poche, sans le regarder. Devant eux, la rue aux longues palissades était vide. Comme ils passaient près d'un débit de boissons, un agent de police en sortit, raide, bedonnant, la moustache fauve. Il rajustait son ceinturon. Nicolas éprouva une crainte rapide : « Nous aurait-il suivis ? » Mais l'homme s'éloignait déjà d'une démarche pesante et cadencée. À ce moment, Nicolas vit avec stupeur que Dora emboîtait le pas au policier.

— Où vas-tu ? demanda-t-il.

— Laisse-moi faire, dit-elle.

Et elle se mit à courir pour rattraper l'agent. L'homme se retourna.

— Enfin ! s'écria la jeune femme. Nous cherchions partout un agent. Dans la cour du dépôt de bois, il y a des ivrognes qui se battent. Vous devriez venir.

Le policier haussa les épaules :

— Laissez-les se battre, mademoiselle. Quand ils en auront assez, ils s'endormiront.

— On ne peut pas ! Ils sont armés de couteaux ! Nous les avons vus, ce monsieur et moi ! C'est atroce !...

— Peut-être... Seulement... je ne suis pas dans mon secteur, dit l'autre.

— Qu'est-ce que ça fait ?...

— Hors du service, un agent n'est plus un agent.

— C'est trop fort ! dit Dora. Je vais vous demander votre numéro.

L'agent hésita une seconde, lorgna l'uniforme de Nicolas, fit une grimace.

— Allons-y, soupira-t-il enfin.

— Vous nous accompagnez, Nicolas ? dit Dora d'une voix impérative.

— Eh bien, où sont-ils vos gaillards ?

— Derrière le tas de bois, à gauche, dit Dora.

— Je n'entends rien.

— Si... Si... Quelqu'un qui respire, qui râle... Oh ! quelle horreur !... Vite, vite...

Comme l'agent s'avançait vers la première pile de planches, Dora saisit la main de Nicolas et chuchota :

— Maintenant, tue-le.

Nicolas eut un haut-le-corps.

— Tue-le, reprit-elle plus fort.

Elle lui plantait ses ongles dans la paume. Justement, l'homme se retournait vers eux pour les interroger. Nicolas vit sa grosse figure rougeaude, sa moustache fauve. Il sortit le revolver de sa poche et tira devant lui, en pleine masse. L'agent dit :

— Eh ! qu'est-ce qui vous prend ?

Nicolas tira encore.

L'autre chancela, plia drôlement les jambes, comme pour s'asseoir à croupetons, fit deux pas et se coucha dans la boue. Une liqueur rouge foncé filtrait à travers sa moustache. Son œil gauche, crevé, bouillonnait un peu. Ses doigts griffaient la terre. Enfin, il cessa de remuer.

— Voilà, dit Dora, il est mort.

— Oui, il est mort, dit Nicolas.

Il ajouta d'un air égaré :

— Je ne sais même pas son nom.

Puis, il se tut. Était-il possible que, par sa seule volonté, cet homme vivant, ce monde d'habitudes et d'amour, eût pris l'aspect d'une chose ? Un sentiment lourd et mystérieux, comme une angoisse séculaire, comme une horreur des âges antiques, entrait en lui de tous côtés par les yeux, par les narines, par les oreilles et par la bouche. C'était comme s'il eût tué le premier homme sur une planète vierge. Stupide, il se laissait envahir par l'ivresse affreuse du sang. Il s'écoutait devenir un autre. Car, en frappant cet inconnu, il s'était frappé lui-même, profondément ! Et il ne savait plus très bien ce qui restait de son âme, après ce choc de fer et de fumée. Machinalement, il fourra l'arme dans sa poche et se pencha vers le corps étendu dans la boue, parmi les copeaux de bois blond. Il regarda de près ce visage de matière morte, les poils morts des moustaches, la saillie morte des pommettes sous la chair qui se décolorait lentement. Il n'y avait de vivant dans cet être que le sang noir, qui coulait mal, et formait une petite flaque sur l'épaule de l'uniforme. Nicolas toucha la main tiède encore du cadavre. Il avait envie de dire :

— Je m'appelle Nicolas Arapoff, et toi ?

De nouveau, il murmura :

— Je ne sais même pas son nom.

— Qu'est-ce que cela fait ? dit Dora.

— Il faudrait voir ses papiers.

Il déboutonna l'uniforme. Mais, au moment d'atteindre la poche, de frôler le linge du mort, une vive répulsion le rejeta en arrière. À quoi bon ? Qu'il s'appelât Sidoroff ou Ivanoff, Nicolas devinait tout de lui. Un pauvre type, avec une femme acariâtre, des gosses nombreux et un logis sans joie.

— Pourquoi l'ai-je tué ? dit Nicolas. Il ne nous avait rien fait, celui-là.

— Non, il ne nous avait rien fait, dit Dora. Mais il te fallait une victime. Quand on s'est préparé à tuer, on doit tuer, coûte que coûte. N'importe qui. Achever le geste, tu comprends ? Agir...

— Koudriloff, oui... Mais cet agent... C'est... c'est presque ridicule...

— Pourquoi ? Maintenant, tu as franchi le seuil. Tu

es un autre homme. Il en meurt des milliers, des milliers dans son genre. Mais toi, toi, tu es unique...

Elle parlait avec feu. Ses prunelles devenaient larges et immobiles. Un peu de salive perlait au coin de ses lèvres.

— Peut-être valait-il mieux que moi ? dit Nicolas en désignant le cadavre.

— Je te jure que non ! s'écria-t-elle. Je l'ai attiré ici, parce que je savais ce que tu gagnerais en le tuant. Tu voulais retourner chez Koudriloff, mais on t'aurait arrêté, et tu n'aurais même pas eu le temps de décharger ton arme. Et voilà que, sur notre chemin, dans cette rue déserte, la Providence pousse le dernier de ses pions. La victime rêvée. Un puceron. Soit. Mais quand même une créature de Dieu. Je n'ai pas hésité. Il le fallait. Pour toi, pour nous.

Elle s'était collée contre le flanc de Nicolas et lui entourait la taille de ses bras vigoureux. Lui restait absolument immobile, écœuré par cette présence chaude le long de son corps.

— Maintenant, dit Dora, nous sommes de la même race. Plus rien ne nous sépare. Et je t'aime !

Dressée sur la pointe des pieds, les yeux clos, la bouche entrouverte, elle haletait, attendait.

Sans désir, sans espoir, il s'inclina vers Dora, baisa ses lèvres balbutiantes, accepta le vertige, l'horreur de caresser cette femme devant ce mort. Soudée à son visage, elle bredouillait :

— Je t'aime... Seule la connaissance de la mort nous prépare aux connaissances de l'amour... Nous allons être heureux, par-delà le sang, les lois, les jugements des hommes... Je voudrais que tu me prennes, ici... Non, tu n'oses pas ?... Alors, plus tard ?... Et tu as cru que je te détestais !... Oui, un moment je t'ai haï !... Bien sûr, tu m'avais repoussée... Mais je savais que tu me reviendrais... Ta peau est si douce sur le front. Si chaude. Si vivante...

Elle palpait ses épaules avec des mains nerveuses. Il recula, s'adossa au mur de planches. Dans son esprit, se heurtaient les images d'un mufle moustachu, maculé de sang, et de cette figure aux prunelles dilatées par l'envie. Et ces deux faces appartenaient au même dieu bifrons, au même Janus tout-puissant, qui les présentait tour à tour. Il croyait baiser la bouche d'un cadavre en se penchant sur Dora, et c'était Dora qui reposait, l'œil crevé, les jambes raides, dans la boue. Un moment, ses doigts égarés déchirèrent le corsage de la jeune femme, et il enfouit son visage dans ce linge chaud, chiffonnable, qui avait une odeur vivante, dans cette chair qui battait au rythme d'un cœur vivant. Il cria :

— Toi, tu vis, toi, tu vis encore !

Puis, il pensa : « Le revolver est dans ma poche. Elle aussi, je pourrais la tuer, comme l'autre. » Cette idée le dessaoula brusquement.

— Il ne faut plus rester ici, dit-il. Quelqu'un pourrait venir.

— Il ne passe jamais personne dans cette rue.

— C'est égal, rentrons.

— Chez moi ?

— Chez toi, si tu le veux, dit-il.

Ils sortirent de la cour, bras dessus, bras dessous. La ville bourdonnait, comme si rien ne s'était passé entre ses murs de pierre. Les gens marchaient vite, entraient dans les magasins, hélaient des fiacres, et la mort était derrière eux. Nicolas ne pouvait plus regarder les hommes sans imaginer leur dernier visage. Celui-ci, comment serait-il, et celui-là ? Toute autre pensée s'était retirée de sa tête. Il avançait, comme un automate, guidé au bord de l'abîme par cette femme qui le touchait, lui parlait, le maintenait encore un peu dans la vie. Il passa la nuit avec elle.

Le lendemain, Zagouliaïeff leur rendit visite. Il avait détourné les recherches des policiers en tirant un coup de feu dans les fourrés, à l'autre bout du jardin. Tout le personnel avait été interrogé et fouillé par les mouchards. Mais lui avait pu s'échapper à temps. Maintenant, il fallait que la compagnie se dispersât, car l'enquête avait commencé. Plus tard, on aviserait au moyen de liquider Koudriloff.

— Tu as manqué de hardiesse, Nicolas, disait Zagouliaïeff. Mais je ne t'en veux pas. La malchance s'en est mêlée. Cet échec nous servira de leçon. Plus de prudence encore. Une préparation plus poussée...

Déjà, il pensait à l'avenir.

Par un accord tacite, Dora et Nicolas évitèrent de raconter le meurtre de l'agent.

Après leur conversation avec Zagouliaïeff, ils résolurent de quitter Saint-Pétersbourg ensemble. Nicolas se rendit à la gare pour acheter deux billets à destination de Kiev. En revenant au domicile de Dora, il vit un attroupement suspect devant la maison. Des agents de police barraient la rue. Rebroussant chemin, Nicolas courut vers la gare et sauta dans le premier train en partance.

9

À plusieurs reprises, Volodia avait essayé d'expliquer à Marie Ossipovna que le servage était aboli en Russie, que les domestiques méritaient certains égards élémentaires, que des lois existaient, concernant leurs heures de travail, leurs jours de congé, leurs salaires, et qu'on ne pouvait pas, impunément, les traiter comme des bêtes de somme. Il disait cela en pensant à Svétlana, mais sans la nommer, car il craignait d'éveiller les soupçons de la vieille. Simplement, par ces considérations générales, il espérait attendrir son interlocutrice sur le sort de son personnel, et spécialement de Svétlana, qui n'osait pas se défendre elle-même. Mais Marie Ossipovna ne voulait rien entendre. Les maîtres étaient faits pour commander. Les serviteurs, pour obéir. Telle était sa devise. Forte de cette conviction, elle avait résolu de châtier Svétlana en lui interdisant de sortir le dimanche, sauf le matin pour écouter la messe. Encore contrôlait-elle le temps que sa demoiselle de compagnie passait en prières. Ces offices orthodoxes étaient si longs ! Et pourquoi fallait-il y assister du début jusqu'à la fin ? Elle-même s'arrangeait toujours pour n'arriver à l'église arménienne qu'au moment de l'offerte. Pourtant, elle n'était pas plus mauvaise chrétienne que Svétlana.

L'intransigeance de Marie Ossipovna contraignait Volodia à ne rencontrer la jeune fille que le matin, en cachette, dans le square de l'église qu'ils avaient élu comme lieu de leurs rendez-vous. Parfois aussi, lors d'une visite chez Marie Ossipovna, il apercevait Svétlana, penchée sur un travail de couture, au fond d'une pièce froide et bien rangée. Ils échangeaient un regard triste. Et, jusqu'au lendemain, Volodia gardait, imprimée dans son cœur, une nostalgie débilitante. Ces trop brèves entrevues exaspéraient encore le sentiment que Volodia nourrissait pour la demoiselle de compagnie. Loin de décourager sa passion, les obstacles, les contretemps, les retards lui donnaient une force nouvelle. À ses rares moments de lucidité, il reconnaissait que cette aventure était absurde, et qu'il ferait le malheur de Svétlana en s'acharnant à la séduire, puisqu'il était bien décidé à ne l'épouser jamais. Mais le danger même de ce choix était délicieux. Incapable de se justifier, Volodia savait pourtant, avec certitude, que « cela devait être fait », contre toute charité, contre toute morale, pour obéir à un instinct de rapt et de domination, aussi vieux que l'homme et qui ne disparaîtrait qu'avec lui. Avec un entêtement lugubre, il avançait vers le malheur et les complications. Par instants, il s'admirait même d'hésiter si peu à compromettre son confort. Puis, tout à coup, un doute affreux lui glaçait le cœur. Svétlana était-elle vraiment amoureuse de lui ? À ses déclarations vagues et enthousiastes, elle opposait un silence décevant. Il lui baisait les mains. Et elle paraissait considérer ce geste comme une preuve d'amitié. N'avait-elle pour lui aucune attirance physique ? Elle disait : « Nos deux âmes sont merveilleusement appariées. Dieu doit aimer l'alliance de nos deux âmes. » Il était temps de penser à d'autres alliances. Mais où ? Mais comment ? Les loisirs dont disposait la jeune fille étaient trop brefs pour que Volodia pût songer à l'amener chez lui. Et, là-bas, dans le jardin, il passait tant de monde, qu'un simple baiser sur la bouche semblait une tentative vouée à l'échec. À peine assise sur le banc du square, après la messe, Svétlana regardait sa montre et disait : « Dans dix minutes, il faudra que je parte. » De jour en jour, la colère de Volodia contre Marie Ossipovna, contre la famille Danoff, contre la société tout entière, devenait plus ardente et plus inutile. Ayant reçu une lettre de mère Alexandrine au sujet de l'icône de saint Vladimir, il entra dans une grande fureur. Le couvent acceptait le principe de son offrande et le remerciait d'avance pour sa générosité. Très bien. Mais qu'aurait-il, lui, en échange ? Donnant, donnant. Si Svétlana cédait à ses instances, il était prêt à distribuer des saints Vladimir à tous les couvents de Russie. Sinon, il comprendrait qu'il n'y avait plus de justice et se désintéresserait des questions religieuses.

Tout de même, pour l'acquit de sa conscience, il se rendit chez un peintre d'icônes, se renseigna sur les prix, discuta, marchanda, et finit par passer une commande, avec l'espoir que cette œuvre pie lui vaudrait la bienveillance du ciel. Le lendemain matin, il offrait à Svétlana de l'accompagner chez le peintre. Il tenait essentiellement à ce qu'elle vît la maquette passe-partout que l'artiste reproduirait ensuite sur une planche de bois, avec ornements d'argent et de pierreries pour le manteau. Après tout, manquer une messe pour commander une icône ne représentait pas un péché bien grave. Ce n'était pas comme de déserter l'église pour flâner dans les magasins. Dieu et ses saints ne perdraient rien dans l'affaire. Volodia affirmait que mère Alexandrine elle-même n'eût pas reproché à Svétlana cette petite entorse à la règle chrétienne.

Svétlana, qui avait fort envie de voir l'artiste au travail, finit par accepter l'invitation de Volodia. Il fut décidé qu'il viendrait la prendre, le jour suivant, dès huit heures du matin, à la porte du square, et la ramènerait à neuf heures chez les Danoff car Marie Ossipovna exigeait la présence de sa demoiselle de compagnie pendant le petit déjeuner. Pour éblouir la jeune fille, Volodia résolut de la conduire chez le peintre dans l'automobile qu'il avait achetée au nom des Comptoirs Danoff, et qu'il conduisait lui-même. D'avance, il savourait l'étonnement de Svétlana devant cette mécanique vrombissante.

Le lendemain, dès sept heures et demie, Volodia était au volant. La journée était ensoleillée, poudreuse. La voiture pétaradait victorieusement à travers les rues, effrayait les attelages des fiacres, attirait aux fenêtres des femmes de chambre décoiffées. Volodia se sentait invincible, parce que le ciel était pur et que le landaulet à carrosserie cannée, bleu et jaune, roulait aisément en rasant les trottoirs. Il sifflotait. Mais, subitement, une tête de cheval surgit en travers de la route, l'automobile fit une embardée, un bec de gaz s'inclina, quelqu'un cria, et Volodia reçut un choc sur le crâne. Il eut le temps d'apercevoir des visages inconnus, des toits verts, des façades roses. Il pensa encore que le rendez-vous était manqué, qu'il avait mal, qu'il était mort, que l'auto des Comptoirs Danoff était abîmée. Puis, il ferma les yeux et se désintéressa de la vie.

Lorsqu'il revint à lui, il était couché dans son lit, et une odeur médicinale empestait la chambre. Le docteur, assis devant un bureau, rédigeait son ordonnance. Michel et Tania, debout près de la fenêtre, parlaient à voix basse, comme au chevet d'un mourant.

— Qu'est-ce que j'ai ? dit Volodia d'une voix faible.

Les trois visages se tournèrent vers lui. Et, comme Tania souriait en rajustant sa voilette, Volodia comprit qu'il était sauvé. Le docteur voulut bien renseigner son malade. Un accident banal, en somme. Pour éviter un fiacre qui débouchait d'une rue transversale, Volodia avait donné un coup de volant, heurté un réverbère. Sa tête avait porté contre le pare-brise. Des éclats de vitre avaient entamé le cuir chevelu. Mais les blessures étaient superficielles. Le docteur n'avait recousu qu'une plaie. Dans quatre jours, au plus, Volodia pourrait reprendre une existence normale.

— Je n'ai rien au visage ? demanda Volodia avec inquiétude.

On lui présenta une glace. Non, le visage n'avait pas souffert. Volodia poussa un soupir de soulagement. Le miroir lui renvoyait l'image d'un garçon pâle, fatigué, coiffé d'un turban de bandages, mais point désagréable à voir. Dans cette face exsangue, les yeux prenaient une belle valeur, verts et profonds, un peu bridés, un peu faux. D'une main hésitante, Volodia lissa sa moustache. Puis il dit :

— Passez-moi les mains à l'eau de Cologne et appelez un coiffeur pour me raser.

— Vous songez au coiffeur ? C'est bon signe ! dit le docteur.

— Peut-on être coquet à ce point ? s'écria Tania.

Volodia souriait à sa chambre quiète, au rayon de soleil qui faisait miroiter les pendeloques du lustre, aux meubles familiers, à la vie. En même temps, une sournoise envie de vomir lui travaillait le ventre. Des élancements de feu filaient d'une oreille à l'autre. Ses mains étaient faibles, légères. Il laissa retomber sa tête sur l'oreiller et s'endormit en pensant à Svétlana qui était si malheureuse.

Le lendemain, il voulut se lever, car il se sentait mieux, mais le docteur lui ordonna de garder le lit et de refuser les visites. Le valet de chambre, Youri, faisait la police dans le vestibule. À travers les portes closes, Volodia entendait un murmure de voix :

— Monsieur se porte mieux... Monsieur sera très touché... Dans une semaine, au plus tard...

Autour du lit, s'amoncelaient des boîtes de chocolat, des bouquets de fleurs, des livres et des cartes de visite. Volodia était fier de l'intérêt que lui portaient ses amis. Il reposait comme un jeune dieu, parmi les offrandes variées des fidèles. Et il était bien forcé de croire qu'il méritait ce culte, et que sa perte eût affligé tout Moscou et une partie de Saint-Pétersbourg. Même, en y réfléchissant bien, il ne regrettait pas sa mésaventure. Cet accident d'automobile lui conférait un certain prestige. Il devenait, en quelque sorte, un héros du sport moderne, un martyr du progrès mécanique. Peut-être parlerait-on de lui dans un journal, à la chronique des événements mondains ? Les bouquets de lilas embaumaient la chambre. Aux murs, tendus d'un tissu mauve, moiré, des estampes japonaises, encadrées de bambou,

270

alternaient avec des photographies de femmes, aux épaules nues, aux regards glissants. Sur le sofa, traînaient des coussins multicolores, où étaient brodés des ibis roses et des oiseaux de paradis. Volodia songea qu'il aurait dû supprimer les photos de toutes ces femmes, puisqu'il était amoureux de Svétlana. Mais que mettre à la place ? D'autres tableaux ? D'autres photos ? Chaque fois qu'il pensait à Svétlana, son cœur se serrait de pitié. Il l'imaginait, assise sur le banc du square, si impatiente, menue. Savait-elle seulement qu'il avait failli mourir dans un accident ? Dès ce soir, il lui écrirait une lettre.

Un coup de sonnette arrêta son inspiration. Le valet de chambre marchait pesamment dans le vestibule. Puis, il y eut des bruits de voix, une bousculade, et la porte s'ouvrit en coup de vent.

— Madame, madame, criait le valet de chambre. Le docteur a ordonné... La consigne est formelle...

— Laissez-nous, dit Volodia.

Svétlana était tombée à genoux devant le lit. Ses yeux, élargis par les larmes, exprimaient une angoisse, une prière folles. Des mèches de cheveux s'échappaient hors de son pauvre feutre bleu où tremblait un bouquet de cerises. Ses mains cherchaient la main de Volodia sur la couverture. Elle chuchotait :

— Grâce à Dieu, vous êtes vivant ! J'ai eu si peur, quand ils ont discuté de votre accident, à table ! J'ai cru m'évanouir ! Et, ce matin, je me suis enfuie pour venir ici ! Je ne sais pas ce que je dirai à Marie Ossipovna ! Cela m'est bien égal ! Parlez-moi ! Pouvez-vous parler ?

Tandis que Volodia racontait l'accident, l'évanouissement, le réveil, Svétlana l'écoutait à peine, mais promenait sur lui un regard avide et suppliant. Et Volodia, lui-même, ne songeait plus guère à ce qu'il disait, trouvant tout son plaisir à détailler le visage offert à sa contemplation. Il découvrait ainsi que les yeux de Svétlana étaient d'un gris brûlé, infiniment précieux, qu'un duvet de gaze blonde doublait la courbe de sa joue, que sa lèvre inférieure était fendue au milieu par un petit pli rose, enfantin, et que toute sa personne fleurait l'iris et le savon anglais. Avec délices, il se laissait envahir par cette présence tiède et honnête. Il savourait le triomphe d'être si bien aimé. De quelles luttes intérieures, de quels dialogues secrets, cette visite marquait-elle le terme ? Comme elle avait dû s'interroger, souffrir, prier, pleurer, avant de se résoudre à courir vers lui ? Une dernière larme tremblait encore à ses paupières douces. Mais déjà, elle souriait un peu :

— J'ai eu si peur, si peur, pour vous, pour moi...

Il se retint de dire : « Vous teniez tant à moi ? » et murmura simplement :

— Il m'était intolérable de penser que vous m'aviez attendu en vain. J'avais tant espéré de cette visite chez le peintre !...

— Moi aussi, dit-elle. Mais j'avais un pressentiment. La veille, j'avais rêvé d'une chouette. C'est mauvais signe. Quand je ne vous ai pas vu venir, j'ai compris qu'un malheur était arrivé. Êtes-vous sûr, au moins, que la blessure soit bénigne ? Avez-vous mal en tournant la tête ? Et comme ça, en l'inclinant ?

— Un peu mal, oui, dit Volodia en faisant la grimace.

Et il vit que les yeux de Svétlana devenaient troubles.

— Je ne peux pas vous voir souffrir, dit-elle en baissant le front. Je voudrais souffrir à votre place. Il me semble que, si je prie Dieu d'une certaine façon, j'aurai mal à la tête pour vous. Déjà, cela commence...

Volodia se souleva sur les coudes et se rapprocha de la jeune fille.

— Vous êtes bonne, dit-il avec élan, vous êtes... vous êtes lumineuse. Je sais tout ce que vous avez dû vaincre pour venir ici. J'apprécie votre dévouement. Je vous...

Il cherchait ses mots. Il finit par dire :

— Je vous paierai de tout cela, de tout cela.

— Mais je suis déjà payée, dit-elle, puisque vous êtes vivant. Vous auriez pu mourir. Oh ! c'est atroce !

Elle cacha son visage dans ses mains.

— Oui, je l'ai échappé belle, dit Volodia. Pas une marque sur la figure. Vous voyez le tableau, si je m'étais présenté à vous avec un œil crevé, ou une lèvre en festons ?

— L'essentiel est de conserver son âme, dit-elle.

Cette réflexion déplut à Volodia. Il grommela :

— Évidemment, évidemment.

Puis, comme il craignait que la conversation ne prît un ton trop élevé, il demanda :

— Que direz-vous à Marie Ossipovna pour justifier votre escapade ?

— N'importe quoi. Je mentirai.

Elle rougit, fronça les sourcils et répéta d'une voix têtue :

— Oui, je mentirai.

Volodia mesurait la valeur de cette première victoire. Il dit :

— Vous mentirez, pour moi ?

— Je n'ai que vous au monde, répondit-elle simplement.

Alors, il lui prit les mains, tenta de la relever, de la caresser. Mais elle résistait. Enfin, elle se dégagea, tira de son sac une petite bouteille cachetée de cire bleue et la déposa sur la table basse, près du narghileh.

— Je vous ai apporté de l'eau bénite. Vous en boirez ce soir, n'est-ce pas ?

Plus il regardait cette enfant, moins il avait envie de prolonger le jeu. Malgré la douleur cuisante qui lui fendait la tête, malgré ce goût de fièvre qui lui dilatait la bouche, il ne pouvait penser qu'à son désir. Seules cette peau fraîche, ces lèvres inexpertes sauraient étancher la soif qui le brûlait de la nuque aux talons. Svétlana examinait les photographies pendues aux murs.

— Qui sont ces dames ? demanda-t-elle.

— Des amies, dit-il avec irritation.

Elle soupira :

— Elles sont belles !

— Venez ici, Svétlana, dit-il. Installez-vous près de moi, j'ai tant de choses à vous dire.

Elle obéit, attira une chaise, s'assit au chevet du lit, droite, le nez haut. Et, tout à coup, elle s'écria :

— Qu'est-ce que je fais ici ? Je veux partir !

Dressé sur son séant, Volodia enlaçait les épaules de la jeune fille et l'attirait d'un bras solide contre sa poitrine. Tout près de lui, il voyait déjà une bouche sèche, horrifiée, un menton tremblant. Pourtant, d'un dernier effort, Svétlana rompit leur étreinte. Repoussé des deux poings, Volodia s'effondra dans les oreillers. Une douleur aiguë lui traversa le crâne. Il ferma les yeux, gémit et résolut de feindre la pâmoison. Pendant quelques secondes, il douta de son stratagème. Les paupières closes, enseveli dans l'ombre et le silence, il imagina que la jeune fille se levait, gagnait la porte à petits pas prudents. Il voulut l'appeler. Mais déjà, une main fraîche effleurait son front et ses tempes.

— Mon Dieu, qu'avez-vous ? dit Svétlana.

Sournoisement, il évita de répondre, serra les dents. De l'eau coula sur son visage. Ah ! oui, l'eau bénite. Il se contraignit à ne pas sourire. Un mouchoir léger l'éventa. Des doigts timides froissèrent les manches de sa chemise, tâtèrent les veines de son poignet.

— Monsieur Bourine, chuchotait Svétlana, monsieur Volodia... Vous m'entendez ?... Ah ! pauvre, pauvre...

Volodia sentait qu'une respiration courte effleurait sa joue. Pour précipiter le désordre de la jeune fille, il geignit humblement en retroussant les lèvres. Elle s'exclama :

— Que faire ? Que faire ? Mon ami ! Mon chéri !

Il tourna la tête, comme dérangé dans un rêve et, brusquement, leurs souffles se rencontrèrent. Volodia enserrait d'une main la nuque de la jeune fille et buvait à sa bouche une volupté décevante, stupide. Jamais encore une telle honte, une telle peur ne s'étaient mêlées à sa joie. À travers ses cils rapprochés, il ne voyait rien qu'une surface de chair blonde et un œil gris, immense, sablé de paillettes d'or. Un vertige le saisit. Il relâcha la crispation de ses doigts sur la nuque de Svétlana, et glissa, faible, heureux, écœuré, vers la fraîcheur du lit. D'un bond, Svétlana s'était redressée. Elle haletait, les lèvres meurtries, les cheveux défaits.

De grosses larmes limpides coulaient sur ses joues. Volodia reprit haleine et dit :

— Pardonnez-moi... Je ne pouvais plus vivre ainsi... Je vous aimais trop...

Mais elle se tordait les mains et répétait violemment :

— Le péché ! Le péché est entré dans mon âme !

Il voulut plaisanter :

— Le péché ? C'est un bien grand mot. Quel péché y a-t-il à prouver son amour à la femme qu'on aime ? Nous sommes libres tous les deux. Nous nous plaisons...

— Je suis venue chez un homme seul, dit-elle, comme si elle eût parlé à quelque témoin invisible. Il m'a reçue dans sa chambre. Et il m'a donné ses caresses. Mon ange gardien s'est envolé.

— Mais non, s'écria Volodia. Les anges gardiens sont toujours là, le vôtre et le mien, et ils se réjouissent, car ils savent qu'un grand bonheur a commencé pour nous.

Svétlana frémit de tout le corps. Ses lèvres pâles remuaient lentement :

— Il n'y a pas de bonheur pour l'homme et pour la femme, hors de l'union voulue par le Seigneur.

— Et qui vous dit que le Seigneur ne veut pas de notre union ? Il était moins sévère que l'Église, Notre-Seigneur ! Il pardonnait un tas de choses ! D'ailleurs, je suis assez partisan d'envisager pour plus tard... oui... si cela peut vous tranquilliser... Vous deviendrez ma femme... C'est une formalité...

À ces mots, des hoquets violents secouèrent les épaules de Svétlana. Ses dents s'entrechoquaient. Des plaques rouges couvraient ses joues. Volodia, affolé, lui tapotait les mains en bredouillant :

— Mon enfant, ma colombe chérie ! Calmez-vous. Calme-toi. Je ne vous veux pas de mal. Je suis votre grand ami. Ma vie, ma vie t'appartient. Entends-tu ? Tu es si belle, si pure, si délicate, si... Je n'ai jamais rien rencontré de semblable. Le paradis s'est ouvert devant moi... Et tout cela pour un simple baiser... Ton innocence m'illumine... Je suis régénéré !...

Il essaya de l'embrasser encore. Mais elle s'écarta de lui en criant :

— Que voulez-vous de moi ? Pourquoi me torturez-vous ?

Tout en parlant, elle se signait à petits gestes rapides. Puis, elle ramassa son chapeau, son sac. Il demanda :

— Vous partez ?

— Oui.

— Mais quand vous reverrai-je ?

— Je ne sais pas.

— Dès que je serai rétabli, j'irai vous attendre à nouveau dans le square. Tous les jours. Jusqu'à ce que vous me pardonniez.

— Je n'ai rien à vous pardonner, dit-elle. Mon Dieu, c'est horrible ! Rien, rien à pardonner !

Elle se dirigea vers le fond de la pièce, à reculons, ouvrit la porte, murmura encore : « Rien à pardonner. »

Et Volodia se retrouva seul, tout à coup, au milieu d'une chambre grotesque, pleine de photographies galantes, d'ibis roses et d'oiseaux de paradis.

Dès qu'il put se lever et sortir, il retourna dans le square, à l'heure habituelle de leurs rendez-vous. Deux jours, il attendit en vain. Le troisième jour, elle céda, car la privation était trop cruelle, et Volodia la vit paraître, au bout de l'allée, avec son petit chapeau à cerises et sa cape de drap bleu. Il fut surpris de la retrouver telle qu'il l'avait laissée, comme si les tourments qu'elle avait subis eussent dû se consigner en marques indélébiles sur son visage. Peut-être seulement était-elle plus pâle et plus inquiète encore. Lorsqu'il voulut risquer une allusion à leur entrevue dans la chambre, elle l'arrêta sans ménagement :

— Tout est oublié. Nous sommes des amis, comme avant.

Il accepta, de mauvaise grâce, le rôle sans gloire où elle prétendait le maintenir. Mais il craignait de perdre Svétlana en exigeant d'elle plus qu'elle ne voulait lui donner. Ils eurent de nouveau des conversations prudentes qui ne menaient à rien. Plusieurs fois, il forma le projet de rompre un lien qui n'apportait à sa vie que du trouble et de l'insatisfaction. Toutefois, au moment d'exécuter cette décision salutaire, le souvenir d'un regard tendre, d'un geste languissant, faisait tomber sa force. Loin d'elle, il errait, désenchanté, désœuvré, et repassait en esprit ses dernières paroles. Près d'elle, il ne songeait qu'à la fuir, car sa présence ne le contentait plus. Brusquement, lui venaient des envies d'être méchant, injuste. Il ne prenait pas la peine de feindre la piété. Il goûtait même un malin plaisir à la scandaliser par des répliques grossières. Comme elle l'interrogeait sur l'icône de saint Vladimir, il lui répondit qu'il l'avait décommandée, parce que le peintre en demandait trop cher. Un autre jour, il refusa une hostie, sous prétexte qu'il avait déjà déjeuné. Puis, il se lança dans une grande diatribe contre l'Église orthodoxe, dont les règles archaïques interdisaient le développement. Il cita en exemple les catholiques. Il affirma qu'il méditait de se convertir. Elle pleurait, et il s'en allait, irrité contre elle et fier de lui. Mais, dès qu'il l'avait quittée, une fièvre de remords le saisissait, croissante, irrésistible, et il attendait avec impatience l'instant où il pourrait la revoir et la consoler. Ces colères diaboliques, ces attendrissements suspects torturaient la jeune fille, car elle ne doutait pas qu'elle en fût responsable. Elle comparait tristement l'être aimable qu'elle avait connu et ce nouveau personnage, ricanant et hargneux. On eût dit qu'en renonçant à lui obéir elle avait déchaîné en lui tous les mauvais instincts.

Un matin, elle le vit venir, décoiffé, l'œil vague, les joues mal rasées. Il dit avoir passé la nuit chez les Tziganes. Il sentait le vin, le tabac. Il était ivre :

— Je brûle ma vie ! Je flambe mon temps ! Ainsi, on ne sent pas sa détresse...

Comme elle le priait de l'accompagner à l'église, il se mit à rire et déclara que ce remède ne valait rien pour les gens de son espèce. Elle essaya de le convaincre, et il se fâcha :

— Des balivernes ! Je veux bien croire qu'un Dieu

277

existe, en tant qu'explication dernière du monde où nous vivons. Mais je refuse son paradis de carton-pâte, ses nuages d'encens, ses saints chapeautés d'auréoles et ses prêtres barbus qui nous bénissent, alors qu'ils ont sur la conscience autant et plus de péchés que nous...

Il parla longtemps sur ce thème. Avec volupté, il proclama son scepticisme, cita Nietzsche, Tolstoï, dénigra tout ce qu'adorait la jeune fille, heureux de la blesser dans son âme, puisqu'il ne pouvait pas le faire dans son corps. Lorsqu'il se tut, elle murmura :

— Comme vous êtes malheureux de ne pas croire !

— J'ai tenté de croire, s'écria-t-il, et j'ai compris que la religion était inhumaine ! Grâce à vous, je sais maintenant que l'Église interdit le bonheur. Tout empêtrée de lois absurdes, elle règne à côté de la vie, pour des bigotes, des mendiants gâteux, des filles dont le corps est trop laid pour qu'elles puissent en tirer de la joie. Elle est faite pour les impuissants, les aveugles, les culs-de-jatte. Elle recrute ses armées parmi les déchets humains. Tant mieux pour elle. Mais moi, je suis d'une autre race. Vous êtes une morte ! Moi, je suis un vivant !

Il lui hurla ces mots au visage. Et elle crut qu'il allait la frapper, tant il paraissait en colère.

Elle le quitta dans un sentiment de défaite et de honte. Toute la journée, elle subit, comme à travers un rêve, les tracasseries coutumières de Marie Ossipovna. Et, le soir, dans son lit, elle se mit à pleurer. La maison était noyée dans le silence. Une grosse pluie d'été cognait les vitres. Après l'éclat de ce matin, Svétlana éprouvait la nécessité de demeurer immobile et de réfléchir. Dans sa tête bourdonnait encore la voix furieuse de Volodia. Comme il avait dû souffrir pour en être arrivé à douter de Dieu ! Elle se rappelait leurs premières entrevues, la visite à la mère Alexandrine, la patinoire, le cirque. Une valeur mystérieuse s'attachait aux moindres circonstances de leurs rencontres. Il semblait que Dieu les eût créés pour une amitié sans pareille. Et, maintenant, il n'y avait plus entre eux que de la fausseté, de la rage et des larmes. Était-elle fautive ? Aurait-elle dû se perdre, s'avilir, pour le préserver, lui, de ses égarements ? Non, le mariage seul promettait des joies sans mélange. Et elle ne pouvait y prétendre. Une demoiselle de compagnie, une personne sans fortune, sans éducation, n'avait pas le droit d'encombrer l'existence d'un être aussi exceptionnel que Volodia. Le plus sage, sans doute, eût été de ne plus le revoir. Mais cette seule idée glaçait le sang dans les veines de Svétlana. Elle préférait encore les tourments que lui infligeait cet homme à la tranquillité affreuse où la plongerait son absence. Son désarroi était tel qu'elle se leva et courut s'agenouiller devant une icône. Sous la flamme de la veilleuse, elle pria longuement. Mais les paroles s'échappaient de ses lèvres et son cœur restait lourd et douloureux. Dieu était loin. Nul conseil ne venait de l'image.

— Que faire ? dit-elle à voix basse.

Tout à coup, une pensée rapide et forte entra dans sa tête, et elle se sentit mieux. Elle se plaignait. Or, c'était lui, d'abord, qu'il fallait plaindre. Car elle, Svétlana, ne valait pas grand-chose. Une orpheline grise et pieuse, comme il y en avait tant. Mais Volodia était un homme beau, intelligent, riche, cultivé. Et voici que, parce qu'elle répugnait au sacrifice de son corps, cet être merveilleux sombrait dans l'hérésie et la négation. Avait-elle le droit de fonder son propre salut sur le désespoir d'un autre ? Elle n'ignorait pas qu'après lui avoir cédé elle n'oserait plus le regarder en face, qu'elle fuirait les églises et tremblerait au passage des prêtres. Mais la certitude même des peines qui l'attendaient devait la fortifier dans sa décision. Plus l'offrande était coûteuse et plus elle était aimable à Dieu. *Je donne ma vie*, disait le doux saint Jean. *Personne ne me l'ôte, mais je la donne de moi-même*. Elle donnerait sa vie. Elle accepterait la souillure, pour que Volodia redevînt lui-même. Et nul ne comprendrait son sacrifice. On dirait : « C'est une créature sans principes. Voilà tout. » Mais Dieu saurait dans quel esprit elle s'était immolée. Et cela seul importait.

Svétlana se signa et toucha du front le plancher frais de la chambre. Puis, elle s'habilla rapidement sans allumer sa lampe. Il faisait sombre encore, lorsqu'elle descendit dans la rue. La pluie s'était arrêtée, évaporée hors d'un paysage tiède et calme. Les sentinelles dormaient debout devant les édifices publics. Quelques ombres louches rasaient les murs. Au ciel de velours bleu, mouraient les dernières étoiles. Des oiseaux s'éveillaient dans les feuillages des jardins. À l'église, les matines étaient déjà commencées.

Svétlana assista à l'office et se rendit ensuite chez la faiseuse d'hosties, qui habitait une petite maison enclose dans l'enceinte curiale. La faiseuse d'hosties, Pulchérie Ivanovna, était la conseillère intime de Svétlana. Souvent, la jeune fille allait bavarder avec elle avant de rencontrer Volodia. Veuve d'un diacre, Pulchérie Ivanovna était employée, depuis dix ans, à la préparation des hosties, et vivait là, tout contre l'église, dans le parfum de l'encens et de la pâte fermentée. Sa chambre minuscule était tapissée d'icônes, hérissée de rameaux. Sur le couvre-lit, sur les carpettes de l'entrée, et même sur la nappe, étaient brodées des croix et des abeilles. Une étagère supportait des œufs de Pâques en porcelaine rose et bleu, et quelques livres d'où pendaient de longs signets de soie. Pulchérie Ivanovna connaissait les chagrins de Svétlana, bien que Svétlana ne lui eût jamais confessé leur nature exacte. Par pudeur, la jeune fille usait de métaphores et de soupirs pour exprimer sa pensée. Elle ne parlait pas de ses entrevues avec Volodia. Elle disait : « Le trouble est en moi... » Ou : « Cette nuit encore, j'ai pleuré, et la Sainte Vierge m'est apparue. » Rien de plus. Mais les conseils que Pulchérie Ivanovna prodiguait à Svétlana témoignaient d'une étrange perspicacité. Ce matin-là, en apercevant Svétlana sur le seuil de sa porte, elle poussa un petit cri d'oiseau et signa les quatre coins de la pièce :

— Je ne t'attendais pas si tôt, ma colombe. N'as-tu pas quelque chagrin qui t'incite à courir la nuit ? Ne me dis rien. Assieds-toi. Le thé est prêt.

Elles prirent le thé avec des hosties toutes fraîches, fleurant bon la levure. Svétlana se détendait, oubliait un peu les affres de la veille.

— Il fait bon chez vous. Je ne pouvais plus rester dans ma chambre. Des idées sombres ne me laissaient pas en repos.

Pulchérie Ivanovna jeta un coup d'œil sur la liste des intercesseurs placardée près de la fenêtre.

— Le bienheureux Néphonte chassera les démons, dit-elle rapidement. Saint Cyprien, prêtre et martyr, et sainte Justine dénoueront les maléfices. Fais dire un office à leur intention.

— Ce ne sont pas des maléfices, murmura la jeune fille. On m'ordonne un sacrifice, et c'est difficile.

— Qui t'ordonne ce sacrifice ?

— Je ne sais pas, dit-elle après une courte hésitation.

— Dieu ou le diable ? demanda Pulchérie Ivanovna en mâchant vigoureusement un morceau d'hostie. Ça, il faut le savoir. Autrement, on est perdu.

Elle se fourra un fragment de sucre en bouche, versa du thé dans sa soucoupe et le lapa lentement, en plissant ses petits yeux de pie. Puis, elle reposa la soucoupe, soupira et reprit d'une voix basse :

— Quelquefois, le diable prend des apparences trompeuses. Ainsi, mon défunt me dit un jour : « J'ai vu saint Michel archange en rêve, et il m'a commandé de recueillir au foyer le premier orphelin que je rencontrerais en ville, car cet enfant-là, si je l'adoptais, deviendrait général. » Déjà, il s'apprêtait à sortir dans la rue. « Attends, lui dis-je, comment était-il, ton saint Michel ? — Eh bien, répondit-il, très grand, très beau, avec des lumières autour de la tête et une épée flamboyante. — Avait-il des ailes au moins ? » lui demandai-je. Et le voilà qui se frappe le front du plat de la main et s'écrie : « Ma foi non, il n'avait pas d'ailes ! » De la sorte nous fut révélée la supercherie du Malin. Toujours, il essaie de prendre un visage chrétien pour abuser les braves gens, mais toujours aussi, par un détail, il se démasque. Qu'as-tu vu en rêve ?

— Je n'ai rien vu en rêve, dit Svétlana. C'est une voix intérieure qui m'a commandé d'agir et d'accepter la honte.

Pulchérie Ivanovna gratta du bout des doigts son menton moussu.

— Oui, oui, oui, dit-elle. Je vois ce que c'est. *Il n'est pas bon que l'homme soit seul, je lui ferai une aide semblable à lui*, est-il proclamé dans la Genèse. Et aussi : *L'homme quittera son père et sa mère, et il s'attachera à sa femme et, à eux deux, ils ne seront qu'une seule chair.* Depuis que cela a été écrit, toutes les voix intérieures que nous entendons, nous autres femmes, sont des voix d'hommes. C'est comme ça.

— Je ne peux pas l'épouser, murmura Svétlana en baissant la tête.

— *Que le mariage soit honoré et le lit nuptial sans souillure*, dit Pulchérie Ivanovna sentencieusement. Et pourquoi donc, ma colombe, ne pourrais-tu pas l'épouser ?

— Je ne peux pas, c'est tout, gémit Svétlana.

— Alors, que comptes-tu faire ?

Il y eut un silence.

— Sainte Thomaïde protège les filles de la luxure, dit Pulchérie Ivanovna. J'ai là une image en plomb de sainte Thomaïde. Veux-tu la prendre ?

Elle fourragea dans le tiroir d'une commode et tendit à Svétlana une médaille grossière, barbouillée d'or et de bleu.

— Merci, dit Svétlana en glissant la médaille dans son réticule.

— Ce n'est pas tout, reprit la faiseuse d'hosties. Aujourd'hui même, après la messe, nous irons voir le père Zaccharie. Il est de bon conseil. Il t'exorcisera.

Svétlana se leva d'un bond :

— Non, non, personne ne doit savoir !

— Mais un prêtre...

— Même pas un prêtre ! Même pas mère Alexandrine ! Même pas vous ! Moi seule...

— Mais tu es enragée, ma fille ! Le diable est entré en toi !

La vieille regardait Svétlana d'un œil méfiant. Svétlana fondit en larmes :

— Tout s'embrouille dans ma tête. Le bien, le mal. Je ne sais plus où aller !

— Saint Paul écrit : *Ce qui est bon, je le sais, n'habite pas en moi, c'est-à-dire dans ma chair... Je ne fais pas le bien que je veux, et je fais le mal que je ne veux pas.* Et saint Jacques lui-même règle ton cas lorsqu'il affirme : *Que personne lorsqu'il est tenté ne dise : « C'est Dieu qui me tente. » Car Dieu ne peut être tenté par le mal, et il ne tente lui-même personne...* Voilà tout ce que je peux te dire, ma fille. Le père Zaccharie n'en sait pas plus long. Mais il a le pouvoir d'apaiser les cœurs. Un jour que le veuvage m'était devenu dur, à cause du jardinier qui me regardait passer en clignant de l'œil, le père Zaccharie m'a sauvée. Sur son conseil, je me suis confessée, j'ai communié, et ma chair a été en repos. Rappelle-toi : *Que personne lorsqu'il est tenté ne dise : « C'est Dieu qui me tente »*...

— Et pourtant, c'est bien Dieu qui me tente, dit Svétlana, Dieu seul.

— La femme de Putiphar devait en dire autant, dit Pulchérie Ivanovna en plissant les lèvres avec dégoût.

Svétlana courba les épaules.

— Alors, iras-tu voir le père Zaccharie ? demanda Pulchérie Ivanovna.

Un jour rose usait la vitre. La lampe à pétrole clignotait doucement et déplaçait l'ombre ronde des tasses.

— Il fait clair. Je vais partir, dit Svétlana.

— Tu iras l'attendre dans le jardin ? demanda la faiseuse d'hosties.

— D'où le savez-vous ?

— Tu crois que je ne vous vois pas tous les jours ? répondit-elle en riant. Il faudrait être aveugle. De ma fenêtre, en écartant les branches, je peux apercevoir votre banc. Les deux tourtereaux ! Vous êtes mignons. Ça, je dois le dire. Et lui a l'air d'un monsieur. Un

conseiller titulaire au moins. Le sacristain me disait :
« Sûrement, ils se marieront dans l'année... »

— Taisez-vous ! Taisez-vous ! s'écria Svétlana. Vous
me faites mal.

Et elle sortit de la chambre en courant.

Ce matin-là, elle n'assista pas à la première messe
diurne et n'attendit pas Volodia sur le banc. Pendant la
journée, elle accomplit son service avec calme et humilité. Marie Ossipovna était de mauvaise humeur parce
que sa belle-fille et son fils s'étaient mis en tête de passer l'été dans une villa, aux environs de Moscou. Svétlana écoutait les cris de la vieille dame avec
indifférence. Puis Tania vint rendre visite à sa belle-
mère et offrit à Svétlana une boîte de bonbons. Svétlana baisa les mains de Tania avec ferveur. À celle-là,
peut-être, elle eût tout avoué. Mais Volodia lui avait
interdit de divulguer le secret de leurs entrevues. Chaque fois qu'elle voulait s'abandonner à une impulsion
généreuse, elle trouvait Volodia en travers de son chemin. Depuis qu'elle l'avait rencontré, sa vie avait
changé de sens et de couleur. N'y aurait-il plus jamais,
pour elle, de ces longs repos de l'âme, de ces douces
méditations, qui, au couvent, lui donnaient le sentiment de ne pas exister en vain ?

Les heures coulaient lentement. Le ciel tardait à s'assombrir. Svétlana regardait autour d'elle les meubles,
les murs, et cherchait à les animer en leur parlant de
sa peine. Après le dîner, elle lut à Marie Ossipovna les
journaux du soir. Et Marie Ossipovna la complimenta
sur sa diction, ce qui était une faveur exceptionnelle.
La nuit, quand tout le monde fut couché, Svétlana se
leva, se parfuma, s'habilla soigneusement et quitta la
maison par la porte de service. Pour se donner du courage, elle serrait dans sa main l'image en plomb de
sainte Thomaïde.

Sur le conseil de Volodia, Svétlana s'entendit avec le
portier des Danoff, qui, moyennant un juste pourboire,
accepta de la laisser sortir la nuit et rentrer à l'aube,

sans avertir les maîtres. Elle quittait la maison après le coucher de Marie Ossipovna et regagnait sa chambre au petit jour, avant que les domestiques eussent commencé leur travail. Le portier seul était au courant de ses allées et venues. Cet homme qui, autrefois, était pénétré de respect envers la demoiselle de compagnie avait brusquement changé à son égard. Il ricanait en lui ouvrant la porte. Il disait :

— Elle n'a pas su longtemps garder ses plumes blanches, la colombe !

Ou encore :

— Bon amusement, mam'zelle. La nuit est chaude.

Une autre fois, il l'encadra d'un regard de dégoût et cracha par terre.

Svétlana supportait les injures sans protester. Simplement, lorsqu'elle arrivait chez Volodia, elle s'asseyait dans un fauteuil et cachait son visage dans ses mains faibles. Comme il lui demandait la raison de son silence, elle disait :

— Laissez-moi ainsi deux minutes... Juste deux minutes... Pour oublier...

Volodia était très gentil avec elle. Il lui parlait toujours avec douceur. La chambre était pleine de roses. Sur une table, près du lit, on avait préparé un souper froid avec du champagne. Souvent, il y avait un petit cadeau pour elle sous la serviette pliée en bonnet d'évêque : un bracelet, une croix, des rubans de couleur. Elle remerciait, mais refusait d'emporter les cadeaux chez elle.

— Ils sont mieux ici, disait-elle. Nulle part, je ne suis chez moi.

Volodia lui baisait les mains et l'appelait son « ange », sa « lumière », sa « divinité », ce qui la gênait beaucoup, car elle savait qu'il se trompait et qu'elle ne valait pas grand-chose. Plus tard, elle s'abandonnait à ses caresses avec docilité. Inerte, blanche, les dents serrées, elle assistait à une joie qu'elle était incapable de partager. Et seule la pensée du bonheur qu'elle procu-

rait à Volodia la retenait au bord des larmes. Il lui criait
parfois, dans son exaltation :

— Parle ! Ne sens-tu rien ? Tu as l'air morte !...

— Je vous aime, disait-elle timidement. Seulement,
je ne sais pas le montrer.

C'était avec soulagement qu'elle voyait le ciel pâlir
derrière les rideaux. Avant de partir, elle allait s'agenouiller devant l'icône de l'Assomption que Volodia
avait achetée sur sa demande. Elle priait, et Volodia
déambulait derrière elle, dans sa robe de chambre
bleue à parements gris perle, la cigarette au bec, les
cheveux défaits, l'œil vague. Dans la pièce, le parfum
des roses finissantes se mêlait à l'odeur du vin et du foie
gras. Volodia buvait une dernière coupe de champagne,
bâillait en se cachant la bouche derrière ses doigts
repliés en cornet. Svétlana se relevait, disait :

— À ce soir, mon chérit

Il exigeait qu'elle l'appelât « mon chéri ».

— À ce soir, disait-il en lui baisant la main, comme
à une dame.

Puis il se postait à la fenêtre pour la voir sortir dans
la rue déserte, et trotter, vite, vite, en rasant les murs
des maisons.

Vers la mi-juillet, les Danoff partirent pour la campagne. Michel, que ses affaires obligeaient fréquemment
à revenir en ville, avait renoncé au projet d'un voyage
au Caucase et s'était contenté de louer une propriété
aux environs de Moscou. Par chance, Marie Ossipovna
refusa de suivre la famille, et Svétlana put continuer
ses visites nocturnes à Volodia. En vérité, Volodia
s'étonnait de la sentir aussi ponctuelle et obéissante. On
eût dit qu'elle s'acquittait d'une dette, qu'elle se soumet-
tait aux clauses d'un contrat. Pas une fois, elle ne lui
avait parlé de mariage. Et, pourtant, il était sûr que
cette situation irrégulière la rendait malheureuse et
qu'elle souhaitait secrètement être rassurée. Certes, il
n'avait nullement l'intention de l'épouser. Du moins,
pour l'instant. Mais rien ne l'empêchait de laisser entre-
voir à Svétlana la possibilité de cette union légitime à

laquelle elle aspirait en cachette. Un soir, il lui fit présent d'une petite bague, et, comme elle paraissait troublée, il s'écria :

— Accepte-la en attendant la vraie !

Svétlana rougit et des larmes brillèrent dans ses yeux :

— Ne parlez pas ainsi, Vladimir Philippovitch, mon chéri... Vous savez bien que c'est impossible...

— Et pourquoi donc ?

— Je ne suis pas celle qu'il vous faut, dit-elle en détournant la tête. Votre milieu... Votre genre de vie... Je vous serais à charge, bien rapidement... Vous regretteriez...

— C'est ce qui te trompe, dit-il. J'ai réfléchi à la question. Sans doute, je t'épouserai. Mais je ne veux rien entreprendre sans le consentement de ma mère, tu comprends ? Et ma mère, comment dire ?... Je lui écrirai... Mais elle n'est pas seule... Depuis la mort de mon père, elle vit avec un homme impossible... Cet homme me déteste... Il est capable de lui conseiller le refus pour m'ennuyer simplement... Enfin, c'est très délicat... Mais, dès que j'aurai convaincu ma mère, nous nous marierons... Patience... Patience... Crois-tu vraiment que j'aurais accepté de te recevoir, si je n'avais pas été sûr de te donner mon nom ?

— Je ne savais pas. Cela ne me regardait pas, balbutia-t-elle.

— Tu te figures donc que je suis un monstre ?

— Mais non.

Il la prit sur ses genoux et la berça comme une enfant. Elle répétait :

— Vous ferez ce que vous voudrez. Mais, à mon avis, votre idée est mauvaise. Pourquoi nous marier ? Ne sommes-nous pas heureux ainsi ? Moi, je ne demande rien d'autre.

Et elle le regardait droit au visage, d'une manière à la fois courageuse et désespérée. Son cœur remuait, battait comme un nid dans sa poitrine. Volodia la devinait tendue, crispée, ébahie, n'osant dire que ce mariage répondait au plus cher de ses vœux et qu'elle lui serait reconnaissante jusqu'à la mort s'il obtenait le consentement de sa mère.

— Je lui écrirai dès demain, dit-il.

Elle répliqua, d'un air têtu :

— Non, non... C'est inutile...

Mais il lui sembla qu'une flamme d'espoir traversait les yeux fixes de Svétlana. Cette nuit-là, elle se montra plus tendre que de coutume. Elle se prêta de meilleure grâce à ses caresses.

Le lendemain, elle lui demanda s'il ne possédait pas des photographies de sa mère, de son père. Il lui apporta un album jauni, et elle le feuilleta avec vénération. Chaque image soulevait l'enthousiasme ou la curiosité de la jeune fille. Olga Lvovna Bourine était si digne ! Philippe Savitch Bourine avait dû être un bien bel homme, énergique et instruit ! Quant au petit garçon, assis dans le jardin, elle l'aurait reconnu entre mille ! Comme il était joli et bien vêtu ! Mais quelle était cette maison ? Et comment s'appelait ce petit chien ? Joutchok ? Svétlana battait des mains. Il lui semblait que, par le jeu de ces vieilles photographies, elle pénétrait au sein d'une famille véritable et s'installait dans une tradition. C'était bon de n'être plus seule, d'être attachée à des visages, à des cœurs, à un peu de terre. Volodia suivait avec attention, sur la figure de la jeune fille, les signes de la détente et de l'apprivoisement. À la nuance de ses yeux, à la forme de son sourire, il sentait que Svétlana se départait de sa réserve et qu'un peu d'allégresse entrait en elle pour la première fois.

Quelques jours plus tard, Svétlana s'enhardit à lui demander s'il avait écrit la lettre. Bien qu'il n'eût même pas songé à le faire, Volodia prétendit que la missive était déjà partie et probablement arrivée à destination. Svétlana crut utile de dire :

— Vous avez eu tort... Vous vous repentirez...

Mais son visage rayonnant démentait ses paroles. Elle pria Volodia de lui remettre une photographie de sa mère.

— Que veux-tu en faire ? demanda Volodia.

— Rien... Je la glisserai dans un livre. Je la regarderai, de temps en temps...

Elle rougit, se mordit les lèvres, honteuse d'être devinée. Volodia la laissa choisir l'image qui lui convenait. De nouveau, elle feuilleta l'album, avec une mine sérieuse, et, brusquement, tendit le doigt et déclara :

— C'est celle-ci que je préfère. Votre mère a des yeux si bons sur cette photographie. On sent qu'elle est capable de comprendre, de pardonner...

Volodia lui donna la photographie, mais de mauvaise grâce. Depuis quelques instants, une gêne insidieuse lui gâchait sa joie. Tout à coup, il n'eut plus envie d'entraîner vers le lit cette fillette soumise. Il lui offrit de passer la nuit à bavarder devant la table, comme des camarades. Alors, elle se leva, et, pour la première fois, osa l'embrasser sans y être invitée. Elle murmurait :

— Vous êtes meilleur encore que je ne le supposais.

Ses yeux débordaient de lumière. Volodia voulut se défendre. Mais elle appliqua une main sur sa bouche et dit :

— Je sais tout ! Je sais tout !

Il n'eut pas le courage de la détromper.

Le 8 septembre, jour de la nativité de la Sainte Vierge, Svétlana se présenta chez Volodia, tout essoufflée et moite de larmes. Ce matin même, en regagnant sa chambre, elle avait eu un éblouissement. Elle s'était assise sur son lit. Et elle avait vu, devant elle, dans un miroitement de rayons de soleil et de gouttes d'eau, la silhouette d'Olga Lvovna en grand deuil, avec un corbeau perché sur l'épaule.

— Sûrement, un malheur la guette, dit-elle en joignant les mains.

Volodia essaya de l'entraîner à rire. Mais elle s'obstinait, les sourcils noués, l'œil sévère.

— Non, non... Vous ne devez pas plaisanter... Une vision est une vision... Mère Alexandrine, elle-même, croit aux visions... Et un jour pareil... Quand la Vierge Marie est née au monde des hommes... Il faudrait conjurer le sort... Faire dire une messe... Mais à quel intercesseur ?... Saint Cyprien, peut-être ?...

Il promit d'implorer la clémence de saint Cyprien, et elle se calma un peu, accepta de manger, de boire.

Le lendemain matin, peu après le départ de Svétlana, Volodia reçut une lettre de Kisiakoff, lui annonçant qu'Olga Lvovna était gravement malade et souhaitait voir son fils au plus tôt.

10

Ivan Ivanovitch Kisiakoff demeura un long moment au milieu de la route à regarder la calèche du docteur qui s'éloignait en brinquebalant dans un nuage de poussière. Le roulement des roues diminua enfin, absorbé par le silence de la campagne. Une nichée de perdrix pépia et s'envola d'un coup d'aile vers la steppe engourdie de chaleur. Un milan planait dans le ciel bleu, où les nuages mêmes n'avaient plus la force de vivre. Tournant le dos à la maison, Kisiakoff traversa la route et se mit à marcher dans l'herbe vers le boqueteau d'arbres rabougris qui marquait le passage de la rivière. Il était vêtu d'un pantalon en toile, glissé dans des bottes fauves, et d'une courte veste en coutil qui bâillait sur son gros ventre dur. Un panama au ruban défraîchi protégeait son visage et sa barbe contre la lumière brutale du soleil. À l'approche de son pas pesant, les sauterelles suspendaient leur musique assourdissante et monotone. Parfois, il heurtait du pied un vieil os jauni, un tesson de bouteille. À gauche, à droite, s'étendaient des champs de seigle moissonnés, aux gerbes régulières, des champs de blé où miroitait le vol parallèle des faux, des champs de tabac piqués de cabanes aux toits de chaume. Kisiakoff connaissait trop bien le paysage pour prendre plaisir à le contempler. Mais la fatigue, l'angoisse le chassaient hors de la maison, où Olga Lvovna, depuis deux jours et deux nuits, luttait contre la mort.

Arrivé au bord de la rivière, il s'assit sur la berge ombragée et se déshabilla promptement. Le reflet du soleil dansait sur l'eau comme un plat d'étain bosselé. Un courant faible remuait des chevelures d'herbes brunes. De l'autre côté, une rangée de roseaux aux quenouilles fleuries se balançaient en craquant. Kisiakoff se mit nu, s'étira, claqua du plat de la main ses hanches grasses et légèrement velues. La sueur coulait dans sa barbe et le long de ses bras. Un parfum de transpiration se mêlait à l'odeur de la vase fraîche. Des mouches tournoyaient, se posaient sur la peau humide. Kisiakoff se signa, grogna : « Brr ! » et descendit dans l'eau à mi-corps.

« Sainte Mère de Dieu, que la fraîcheur est douce à l'homme », disait-il en se frictionnant le torse énergiquement.

Puis il s'assit à croupetons, immergea sa tête, se redressa, ruisselant, aveuglé, cracha, toussa, secoua sa barbe lourde. Une tanche lui frôla le jarret d'un coup de queue. Il partit d'un éclat de rire et plongea la main dans la vase gluante du bord. Quelque chose d'agile et de dur évitait ses doigts. Une écrevisse ? Kisiakoff devint rêveur. Il eût aimé rester là longtemps, tout nu, tout seul, parmi les bêtes et les herbes, dans le soleil et dans le vent, sans songer à rien ; jusqu'à ce que ses pieds prissent racine dans le lit du ruisseau, et que son front rejoignît les nuages du ciel, et que ses mains se chargeassent de feuilles, et qu'une sève âcre et nourricière coulât dans ses veines à la place du sang ; jusqu'à ce que Dieu l'autorisât à changer de règne ; jusqu'à ce que Dieu se détournât de lui et oubliât son nom. Un arbre. Une pierre plate. Tout, mais pas un homme. Tout mais pas Kisiakoff, avec Olga Lvovna en train de mourir dans la maison silencieuse. En vérité, il ne pouvait s'accoutumer à l'idée de cette mort. Lorsqu'il réfléchissait à la maladie d'Olga Lvovna, il avait l'impression qu'une injustice flagrante avait été commise à son égard. Pour la première fois, il n'était pas d'accord avec Dieu. Non qu'il aimât profondément sa compagne.

Mais elle faisait partie de son bien. Sa disparition laisserait un trou. Et il avait autre chose à faire que s'occuper à boucher les trous.

« Ce docteur est un âne, dit-il. Elle ne mourra pas. Elle n'a pas le droit. »

Que deviendrait-il, si elle mourait ? Il s'était habitué à la voir trotter, noire et active, dans les couloirs de la maison. Les soins dont elle l'entourait, l'amour servile qu'elle lui dédiait, étaient indispensables à sa félicité quotidienne. Indispensables aussi la voix aiguë d'Olga Lvovna, ses manies, ses malaises, l'odeur vinaigrée de son linge, ses jalousies sournoises, sa laideur de vieux pitre battu. Il avait besoin de tout cela pour vivre. Et voici qu'elle prétendait l'en priver. Rageusement, il amassa de l'eau dans ses mains unies en cuvette et s'en aspergea le visage, une fois, deux fois. Devant lui, dans la rivière lente, oscillait le reflet d'un gros homme pâle, ballonné, à la barbe hirsute et aux jambes grêles. Sur la berge opposée, les roseaux frémirent, une tête de gamin apparut.

— Veux-tu t'en aller ! cria Kisiakoff.

— Si vous cherchez des écrevisses, il faut aller plus loin, dit l'autre.

Kisiakoff arracha un caillou au fond de la rivière et le lança dans la direction de l'enfant.

— Manqué ! Manqué ! dit le gamin.

Puis, il s'en alla. Cependant, au loin, une voix de femme appelait :

— I-o-nytch, I-o-nytch !

C'était la mère, sans doute. Ou la sœur. Si elle venait par ici, à la recherche de son Ionytch, elle serait troublée. Kisiakoff rit, bomba le torse, lissa sa barbe d'un pouce négligent. Puis, il se dit qu'il n'avait pas le droit de songer à l'amour, alors qu'Olga Lvovna agonisait dans son lit. Pourtant, il faudrait bien la remplacer, un jour. Et le plus tôt serait le mieux. Il se gratta la nuque. Une autre ? Le choix était facile, avec toutes les filles qu'il employait au service de la maison et du domaine. Certaines étaient jolies. Mais il serait obligé, avec elles, d'adopter de nouvelles habitudes. Chaque femme avait sa façon de soigner l'homme, de préparer les cornichons, de marcher, de chanter, de dormir. Quand on changeait de femme, on changeait d'existence. Or, Kisiakoff éprouvait une immense paresse à l'idée de modifier son régime de vie. En mourant, Olga Lvovna le contraignait à quitter une chaude tanière de souvenirs et de coutumes. N'avait été cette horreur du dérangement, il eût accepté sans colère la disparition de sa vieille amie.

— Je n'ai plus l'âge, je n'ai plus l'âge, murmurait-il en remuant ses orteils, pour troubler l'eau de la rivière.

La voix se rapprochait :

— Ionytch ! Où es-tu, sacripant ?

Kisiakoff fut secoué par un rire muet et s'accroupit au fond de la rivière, sur un caillou. Sa tête et sa barbe flottaient seules à la surface de l'eau. Des frissons glacés lui chatouillaient la plante des pieds et le derrière. Une bulle monta le long de son mollet et creva, juste devant son nez, avec un petit bruit de baiser limpide.

— Ionytch !

Au-dessus des roseaux, un visage de femme, rose, moite, essoufflé. Un fichu rouge enserrait la tête de la paysanne. Son cou était nu. Sa chemise, largement échancrée, laissait voir la naissance pleine et laiteuse des seins. Kisiakoff connaissait bien la luronne. C'était la fille du forgeron. Elle habitait au village voisin, avec son père et son frère Ionytch. Les gars du pays affirmaient qu'elle n'était pas farouche. Mais Kisiakoff n'avait jamais eu l'occasion de le vérifier. Elle était tout près maintenant, et appelait encore :

— Ionytch !

Kisiakoff demanda d'une voix caverneuse :

— Qui cherches-tu, petite ?

La paysanne jeta un cri de terreur et regarda dans sa direction. Mais, l'ayant aperçu, elle éclata de rire :

— Vous m'avez fait peur, barine !

— Qui peut avoir peur de moi ? Un vieil homme qui

prend son bain. Viens plutôt m'aider à sortir de l'eau. Je me suis enlisé dans la vase.

Elle remuait les épaules, coquette, le nez retroussé, la lèvre humide :

— On ne doit pas, barine. Que dirait mon père ?

— Que tu as fait une bonne action en sauvant ton maître.

— Non. Non. Ce n'est pas permis.

Kisiakoff prit de l'eau dans sa bouche et la vaporisa devant lui en pluie fine.

— Que c'est joli ! dit l'autre.

— Je sais faire bien d'autres choses encore, dit Kisiakoff. Mais tends-moi le bras.

— Non.

— Alors, je sortirai tout seul.

Et il se redressa lentement. Son torse mou et blanc surgit au-dessus de l'eau. La fille poussa un gloussement et se cacha le visage dans les mains. Mais elle ne bougeait pas. Il émergea de l'eau jusqu'à la ceinture, et elle demeurait à la même place, roucoulant d'une façon coquine. Alors, il se dirigea vers elle. Quand il sortit, nu, sur la berge, elle écarta les doigts, le regarda effrontément, cria :

— Un vrai diable !

Et s'enfuit à toutes jambes vers les champs.

Kisiakoff pouffa de rire. Il suivait de l'œil la silhouette agile et se massait le ventre à deux mains. Très loin, la femme se retourna, agita un mouchoir au-dessus de sa tête.

— Viens me voir un de ces jours ! hurla Kisiakoff.

Puis, il retraversa la rivière et s'étendit au soleil pour sécher son corps frissonnant. Il resta ainsi, un long moment, allongé sur le dos, les mains derrière la nuque, les pieds écartés. Il suçait des herbes. Entre ses paupières clignées, il voyait le vol des oiseaux, le frémissement des feuillages aériens. Le ciel pâlit. Les ombres s'étirèrent. Comme il se rhabillait, un gamin accourut de la maison pour dire qu'Olga Lvovna était sur le point de passer. Kisiakoff grogna un juron, boutonna son pantalon, chaussa ses bottes chaudes. En route, il prit le gamin par le bras.

— Comment s'appelle la fille du forgeron ? demanda-t-il.

— Nastassia, dit l'enfant.

— Et quel âge a-t-elle ?

— Quinze ans, seize ans, je ne sais pas au juste.

Kisiakoff poussa un soupir :

— Quelle jeunesse ! Quelle jeunesse !

Il marchait pesamment. Plus il se rapprochait de la maison, plus il se sentait devenir vieux et triste. Il regretta la rivière, Nastassia, les jeux du soleil dans l'eau. Dans la cour, il avisa le cocher qui attelait une calèche, en hâte.

— On retourne chercher le docteur, barine.

— Vas-y, vas-y, dit Kisiakoff en haussant les épaules.

Dès le vestibule, une odeur de médecine et de mort le saisit à la gorge. Il fit un effort violent pour l'ignorer et gravit les marches de bois qui conduisaient à la chambre de la malade.

À travers les volets mi-clos, filtrait une lueur blonde et poudreuse. Le vaste lit, aux draps froissés, aux oreillers défoncés, flottait comme un radeau dans la pénombre. Olga Lvovna reposait, sèche et brune, au milieu de la couche blanche. Elle respirait difficilement, les yeux dilatés, la mâchoire déboîtée, la langue courte, comme si l'air se fût refusé à nourrir ses poumons. Une toux brutale secouait ses épaules. Des contractions horribles lui tordaient les bras, lui crispaient les mains, et elle râlait en remuant la tête de droite à gauche. Puis, doucement, le souffle s'égalisait, le visage se détendait, livide et flasque. Elle fermait les paupières avec lassitude. De grosses larmes coulaient sur ses joues. Elle avait entendu le docteur prononcer le mot d'urémie. Elle se savait perdue. Et elle regrettait simplement d'avoir tant à souffrir avant de s'en aller.

— C'est toi, Vania ? murmura-t-elle, comme Kisiakoff s'approchait du lit. J'étouffe... Assieds-toi près de moi... Donne-moi la main...

Les signes d'une nouvelle crise la rendaient attentive. Elle se mit à suffoquer. Sa poitrine se soulevait, se creusait par saccades. Enfin, elle s'arrêta de haleter et dit d'une voix faible :

— Tu vois, c'est la fin...

— Mais non, dit Kisiakoff. Le médecin m'a répété que, dans dix ou quinze jours, si tu suis son traitement...

Elle fit un sourire qui était une grimace d'humble douleur :

— Laisse... J'ai entendu le docteur... Je sais tout... Et je n'ai pas peur... Au ciel, je retrouverai le cher petit être qui m'attend...

— Quel petit être ? demanda Kisiakoff.

Puis, il se rappela la grossesse nerveuse d'Olga Lvovna, les messes dites à la mémoire de cet enfant imaginaire, et baissa le nez dans sa barbe. Olga Lvovna parlait avec effort :

— Oui... Oui... Tout est bien ainsi... Mais je n'ai pas le temps de jouer avec les mots... Je voulais dire... As-tu prévenu Volodia ?...

— Oui.

— Et as-tu songé à me remplacer ?...

Il eut un haut-le-corps :

— À te remplacer ?

— Oui, après ma mort, il te faudra une autre femme pour te soigner, pour t'aimer... Un homme comme toi ne peut pas se passer de femmes... Qui as-tu choisi ?...

Désarçonné, Kisiakoff regardait le vieux visage exsangue et n'osait rien répondre.

— Alors ? reprit-elle. Qui ? Paracha ?

— Non, vraiment, dit-il. C'est si loin. Je l'ai bien oubliée.

— Une autre ? Dépêche-toi, ma crise va revenir. Une autre ?

Kisiakoff se tortillait sur sa chaise :

— Tu me gênes.

— Il ne faut pas. C'est si simple. Quel est son nom ?

Il avala sa salive et dit avec une brusque décision :

— Nastassia, la fille du forgeron.

Olga Lvovna baissa les paupières. De fortes quintes lui disloquaient les côtes, tendaient et relâchaient les muscles de son cou. Elle attendit que la crise fût passée. Puis, elle ouvrit la bouche, remua la langue sans pouvoir parler. Au bout d'un moment, des sons rauques s'échappèrent de ses lèvres :

— Nastassia...

— Oui, mais elle ne voudra pas, dit Kisiakoff, comme pour s'excuser.

— Fais-la venir... Je lui parlerai... Seule... Tu l'engageras comme servante à la maison... Et puis... tu verras... Mon adoré...

Kisiakoff se pencha vers Olga Lvovna et baisa son front humide. Il se sentait ridicule, odieux et nu. Nu comme dans la rivière, devant un regard plus pur et plus perçant que celui du soleil. La main d'Olga Lvovna, une main de squelette, tremblante, maladroite, effleurait sa joue. Une horreur sacrée, une affreuse pitié lui crevaient le cœur. Il se redressa.

— Ne me tente pas, dit-il.

— Envoie-la chercher, dit Olga Lvovna.

Alors, à travers l'angoisse et la honte de Kisiakoff, passa l'éclair d'une joie terrible, le coup de cymbale d'un rire. Il ne comprenait pas lui-même d'où venait cette allégresse insolente devant la mort. Mais sa gaieté était un signe de victoire. Encore une fois, il faussait compagnie au troupeau des hommes, renversait leurs barrières morales et s'échappait seul, libre, vers l'horizon de feu. Le vieux rebelle arriverait bon premier.

Il aspira l'air à pleins poumons, tendit ses épaules jusqu'à éprouver une douleur douce dans les omoplates. Par ce mouvement, il affirmait qu'il était en vie. Celui qui est en vie, on ne peut pas lui reprocher de songer d'abord à la vie, c'est-à-dire aux nourritures, aux boissons, aux sommeils, à l'amour.

— Je te tromperai, dit-il à mi-voix, comme s'il eût prononcé un serment solennel.

Puis, il quitta la pièce et ordonna d'aller chercher Nastassia au village.

Olga Lvovna reçut la fille dans sa chambre et pria Kisiakoff de ne les déranger sous aucun prétexte. Kisiakoff se promenait de long en large dans le couloir. À travers la cloison, il entendait un bourdonnement confus. Il colla son oreille à la porte. La voix d'Olga Lvovna disait :

— Chaque soir, tu lui prépareras un en-cas, sur sa table de nuit... Quelques cornichons... De la charcuterie... De la vodka... S'il a la tête lourde... Approche... J'ai du mal à parler... S'il a la tête lourde... des... des pruneaux... Répète...

— Des pruneaux.

— Le dimanche...

Kisiakoff recula et s'adossa au mur du corridor. Il ne savait pourquoi ces dernières paroles éveillaient en lui une compassion trop humaine. Ces cornichons, ces pruneaux, non, vraiment, elle était si bonne ! Aucune femme ne la remplacerait. Il passa un mouchoir sur son visage. Dehors, le jardin flambait au soleil. La rivière jouait avec des étincelles. Dedans, l'air était sombre, lourd, chargé d'un parfum de cire et de vases malpropres. Des pas menus trottaient au rez-de-chaussée. Une araignée énorme, velue, courait au plafond : elle disparut dans une fissure. La mort venait. De nouveau, cette idée de la mort assaillait Kisiakoff et il devait se défendre. « Oui, la mort. Eh bien, c'est l'usure de la machine. Pas de poésie autour de ça. J'ai déjà pensé. Comment était-ce donc ?... » Il lui semblait avoir résolu le problème une fois pour toutes, quelques minutes plus tôt. Mais il ne retrouvait plus ses arguments, et un vide noir s'ouvrait dans sa tête. Avec quoi le combler ? Quelles paroles, quelles citations, quelles prières jeter dans cet entonnoir de ténèbres ? Il frémit. Pour la première fois, quelqu'un était plus fort que lui. De toute son intelligence, de toute sa chair vivante, il s'arc-boutait pour résister au vertige. La mort. Un être mourait, qui faisait partie de son habitude. Et il ignorait comment le retenir. Son pouvoir s'arrêtait au bord de la couche funèbre. L'adversaire véritable était cette vieille femme en train de mourir, qui ne savait que mourir, comme les autres. C'était elle qu'il fallait vaincre, et, en elle, la loi de Dieu. « Qu'elle reste, puisque je le veux. » Kisiakoff sentit qu'une volonté merveilleuse s'accumulait au centre de son corps. Toute sa matière se muait en pensée. Dieu ne s'opposerait pas à ce commandement. Tendu, essoufflé, hagard, Kisiakoff essayait de prolonger à travers le monde, jusqu'aux sources du ciel, jusqu'aux racines de la terre, sa décision. Et c'était comme s'il eût tenu la terre et le ciel à bout de bras, indéfiniment. Ses muscles tremblaient, refusaient l'ouvrage. À la limite de l'effort surhumain qu'il s'imposait, la fatigue jaillit de lui, comme une effusion de sang et de larmes. Tout retomba. Il fut seul. Ses oreilles sonnaient.

Dans la chambre, les femmes parlaient encore, préparaient la mort et la vie, chacune pour son compte. Dieu triomphait selon une loi séculaire. Et ce triomphe épouvantait Kisiakoff. Car il mourrait un jour, comme cette femme, sans rémission et sans miracles... La vision de cette chute soulevait en lui une panique instinctive, hideuse, le hérissait comme un animal au seuil de l'abattoir. Il se rencognait dans son petit angle de vie, il se cramponnait à la frêle corniche des jours. Combien de pas avait-il encore le droit de faire ? Dix, vingt, trente-cinq, ou un seul, un tout petit, le dernier ? Et, pour l'accompagner au cours de ce voyage, pour le distraire, pour le nourrir, pour le griser, on lui offrait la fille Nastassia, des cornichons, de la vodka. Oh ! quelle farce inexorable Dieu proposait aux hommes ! Comme il se moquait d'eux ! « Amuse-toi de moi. Jongle avec ma tête. Sers-toi de moi comme d'un jouet. Mais laisse-moi vivre ! » Tout valait mieux que cette démission. Car, après, il n'y avait rien. Que les imbéciles fussent bercés par des récits de vie éternelle, c'était leur affaire. Mais lui voyait juste. Lui seul. Le noir. L'absence. Rien d'autre. N'était-il pas assez exceptionnel, assez indispensable, pour que Dieu le retînt au bord du trou, par la manche ? « Hep, reste là, toi. Tu m'intéresses. » Oui, mais comment savoir ? Le troupeau, qu'il croyait avoir dépassé, le rejoint, l'entoure, et trotte autour de lui du même pas égal. Des hommes, des femmes, des enfants, Olga Lvovna, Nastassia, Ionytch, le docteur. Et, là-haut, Dieu regarde passer les saisons, les générations, les espèces. Distinguera-t-il le dénommé Kisiakoff ? Au trot ! Au trot ! Une herbe par-ci, un chardon par-là. Un coup de langue à la flaque fraîche. Le dénommé Kisiakoff hausse la tête, tend les bras pour qu'on le remarque ! Au trot ! Au trot ! Il voudrait une exemption. Qu'on le tire de la foule, qu'on l'isole et qu'on le traite selon son grand mérite ! Au trot ! Au trot ! C'est injuste ! C'est inique ! Il se plaindra. Il se plaint. Au trot ! Au trot ! Vers l'abattoir !

Accoté à la paroi du couloir, Kisiakoff écoutait cette galopade humaine déchaînée à travers son crâne. Il ne souffrait presque plus. Il ne désirait rien. Épuisé, foulé, avili, il entendait monter, dans la pièce voisine, un râle absurde qui semblait être le sien. La porte s'ouvrit. Nastassia parut sur le seuil, les yeux gonflés de larmes, le nez rouge. Quand il la vit, Kisiakoff se mit à hurler :

— Va-t'en au diable ! Je ne veux personne après elle !

Elle se précipita vers l'escalier et, tandis qu'elle dévalait les vieilles marches de bois, il criait encore :

— Va-t'en ! Va-t'en !

Puis, il courut derrière elle. Dans la cour, il la rattrapa. Elle haletait. Kisiakoff approcha son visage de cette face jeune, saine, pleine de sang. Après les menaces de mort, il ne pouvait se rassasier de flairer sur elle l'odeur de la bête vivante. Nastassia le regardait avec effroi, la bouche ouverte, la prunelle claire. Kisiakoff la repoussa enfin, secoua la tête :

— Plus tard, plus tard, dit-il. Quand nous l'aurons enterrée.

Et des larmes coulaient de ses yeux sur ses joues, sur sa barbe noir et gris.

Volodia n'arriva à Mikhaïlo qu'au matin du jour fixé pour les funérailles. Il se préparait à une tristesse grave, mais la vue de sa mère, couchée dans le cercueil, entre les cierges allumés, dans la fumée bleue de l'encens, le laissa parfaitement insensible. Il l'avait quittée depuis trop longtemps, et depuis trop longtemps jugée, pour éprouver le moindre chagrin à l'idée de sa perte. Pendant la cérémonie, à l'église, il s'étonna d'entendre pleurnicher des femmes qui étaient les servantes d'Olga Lvovna. Kisiakoff se mouchait bruyamment entre deux signes de croix. Près de lui, une jolie fille à la poitrine avantageuse, aux hanches fortes, sanglotait à gros bouillons. Volodia demanda à son voisin le nom de cette jeune personne.

— C'est Nastassia, la nouvelle...

Volodia se mordit les lèvres pour ne pas rire. Le petit cierge qu'il tenait à la main laissait couler sur ses doigts une cire chaude et jaunâtre. Ses jambes s'engourdissaient. La fatigue d'un long voyage lui serrait les tempes. Après l'office religieux à l'église, il y eut une courte messe, devant la fosse, en plein vent. Le chœur chanta un requiem retentissant. Le prêtre aspergea le cercueil d'eau bénite. Un acteur d'Ekaterinodar, mandé par Kisiakoff, récita un poème, où il était question de fleurs coupées et de vases remplis de larmes. Lorsque les fossoyeurs commencèrent à jeter les premières pelletées de terre, Kisiakoff se tourna vers Volodia, le prit à bras-le-corps, l'embrassa et gémit :

— Deux orphelins l'un en face de l'autre !

Ils rentrèrent ensemble à la maison. Chemin faisant, Kisiakoff expliqua à Volodia qu'Olga Lvovna ne laissait aucune fortune, que le domaine était sa propriété à lui, Kisiakoff, et que, pour la bonne règle, il fallait signer un certain nombre de lettres constatant cet état de choses. Volodia refusa de signer les lettres avant d'avoir consulté un avocat, ce qui fit rire Kisiakoff aux larmes.

— Il se méfie de moi ! De moi ! disait-il.

Puis, il offrit à Volodia de prendre le thé en sa compagnie. Mais Volodia avait retenu une chambre à Ekaterinodar et ordonna d'atteler sa calèche.

— Revenez me voir, dit Kisiakoff. Je suis si seul ! La vie est finie pour moi.

Il portait un costume noir étriqué, couvert de taches. Un panama au ruban noir coiffait son crâne volumineux. Volodia éprouvait, à le regarder, une pitié mêlée de haine.

— Si vous revenez, reprit Kisiakoff, je vous préparerai des souvenirs de votre maman...

En disant ces mots, il soupira et se signa le ventre.

— Va donc ! cria Volodia au cocher.

La calèche s'ébranla, passa le porche et s'engagea sur la route aux ornières sèches.

11

Le lendemain de son arrivée à Ekaterinodar, Volodia se rendit à la succursale des Comptoirs Danoff. En tant que chef du département publicitaire, il voulait signaler son passage au directeur local et lui demander s'il n'avait pas de commissions pour le siège de Moscou. Le directeur local fut flatté par la visite de Volodia et le promena pendant toute une matinée de rayon en rayon, de réserve en réserve. Volodia n'entendait rien, ni à la qualité de la marchandise ni aux conditions de la vente, mais il prit un air intéressé, complimenta le directeur sur sa gestion, et nota quelques chiffres dans un calepin de maroquin vert olive. Selon ses prévisions, il lui fallut déjeuner chez le directeur et, pendant tout le repas, qui fut long et copieux, le directeur et sa femme lui parlèrent de madapolam, de percale et de drap de troupe. Il était cinq heures, lorsque Volodia, lesté de viandes, de vins, de liqueurs et de sucreries, put se soustraire enfin à l'hospitalité de ce couple bavard. Aussitôt, il loua un fiacre et se fit conduire chez les Arapoff.

En chemin, il étudiait avec émotion le nouvel aspect de la ville. Les façades de son enfance, les feuillages de son enfance, le regardaient passer de toute leur hauteur. Des légendes se corrigeaient et s'ordonnaient à chaque tournant de rue. Pourtant, l'âme de la cité demeurait intacte, et Volodia était enchanté de cette permanence qui le rajeunissait à son insu.

En approchant du pavillon des Arapoff, il éprouva un

serrement de cœur à l'idée que cette bâtisse vétuste, jadis pleine de filles et de garçons rieurs, n'abritait plus aujourd'hui que deux vieillards nourris de souvenirs et de tristes manies. Il reconnut, avec une terreur sacrée, le porche harnaché de lilas et la sonnette rouillée, dont le timbre, autrefois, déchaînait un hurlement de triomphe :

— Volodia est arrivé ! Volodia est arrivé !

Nulle voix d'enfant ne saluerait plus son entrée dans la maison des Arapoff. Déjà, un jeune concierge borgne, qu'il n'avait jamais vu, lui ouvrait la porte et le conduisait par un chemin caillouteux vers le perron. À gauche, était la grande cour où il faisait bon jouer au cirque. À droite, le petit jardin, où, naguère, les parents buvaient du thé et mangeaient des pastèques sous un parasol à longues franges multicolores. Dans le salon aux volets clos, régnait l'immuable odeur de l'encaustique et de la moisissure. Les silhouettes, découpées dans du papier noir, et serties dans des cadres ovales, ornaient toujours les murs, dominées par le portrait du fameux grand-oncle qui avait fréquenté le poète Joukovsky. Et, sur le siège de la bergère bouton-d'or où, si souvent, Volodia et Tania s'étaient installés côte à côte, trônait encore l'affreux coussin de velours, que Zénaïde Vassilievna avait décoré d'une broderie représentant trois oiseaux verts perchés sur trois sapins rouges. Volodia caressa du bout des doigts, machinalement, l'étoffe du coussin. Avant de se retirer, le portier considéra d'un œil soupçonneux ce visiteur qui souriait bêtement en regardant les meubles. Bientôt, une femme de chambre qui, elle aussi, paraissait nouvelle dans la maison vint annoncer à Volodia que Monsieur et Madame ne rentreraient pas avant huit heures du soir.

— Ils sont dans leur jardin, hors de la ville, dit-elle.

— Le jardin aux roses ? demanda Volodia.

— Oui. Monsieur connaît ?

Volodia éclata de rire :

— Et comment ! Et comment !

Une joie inattendue, incompréhensible, débordait

son cœur. Il se précipita dans la rue et fut heureux de retrouver son fiacre qui attendait devant la grille.

— À la roseraie ! dit-il.

— Où ça ?

— Je te montrerai le chemin...

En cours de route, il offrit au cocher un pourboire double s'il consentait à rouler plus vite. Lorsque la voiture eut dépassé les faubourgs et se fut engagée sur la grande chaussée poudreuse qui divisait les champs, Volodia se mit à chanter au rythme des grelots. Une impatience fébrile le possédait, qui augmentait à chaque tour de roue. En même temps, il savait qu'il serait déçu. Comme la calèche tournait devant une petite église rustique à coupole verte, il se souvint de Svétlana et de la promesse qu'il lui avait faite. Svétlana ! Il l'avait un peu oubliée, au cours de ce voyage hâtif. Certes, les circonstances l'avaient empêché de tenir ses engagements. Mais, eût-il trouvé sa mère vivante, qu'il ne se fût pas hasardé à lui parler de mariage. Sa décision était irrévocable. Il vivrait avec Svétlana, mais ne l'épouserait pas. Elle finirait bien par accepter son bonheur dans cette situation irrégulière mais confortable. Elle ferait comme les autres. Elle s'habituerait. Un moment, il s'attendrit à la pensée de cette jeune femme qui l'attendait à Moscou, larmoyante, amoureuse, pensive. Il l'imagina, rêvant toute seule, dans sa petite chambre, devant la photographie d'Olga Lvovna. Que d'espoirs absurdes hantaient ce joli front ! Et comme il serait pénible et délicieux de les détruire ! Parfois, il avait honte de l'avoir séduite. Mais elle aurait pu tomber plus mal encore : un Prychkine, un Kisiakoff...

Il fit la moue : « Quelle horreur ! »

Les chevaux quittèrent la grand-route pour suivre un chemin cahoteux. La calèche tressautait sur de pauvres ressorts. Et ces secousses inégales dérangeaient Volodia dans ses méditations. Il se cala contre les coussins de la banquette et renversa le visage vers un ciel bleu et brûlant. De nouveau, l'image de la jeune femme dansa devant ses yeux éblouis. Mais, tout à coup, il lui parut étrange de songer à Svétlana dans ce décor où il avait si longtemps vécu sans la connaître. Elle n'était pas chez elle parmi tant de souvenirs anciens. Cette contrée était vouée à d'autres fantômes. Tania, Lioubov, Nina, gamines aux longs cheveux, aux joues fraîches, à la voix pure, régnaient encore sans partage sur la terre de leurs premiers jeux. Leurs noms familiers passaient dans l'haleine du vent. En ces lieux consacrés, elles seules méritaient l'hommage d'une pensée. Volodia ferma les paupières, comme pour mieux rappeler à lui les restes de cette jeunesse trop rapidement envolée. Lorsqu'il les rouvrit, des lotissements défilaient devant la calèche.

— Arrête-toi là, dit Volodia en touchant de la main l'épaule du cocher.

Ayant payé la course, il s'avança, le cœur faible, vers la barrière de pieux disjoints qui limitait le jardin aux roses, poussa un portillon, écouta le grincement amical des charnières de cuir. Devant lui, s'ouvrait le sentier exact dont sa mémoire avait conservé le dessin. Il foulait l'endroit même où, quelque dix-sept ans plus tôt, Michel l'avait frappé au visage, jeté à terre, pour l'amour de Tania. Le souvenir de cette dispute brutale indisposait Volodia, lui donnait du chagrin et de la honte. D'un pas résolu, il franchit la frontière idéale du combat. Maintenant, il marchait entre deux haies de roses, anxieux, impatient, comme si vraiment, dans la hutte aux nattes de paille, une jeune fille blonde eût encore attendu son retour. Comme si la Tania d'autrefois, légère, espiègle, ensoleillée, allait surgir dans le bourdonnement des abeilles et lui tendre les mains. Non, rien n'avait changé dans le monde des choses. Hors des vagues du temps, émergeaient les arbres fruitiers, les vignes épaisses et la cabane en poutres grises, toiturée de joncs tressés et roussis. Volodia eut envie, contre toute raison, de prononcer le nom de Tania au seuil de cette retraite enchantée. Il murmura pour lui-même intérieurement : « Tania ! »

Un homme et une femme parurent devant lui. Volodia n'avait pas revu Constantin Kirillovitch et Zénaïde

Vassilievna depuis le jour lointain où ils étaient venus à Moscou, pour fêter la naissance de leur premier petit-fils. C'était en 1905. Huit ans avaient passé. Et ces huit années avaient suffi pour transformer les parents de Tania en un couple de très vieilles gens. Constantin Kirillovitch s'était voûté, affaissé. Sa barbe était toute blanche, avec des reflets roux. Il clignait des yeux derrière ses lunettes à monture dorée. Auprès de lui, une dame âgée, très grasse, très rose, très ridée, Zénaïde Vassilievna, ouvrait les bras et criait drôlement :

— Volodia ! Volodia est arrivé !

Ahuri, Volodia se laissa embrasser, entraîner dans la cabane et pousser sur le divan bas. Constantin Kirillovitch se frottait les mains :

— Quelle surprise ! Quelle joie ! À vrai dire, nous t'attendions un peu ! Lorsque nous avons su la triste nouvelle...

— Ne parlons pas de cela, dit Volodia. Il y avait trop longtemps que j'avais rompu avec ma mère pour prétendre éprouver le moindre chagrin aujourd'hui...

— Quand même ! Quand même ! soupirait Zénaïde Vassilievna. Elle n'avait pas l'âge.

En même temps, elle tournait le robinet du samovar, et une bonne odeur de thé chaud se mêlait au parfum des roses.

— Et maintenant, raconte, dit Constantin Kirillovitch en allumant une pipe à fourneau d'écume.

— Non, dit Zénaïde Vassilievna. Qu'il mange d'abord.

— Mais je n'ai pas faim, dit Volodia.

— Ce n'est pas une raison...

Des tartines de miel et de confiture, des assiettes de fruits et de gâteaux secs garnirent instantanément la table. Les guêpes, affolées, tournaient autour des sucreries, et Zénaïde Vassilievna les chassait avec son mouchoir.

— Tfou ! Tfou ! Allez-vous-en, gourmandes !...

— Alors ? Que deviennent-ils ? dit Constantin Kirillovitch.

Consciencieusement, Volodia répondit à l'interrogatoire. Michel était un homme d'affaires exceptionnel, dont un juste succès couronnait les efforts. Tania était plus belle que jamais et s'entendait bien avec son mari. Les enfants étaient en bonne santé, et il n'y en avait pas de mieux élevés sur terre.

— Et Nicolas ? demanda Zénaïde Vassilievna d'une voix tremblante.

— Aucune nouvelle, dit Volodia en pelant une pêche. Je sais qu'il se mêle de politique. Il est toujours socialisant. Très socialisant. À part ça, il bricole. Michel m'a parlé d'une affaire de papeterie...

— Tout cela n'est pas sérieux, dit Constantin Kirillovitch, et il fronça les sourcils.

— Tout de même, il ne fait rien de mal, murmura Zénaïde Vassilievna. C'est l'essentiel.

Constantin Kirillovitch souffla un jet de fumée bleue vers le plafond, allongea ses jambes et dit :

— Rien de mal ? Peut-être. Mais il m'est pénible de penser que, par ses paroles et par ses actes, il complote contre la sûreté de l'État. J'ai toujours vécu dans l'amour du tsar, de l'Église, de la patrie. Et je ne crois pas être un malhonnête homme. Mais voici que des galopins prétendent nous expliquer que nous avons eu tort. À les entendre, pendant trois siècles, les Romanoff ne se sont occupés que d'enrichir des courtisans et d'affamer les campagnes. On se demande, vraiment, qui a fait la Russie ! En tout cas, je préfère être gouverné par un tsar que par mon fils ! Tout vaut mieux qu'une révolution ! Tout ! Tout ! Tout !

— Qui parle de révolution ? dit Volodia. Nos socialistes ne veulent pas la révolution, mais l'évolution. À l'heure qu'il est, un grand nombre de gens riches et respectables penchent vers le socialisme. Et je dois dire que, sans être tout à fait des leurs, je les comprends...

— Moi pas, dit Constantin Kirillovitch avec rudesse. Sans doute suis-je trop vieux.

Il se tut et tira furieusement sur sa pipe. Zénaïde Vassilievna l'observait avec tristesse :

— Tu te mets en colère, Constantin... Et pour des choses qui ne nous regardent pas... Qu'ils la fassent leur révolution, si cela leur fait plaisir... Nous ne serons plus là pour la voir...

Constantin Kirillovitch changea sa pipe de côté et grogna :

— Si tout le monde raisonnait comme toi, les voyous de la Doubinka seraient déjà installés au palais du gouverneur.

Zénaïde Vassilievna baissa le nez dans son assiette et ses lèvres frémirent.

— Parle-nous plutôt de Lioubov, dit Constantin Kirillovitch. Depuis qu'elle a épousé ce Prychkine, elle ne nous écrit plus.

Volodia donna les dernières nouvelles. Son ami, Ruben Sopanioff, était entré en relations avec Prychkine pour fonder un théâtre, à Moscou. Michel, sur les instances de Tania, avait avancé une partie des fonds, Ruben Sopianoff garantissait le reste. On cherchait un local. Dans quelques mois, si tout marchait bien, Prychkine et Lioubov s'installeraient à Moscou pour préparer le premier spectacle.

— Nicolas révolutionnaire, Lioubov sur les planches, dit Constantin Kirillovitch. Quelle famille !

— Tu oublies Akim, Tania, Nina, dit Zénaïde Vassilievna.

Et elle ajouta, d'un air honteux :

— Dis-moi donc, Volodia, comment s'appellera le théâtre ?

— La Sauterelle.

— Quelles pièces y jouera-t-on ?

— Le spectacle, à ce qu'on m'a dit, se composera de petits tableaux comiques ou lyriques, présentés par un conférencier. C'est un genre nouveau. En France même, on n'a jamais rien tenté de semblable.

— Et nous ne verrons pas ça, dit Zénaïde Vassilievna. Voilà ce que c'est, la province.

— J'aime mieux ne pas assister au scandale, dit Constantin Kirillovitch. À mon âge, je ne supporterais pas la vue de ma fille, court-vêtue, enfarinée et débitant des fadaises...

— Tu ne parlais pas ainsi des actrices, il y a quelques années, dit Zénaïde Vassilievna en le menaçant du doigt.

Il se mit à rire et lui baisa la main :

— C'est si loin, ma chère ! Ai-je vraiment aimé quelqu'un d'autre que toi ?

Tout à coup, il avait rajeuni. Son regard était clair, joyeux. Zénaïde Vassilievna hocha la tête :

— Oh ! vous autres, les hommes, comment vous croire ?

Visiblement, elle admirait son mari et le croyait encore capable d'une dernière folie. Constantin Kirillovitch cueillit une rose dans un vase, la respira, la glissa dans la boutonnière de son veston.

— N'est-ce pas qu'elles sont belles, mes roses ? dit-il.

— Uniques, dit Volodia. C'est toujours votre jardinier, Igor Karpovitch, qui vous aide dans vos travaux ?

— Non, il est mort, dit Zénaïde Vassilievna. Tout doucement. Un matin, on l'a trouvé couché dans sa cabane. C'était fini.

— Et les cailloux blancs ?

— Ils sont encore là. Le nouveau jardinier a voulu les jeter. Mais je ne l'ai pas permis. Pourquoi faire de la peine à l'âme d'Igor Karpovitch ? Ce n'est pas encombrant, des cailloux blancs. Ça ne gêne personne. Voilà... La roue tourne. Des gens meurent, d'autres naissent. Sais-tu que Nina attend un bébé ? Elle doit venir nous rejoindre avec son mari. Il faut te dire que Constantin Kirillovitch a pris sa retraite. C'est notre gendre qui le remplace à l'hôpital. Et, qui sait ? peut-être notre petit-fils remplacera-t-il notre gendre, quand il sera grand. Ainsi vont les jours. L'un après l'autre. Tous ces petits-enfants nous poussent vers la tombe avec leurs tendres mains...

— Vas tu te taire ! s'écria Constantin Kirillovitch. À l'entendre, nous sommes déjà mûrs pour l'éternité. Est-ce ton avis, Volodia ?

— Ma foi, non ! dit Volodia. Je vous trouve à tous deux une mine rassurante.

— Ah ! Ah ! reprit Constantin Kirillovitch en bombant le torse. Tu vois, ma chère, je ne le lui fais pas dire. À propos, le colonel m'a raconté une anecdote que vous ne connaissez peut-être pas à Moscou. Il s'agit d'un hareng qui...

— Tu ne vas pas raconter ça devant moi, Constantin, dit Zénaïde Vassilievna.

— Je parlerai vite et tu baisseras les yeux. Donc, il s'agit d'un hareng qu'un vieux Juif ramenait chez lui pour nourrir sa famille...

Volodia écoutait d'une oreille distraite. Depuis le début de cet entretien, une gêne, une pitié insidieuse l'empêchaient d'être tout à fait heureux. Entre cet homme et cette femme subitement vieillis, il éprouvait un dépaysement qui s'aggravait de minute en minute. Le temps avait si étrangement travaillé sur eux, que, tout en relâchant leurs tissus, tout en fanant leurs cheveux, il avait respecté leur identité foncière. Par moments, ils semblaient être leurs propres caricatures, traitées par un artiste maladroit. Volodia avait envie de laver ces rides, d'arracher ces perruques d'argent, pour retrouver le visage véritable des parents de Tania. S'ils avaient tant changé, était-il possible qu'il n'eût pas changé lui-même ? Instinctivement, il chercha du regard une glace, n'en découvrit pas et eut froid dans le dos.

— Alors Isaac lui dit : « C'est ma femme qui a mangé l'arête. »

Volodia considérait avec stupeur ce vieillard qui riait, les joues roses, les yeux pleins de larmes, derrière ses lunettes à monture d'or.

— Elle est bonne, n'est-ce pas ? dit Constantin Kirillovitch.

— Excellente, dit Volodia.

Mais il dut s'imposer un effort pour sourire. L'image d'un autre Constantin Kirillovitch, au visage lisse, à la douce barbe châtain, éclairait sa mémoire. Timidement, il demanda :

— Cela fait bien huit ans que nous ne nous sommes plus vus ?

— Huit ans, mon ange, dit Zénaïde Vassilievna, et, grâce à Dieu, nous voici tous en vie.

Le soleil filtrait à travers les paillasses du toit et allumait, sur le sol de terre battue, une infime poussière de débris de joncs, de cailloux écrasés et de graines. Au centre de la table, le samovar en cuivre rutilait, rond et lourd, avec sa théière perchée au sommet du tuyau. Par la baie largement ouverte sur le jardin, on apercevait les rosiers alignés côte à côte, un coin d'herbe tondue, les branches d'un arbre, un pan de ciel. De la steppe immense et sans âme, venait un roulement continu. On eût dit le murmure de la Terre tournant lentement sur son axe. Une tristesse, une peur vague de l'infini envahissaient le cœur de Volodia.

— Tu resteras quelques jours, n'est-ce pas ? disait Constantin Kirillovitch. Et, bien entendu, tu logeras chez nous. Certes, la vie n'est pas drôle à Ekaterinodar pour un monsieur moscovite. Mais, quand même !... Oh ! la ville a changé. On a bâti des maisons, des usines. Il y a beaucoup d'ouvriers. Des fonctionnaires, aussi. Le Cercle s'est développé. Il s'est fondé une société amicale de photographes...

Il sourit modestement :

— J'en fais partie.

— Oui, dit Zénaïde Vassilievna, c'est sa nouvelle passion. Il photographie tout ce qui lui tombe sous la main. Des chats, des chiens, des objets, des personnes. Et il classe ses clichés. Dieu sait pourquoi ! Il a transformé ma réserve en cabinet noir.

— J'ai là mon appareil, dit Constantin Kirillovitch en s'animant d'une manière inattendue et puérile. C'est un double anastigmat, d'une précision remarquable. Je vais te photographier, Volodia... Si, si...

Volodia se laissa faire à contrecœur. Le soleil baissait. La brouette du jardinier grinça au fond du jardin. Des seaux tintèrent.

— Il est encore trop tôt pour arroser, Timothée, cria Constantin Kirillovitch.

— Toujours pressé de finir sa journée, ce Timothée, dit Zénaïde Vassilievna. Ce n'est pas comme Igor Karpovitch. Pauvre cher homme, avec ses cailloux blancs. Les meilleurs s'en vont. Les mauvais restent.

Volodia pensa à sa mère. Peut-être l'avait-il mal connue, mal aimée ? L'idée de cette injustice lui fut pénible.

— Comptes-tu intenter un procès contre Kisiakoff ? demanda Constantin Kirillovitch. Il a honteusement dépouillé ta mère...

— Je n'aime pas les procès, dit Volodia. Et puis, que gagnerais-je ? La propriété de Mikhaïlo ? De vieux meubles ? Il faudrait vendre tout cela...

Il hésita une seconde et ajouta :

— Ma mère aimait cet homme. N'ai-je pas le devoir de le laisser en paix ?

Les yeux de Zénaïde Vassilievna se mouillèrent de larmes.

— Un bon fils ! Tu es un bon fils ! murmura-t-elle.

Volodia songea qu'en effet il était un bon fils, et cette idée lui fut agréable. À plusieurs reprises, il s'était interrogé sur son caractère. Tantôt il se jugeait comme un monstre, et tantôt comme un noble cœur. Peut-être était-il les deux à la fois ? Ainsi, en ce qui concernait Kisiakoff, c'était par pure paresse qu'il renonçait à l'attaquer, mais la pensée du chagrin qu'un semblable procès eût infligé à sa mère n'était pas étrangère à sa décision. En vérité, il était prudent. Il n'y avait pas de cause, si grande fût-elle, pour laquelle il se sentît prêt à risquer sa vie ou même son confort. Au plus fort des passions, son esprit critique travaillait encore. Toujours, une part de son être se refusait, se glaçait, calculait les profits et les pertes. Se pouvait-il que tout le monde ne fût pas comme lui ? Constantin Kirillovitch, par exemple, que trouverait-on dans son cœur, si on le fouillait bien ? Des roses, des sourires de femmes, un appareil photographique ?

Un nuage passa. Le jardin devint triste, avec des roses opaques, des feuillages sans vie. Zénaïde Vassilievna repoussa sa tasse. Une cuiller tinta. Au loin, on entendait le bruit d'une calèche légère, le carillon joyeux des grelots.

— Les enfants arrivent, dit Constantin Kirillovitch.

Et il se leva péniblement, en s'appuyant des deux mains sur la table.

Bientôt, Mayoroff et Nina furent dans la cabane : Mayoroff, rose, bien en chair, l'œil humide, la moustache cirée, Nina très pâle, avec un petit ventre qu'elle dissimulait sous une écharpe de soie. De nouveau, il fallut que Volodia répondît à des questions disparates. Quelles étaient les amies de Tania ? Et l'auto des Danoff était-elle réellement une Mercedes ? Et le petit Boris ressemblait-il à son père, ou à sa mère ?

— Ah ! si j'avais pu le photographier ! disait Constantin Kirillovitch.

Nina souriait, absente, ahurie. Plus que jamais elle paraissait étrangère au monde des vivants. L'enfant même dont elle était enceinte ne l'intéressait pas. C'était Mayoroff qui en parlait, avec une abondance et une vanité grotesques.

— J'ai recommandé à Ninouche un régime que j'aimerais soumettre à votre assentiment, papa. Pas d'œufs, pas d'épices, pour ne pas fatiguer le foie. Mais des pommes de terre. J'ai remarqué que les pommes de terre évitent la constipation. Le soir, tilleul et camomille... Savez-vous que ses vomissements ont cessé ? Je m'y attendais un peu, grâce aux siestes matinales que je lui ai imposées. Ce n'est pas drôle, je le conçois, mais il faut penser à l'enfant ! Ah ! j'oubliais de vous dire que le toucher vaginal m'a amplement satisfait. Hier, j'ai écouté les battements du cœur de votre petit-fils : cent quarante à la minute. C'est idéal !

Nina baissa la tête. Constantin Kirillovitch tapotait l'épaule de son gendre.

— Il est plus docteur que moi, le bougre ! Quoi de neuf à l'hôpital ?

— Pas grand-chose. Un beau fibrome multilobulaire. Une méningite...

— Si vous changiez de sujet, mon doux ami, dit Zénaïde Vassilievna en faisant la moue. Nous sommes dans un jardin. L'air est pur... Les roses fleurissent. Et vous arrivez là avec votre fibrome !...

— Les fibromes sont une manifestation de la nature, comme les roses, dit Mayoroff avec un sourire mielleux.

Il était à gifler. Volodia se leva de table et offrit à Nina de l'accompagner pour visiter le jardin.

— Je peux ? demanda-t-elle d'une voix neutre.

— Certainement, ma Ninouche, dit Mayoroff. Mais marche lentement.

Volodia et Nina firent quelques pas dans l'allée. L'herbe sentait la ciguë. Des hirondelles se pourchassaient en criant dans le ciel.

— Êtes-vous heureuse ? demanda Volodia.

— Mais oui, dit-elle. Mon mari est très gentil. Et si travailleur ! On prétend qu'il est le meilleur médecin d'Ekaterinodar. Sûrement, il fera une belle carrière.

— Et votre carrière à vous, y songez-vous parfois ?

— Ma carrière ?

— Oui, votre vie.

— Oui ! dit-elle, à quoi bon ? Je vois passer les jours. J'existe. Cela suffit.

— Puis-je faire une commission de votre part à Tania ?

— Non... Ou plutôt, si... Dites-leur... dites-lui que je suis contente...

Elle plissa les lèvres. Volodia devina qu'un grand chagrin se cachait derrière ce visage fade au long nez, aux prunelles vagues. Il prit la main de Nina :

— Vous vous ennuyez ici. Il faudrait venir à Moscou pour quelques jours.

— Ah ! non ! s'écria-t-elle, effrayée.

316

Ses pommettes avaient rougi. Ses yeux étaient pleins de larmes. La voix de Mayoroff appelait au loin :

— Ninouche ! Ninouche ! Où êtes-vous ? Je suis sûr que tu marches trop vite ! Et après, nous aurons des complications.

— Il faut revenir, dit-elle. Je suis heureuse de vous avoir vu.

Volodia dîna chez les Arapoff, et on lui prépara un lit dans l'ancienne chambre de Tania. Il se coucha très tard, parce que ses hôtes n'étaient pas rassasiés de nouvelles. Comme il avait beaucoup bu et beaucoup mangé, il éprouvait de la peine à s'assoupir. Sa lampe de chevet éclairait le papier à fleurs des murs, une coiffeuse drapée de plumetis rose, des chaises roses, les rideaux roses de la fenêtre. Dans cette pièce rose, Tania avait dormi, rêvé, attendu le destin. Il l'imagina un instant, jeune fille pensive, vêtue d'une chemise longue et blanche, avec un bonnet de dentelle, pour le sommeil. Que de fois, sans doute, s'était-elle avancée vers la croisée ouverte pour regarder la nuit, respirer le jardin ? Au ciel semé d'étoiles, elle adressait alors les prières où revenait souvent le nom de Volodia. Aujourd'hui, elle avait oublié tout cela. Un autre l'avait séduite et contentée. Volodia se leva, s'approcha de la fenêtre. Par un dédoublement étrange il crut être, un instant, la jeune fille qu'il évoquait. Comme elle, il se pencha vers l'ombre bleue où frémissait le feuillage argenté des tilleuls. Comme elle, il aima et redouta cet adolescent volage et tendre qui s'appelait Volodia Bourine. Un doux vertige le saisit. Il aspira l'air frais et large, écouta les battements de son cœur qui faisaient vivre le monde. Puis il se dirigea à pas lents vers le lit ouvert, ce lit qui avait supporté le frêle fardeau de Tania, son corps jeune et mince, ses épaules étroites, sa tête pleine de songes. Il se coucha sur ce souvenir, sur cette empreinte, éteignit la lampe. Dans le silence obscur, il entendait, à l'étage au-dessous, deux voix familières qui parlaient encore. Les parents de Tania ne voulaient pas dormir. Volodia imagina aisément leur colloque : « Tu as entendu ce qu'il disait de Tania : elle a encore embelli ! — Et le petit Serge ! Comme j'aimerais le voir dans son costume marin ! — Crois-tu vraiment qu'ils viendront pour les fêtes de la Noël ? » Les voix se turent. Un meuble craqua. Une calèche passa dans la rue. Volodia se dit qu'il n'avait plus de parents, et cette idée, bizarrement, le rendit faible et affectueux. Il souhaita, pour lui aussi, une chambre, où deux petits vieux, unis dans un même amour, chuchoteraient son nom avant de s'assoupir. Mais nulle part on ne pensait à lui. Si, à Moscou, peut-être. Une demoiselle de compagnie. C'était tout. Brusquement, il n'eut plus envie de partir. Il resterait ici une semaine, quinze jours, à se griser de réminiscences faciles. À son retour, Svétlana serait plus aimable encore, car elle l'aurait longtemps attendu. Elle le consolerait. Il voulait être heureux, à tout prix. Le temps passait vite, il fallait se hâter de vivre. Déjà, cette journée au jardin n'était plus qu'une image parmi d'autres dans sa mémoire. Et, tandis qu'il pensait, sa pensée devenait souvenir. Un coup de vent brossa les tilleuls et, par la fenêtre ouverte, Volodia vit la grande masse des feuillages qui se creusait et se recomposait en mille reflets de lune. Il eut froid, remonta ses couvertures. Une horloge sonna dans la vieille maison privée de jeunes filles. Volodia ferma les yeux et tenta de dormir.

12

Volodia prolongea son séjour à Ekaterinodar et ne revint à Moscou qu'au début du mois d'octobre. Le matin même de son arrivée, il rendit visite aux Danoff. Il était impatient de revoir Tania, après avoir vécu dans une maison hantée par le souvenir de leurs jeux. Surtout, il voulait confronter le vrai visage de Tania avec le fantôme qu'il avait évoqué dans la chambre rose. Or, Michel et Tania se trouvaient encore à la campagne et on n'attendait leur retour que vers la fin du mois. Cette nouvelle mit Volodia de mauvaise humeur pour le reste de la journée. Les courses qu'il avait projeté de faire lui parurent brusquement inopportunes. Il rentra chez lui, s'enferma, tenta de lire. Mais son esprit ne suivait pas la marche de ses yeux. Toujours l'occupaient les mêmes images, dont l'intensité et la précision étaient dangereuses. Il réfléchissait aux rapports de franche amitié qui s'étaient établis entre lui et Tania. Leurs deux destinées, qui auraient pu se confondre jadis, étaient devenues parallèles, irréconciliables. Cependant, il imaginait un brusque réveil les poussant l'un vers l'autre, après tant d'années. Et, devant cette perspective, une peur suave lui faisait les mains moites et faibles.

Vers le soir, il se fatigua de penser en vain et fit préparer un souper froid avec du champagne. Svétlana, qu'il avait prévenue par lettre, se présenta chez lui à l'heure habituelle. Il avait résolu de lui annoncer qu'il ne l'épouserait pas, mais, devant son visage amaigri, bouleversé, rayonnant, il manqua de courage et préféra mentir. Prétextant son chagrin et son deuil, il parla d'un délai de quelques mois, et Svétlana parut se contenter de cette dérobade. Elle était tellement heureuse de le retrouver, que tout le reste lui semblait accessoire. Elle lui parla de sa mère, le plaignit, pleura sur son épaule, et, comme il se sentait malheureux — mais pour d'autres raisons —, il pleura aussi, et ils s'endormirent côte à côte, mêlant leurs souffles et leurs larmes.

Pendant les jours qui suivirent, Volodia dut reconnaître qu'il avait bien fait de conserver sa maîtresse. Seul, il serait devenu fou d'ennui. Mais Svétlana était là, docile, jolie, point exigeante. Grâce à elle, lentement, sûrement, Volodia triomphait du passé et reprenait goût à la vie. Pourtant, il ne l'aimait plus de la même façon. Autrefois, elle était l'objet unique de sa passion et il ne concevait pas qu'il pût se passer d'elle. Maintenant, son enthousiasme avait cédé la place à une tendresse raisonnable. Il estimait mieux Svétlana, et donnait à sa présence une signification pratique. Il l'envisageait avant tout comme un élément commode de son propre destin, et pensait moins à elle qu'aux services qu'elle lui rendait. À vrai dire, Volodia considérait que cette attitude logique, succédant aux débordements du désir, était plutôt flatteuse pour Svétlana. Il voulait le lui faire comprendre.

— Avant, je t'aimais bêtement. Maintenant, tu m'es nécessaire, disait-il.

— De quelque façon que vous m'aimiez, je vous en suis reconnaissante, mon chéri, répondait-elle.

Vers la mi-octobre, Michel et Tania revinrent à Moscou, et Volodia se précipita chez eux pour prendre de leurs nouvelles. Une grave désillusion l'attendait. Les Comptoirs Danoff ouvraient une succursale à Kiev, et Michel devait se rendre dans cette ville pour surveiller les travaux. Il y demeurerait deux ou trois mois, le temps de l'installation. Les enfants resteraient à Moscou. Mais Tania accompagnerait son mari en voyage.

Elle ne connaissait pas Kiev et se réjouissait de visiter ses églises et ses monastères.

Ce soir-là, Volodia rentra chez lui dans un état de prostration complète. Son désarroi l'étonnait lui-même et il cherchait à le vaincre par le raisonnement. Ce n'était pas la première fois que Tania et Michel s'absentaient de Moscou pour quelques semaines. Jamais encore le départ de ses amis ne l'avait bouleversé à ce point, jamais encore il ne s'était senti aussi honteusement tributaire de leur présence. Sa solitude l'effraya. Il songea, un instant, à les suivre. Puis un sursaut de dignité lui fit abandonner son projet. Il demeura à Moscou et s'efforça de se distraire en fréquentant le monde qu'il avait longtemps délaissé. Justement, Lioubov et Prychkine venaient d'installer leur théâtre. Les répétitions avaient commencé. Chaque jour, fuyant le bureau, Volodia rendait visite à la salle obscure, écoutait les chanteurs qui étudiaient leurs mélodies, groupés autour d'un pauvre piano droit, regardait les mimes qui s'exerçaient devant la glace. La nuit, il retrouvait Svétlana, avec le sentiment triste d'avoir perdu son temps. Elle était toujours la même, et la monotonie de ses réactions décevait Volodia, qui espérait encore des surprises. Il finit par lui reprocher, mentalement, son humeur trop égale, son bel équilibre, toutes ses qualités. Il regretta le temps où il devait user de ruses pour désarmer la pudeur de la jeune fille. Parfois, il rêvait à d'autres femmes plus compliquées. Il repassait des noms en mémoire. Mais il ne tentait rien, car, au moment d'agir, l'idée d'affliger Svétlana le remplissait de pitié.

Au mois de novembre, elle prit froid et fut quelques jours sans le voir. Ce répit lui parut salutaire. Mais, au lieu de sortir, il resta chez lui. Il demeurait de longues heures, assis devant sa table, parmi des journaux, des livres et des pipes. La pluie et la neige battaient les vitres. Le poêle de faïence craquait discrètement dans un coin. Et Volodia s'absorbait dans des réflexions personnelles. Il était devenu étranger à toute idée générale.

Il se rapetissait dans un égoïsme douillet. Cette contemplation intérieure fut dérangée par le retour de Svétlana. Elle toussait encore. Volodia jugeait cette toux inquiétante. Il l'embrassait avec réserve. Toute sa vie, il avait craint la contagion.

— Tu ferais mieux de garder le lit jusqu'à la fin de la semaine, dit-il.

— Je ne pouvais pas me passer de vous voir... Vous seul me guérirez...

Cette exaltation, pour flatteuse qu'elle fût, déplaisait à Volodia. Insensiblement, il s'était habitué à la perspective d'une rupture possible, et les preuves d'amour que lui prodiguait Svétlana le renseignaient sur le mal qu'il aurait à se séparer d'elle. La faiblesse, l'innocence de la jeune fille asservissaient Volodia mieux que ne l'eussent fait les manœuvres d'une coquette. Elle triomphait de lui parce qu'il était le plus fort. À l'approche des fêtes, elle lui dit :

— Voilà un an bientôt que nous nous connaissons. Fasse Dieu que nous soyons unis jusqu'à la mort...

Il crut qu'elle faisait allusion au mariage et se hâta de la détromper :

— Pourquoi pas ? Sans être mari et femme on peut vivre longtemps et gaiement côte à côte...

Le visage de Svétlana se contracta.

— Sans être mari et femme, répéta-t-elle.

Volodia eut honte de sa brusquerie. Il attira Svétlana sur ses genoux et lui caressa le front d'une main fraternelle.

— Ah ! dit-il, je ne voulais pas t'annoncer la nouvelle dès mon retour... Mais ma mère, avant de mourir, m'a fait promettre de renoncer à ce mariage... J'ai juré, tu comprends ?... Alors, maintenant, je suis lié par mon serment... C'est terrible !... J'ai eu beau la raisonner, elle n'a rien voulu entendre... Alors, j'ai décidé, ne pouvant t'épouser, de n'épouser personne. Voilà... D'ailleurs, si mes souvenirs sont exacts, cette solution répond bien à tes vœux. Tu m'as répété souvent que tu refuserais de te marier avec moi, que tu encombrerais ma vie... Toutes sortes de sottises !...

— Oui, oui, disait-elle.

Et de grosses larmes coulaient sur ses joues. Puis, tout à coup, elle essuya ses yeux et se mit à rire :

— Je suis folle ! Ne faites pas attention, mon chéri !

Volodia l'observait avec inquiétude. Ce soir-là, elle but beaucoup de champagne. Ses prunelles brillaient de fièvre. Elle riait pour un rien.

— Voilà comme je t'aime, dit-il. Tu es nouvelle. Toute régénérée !

Elle le quitta à six heures du matin. Les rues étaient noires. Quelques réverbères clignotaient, çà et là, perdus dans la tempête. Une neige humide et glacée fouettait le visage. Svétlana trébuchait en marchant, transie, malheureuse et seule. Des traîneaux la dépassèrent, pleins de fêtards qui chantaient à tue-tête. Un chien grelottant la suivit, puis retourna se coucher sous un porche. Arrivée enfin devant la maison des Danoff, elle frappa quatre coups à la porte de service. Comme d'habitude, le portier grogna :

— On y va ! Si c'est pas malheureux de réveiller les gens à des heures pareilles !

Svétlana pénétra dans la courette nappée de neige tendre. Le portier tenait une lanterne à la main. La lueur médiocre de la flamme éclairait sa veste en peau de mouton et sa grosse tête vultueuse, au nez écrasé, à la mâchoire forte, hérissée de poils roux. Il vacillait sur ses jambes. Il était ivre.

— Je m'excuse de vous déranger, dit Svétlana, merci...

Elle voulut s'éloigner vers les communs. Mais il lui saisit le bras et la retint d'une poigne ferme.

— Quoi ? Quoi ? C'est pas comme ça qu'on me remercie, moi ! Tu couches la nuit avec le premier venu, tu peux bien en faire autant avec moi, il me semble !

— Laissez-moi, dit-elle.

Mais il avait posé sa lanterne dans la neige et attirait

la jeune fille contre lui, des deux bras. Elle se débattait, affolée par l'approche de ce mufle plissé et puant. Un baiser chaud, vineux, s'écrasa sur sa bouche. Elle poussa un cri.

— Si tu ne viens pas, dit l'homme, je raconterai aux patrons le petit métier que tu fais pendant que les autres dorment. Viens, viens donc !

D'un brusque effort, elle se dégagea et se mit à courir comme une folle vers la maison. Derrière elle, le portier hurlait en la menaçant du poing :

— Ordure ! Putain ! Je dirai tout !

Pendant deux soirs de suite, Volodia attendit en vain que la jeune fille le rejoignît dans son appartement. Le troisième soir, il rendit visite à Marie Ossipovna, afin de prendre incidemment des nouvelles de Svétlana. Il trouva la vieille dame dans un état d'exaspération proche de la démence. Svétlana s'était enfuie en laissant une lettre sur son lit. Cette lettre parlait des vicissitudes de la vie terrestre et de la valeur des vocations monacales. Bref, la demoiselle de compagnie s'était réfugiée au couvent.

— Elle n'a pas pensé à moi ! criait Marie Ossipovna en tapant le plancher avec sa canne. Moi qui lui ai donné tant de vieilles affaires ! Hein ? C'est la reconnaissance ! Chauffe-moi, nourris-moi, et, quand j'en ai assez, je te laisse ! Un scandale ! Tout ce que je lui ai payé comme gages ! Et toi qui la trouvais gentille ! Ne dis rien, je l'ai bien compris ! Ah ! tu t'es trompé, mon cher ! Il faudrait la pendre ! Au Caucase, on l'aurait pendue ! Fouettée et pendue ! Et Michel qui n'est pas là ! Où dénicherai-je une autre demoiselle de compagnie ? Pas une Russe ! Ah ! non ! Une Arménienne. Une Arménienne d'Armavir. Les autres ne valent rien !

Volodia, atterré par les révélations de Marie Ossipovna, dut feindre cependant une indignation exemplaire. Elle le garda à dîner et, pendant le repas, il ne fut question que de la fourberie et de l'ingratitude de

Svétlana. Ce fut avec peine que Volodia supporta jusqu'au bout les éclats de voix et les bégaiements coléreux de son hôtesse.

Le lendemain matin, il se fit conduire au couvent, dans l'espoir d'être reçu par la mère Alexandrine et d'apprendre si Svétlana s'était effectivement réfugiée auprès d'elle. Le couvent était enseveli sous la neige. La même petite nonne ratatinée et noire était installée à la porte, devant une table chargée d'images saintes et de croix. La même clochette annonça la présence d'un visiteur. Et la même sœur aux pas silencieux escorta Volodia jusqu'à la cellule de mère Alexandrine. Mère Alexandrine était assise près de la fenêtre, les épaules recouvertes d'un châle violet sombre. Des lunettes à monture d'argent chevauchaient son nez mou et pâle. Un livre était posé sur ses genoux. En voyant entrer Volodia, elle ferma le livre et retira précipitamment les boules de coton qui obstruaient ses oreilles. Volodia s'inclina devant elle et voulut parler, mais avant même qu'il eût ouvert la bouche, la vieille s'écria d'une voix chevrotante :

— Que voulez-vous encore ? Je sais tout ! C'est fini ! Elle est revenue ! Elle est auprès de moi !

— Je ne vous demande pas autre chose, balbutia Volodia.

— Oui ! Oui ! Vous espériez qu'on ne l'accepterait pas. Mais la mère supérieure a compris sa détresse et l'a accueillie comme sa propre fille, sans dot, sans dot ! On ne devrait jamais exiger d'autre dot que la peine...

— Je voudrais me justifier, au moins...

— Vous avez détourné, sali une jeune fille, une âme pure et neuve. Votre place n'est pas ici. Mais à l'église. Devant Dieu. Pour prier, prier, prier !

Volodia rougit, chercha une réponse, murmura sottement :

— C'est parfait. Je vous remercie.

— Hors d'ici ! souffla mère Alexandrine.

— Je m'en vais, je m'en vais, dit Volodia avec un petit rire insolent.

Il ajouta : « Mes hommages ! », claqua des talons et quitta la pièce en sifflotant d'un air faussement désinvolte.

Lorsque le traîneau qui l'emportait se fut éloigné du couvent, il éprouva un sentiment joyeux de délivrance. Certes, il regrettait la disparition de la jeune fille. Mais, en même temps, il était heureux que tout se fût passé sans encombre. Puisqu'il avait décidé de rompre avec Svétlana, ne valait-il pas mieux qu'elle eût pris les devants et se fût sagement retranchée du monde ? Peut-être, à présent, remerciait-elle Volodia de l'avoir, par un étrange détour, rendue à sa vocation première ? Elle devait prier pour lui. Non qu'il en eût besoin, mais afin de pouvoir encore prononcer son nom bien-aimé. Volodia s'attendrit à cette pensée. Très sincèrement, il déplorait qu'il lui fût impossible de s'attacher à la même femme pendant plus d'un an ou d'un an et demi. Était-ce sa faute si, au bout de quelque temps, les créatures les plus charmantes lassaient sa patience et sa curiosité ? Fallait-il violenter la nature et continuer de vivre, vaille que vaille, auprès d'un être qu'on n'aimait plus ; lui imposer son indifférence progressive, ses sautes d'humeur, ses injustices, détruire jour après jour une fortune de beaux souvenirs ? Non, tout était préférable à cette mort honteuse de la passion. L'homme courageux, l'homme admirable, était celui qui savait, au bon moment, dénouer une liaison ancienne, sans souci de sa propre peine et de la peine qu'il causait. En gardant Svétlana, en l'épousant, il eût gâché leur existence à tous deux. En renonçant à elle, il la préservait du pire. Seule une vieille folle comme la mère Alexandrine pouvait soutenir une opinion contraire. Pour ces nonnes augustes et frigides, le plaisir, hors du mariage, était une insulte à Dieu. Mais le long ennui des ménages, la baisse du désir entre les époux écœurés, l'habitude, l'atroce habitude conjugale, cela, sans doute, était conforme à la volonté du Très-Haut ? Quelle plaisanterie ! Goûter le plus de joies possible en faisant le moins de mal possible, telle était la seule philosophie qui valût d'être enseignée.

Rentré chez lui, Volodia eut envie subitement de prendre un bain, comme après une besogne malpropre et difficile. Dans l'eau chaude, parfumée, il s'alanguit, admira la forme de ses pieds minces, de ses cuisses longues et nerveuses, de ses avant-bras noués de veines bleues. Une torpeur soudaine l'envahit. Un peu de tristesse restait dans son cœur. Mais cette tristesse même était agréable. Il se savonna paresseusement, se lava, sonna le valet de chambre, qui vint le frictionner avec un gant de crin.

— Plus de soupers au champagne à partir de ce soir, lui dit Volodia.

— Bien, monsieur, dit Youri en plissant ses longues lèvres rasées. Et si cette jeune personne se présente ?

Volodia lui lança un coup d'œil fâché :

— Je... je ne suis pas là, dit-il.

Après le départ de Youri, Volodia se regarda dans la glace. Un petit bouton, sur la narine gauche, lui donna du souci. Il le brûla avec un coton trempé dans de l'alcool, poudra son menton, cura et lima ses ongles. Puis il enfila du linge frais, bien repassé et qui fleurait la lavande, revêtit un complet tête-de-nègre à fines rayures rouges, arrangea ses manchettes, sa cravate, se lissa les sourcils et la moustache avec un peu de cosmétique liquide, se sentit physiquement et moralement dispos. Il résolut de déjeuner à *L'Ermitage* et de passer l'après-midi au théâtre avec Prychkine, Sopianoff et Lioubov. Comme il allait sortir, un télégraphiste lui remit une dépêche venant de Kiev : Michel annonçait son retour pour le lendemain soir. Cette nouvelle confirma Volodia dans sa décision d'être heureux.

13

La première représentation de La Sauterelle devait avoir lieu au mois de février 1914. Pour la mise en scène, Prychkine et Sopianoff s'étaient assuré la collaboration d'un disciple du Théâtre artistique de Moscou, le jeune Thadée Kitine, encore inconnu, mais dont la culture et la fantaisie ravissaient le maître Stanislavsky lui-même. Très vite, Thadée Kitine assuma la direction effective de l'entreprise, reléguant Sopianoff au rang de commanditaire et Prychkine à celui de grand premier rôle. À dire vrai, ni Prychkine ni Sopianoff ne protestèrent contre cette prise de pouvoir. Les questions techniques ennuyaient Prychkine, dont la seule ambition était de paraître en public sous un aspect flatteur. Quant à Sopianoff, pourvu qu'on lui permît de courtiser les actrices dans leurs loges, il était content.

Thadée Kitine institua au théâtre une discipline de fer. Ce petit homme potelé, au sourire jovial, avait de son métier une conception rigoureuse. La troupe qu'il engagea ne comptait pas de noms célèbres, mais chaque « compagnon de La Sauterelle » avait sa spécialité. Le premier souci de Thadée Kitine fut d'unir ces éléments disparates en une seule passion. Hommes et femmes se pliaient à son autorité. Il les haranguait à tout bout de champ, les complimentait, les grondait, les bousculait, créait autour d'eux une atmosphère d'émulation et de noblesse. Les répétitions commençaient à dix heures du matin et se terminaient à cinq heures de l'après-midi. Puis, les acteurs allaient se reposer chez eux, et une nouvelle séance les rassemblait de huit heures à onze heures du soir. On répéta d'abord dans l'appartement de Sopianoff, mais, lorsque Thadée Kitine eut découvert un caveau assez spacieux pour être aménagé en théâtre, toute la compagnie se transporta sur les lieux. Là, régnait un chaos magnifique. Les menuisiers sciaient, clouaient, rabotaient à grand fracas, non loin d'une chanteuse qui s'égosillait devant un piano taché de cire. Le régisseur, saupoudré de sciure de bois, faisait travailler les danseurs derrière un tas de planches. D'autres acteurs répétaient dans la galerie, dans l'escalier. Des artisans bénévoles, des étudiants, des amis, préparaient les couleurs, lavaient des pinceaux, encollaient des toiles.

Volodia ne manquait pas une occasion de rendre visite au caveau. Il prêta même à Thadée Kitine une table Louis XV dont on avait besoin pour le tableau de la Pompadour, et une tenue de cheval pour le jeune premier, dans *La Chasse enchantée*. L'idée lui était venue, tout à coup, qu'il aurait dû se consacrer au théâtre. Il résolut de prendre des leçons de diction. Il écrivit aussi un petit sketch qu'il soumit à l'approbation du metteur en scène. Thadée Kitine parcourut les premières répliques, haussa les épaules et fourra le manuscrit dans sa poche. À dater de ce jour, Volodia espaça ses visites au théâtre.

Cependant, lorsque les affiches de La Sauterelle furent enfin placardées sur les murs de Moscou, il oublia sa blessure d'amour-propre et acheta des liasses de billets pour lui-même et pour ses amis.

De l'avis des courriéristes, la première de Thadée Kitine s'annonçait comme devant être une manifestation de l'élégance et du goût moscovites.

La salle était basse de plafond, bardée de poutres brunes, de tables et de bancs en chêne grossièrement équarri. La rusticité du décor avait été savamment calculée pour dépayser la clientèle mondaine. Comme Prychkine et Thadée Kitine l'avaient prévu, le public, fatigué par les fastes de représentations officielles, goûtait un plaisir pervers à se meurtrir les fesses au bois rude des sièges et à manger des victuailles robustes.

Ainsi, ayant payé très cher le droit d'être mal assis, mal nourris, mal traités, une foule de messieurs en habit et de dames en toilettes décolletées grignotaient du saucisson à l'ail et buvaient de la bière avec reconnaissance. Tout le monde était gai, détendu, prêt à rire. Des ovations avaient salué une courte scène de Tchékhoff, et même cette parade de poupées, dont Kitine redoutait l'effet sur la presse, à cause de son modernisme outrancier. À présent, profitant d'un bref entracte, les serveurs en veste blanche couraient entre les tables, renouvelant les provisions de bière et de charcuterie. Un client prétendit commander du champagne. Et ce fut une huée générale. Des dames élégantes tapaient avec leur fourchette sur le bord de leur verre.

— Du champagne, quelle horreur ? Est-ce qu'on boit du champagne dans une auberge ? susurrait une petite femme coiffée d'aigrettes et de diamants.

— Moi, cria son voisin, un gros banquier aux favoris vaporeux et au ventre constellé de breloques, j'exige une portion de gruau au sarrasin.

— Bravo ! Bravo !

Tania, assise entre Volodia et Michel, battait des mains et pleurait de rire :

— Comme c'est bien ! Comme je suis contente pour Lioubov et pour Prychkine ! Moi aussi, je veux du gruau !

Michel commanda, de mauvaise grâce, trois portions de gruau. Mais il ajouta :

— Je trouve ridicule cette affectation de simplicité. Sous prétexte qu'il n'y a pas de loge impériale dans le théâtre, les gens se conduisent comme des cochons !

— Dieu, que tu es arriéré ! dit Tania en trempant ses lèvres dans une chope de bière. On ne peut pas s'amuser avec toi. Quand donc oublieras-tu que tu portes un faux col ?

— Jamais, je l'espère, dit Michel.

Volodia, muet, souriant, admirait Tania d'être si spontanée, et déplorait que Michel eût un caractère ombrageux. Pour Michel, la vie n'était pas un jeu, mais un travail méticuleux et difficile. On eût dit qu'il avait des comptes à rendre. Heureusement, Tania ne se laissait pas impressionner par la noblesse excessive de son époux. Malgré le mariage, la maternité, les obligations de toutes sortes, elle était jeune et décidée à jouir de sa chance. Tout en feignant de décortiquer une tranche de saucisson, Volodia l'observait du coin de l'œil et trouvait du plaisir à cette contemplation. Certes, elle avait changé depuis Ekaterinodar, mais sans rien perdre de sa grâce. De minuscules rides fripaient ses paupières bistres. Elle avait un regard plus rapide, plus hardi et plus bleu qu'autrefois, des yeux comme agrandis par le désir de voir. Le dessin de ses lèvres s'était durci. Sa voix avait baissé de registre. De toute sa personne émanait une impression de raffinement et d'expérience. C'était une perfection, et déjà l'annonce touchante du déclin. Pour assister à la première de La Sauterelle, Tania avait revêtu une robe de satin brun, bordée de renard blanc, et un corselet en soie, vieil or et amande. Un diadème léger couronnait sa chevelure blonde. Des pendentifs en diamants brillaient près de ses joues roses de fard. Son visage exprimait la joie, la curiosité. Lorsque les lampes s'éteignirent de nouveau, Volodia se pencha vers elle et murmura :

— Ravissante !

— Qui ? demanda-t-elle dans un souffle.

— Je dis : vous êtes ravissante.

Elle se mit à rire et lui appliqua un coup d'éventail sur les doigts. Volodia en fut stupidement ému. Depuis le départ de Svétlana, il sentait un grand vide en lui, et la présence d'une femme le bouleversait comme au début de sa carrière amoureuse. Certes, à plusieurs reprises, il avait essayé de chercher une autre compagne. Mais, toujours, au moment de se déclarer, une pudeur absurde avait étouffé son désir. Avait-il eu tort de rompre ? Il se le demanda encore, tandis que Tania le regardait avec malice par-dessus l'éventail déplié. Dans la pénombre, Michel consultait le programme. Il lut avec hésitation :

— *Romance militaire*, avec Liouba Diaz. Quelle idée d'avoir pris ce pseudonyme !

— Elle ne pouvait pas jouer sous le même nom que son mari ! dit Tania en haussant les épaules.

— Pourquoi ?

— Parce que ça ne se fait pas. Deux Prychkine dans un même programme donneraient l'impression d'une entreprise familiale.

— C'est drôle, grogna Michel, au théâtre, les femmes ont toujours honte d'être mariées.

— Ouf ! dit Tania, que tu es donc contrariant !

Thadée Kitine, qui tenait le rôle de conférencier, parut devant le rideau et salua la salle d'une courte inclination de tête. En quelques mots, il annonça le tableau suivant et présenta les acteurs chargés de l'interpréter :

— Liouba Diaz, notre vedette féminine, que se disputent les théâtres de Saint-Pétersbourg et de Moscou. Les théâtres de Saint-Pétersbourg veulent qu'elle joue à Moscou, et les théâtres de Moscou aimeraient bien la voir jouer à Saint-Pétersbourg.

Cette boutade médiocre déchaîna les rires du public. Et le rideau se leva sur un paysage naïf et clairet. Lioubov, en robe jaune citron, la gorge largement décolletée, les cheveux coiffés d'un chapeau cabriolet à ruban, bleu pâle, était assise sur un banc, à la sortie d'une caserne. Derrière elle s'ouvrait une perspective de ponts, de canaux et de ciel. Tour à tour, un soldat, un sergent, un sous-lieutenant, un commandant s'approchaient d'elle et tentaient de lui faire la cour. Et chaque nouveau prétendant chassait le militaire inférieur en grade, qui l'avait devancé dans les grâces de la coquette. Une musique facile et gaie accompagnait ce tableautin.

Lioubov disait son rôle d'une voix juste, minaudait, riait à merveille. Tania, moite d'admiration, la dévorait des yeux. Michel, en revanche, sentait monter en lui un dégoût invincible. Il lui était pénible de penser que sa belle-sœur, la sœur de Tania, se livrait aux regards du public, décolletée, maquillée comme une fille. Les grimaces de Lioubov étaient une insulte à sa propre dignité. Des inconnus chuchotaient :

— Elle est mignonne !

— Une jolie bouche !

— Et quelle poitrine !

Michel rougit et baissa les yeux. Il regrettait d'avoir avancé de l'argent à Prychkine pour la réalisation du spectacle. S'il avait suivi son impulsion première, il n'aurait rien donné et aurait interdit à Tania de fréquenter sa sœur. À présent, Lioubov et un général en uniforme écarlate faisaient le tour de la scène aux sons d'une marche militaire. Lioubov s'éventait avec un mouchoir jaune, et le général tenait une longue-vue à la main. Ils étaient comiques. On riait. La jupe de Lioubov, retroussée d'un côté, laissait apercevoir sa cheville, son mollet gainé d'un bas orange. À chaque mouvement, son corsage menaçait de s'entrebâiller un peu plus et de délivrer la pointe de ses seins. Mais Tania paraissait inconsciente de l'injure qu'elle subissait ainsi par procuration. Elle était flattée même, de toute évidence, à l'idée que Lioubov fût une actrice et recueillît les applaudissements de la foule. Cette inconséquence, cette légèreté désolaient Michel. Parfois, Tania lui devenait brusquement étrangère. Il ne pouvait plus la comprendre. La créature raisonnable, distinguée et douce qu'il aimait faisait place à une femme assoiffée de plaisirs. Seul comptait pour elle le souci de plaire et de rire. Puis, sans transition, elle retrouvait cette honnêteté, cette réserve, qui étaient ses charmes les plus sûrs. Vraiment, la famille Arapoff était étrange. Tous des exaltés, des détraqués. Sauf Akim peut-être. Et encore.

Le rideau retomba sur une rumeur d'acclamations excessives. Thadée Kitine vint sur le proscenium pour annoncer un autre numéro. Le spectacle se poursuivait avec aisance. Hussards noirs chantant devant la flamme dansante d'un punch, personnages peints, aux épaules desquels surgissaient des têtes vivantes, tabatières parlantes, porcelaines animées, fêtes villageoises sous un ciel de feu, avec, à l'arrière-plan, les faces énormes et pensives des tournesols. De scène en scène, le public comprenait mieux qu'on l'avait convié à un divertissement de choix. Et Michel même était forcé de reconnaître que le succès de l'entreprise ne faisait plus de doute. Mais chaque apparition de Lioubov, en paysanne, en vierge romantique, en Pierrot, en page, réveillait son mécontentement. À l'entracte, les spectateurs refluèrent dans le hall du théâtre, petite salle basse, décorée de maquettes et de photographies.

— Après le spectacle nous irons les féliciter, dit Tania.

— Tu iras seule, dit Michel.

— Pourquoi ?

— Parce que je ne peux pas complimenter ta sœur pour un succès que je réprouve.

— Le spectacle ne te plaît pas ? demanda Volodia.

— Si.

— Alors ?

— Laissez-le, Volodia, dit Tania en faisant la moue. Il veut jouer à l'ours. C'est un genre.

Michel, ulcéré, fourra les mains dans ses poches et feignit de s'intéresser aux tableaux exposés dans le hall.

Mais des amis les rejoignirent. Les Jeltoff entouraient Tania. Tous parlaient de Liouba Diaz et de Prychkine. Certains affectaient d'ignorer la véritable identité de l'actrice. D'autres, en revanche, mettaient les pieds dans le plat avec volupté.

— C'est votre sœur, n'est-ce pas ?

— Mais oui ! s'écriait Tania. N'est-elle pas charmante ?

Elle paraissait fière de sa parenté avec Mlle Liouba Diaz. Plus fière, sans doute, que d'être la femme de

Michel Danoff. Sopianoff se rapprocha du groupe. Il se frottait les mains :

— Ça marche ! Ça marche ! J'ai vu des journalistes. Ils n'en reviennent pas. Vous restez pour le champagne après la représentation, j'espère ?

— Non, dit Michel d'une voix sèche. Je dois me lever tôt demain.

— Il pense toujours au lendemain, dit Tania avec un soupir, et jamais au jour même. C'est pour ça qu'il n'est pas heureux !

Sopianoff partit d'un éclat de rire caverneux qui lui fendit la face dans le sens de la largeur.

— Laissez les soucis du lendemain aux ministres. On les paie pour ça.

— L'horizon est assez noir pour que tout le monde s'en préoccupe, dit Michel.

Il avait tout à coup envie d'être pessimiste. Jeltoff le prit par le bras et lui souffla à l'oreille :

— Je suis comme vous. Pas tranquille. Ah ! ces Allemands ! L'article de *La Gazette de Cologne* est un avertissement. L'augmentation de nos armements les inquiète. Et l'alliance avec la France donc ! Le service de trois ans ! Et Liman von Sanders à la tête de l'armée turque ! C'est grave ! C'est grave ! Nous devrions peut-être désarmer, traiter avec l'Allemagne ?...

— À quoi bon ? dit Michel. Si l'Allemagne veut la guerre, tous les prétextes lui seront bons pour la déclencher.

— Oui, oui, balbutiait Jeltoff en grattant sa calvitie. La guerre... Avec des ministres capables, on doit pouvoir l'éviter... Ce serait terrible, la guerre...

— Qui parle de guerre ? demanda Tania, en posant sa main souple et gantée sur le bras de Jeltoff.

— Les hommes, Tatiana Constantinovna, comme d'habitude.

— Même au théâtre ? Même parmi des femmes ?

— Merci pour le rappel à l'ordre, dit Volodia. Ces messieurs avaient besoin d'une leçon. Je suis sûr, moi, qu'on crée la guerre en parlant d'elle.

— Alors, pourquoi en parlez-vous vous-même ? dit Tania.

Sopianoff faisait des courbettes, baisait des mains, à droite, à gauche, recevait des compliments, répondait des galanteries.

— Prenez exemple sur lui, dit Tania. Il ne pense pas à la guerre...

— Qu'en savez-vous ? dit Jeltoff. D'ailleurs, moi non plus, je ne pense pas à la guerre. Je suis comme votre mari : clairvoyant et courageux.

— Comme si on pouvait être les deux à la fois ! dit Volodia en riant.

Malinoff, assis dans un coin, prenait des notes sur un carnet. Il regrettait de n'avoir pas insisté pour que Kitine jouât un tableau de sa composition. Ainsi, il était exclu du triomphe. Personne ne le félicitait. Cette impression d'abandon était mortifiante. Volodia s'approcha de lui :

— Vous travaillez ?

— Oh ! quelques petites notes. Je voudrais leur donner une scène pour le prochain spectacle.

Il ajouta plus bas :

— Je crois que Liouba Diaz serait une interprète rêvée. Pouvez-vous me présenter à elle ?

— Mais comment donc ! dit Volodia.

Un laquais traversa la foule, portant à bout de bras une corbeille de roses rouges.

— Je parie que c'est pour Liouba Diaz, dit Jeltoff. Cette jeune personne a un chic, un entrain... Petite diablesse, va !

La fumée des cigarettes piquait les yeux, faisait tousser les dames. Michel réprima un bâillement.

— C'est agréable de sortir avec toi ! dit Tania.

La sonnette de fin d'entracte rappela les spectateurs dans la salle. Pendant la seconde partie du programme, on ne servait plus de plats, mais des rafraîchissements et des biscuits sucrés. Tania but du porto et se sentit doucement ivre, dès le premier verre. Au finale du spectacle, lorsque toute la troupe se rangea sur la scène pour saluer, elle cria plus fort que les autres :

— Bravo ! Bravo ! Liouba Diaz ! Bravo, Prychkine ! Kitine ! Kitine !

Elle trépignait, saisie par un enthousiasme puéril, les joues roses, les narines palpitantes. Michel lui serra le poignet pour la maintenir assise.

— Laisse-moi ! Mais laisse-moi donc ! disait-elle. Tu es jaloux, et c'est bête !

— Jaloux de qui ?

— De tout ce qui m'amuse.

Volodia, lui aussi, applaudissait à tout rompre. Il y eut sept rappels retentissants. On fit venir sur scène les compositeurs, les décorateurs, les écrivains, le chef machiniste. Lioubov avait les bras chargés de roses. Prychkine envoyait des baisers au public. Kitine tournait, à droite, à gauche, un visage blême, idiot, ruisselant de sueur.

— Que tu le veuilles ou non, dit Volodia, en se penchant vers Michel, nous irons les féliciter.

— Nous n'avons qu'à y aller sans lui, s'il veut faire la tête, dit Tania.

— J'irai avec vous, dit Michel. Ne serait-ce que pour surveiller le comportement de Tania qui a trop bu. Mais ne comptez pas sur moi pour débiter des fadaises.

Les coulisses étaient bondées de visiteurs en habit, de dames aux robes chatoyantes. Pour parvenir jusqu'à la loge de Lioubov, il fallut bousculer dix rangées de spectateurs bavards. Enfin, Tania découvrit sa sœur au centre d'un parterre de roses et tomba dans ses bras en criant :

— Ma chérie, je ne peux pas te dire !... Tu as été... Oh ! quelle splendeur !... Et ta petite robe jaune !...

— Cette sûreté de jeu, cette grâce ! disait Volodia en serrant la main de Lioubov dans les siennes.

— Le public a l'air très satisfait, dit Michel après un grand effort.

Et il considérait avec stupeur cette belle fille debout devant lui, en costume tzigane, le visage passé au fond de teint bistre, les yeux allongés par deux traits de crayon noir. Ce maquillage agressif l'écœurait. Lioubov, cependant, exultait, pépiante, étincelante, rajeunie. Elle parlait à dix personnes à la fois, riait à contretemps, respirait des fleurs, vaporisait du parfum sur son corsage :

— Oui, oui, nous avons mérité ce succès. N'est-ce pas que Sacha était admirable ? Sacha ! Sacha ! Où es-tu ?

Prychkine parut enfin, et il fallut le féliciter, lui aussi. Puis, ce fut le tour de Thadée Kitine. D'autres acteurs l'accompagnaient. La loge était pleine à craquer. L'air sentait le fard gras, la vaseline, les dessous de femme. L'habilleuse accrochait les costumes à des cintres. On entendait des coups de marteau.

— Je vous présente l'écrivain Malinoff qui a un texte à vous proposer ! dit Volodia en poussant Malinoff par les épaules.

— Mais nous nous connaissons ! criait Kitine. Dans mes bras, pisseur d'encre ! Qu'est-ce que tu nous as préparé ? Un petit tableau dans le genre de *Vanka sur la barricade* ?... Quel chef-d'œuvre !

— Ne parlez pas de barricades, dit Tania, ou je m'en vais.

Volodia se pencha vers l'oreille de Tania et murmura vivement :

— Ce Malinoff... c'est bien l'amant de ?...

— Non ! Quelle idée! Eugénie est libre. Ils ont rompu depuis longtemps. Enfin, depuis deux ou trois semaines, je crois. Vous devriez bien vous occuper d'elle. Elle vous adore.

— J'avais un de ces tracs ! disait Lioubov en roulant des yeux de poupée.

— Nous allons partir, vous laisser à votre triomphe, dit Michel.

— Comment ? dit Prychkine. Mais vous êtes un peu de la maison. C'est grâce à votre générosité que nous avons pu monter le spectacle...

— N'insistez pas. Ce serait maladroit, dit Michel en fronçant les sourcils.

À ce moment, un remous se produisit devant la porte, et, dépassant toutes les têtes, surgit le visage rouge et barbu de Kisiakoff :

— Lioubov ! Lioubotchka ! cria-t-il. À genoux ! On t'admire à genoux !

— Il ne manquait plus que celui-là, dit Michel. Allons-nous-en.

Mais, déjà, Kisiakoff s'était rapproché d'eux et frottait sa barbe contre les joues de Lioubov.

— Un veuf, un pauvre veuf est venu te voir ! J'ai fait le voyage exprès. Celle qui a pris ta place est retournée au ciel. Et moi, je vis encore. Je vais au spectacle. J'y lorgne de petites femmes en robe jaune, décolletée, décolletée... Ta-ta-tam, ta-ta-tam...

> *Monsieur le militaire,*
> *Que voulez-vous de moi ?...*

Il fredonna la chanson de Lioubov, s'arrêta net, tendit la main à Prychkine :

— Vous êtes un grand artiste et un fameux lapin.

Puis, à Kitine :

— Bravo ! Et même *bravissimo* ! Chevauchée par vous, La Sauterelle ira jusqu'aux étoiles.

Enfin, à Volodia :

— Un même chagrin nous rassemble.

Lorsqu'il s'avança vers Tania, Michel dit :

— Viens, Tania. Nous n'avons rien à faire ici.

Ils sortirent. Kisiakoff demeura un long moment la main ouverte, le sourire aux lèvres, comme s'il eût congratulé un fantôme. Lioubov éclata de rire.

— Ton rire me paie de tout, dit Kisiakoff. Piétine-moi le cœur, mais ris, et je t'en saurai gré. J'offre le champagne à toute la troupe !

Volodia profita du remue-ménage causé par cette promesse pour s'esquiver, lui aussi, sur la pointe des pieds.

Il rejoignit Michel et Tania, au moment où ils montaient en voiture. Le voyage en auto fut sinistre. Tania affectait une gaieté exubérante et chantonnait des refrains du spectacle, en battant la mesure avec son petit pied. Michel, silencieux, la mâchoire dure, couvait sa femme d'un regard méprisant. Puis, subitement, il se mit à parler politique. Sans doute le faisait-il pour mieux expliquer à Tania combien sa joie était futile et déplacée. Avec gravité, il rappela sa discussion avec Jeltoff, au sujet de *La Gazette de Cologne* dont l'article virulent avait étonné tout le monde.

— Ce que Jeltoff ne sait pas, dit-il, c'est que d'autres journaux allemands et autrichiens ont repris la campagne de *La Gazette de Cologne*.

— Encore *La Gazette de Cologne* ! soupira Tania.

— Tu ne vas pas prêter foi aux racontars de quelques journalistes ! dit Volodia.

— Si, dit Michel, car cette campagne-là est dirigée. Tu comprends ? Voulue, dictée par le gouvernement. Et ce n'est pas tout. Il y a l'achat de deux croiseurs de bataille par la Turquie à l'Allemagne. Il y a le coup de Liman von Sanders. Il y a l'activité des diplomates...

— Moi, dit Volodia en souriant à Tania d'une manière complice, je m'efforce d'ignorer toutes ces questions politiques et militaires. Aussi longtemps que notre gouvernement se montrera conciliant, la guerre sera évitée. Mais on affirme que Soukhomlinoff est furieux, qu'il va répondre du tac au tac...

— Et il aura bien raison ! s'écria Michel. C'est en tapant du poing sur la table qu'on intimide les Prussiens. Toute concession serait interprétée par eux comme un signe de faiblesse...

— Allons ! Allons ! dit Volodia. Les Allemands ne sont pas des tigres assoiffés de sang. Il y a des socialistes parmi eux, des ennemis de la guerre...

— Oui, mais les socialistes allemands sont d'abord allemands et les socialistes russes sont d'abord socialistes. Les premiers placent l'intérêt de leur pays au-dessus de l'intérêt du parti. Les seconds écraseraient la nation pour faire triompher leur cause. Crois-moi, la situation est grave. Le rire n'est plus de saison.

— Ce qui veut dire, susurra Tania en s'étirant voluptueusement, que je suis une sotte de m'amuser, alors que les gens sérieux tremblent pour leur peau.

Volodia se mit à rire. Michel avança la mâchoire.

— N'essaie pas de me faire enrager, dit-il. Tu sais très bien que j'ai raison et que tu as tort.

— Mais non, dit Tania. Je ne le sais pas. Je suis sûre même du contraire.

— Je te croyais plus intelligente !

— Comme on se trompe ! dit Tania. Je ne veux surtout pas être intelligente. Je veux vivre.

— Et vivre, pour toi, c'est applaudir Mlle Liouba Diaz ?

— Exactement.

Volodia, sentant l'approche de l'orage, essaya de créer une diversion en parlant des enfants.

— Ils vont bien, dit Tania. Je leur ai promis de les emmener au théâtre pour voir jouer leur tante.

Michel détourna la tête d'un mouvement brusque.

— Et Marie Ossipovna ? demanda Volodia.

— Elle a engagé hier une autre demoiselle de compagnie. Une jeune Arménienne d'Armavir, jaune, noir et triste. Elles parlent le circassien ensemble. C'est comique !... À propos, j'ai eu des nouvelles de Svétlana. Une lettre très gentille. Elle me dit son affection et combien elle regrette de m'avoir quittée. Mais la vocation a été trop forte. Quelle charmante petite fille !

— Oui, elle était charmante, dit Volodia, et son cœur devint douloureux et lourd.

— Nous l'aimions beaucoup. Michel la trouvait juste assez sérieuse pour lui. Ah ! ce n'est pas elle qui se serait amusée à La Sauterelle ! Peut-être voudrais-tu que je la rejoigne au couvent, Michel ?

Michel ne répondit pas.

— Il est devenu sourd, dit Tania, en haussant les épaules. Si jeune et déjà sourd !

Comme l'auto s'arrêtait devant la maison des Danoff, Michel demanda :

— Tu as fini, Tania ? On peut descendre ?

— Mais oui, mon amour, dit Tania. Rentrons. Nous parlerons politique dans notre lit.

— Elle est complètement ivre, dit Michel. C'est sa seule excuse.

— Et quelle serait la tienne ? dit Tania.

Volodia s'empressa de prendre congé.

— Je suis à dix minutes de chez moi. J'irai à pied, dit-il.

— Voilà. Tu fais fuir tes meilleurs amis, dit Tania.

Elle ajouta avec un sourire enchanteur :

— À bientôt, Volodia. Nous pourrions, un jour, prendre le thé avec ma sœur, mon beau-frère, Eugénie...

— Oui... Oui... C'est ça... Nous verrons, dit Volodia en considérant Michel d'un air triste.

Et il s'éloigna dans la neige à grands pas.

Pendant la traversée du vestibule et la montée du large escalier tapissé de moquette bleue, Tania ne cessa de fredonner :

> *Monsieur le militaire,*
> *Que voulez-vous de moi ?...*

Mais, dans la chambre, elle devint sérieuse, réfléchit un instant et s'écria :

— Pourquoi m'as-tu gâché ma soirée ?

— Je ne t'ai pas gâché ta soirée, dit Michel. Simplement, il m'était pénible de constater à quel point tu admirais et enviais ta sœur.

— Toute la salle l'admirait !

— Les autres ne voyaient en elle qu'une vulgaire fille de théâtre. Toi, tu savais. Et, cependant, tu applaudissais à ses œillades, à ses effets de hanches. Si ton père avait assisté au spectacle, je suis sûr qu'il n'aurait pas approuvé ta joie.

— C'est ce qui te trompe, dit Tania, mon père n'est pas un grincheux. Il a toujours aimé les actrices.

— Pour coucher avec elles, peut-être...

— Je te défends, murmura Tania que la colère étouffait. Je te défends. Mon père... mon père savait vivre, s'amuser... Il avait l'esprit large. Mais toi, tu ne cherches dans l'existence que les désagréments. Tu as peur d'être heureux. Continuellement, tu es sur tes gardes. Tu transformes la vie en une sorte de devoir ardu. Et les gens qui t'entourent souffrent de cet état de choses...

Michel, étonné par ce réquisitoire, oubliait ses propres griefs et ne songeait plus qu'à se justifier :

— N'exagère pas, Tania. Tu ne me feras pas croire que je suis un monstre. Je sais me distraire...

— Oui, mais à heure fixe, avec des personnes fixes, à un tarif fixe... Je ne veux plus !... Je ne veux plus !... J'en ai assez !... Un voyage organisé... Des horaires. Des points de vue... Des heures de visite... Voilà ce que c'est, pour toi, l'avenir... Eh bien, non, non !

Elle se mit à pleurer, arracha son diadème, ses boucles d'oreilles et les jeta sur le lit. Michel déambulait à travers la pièce, les mains derrière le dos, les épaules rondes.

— Alors, quoi ? En somme, que veux-tu ? demanda-t-il.

— Mais rien, gémit Tania. Tu devrais comprendre. Un peu de détente, de fantaisie. Je te reproche d'être irréprochable...

Michel ouvrit les bras :

— Excuse-moi, je ne te suis plus.

Il s'était radouci. Il finit par dire avec un sourire engageant :

— Demain, veux-tu que je rentre un peu plus tôt du bureau, et nous irons prendre le thé chez *Siou* ?...

Il sortit son carnet, le feuilleta :

— Demain, cela me serait justement très commode.

Tania poussa un soupir :

— Comment t'en vouloir ? Oui, demain. Marque-le dans ton carnet, Michel. Demain, tu dois voir ta femme.

14

Tania comptait se rendre à Ekaterinodar pour le baptême de sa nièce. Mais, de semaine en semaine, les Mayoroff retardaient la date de la cérémonie. L'enfant, née en décembre, un mois avant terme, était débile et se nourrissait mal. Nina écrivait à sa sœur des lettres inquiètes. Constantin Kirillovitch appelait des confrères en consultation. Mayoroff essayait des piqûres. Quelques jours avant les fêtes de Pâques, Tania reçut un télégramme lui annonçant le décès de la petite Lydie. Cette nouvelle la bouleversa, bien qu'elle y fût, depuis longtemps, préparée. Elle déjeunait avec Michel et Volodia, mais après la lecture de la dépêche, elle repoussa son assiette et s'enfuit dans sa chambre pour pleurer à son aise. Une crise de nerfs lui secouait les épaules et la faisait hoqueter. Elle pensait au chagrin de Nina, aux larmes de ses vieux parents, à leur solitude. La vie lui paraissait bête, injuste et laide. Elle souhaitait mourir à son tour. Puis, elle résolut de partir dès le lendemain pour Ekaterinodar. Ayant pris cette décision, elle se sentit mieux. Michel toquait timidement à sa porte. Il avait un rendez-vous urgent et devait la quitter. Mais Volodia accompagnerait Tania à l'église pour commander une messe à la mémoire de la petite Lydie.

— Il le fera avec plaisir... Il est libre... Et moi, j'expédierai mes affaires pour rentrer un peu plus tôt...

— C'est ça, dit-elle, va-t'en, va-t'en à tes affaires...

Et, par colère, elle ne lui ouvrit pas la porte. Il ne méritait pas qu'on fût aimable avec lui. Les affaires, pour lui, passaient avant les deuils, avant les joies de la famille. Toute sa vie était réglée comme une grande affaire, solide, anonyme, prospère. Elle sonna sa femme de chambre et choisit, pour s'habiller, une robe noire très stricte, rehaussée de garniture en dentelle.

Volodia attendait Tania au salon. Pour la consoler, il lui parla tendrement de la petite morte. Il lui dit que cette disparition eût été plus pénible encore si elle était survenue après un an ou deux de maladie et de souffrance. Puisque la fillette était condamnée, il valait mieux qu'elle s'éteignît avant que ses parents se fussent trop attachés à elle. Au reste, Tania ne l'avait jamais vue. Elle pleurait un nom, une figure abstraite. Quant à Mayoroff et à Nina, ils étaient assez jeunes pour avoir d'autres enfants. Sûrement, dans quelques mois, Nina serait de nouveau enceinte. Et le souvenir de ce deuil s'effacerait de toutes les mémoires.

Ces paroles, pour banales qu'elles fussent, endormaient le chagrin de Tania. Elle était heureuse de n'être pas seule. Ce fut presque avec entrain qu'elle commanda au cocher Varlaam d'avancer la calèche. Dans la rue, elle respira profondément l'air jeune et frais de la ville. Moscou s'éveillait au printemps. Les rues, dégelées, sentaient la terre froide. Des herbes rares poussaient entre les pierres de la cour. Dans la calèche, Volodia dit :

— Tout recommence. Le ciel est bleu. Il ne faut pas être triste.

Il parut à Tania que ces mots étaient chargés d'une vertu merveilleuse. Elle avait à la fois envie de rire et de pleurer. Molle, alanguie, vacante, elle pensait à la petite fille morte, aux primevères dans les champs, et aux ruisseaux qui brisent leur pellicule de glace et chantent après le long silence de l'hiver. La calèche s'arrêta devant une église.

— C'est... c'est ici ? demanda Volodia d'une voix mal assurée.

Il avait reconnu l'église, le jardin de ses rendez-vous.

— Mais oui, dit Tania. Vous n'aviez jamais vu notre église paroissiale ? Pourquoi voulez-vous que j'aille autre part ?

— Vous avez raison, dit Volodia, elle est charmante votre église paroissiale. Et le jardin est si calme.

Il la suivit dans les allées pleines de souvenirs. Tania marchait d'un pas rapide. Et lui, à côté d'elle, lorgnait chaque buisson, chaque brin d'herbe, avec un sentiment de tristesse et de honte. Des réminiscences troubles l'envahissaient.

— M'accompagnez-vous à la sacristie ? demanda Tania. Il faut que je commande cette messe...

— Je préfère vous attendre ici, dit Volodia.

Il alluma une cigarette, fit quelques pas au hasard, tâta du talon la terre meuble d'une pelouse. Au bout d'un moment, ne voyant pas revenir Tania, il s'avança vers la maisonnette blanche de la sacristie et regarda par la fenêtre du rez-de-chaussée. Tania se tenait, tête basse, un mouchoir à la main, devant un diacre barbu et chevelu qui inscrivait quelque chose dans un registre. Volodia se retira sur la pointe des pieds. Autour de lui, des moineaux s'abattirent, pépièrent et s'envolèrent comme pour narguer son émoi. Machinalement, il consulta sa montre, et, soudain, tressaillit. Une voix étrangère l'appelait :

— Hé ! Monsieur, monsieur...

Il se retourna et se trouva nez à nez avec une petite vieille plissée et rose, qui faisait des courbettes.

— Monsieur, marmonnait la vieille, c'est de l'audace et je mérite des coups ! Mais je vous voyais là ! Et je ne pouvais plus tenir !

Elle se moucha bruyamment.

— Que me voulez-vous ? demanda Volodia.

— Bien sûr ! s'écria la vieille. Vous ne pouvez pas savoir. Je suis, comme qui dirait, moins que rien. Un ver de terre. Pulchérie Ivanovna. La faiseuse d'hosties. Notre petite Svétlana venait me voir, bien souvent, bien souvent. Ah ! le rayon de soleil ! Ah ! le gâteau de miel ! Elle ne me disait pas grand-chose, mais, de ma fenêtre, je vous observais tous les deux. Côte à côte. Comme deux colombes du bon Dieu. Puis, tout à coup, personne. Des mois, des mois ! Et vous voilà seul ! Que lui est-il arrivé, honorable monsieur ? Pas une maladie ?...

— Je... je ne sais pas ce que vous voulez dire, balbutia Volodia. Vous me prenez sûrement pour un autre...

Une panique absurde le possédait. Il cherchait ses mots :

— Laissez-moi... Vous voyez bien que vous vous trompez !...

— Comment pouvez-vous dire que je me trompe ? s'exclama Pulchérie Ivanovna. Je vous ai admiré si souvent ! Je vous connais comme mon propre fils ! Dites ? Où est-elle ? Elle n'est pas... la pauvre petite... non, n'est-ce pas ?

— Non, elle n'est pas morte, dit Volodia.

— Alors ? Vous ne la voyez plus.

— C'est ça. Je ne la vois plus. Mais laissez-moi.

Il allait s'éloigner, lorsqu'il aperçut Tania, debout dans le chemin, à quelques pas de lui. Aussitôt, il comprit qu'elle avait tout entendu. Elle demeurait immobile, sans geste, sans voix, les lèvres fermées, les yeux fixes. Un long moment, ils se considérèrent en silence. Volodia éprouvait dans tout le corps une palpitation honteuse. Il respirait difficilement.

— Ah ! oui, dit la faiseuse d'hosties, celle-là, c'est la nouvelle... Elle a remplacé ma petite Svétlana...

— Mais non, dit Volodia. Allez-vous-en...

— Volodia, dit Tania, il est temps de rentrer.

Dans la calèche qui les ramenait à la maison, Tania se tut obstinément, pâle, absente. Volodia n'osait rompre sa méditation. Il se retrouva dans le boudoir de Tania, sans savoir comment ni pourquoi il l'avait suivie.

Tania s'était assise dans une bergère, la tête un peu

renversée, les mains jointes sur les genoux. Elle semblait réfléchir profondément. Elle dit enfin d'une voix très calme :

— Savez-vous, mon cher Volodia, que vous êtes l'individu le plus ignoble que je connaisse ?

Volodia frémit et un flot de sang lui monta au visage.

— Je vous interdis de me parler sur ce ton, murmura-t-il. Vous... vous n'êtes au courant de rien et vous me condamnez.

— Depuis longtemps, j'avais des soupçons, dit Tania. Après le départ de Svétlana, le portier m'a affirmé qu'elle ne menait pas une existence régulière. Mais j'avoue que j'ignorais encore le nom du séducteur. Il a fallu que cette femme, tout à l'heure...

Un instant, Volodia voulut jouer l'innocence, nier tout dans un éclat de rire. Mais, brusquement, sa prudence coutumière tomba, et il se mit à crier :

— Eh bien ? Quoi ? Je ne suis pas le premier, n'est-ce pas ? S'il fallait faire une histoire pour chaque homme qui détourne une fille, on n'en finirait pas ! C'est la vie, ça ! On n'y peut rien !

— Votre défense est bien facile, mon cher, dit Tania en souriant avec mépris.

— Bien sûr qu'elle est facile ! Et après ? Cela prouve qu'elle est bonne ! Ma parole, je me demande de quel droit vous m'imposez ce petit cours de morale pratique. Je suis assez grand pour savoir ce que j'ai à faire. Je vois une jolie fille. Je lui tourne un compliment. Où est le crime ? Elle s'amourache de moi. Elle accepte de devenir ma maîtresse. Dois-je refuser ? Suis-je un ermite, un eunuque ? Et elle ? Elle n'avait pas douze ans ? Elle se doutait de ce qui l'attendait ! Je ne l'ai pas prise de force ! Puisque vous voulez à tout prix accuser quelqu'un, accusez Svétlana ! Elle seule est coupable ! Si elle m'avait éconduit, rien ne serait arrivé ! Et je serais plus heureux, sans doute...

— En somme, dit Tania, si je vous comprends bien, c'est vous qui êtes à plaindre ?

Volodia se troubla :

— Je n'ai pas dit cela...

— Mais si. Et Svétlana est une infâme créature, qui, au lieu de repousser vos avances, s'est empressée de vous ouvrir les bras.

— Elle a accepté. Un point, c'est tout. Et, du moment qu'une femme accepte, l'homme n'a plus rien à se reprocher.

Tania poussa un soupir et une lueur méchante s'alluma dans ses yeux.

— Vous êtes un pleutre, mon bon Volodia, dit-elle en détachant chaque mot. Je vous regarde et je ne comprends pas comment j'ai pu si longtemps vous trouver aimable.

— Je m'en vais, dit Volodia. Je n'ai plus rien à faire ici.

Tania se dressa d'un bond. Une contraction déforma, allongea son visage. Elle dit :

— Vous ne partirez pas.

— De quel droit me retiendriez-vous ?

— Vous avez des comptes à me rendre. Cette petite habitait sous mon toit. J'étais, en quelque sorte, responsable de sa conduite. En la séduisant, en la débauchant, c'est moi, c'est Michel que vous avez offensés. La moindre des choses est que vous reconnaissiez votre faute...

— Je ne me sens pas fautif.

— Ah ! non ? dit Tania, et ses yeux s'injectèrent de sang. Ah ! non ? Vous vous êtes caché de moi, de Michel, de Marie Ossipovna pour séduire cette malheureuse, à qui tant de chance faisait perdre la tête. Vous lui avez fixé des rendez-vous dans le jardin de l'église. Dieu sait quels mensonges vous lui avez débités pour la convaincre ! Et, lorsqu'elle n'a plus été qu'une pauvre folle sans défense, une loque, vous l'avez attirée chez vous. Et vous lui avez conseillé de découcher, chaque nuit, comme une bonniche, comme une souillon, pour venir vous rejoindre. Le portier se moquait d'elle. Les domestiques chuchotaient dans son dos. Mais cela vous était bien égal. Seul comptait pour vous votre sale petit plaisir égoïste. Avez-vous jamais songé aux tourments de Svétlana, à sa honte, à ses prières ? Non ! Ou alors, c'était pour vous en réjouir ! Et, comme fin de l'intrigue, un couvent. Quel romantisme, mon cher ! Si Michel était là, il vous jetterait à la porte...

Elle s'arrêta, étonnée de sa propre véhémence. Il dit d'une voix rauque :

— Vous vous repentirez de votre violence.

— Jamais ! Jamais ! hurla-t-elle. Vous méritez... Oh ! je ne peux pas vous dire !... Cette aventure n'est pas un accident dans votre vie !... Tout, tout vous y préparait !... Votre caractère, vos fréquentations !...

— Je vous en prie. Ne versez pas dans le prêche.

Une haine pure la possédait. Elle méprisait cet homme trop beau, trop soigné, qui se tenait devant elle, la tête basse, les joues verdâtres, comme un malfaiteur pris au piège. Était-elle si prude, vraiment, qu'une mauvaise action de Volodia suffît à la mettre hors d'elle ? Aimait-elle tant cette petite Svétlana qu'elle ne pût supporter l'idée de la savoir malheureuse ? Jamais Michel n'eût commis une vilenie pareille. Michel était un héros. Elle était fière d'être sa femme. Et il méritait d'autres amis que ce couard et ce menteur de Volodia.

— Vous n'avez jamais pensé qu'à votre bien-être, à votre profit, poursuivit Tania. Aucune idée généreuse n'a jamais visité votre cerveau. Aucun mouvement noble ne vous a jamais poussé vers votre prochain. Sale petit bonhomme aux ongles vernis ! Égoïste ! Égoïste !... Je vous déteste !...

La rancune impuissante qu'elle lisait sur la face de Volodia l'excitait, lui donnait des forces. Tout à coup, elle le gifla. Volodia recula, tituba un peu, ivre et faible. La sueur coulait dans ses sourcils et le long de ses tempes. Ses joues flambaient. Un bruit de batteuse emplissait ses oreilles.

Tania, cependant, effrayée par son geste, demeurait

debout devant lui, les bras ballants. Et lui, inconsciemment, admirait ce visage régulier, aux muscles tendus par la colère, aux yeux transparents et brillants comme de l'eau. L'haleine de Tania lui arrivait en pleine figure. Il devinait, il respirait sa répulsion, son indignation femelles.

— Voilà ! Voilà ! dit-elle enfin. Maintenant, vous pouvez partir !

Puis elle se tut.

Une angoisse solennelle pesa sur eux pendant longtemps. Un chien aboyait dans la cour. Tania tremblait de tous ses membres.

— Je vais partir, en effet, dit Volodia d'une voix atone. Et plus jamais vous ne me reverrez.

Elle inclina le front en signe d'assentiment.

Alors se produisit en lui quelque chose d'étrange, d'inexplicable. Subitement, il n'y eut plus d'idées dans sa tête. Il était absent de lui-même. Sans réfléchir à rien et sans rien désirer, il posa ses deux mains sur les épaules de Tania et l'attira vers sa poitrine. Elle céda, de tout son poids, et s'abattit contre lui, les yeux clos, les lèvres ouvertes, comme une morte. Il devait la soutenir pour qu'elle ne glissât pas d'une masse sur le tapis. Leurs genoux se touchaient, il ne restait presque plus d'air entre leurs deux visages. De fortes secousses, comme des sanglots contenus, ébranlaient le corps de Tania. Elle gémissait d'une façon animale. Lentement, il se pencha sur elle et lui baisa la bouche, parce qu'il n'y avait rien d'autre à faire, parce qu'il le fallait. Il n'éprouvait aucune joie de cette étreinte, mais une âcre impression de fatalité. Il lui semblait que, depuis des années, depuis sa tendre enfance, il n'avait vécu que pour ce baiser nécessaire et décevant. Cela devait arriver. Pour leur bonheur ou pour leur malheur, peu importe.

Tania s'arracha de lui, recula, livide, horrifiée, vers le fond de la pièce, et cacha sa face dans ses mains. Volodia n'osait pas la suivre. Son cœur flanchait. Ses jambes le portaient à peine.

Tout cela était bête. Il avait tort d'aimer, d'aimer justement cette femme-là, la femme de Michel. Il n'en avait pas le droit.

Une brume ensoleillée régnait dans le boudoir. Des roses traversées de rayons s'effeuillaient sur un guéridon de fine marqueterie. Mais Tania, noire, droite, refusait de rien voir. Elle murmura enfin :

— Qu'avons-nous fait ?

Réveillé par cet appel, Volodia fit quelques pas en avant. Tania cria d'une voix désagréable, à peine articulée :

— N'approchez pas ! Oh ! n'approchez pas !

Et il s'arrêta, docile. Pourtant, cela ne pouvait pas continuer ainsi. Des mots étaient nécessaires pour assigner une raison à leur comportement. Il fallait parler pour combler ce vide, pour étouffer ce mystère. Sinon, ils deviendraient fous, tous les deux, après le geste qui les avait unis.

— Tania, dit-il. C'était plus fort que moi. Plus fort que nous.

— Taisez-vous, chuchota-t-elle.

— Non, non. Il faut que je parle. Toute notre vie a été faussée le jour où vous avez renoncé à m'épouser pour accorder votre main à Michel. Depuis, vous avez essayé d'exister à votre manière, le plus heureusement possible. Et moi, j'ai accumulé les liaisons les plus sottes et les plus criminelles pour m'échapper de votre souvenir. Nous nous trompions avec application, avec héroïsme. Mais cela ne pouvait plus durer. N'avez-vous jamais deviné que notre amitié était impure, menacée, ardente comme l'amour ?...

Tania entendait mal. L'air du boudoir était irrespirable. Un moment, elle souhaita que Volodia la laissât seule. Mais il l'interrogeait d'une voix impérieuse :

— Dites ? N'avez-vous jamais deviné cela ?

Elle se sentit atteinte profondément, comme si Volodia eût dénudé une place douloureuse. Un soupir franchit ses lèvres :

— Si... Oh ! c'était affreux, Volodia...

— Nous étions faits l'un pour l'autre, dit-il avec fièvre. Vous l'avez méconnu. Il n'est pas trop tard pour en convenir...

À présent, chaque mot de Volodia réveillait en elle une honte brève et chaude qui s'apaisait aussitôt. Elle l'écoutait sans perdre une syllabe, et concentrait toute son énergie, comme pour l'aider dans son effort de justification. Et lui-même, à mesure qu'il parlait, se sentait plus sûr de sa cause. Oui, brusquement, sa vie devenait claire, logique, malgré ses errements. Tout s'expliquait, tout s'enchaînait, dans une démonstration impeccable.

— Quand existent entre deux êtres cette attraction, cette compréhension, ah ! Tania, ce ne sont pas des lois humaines qui peuvent les séparer !

Il s'interrompit une seconde, l'examina durement et s'écria encore :

— Plus on cherche à violenter cette sorte d'amour, plus il se fortifie. Pourquoi me reprochez-vous d'avoir délaissé Svétlana, et tant d'autres avant elle ? Vous seule êtes coupable ! Tout le mal que j'ai fait, c'est votre faute !

— Non, non, gémit-elle. Ce n'est pas vrai ! Pas ça, pas ça !...

Un hoquet sourd démolit son visage. Elle était laide dans son désarroi. Il la regardait et ne l'aimait pas. Ce qu'il éprouvait était plus fort que l'amour. Son attirance n'avait pas de nom dans la langue.

Tania s'assit dans la bergère. Lasse, brisée, elle écartait les bras, balançait la tête avec obstination.

— Non, non, Volodia, dit-elle. Ce n'est pas possible... Il y a Michel, Michel...

Il se mit à hurler :

— Dites-moi que vous l'aimez, et je m'en irai tout de suite !

Une pointe aiguë traversa le cœur de Tania.

— Allons, parlez, parlez, dit Volodia en se rapprochant d'elle.

Il lui prit la main. Ce contact la bouleversa. Un sang

chaud et rapide battait dans ses artères. Des doutes assaillaient son esprit. Michel. Les enfants. Sa vie était faite. Elle n'avait pas le droit de bousculer toutes ces valeurs sur un coup de folie.

— Alors, l'aimez-vous ? demanda Volodia d'une voix qui s'étranglait un peu.

— Laissez-moi.

— L'aimez-vous ?

Tania se rappela ses dernières discussions avec Michel, avant le voyage, au théâtre, ailleurs. Chaque souvenir pénible en faisait lever un autre. Elle était effrayée de leur nombre. Valeureusement, elle tenta de les ignorer.

— Je crois, dit-elle. Il est si bon !...

Il se pencha sur elle, maigre, les yeux pleins de flammes :

— Je ne vous demande pas s'il est bon, mais si vous l'aimez.

— Je ne sais pas, dit-elle.

Et, subitement, ses nerfs la trahirent. Un sanglot, qu'elle n'avait pu contenir, s'échappa de sa gorge, gonfla ses lèvres. Au-dessus de sa tête, quelqu'un criait, comme un diable victorieux :

— Vous voyez bien ! Vous l'estimez ! Vous ne l'aimez pas ! C'est moi que vous aimez !...

— Qu'est-ce que cela change ? dit-elle faiblement. Je lui resterai fidèle.

— Et vous le détesterez chaque jour davantage, parce qu'il aura empoisonné votre vie. Déjà, vous vous ennuyez avec lui. Vous le trouvez pondéré, méticuleux, monotone...

Ces paroles répondaient si justement à la pensée intime de Tania qu'elle en fut étonnée. Volodia poursuivait avec énergie :

— Non, Tania. Nous sommes sur terre pour accomplir notre destin, et non pour chercher à le fuir. Vous êtes à moi. Je n'en doute plus.

À ces mots, elle eut l'intuition que sa conscience était

hors de cause, qu'elle était sauvée ou perdue, mais que plus rien ne dépendait d'elle. Et elle était à la fois terrifiée et soulagée par cette capitulation devant une puissance obscure. Volodia avait mis un genou à terre. Elle sentit des lèvres chaudes sur sa main, sur son poignet. Cette caresse lui procurait une répugnance très douce. Des restes de pudeur et d'orgueil luttaient en elle contre le plaisir d'être aimée. Elle s'abandonnait et se raidissait tour à tour sans que son visage exprimât autre chose qu'une hébétude infinie.

— Vous seule, disait Volodia, pourrez me fixer sur mon vrai chemin. Et moi seul pourrai vous donner l'assurance de ne pas exister en pure perte. Je n'ai jamais éprouvé pour personne ce que j'éprouve en face de vous... Cette nécessité... Cette certitude... C'est mieux que l'amour... Comment vous le faire comprendre ?...

D'une voix lasse, elle murmura :

— Je vous comprends, Volodia.

En quelques minutes, elle avait changé plus qu'en dix ans, peut-être. Toute sa vie venait de prendre une signification nouvelle. Oppressée, anxieuse, elle se taisait, écoutait naître une femme inconnue dans son cœur. Les paroles de Volodia accompagnaient lentement cette métamorphose :

— Il ne saura rien... Car il ne faut pas lui faire de peine...

— Non, non, il ne saura rien...

— Et nous serons heureux...

— Oui, nous serons heureux...

Tendrement, il appuya son front contre la poitrine de Tania. Cet attouchement la brûlait, rayonnait en elle jusqu'au ventre. Un pressentiment l'avertit, une dernière fois, qu'elle avait tort. Elle se crispa. Puis, libérée par la rupture d'un barrage, une allégresse triomphante envahit tout son être. Elle pencha sa tête vers le visage qui l'appelait, et, de toutes ses forces, comme si elle se fût jetée à l'eau, comme si la mort dût répondre à son geste, elle imprima ses lèvres sur les lèvres de Volodia. Tandis qu'elle baisait cette bouche assoiffée, des visions brutales éclataient en flammes dans son cerveau : la petite fille morte, la messe funèbre, la faiseuse d'hosties. Sur quelle tristesse elle bâtissait sa joie ! Comme elle était coupable ! Elle n'irait pas à Ekaterinodar. Elle resterait à Moscou pour jouir de sa chance. Les années s'étaient évanouies aussi facilement qu'un rêve. Elle retrouvait à ses pieds le Volodia du jardin aux roses, ardent, redoutable. Leur amour n'avait pas vieilli. Eux-mêmes n'avaient pas vieilli. Tout pouvait reprendre : le bonheur, la folie d'autrefois.

— Je t'aime, murmura-t-elle.

Elle savait maintenant que leur passion était une manifestation exceptionnelle, et que tout, absolument tout, devait lui être sacrifié. Elle était prête. Elle tremblait d'impatience.

— Viendrez-vous me voir demain, chez moi ? demanda Volodia.

Elle dit :

— Oui.

Les mains de Volodia erraient sur ses vêtements, encore un peu craintives, comme si elle n'eût pas été entièrement vaincue. Elle subissait avec émerveillement ces premières caresses. Jamais pareille volupté ne lui avait été donnée par l'approche d'un homme. Machinalement, elle répétait :

— C'est mal ! Oh ! c'est mal !

Mais un plaisir nerveux électrisait son corps. Elle dégrafa le haut de sa robe, car elle étouffait. Et Volodia vint appliquer ses lèvres à la naissance de son cou, comme pour boire un peu de son sang, de sa vie. Elle crut qu'elle perdait connaissance. Très loin, elle entendit sa propre voix qui disait :

— Maintenant, partez, partez, puisque je vous aime.

Lorsqu'elle fut seule enfin, elle éprouva une sorte de dénuement physique intolérable. L'air tiède et vide de la pièce lui faisait horreur. Déjà, elle regrettait de ne plus pouvoir s'appuyer contre un visage, contre un corps amical. Le soir tombait. Elle passa dans sa chambre, s'étendit sur son lit, tout habillée. Quand Michel rentra du bureau, elle prétexta une migraine pour éviter de paraître à table. Et, comme il tournait autour d'elle, affectueux, maladroit, préoccupé, elle se contraignit à le juger importun.

15

Après l'attentat manqué contre Koudriloff et l'arrestation de la camarade Dora, la compagnie indépendante de combat s'était prudemment dispersée. Zagouliaïeff maintenait le contact entre les divers membres de l'organisation, réfugiés en Finlande et en Suisse. Aux derniers renseignements, Dora Rouboff s'était empoisonnée, dans sa cellule, pour ne pas céder à la tentation de livrer ses amis.

Du coup, après des semaines d'errements, l'enquête policière se trouvait enrayée. La besogne des terroristes pouvait reprendre. À Vyborg, Nicolas attendait impatiemment les instructions de Zagouliaïeff. Mais Zagouliaïeff tardait encore à se manifester. Nicolas habitait un petit hôtel borgne, dans un quartier de l'avant-port. Il se faisait passer pour un représentant de commerce, et ses papiers étaient en règle. Grâce aux subsides qu'il recevait sur la caisse de l'organisation, il vivait tant bien que mal, sans emprunter d'argent et sans se livrer à aucun travail. Mais cette oisiveté même lui était pénible. Il ne connaissait personne à Vyborg et se méfiait de tout le monde. Il avait maigri, vieilli. Ses yeux étaient troubles, fuyants, sans hardiesse. Deux rides tristes encadraient sa bouche. De toute sa personne émanait une impression de misère morale et d'inquiétude. Souvent, seul dans sa chambre, il songeait à Dora et au gros agent de police dont le sang n'arrêtait pas de couler. Il regrettait Dora, car il aurait pu être heureux avec elle, d'une manière violente, singulière, et maintenant elle n'existait plus. Il lui disait des mots d'amour. Puis, insensiblement, il se détournait d'elle pour ne plus s'intéresser qu'à l'agent de police. Il revoyait exactement la forme du sabre contre la hanche de l'homme, l'œil crevé, la petite flaque de sang dans un pli du col. Une odeur de boue et de sang entrait dans ses narines. Il avançait les doigts, comme pour toucher, devant lui, un peu de linge tiède. Mais, malgré les manifestations de cette curiosité malsaine, une indifférence royale le protégeait contre le remords. Autrefois, la mort était pour lui une notion auguste et terrible. Envoyer quelqu'un à la mort, c'était commettre un crime et mériter un châtiment. Maintenant, il savait que la vérité était moins romanesque. De l'homme vivant au cadavre, le passage était naturel, sans mystère. Un coup de feu. Un corps qui tombe et perd sa chaleur, sa couleur. Et, derrière la dépouille recroquevillée, autre chose commence dont on ne devine rien, mais qui excuse tout. Nicolas avait tué un agent de police. Un agent de police tuerait Nicolas. C'était la règle du jeu. L'essentiel était de servir une cause abstraite et non un amour concret. L'homme qui assassinait pour servir une idée avait tous les droits. L'homme qui assassinait pour servir son intérêt personnel était un monstre. Le geste ne comptait pas, mais l'intention de ce geste. La mort ne comptait pas, mais l'utilité de cette mort. Tout était simple. Et, pour affermir les volontés chancelantes, il y avait l'alcool, la prière. En attendant le retour de Zagouliaïeff, Nicolas s'était mis à boire, en solitaire, avec application. Lorsqu'il était ivre, il ne bougeait plus et goûtait la fierté de penser vite et juste. Souvent, après s'être abreuvé de vodka jusqu'à en perdre le contrôle du temps et du lieu, il se demandait s'il aimerait tuer encore. Alors, il sentait monter dans son cœur un assentiment bien entier. Rien ne se hérissait en lui à l'idée de verser le sang. Il était prêt à partir, séance tenante, dans la nuit, vers la victime élue. Et il l'abattrait sans haine, sans peur, fraternellement. Ce qui l'irritait dans l'absence prolongée de

Zagouliaïeff, c'était l'espèce de vacance veule, à quoi, lui, Nicolas, se trouvait réduit.

Vers la fin du mois de février, il apprit par les journaux que le procureur militaire Koudriloff venait d'être assassiné par une jeune personne n'appartenant à aucune organisation terroriste. On croyait savoir qu'il s'agissait d'un drame passionnel assez louche, et que la meurtrière était en état de légitime défense. Nicolas fut attristé par cette nouvelle qui lui interdisait tout espoir de venger son premier échec. Il lui paraissait étrange qu'une femme seule eût réussi, là où le groupe de combat, avec sa préparation, ses grands moyens, son expérience, n'avait pu forcer le destin. En même temps, il éprouvait de la honte à l'idée que cette *élégante demi-mondaine*, ainsi s'exprimaient les journaux, poursuivait le même but que les révolutionnaires. De la sorte, une complicité involontaire s'établissait entre les vils intérêts d'une femme et la passion haute des combattants.

À dater de ce jour, l'impatience de Nicolas se transforma en un véritable malaise physique. Il ne pouvait plus rester à Vyborg. Un besoin constant le tourmentait d'étouffer le meurtre passionnel de Koudriloff sous d'autres meurtres nombreux, raisonnables, corrects. Il lui semblait qu'il ne connaîtrait de soulagement valable qu'après avoir enfoui les visages de Koudriloff et de l'agent de police sous une montagne de morts célèbres. L'horreur et le goût du sang s'étaient emparés de lui. Il pleurait en regardant ses mains tremblantes, inutiles. Il finit par accepter de travailler au port, car l'inaction menaçait de le rendre fou.

Ce fut seulement au mois de juin 1914 que Zagouliaïeff se manifesta par une courte lettre, donnant rendez-vous à Nicolas dans un tripot de Moscou.

Au jour dit, Nicolas débarquait sur le quai de la gare. Personne ne l'attendait. Il traversa la ville pour se rendre à l'adresse indiquée, et la ville même lui parut inconnue. Plus rien ne l'attirait dans ce décor sans âme. Il ne songeait guère à revoir sa sœur, ses neveux. Avait-il encore une famille ? En tout cas, elle ne l'intéressait plus. La politique même lui était devenue indifférente. Seul importait le groupe de combat. Ainsi, le groupe lui masquait le parti, les meurtres le détournaient de la révolution. Il se réjouissait à l'idée d'une action bien conduite, sans presque réfléchir au programme d'ensemble dont elle était l'illustration. Comme un artisan myope et têtu, il rassemblait toute son énergie sur une résistance infime. Ce peu de fer, ce peu de chair à vaincre. Ce fonctionnaire à supprimer. Après, tout ira mieux. « Quoi ? Le monde ? Non. Pas encore. Moi, j'irai mieux. Parce que j'aurai bien travaillé. »

En arrivant dans le tripot où Zagouliaïeff lui avait fixé rendez-vous, Nicolas n'avait qu'une envie : apprendre que le groupe s'était reformé et préparait un nouvel attentat. Dès qu'il aperçut Zagouliaïeff, attablé dans un coin, il se jeta sur lui, le cœur débordant de joie, et l'embrassa, le serra contre sa poitrine, comme un ami longtemps espéré.

— Ça va, ça va, grognait Zagouliaïeff, tu m'étrangles !

— J'ai tant attendu !

— Et moi donc !

— Comment vont les autres ?

— Tous sont en bonne santé. Ils ont engraissé. Ils se plaignent de ne rien faire.

— Ton intention est bien de...

Zagouliaïeff se mit à rire :

— Tu vas vite. Patiente un peu.

Puis, il frappa dans ses mains, fit apporter du thé et de la confiture. La table était située dans une petite pièce ouvrant sur la grande salle du tripot. Le patron était un ami. Parmi la clientèle de cochers et d'ouvriers, le moindre mouchard eût été repéré d'emblée. Des soucoupes tintaient. Un accordéon jouait une rengaine grinçante. De temps en temps, on entendait crier les marches de bois qui menaient de la rue au caveau.

Zagouliaïeff trempa ses lèvres dans le thé brûlant et fit la grimace.

— Voilà, mon cher, dit-il enfin. Je t'ai fait venir pour

te parler de mes projets. La caisse est vide. Il va falloir organiser une expropriation. J'ai mon idée. Après, nous pourrons nous occuper d'un ou deux personnages qui méritent notre attention bienveillante.

— Ne peut-on liquider ces personnages d'abord ?

— Il faut de l'argent pour agir, dit Zagouliaïeff. La préparation de l'attentat coûtera cher. J'avais pensé au gouverneur...

— De Saint-Pétersbourg ?

— Non, de Moscou.

— Excellente idée ! s'écria Nicolas.

— Oui, je crois que la chose fera du bruit.

Zagouliaïeff rêva un moment, les yeux mi-clos, la bouche souriante, puis il ajouta sur un ton neutre :

— Sais-tu que Grünbaum voudrait nous voir ?

— Pourquoi ?

— Pour tenter une réconciliation.

— Qu'est-ce qui leur prend ?

— Je crois que les événements politiques incitent ces messieurs à regrouper leurs forces.

Nicolas haussa les sourcils :

— Quels événements politiques ?

Depuis quelques semaines, il ne lisait pas les journaux, ignorait les querelles de la Douma.

— On parle de complications internationales, dit Zagouliaïeff. Il n'en faut pas plus pour que les socialistes s'agitent dans leurs fauteuils. Grünbaum ne tient plus en place. Tu vas le voir arriver tout à l'heure. Je lui ai fixé rendez-vous ici.

— J'espérais passer la journée en tête à tête avec toi, murmura Nicolas, dépité. Nous avons tant à nous dire ! Et cette expropriation...

— Nous en discuterons demain.

Nicolas bâilla et fit craquer ses mains nouées l'une à l'autre. La rencontre avec Grünbaum l'ennuyait prodigieusement. Grünbaum, c'était le passé, la parlote, les théories. Il s'était évadé de cet enfer de mots. Il ne vivait plus que pour des tâches rudes et profitables. Il se leva.

— Je m'en vais.

Mais, déjà, Grünbaum traversait la salle en se dandinant avec élégance. Roux et rose, soufflé, potelé, il n'avait guère changé depuis quelques années. Il s'assit entre Nicolas et Zagouliaïeff, et alluma une cigarette à bout doré.

— Qu'est-ce qui vous amène ? demanda Zagouliaïeff abruptement.

Grünbaum poussa un jet de fumée vers le plafond et tira ses manchettes amidonnées.

— Le parti, à la discipline duquel vous avez cru bon de vous soustraire, dit-il, m'a chargé d'une mission de recensement et de coordination dont l'importance ne vous échappera pas.

— Autrement dit, vous venez nous espionner ? demanda Nicolas.

— Nullement ! s'écria Grünbaum. Nullement ! Je viens faire le point. Nous sommes des révolutionnaires comme vous. Nos idées, au fond, sont les mêmes. Et nous ne différons les uns des autres que par les méthodes employées. Vous agissez par la terreur. Nous agissons légalement. Nos représentants à la Douma sont nombreux et écoutés. Nos journaux, officiellement autorisés depuis l'année dernière, propagent dans les masses les consignes mêmes pour lesquelles vous luttez.

— Eh bien ?

— Eh bien... Nous autres, sociaux-révolutionnaires, avons décidé qu'une démarche de réconciliation était indispensable. Oui, à l'heure qu'il est, nous devons tous nous resserrer, nous regrouper. Le panorama révolutionnaire russe est si divers ! Tant d'organismes dans votre genre gravitent autour des deux grands partis socialiste révolutionnaire et social-démocrate ! Et ces deux grands partis, même, nourrissent l'un envers l'autre une telle animosité ! Ce n'est pas sérieux !... La semaine dernière, j'ai rendu visite aux chefs des deux fractions sociaux-démocrates. Les mencheviks m'ont accueilli avec sympathie.

— Et les bolcheviks ? demanda Zagouliaïeff en plissant les yeux.

— Lénine est odieux ! s'exclama Grünbaum. C'est un anarchiste, un fou. Je l'ai vu à Pronin. Rien à tirer de lui. Il hait les mencheviks, parce qu'ils rêvent d'une organisation large et démocratique du parti ouvrier, et les socialistes révolutionnaires, parce qu'ils prétendent associer les paysans aux ouvriers pour renverser l'ordre féodal. Je lui ai dit : « Le comité central du parti socialiste révolutionnaire est prêt à collaborer avec vous jusqu'à la chute du tsarisme, mais à la condition que vous ne vous mêliez pas de la politique paysanne. » Savez-vous ce qu'il m'a répondu ? « Les paysans sont des illettrés passifs qu'il faut mener à coups de bottes. La révolution sera faite par les ouvriers, et par les ouvriers seuls. » Voilà ses propres paroles. Que conclure ?

— Que chacun doit travailler pour soi, dit Zagouliaïeff.

— Mais on ne peut plus, on ne peut plus, mon cher ! gémit Grünbaum. L'instant est grave. Des bruits circulent...

Il imita du bout des doigts le vol hésitant d'un oiseau :

— Mauvais ! Mauvais ! C'est courageux de vivre dans un souterrain, comme vous faites. Mais, parfois, il faut mettre le nez à l'air.

Il huma l'odeur de la pièce avec une grimace comique :

— Ça sent le brûlé, en Europe ! La situation diplomatique est très tendue ! Songez donc au péril que constituerait pour l'Autriche une coalition des Slaves du Sud patronnée par la Russie ! L'Autriche ne peut pas admettre cela. Elle s'est déjà servie sur la masse en annexant la Bosnie, l'Herzégovine, en créant l'État albanais, pour empêcher la Serbie d'accéder à l'Adriatique. Elle veut plus encore. Et l'Allemagne l'encourage. L'Allemagne n'est pas contente. Elle rêve d'une expansion colossale. Les usines Krupp tournent nuit et jour. Des chimistes cherchent la formule des pastilles incendiaires. Les préparatifs militaires s'accélèrent. Rappelez-vous l'article de *La Gazette de Cologne* et la réponse de Soukhomlinoff : *La Russie désire la paix, mais elle est prête à faire la guerre...* Mauvais, mauvais, je vous dis.

— Bref, vous croyez à la guerre ? demanda Zagouliaïeff.

— Je n'y crois pas positivement, dit Grünbaum. Je pense même qu'elle sera évitée. Mais, puisqu'elle menace de se déclencher, notre devoir, à nous révolutionnaires, est d'oublier nos querelles intestines pour élaborer un plan d'action unique. C'est ce que Lénine n'a pas voulu comprendre. C'est ce que vous comprendrez, j'espère.

— Lénine est le chef d'un grand parti, et je suis le chef d'une organisation de combat minuscule, dit Zagouliaïeff.

Grünbaum agita ses petites mains devant sa figure :

— Allons ! Pas d'enfantillages ! Vous savez bien que le nombre ne compte pas, mais la valeur. Dix mille abrutis nous intéressent moins qu'un homme de votre trempe. Vous pouvez beaucoup si vous consentez à aider notre cause.

— L'ennui, dit Zagouliaïeff, après un long silence, c'est que j'ai changé d'avis depuis quelques années. Autrefois, je croyais, comme vous, qu'il était absurde de tenter une révolution qui ne fût pas d'abord paysanne. À présent, je crois, comme les sociaux-démocrates, comme Lénine, que les paysans sont trop ignares, trop paresseux et trop craintifs pour entreprendre quoi que ce soit de grand. Les ouvriers seuls, qui sont faciles à rassembler et que le contact des machines modernes a rendus sensibles au progrès, à la culture, les ouvriers seuls peuvent former une troupe de choc.

Grünbaum leva les yeux au ciel.

— Encore un transfuge, dit-il. Lénine finira par avoir tous les terroristes de son côté. Qu'importe ! Un jour, les bolcheviks se rendront à l'évidence. Rien ne nous empêche, en attendant, de serrer les rangs. Que comptez-vous faire en cas de conflit armé ?

— Je n'y ai pas réfléchi, dit Zagouliaïeff.

— Moi non plus, dit Nicolas.

— Voilà l'erreur ! piailla Grünbaum en remuant sur sa chaise. À vous cantonner dans votre travail terroriste, vous oubliez les grands mouvements des peuples. C'est mal, c'est criminel, mes amis. Voyons, si la guerre éclatait, iriez-vous au combat ?

— Le congrès de Limoges, dit Nicolas, a répondu, en 1906, que les peuples attaqués auraient le droit de compter sur le soutien de toutes les classes ouvrières du monde. Et le congrès de Copenhague, en 1910, a repris la formule. L'esprit et la lettre de l'Internationale sont en faveur d'une défense du pays. Du moment que la nation est reconnue comme une valeur en soi, sa résistance à l'agression est légitime, logique...

— Donc, dit Grünbaum en devenant tout rouge, vous iriez vous engager dans l'armée du tsar pour défendre le tsar ?

— Dans l'armée de mon pays, pour défendre mon pays.

Zagouliaïeff se taisait. Mais les muscles de ses oreilles étaient gonflés par l'attention, et ses yeux brillaient d'un éclat moqueur.

— Une issue de la guerre défavorable pour la Russie, poursuivit Nicolas, aurait des conséquences tragiques pour la population travailleuse. Le progrès économique serait arrêté, l'idéal révolutionnaire étouffé dans l'œuf.

— Je me demande pourquoi ? dit Grünbaum.

— Parce que la défaite de la Russie signifierait l'avènement du féodalisme. Les empires centraux représentent la monarchie dans son entière abjection. Après leur victoire, ils feront tout pour maintenir en Russie un régime réactionnaire qui leur est dévoué et dont ils savent les faiblesses. Ils conserveront sur le trône un Nicolas II vendu à l'Allemagne par sa femme, par ses ministres, par Raspoutine peut-être. Voyez-vous, cela peut paraître absurde, mais c'est justement la carence du tsarisme, son incapacité, qui m'inciteront à m'engager dans l'armée. Plus tard, si notre armée triomphe, nous renverserons les mauvais chefs.

Grünbaum s'épongea le front en répétant :

— Incroyable ! Incroyable !

Zagouliaïeff partit d'un grand éclat de rire.

— Il ne parle plus souvent, notre Nicolas, dit-il. Mais, quand il parle, il s'emballe.

— Comment peut-on, comment peut-on, bredouillait Grünbaum, être un révolutionnaire et accepter de combattre ? La guerre est une invention capitaliste, une affaire de marchands de canons, et les prolétaires se prêteraient à cette tractation macabre ? Il existe un trust international de l'explosif et du blindage, du patriotisme et de la panique, où sont rassemblés les Krupp, les Schneider, les Vickers-Maxim... Est-ce pour servir les intérêts de cette clique que nos braves gars vont se faire trouer la peau ? Les ouvriers, qu'ils soient russes, allemands, autrichiens, serbes, français, sont frères par leur travail, par leur misère ; leur devoir est de s'unir contre les puissants de ce monde et non de s'entre-tuer pour les enrichir. Les socialistes de tous les pays sont contre la guerre !

— Qu'en savez-vous ? dit Nicolas.

— Vous ne lisez pas les journaux ?

— Non.

— Eh bien, vous avez tort ! En France, Jaurès est la conscience sublime de la nation. Tant qu'il vivra, la paix régnera sur l'Europe. En Italie, la classe ouvrière est disciplinée. Cinquante-neuf députés à la Chambre. Un journal. Et des chefs ! Serrati, Vella, Bacci, Mussolini... En Allemagne, les sociaux-démocrates affirment leur autorité au Reichstag. Ils ont sauvé le monde au moment d'Agadir. Ils le sauveront encore, aussi souvent qu'il le faudra. En Angleterre, le *Labour Party* s'oppose aux dépenses militaires. À Vienne, les socialistes autrichiens résistent de leur mieux à la folie belliciste d'un François-Ferdinand, à l'incapacité d'un Berchtold, au gâtisme d'un François-Joseph. Partout, nous pouvons être les plus forts...

— Alors, pourquoi craignez-vous la guerre ? demanda Nicolas.

— On ne sait jamais, dit Grünbaum. Il faut tout prévoir. Ainsi, les députés socialistes allemands ont voté les crédits d'armement. Ce n'était, me dit-on, qu'une manœuvre habile. Mais, tout de même, tout de même... Il y a maintenant, parmi eux, de nouveaux théoriciens, qui enseignent un socialisme colonialiste et impérialiste... En vérité, l'heure n'est plus aux discordes, mais à l'entente internationale. Laissons Lénine de côté, puisqu'il se pose en dissident. Mais tous les autres, tous, tous nous devons commencer une propagande antimilitariste. À l'heure où des millions d'hommes risquent d'être massacrés, il vaut mieux employer son temps à éviter cette boucherie qu'à préparer l'exécution d'un quelconque préfet de police. Renoncez donc à votre action terroriste. Joignez-vous à nous. Pour le bien du peuple...

Les yeux de Grünbaum étaient troubles, humides. Des bulles de salive dansaient aux commissures de ses lèvres. Zagouliaïeff le considérait avec méfiance, avec répulsion. Il exécrait le caractère élégant, parfumé et douteux du personnage. Il ne voulait pas reconnaître que celui-là aussi, malgré ses manchettes et sa bague, désirait la victoire du peuple. Il finit par dire, en hochant la tête :

— Je réfléchirai, je vous ferai signe. Patientez un peu...

— Ne perdez pas de temps, soupira Grünbaum. C'est tout ce que je vous demande. Quand vous reverrai-je ? Si vous venez demain au siège du parti, nous élaborerons ensemble un plan de campagne.

— De nouveau des meetings, des grèves, des tracts, des journaux clandestins, dit Nicolas.

Grünbaum joignit les mains comme pour une prière, et son visage prit une expression navrée :

— Il le faut, mon pigeon, il le faut. Même si cela t'embête. Surtout si cela t'embête...

Lorsque Grünbaum fut parti, Zagouliaïeff pouffa de rire :

— Ce qu'ils ont peur ! Non, mais ce qu'ils ont peur !

— De la guerre ? demanda Nicolas.

— Non, de la révolution, dit Zagouliaïeff.

— Je ne te comprends pas.

Zagouliaïeff glissa quelques graines de tournesol dans sa bouche et se mit à les mâcher du bout des dents, comme un lapin.

— Moi, dit Nicolas, je ne crois pas que la guerre soit possible. Aussi refuserais-je, à ta place, de participer à leur réconciliation. Nous avons autre chose à faire. Notre prochain attentat...

Il s'arrêta net et tourna les yeux vers la salle :

— Qu'est-ce qui lui prend ? Il revient !

Grünbaum revenait, en effet, passait entre les tables, bousculait les consommateurs. Il était pâle, flasque, son regard exprimait un désarroi intense. Lorsqu'il eut rejoint Nicolas et Zagouliaïeff, il leur tendit, sans mot dire, le journal qu'il tenait à la main. Zagouliaïeff déplia la feuille et lut d'une voix calme :

— *Attentat politique à Sarajevo.*

— Quoi ? s'écria Nicolas.

Grünbaum pencha vers eux sa figure molle, hérissée de mille gouttes de sueur.

— Oui, dit-il, je sors d'ici et j'entends les vendeurs de journaux qui crient, qui crient, dans la rue...

— *Ce matin*, poursuivit Zagouliaïeff, *à Sarajevo, capitale de la Bosnie, l'archiduc héritier d'Autriche François-Ferdinand et sa femme morganatique, la duchesse d'Hohenberg, ont été abattus à coups de revolver, après avoir échappé à un premier attentat à la grenade. Le meurtrier...*

— Insensé ! Insensé ! répétait Grünbaum. Que vont-ils faire ? Ils sont capables de tout !

Zagouliaïeff déposa le journal sur ses genoux et releva la tête.

— Je passerai vous voir dès demain au siège du parti, dit-il. Vous pouvez compter sur moi.

— Je t'accompagnerai, dit Nicolas.

Une grande lassitude s'était emparée de lui. Subitement, le meurtre de cet archiduc rendait inutile l'exécution du gouverneur de Moscou, et tous les autres attentats projetés.

— Partons, dit Zagouliaïeff. Nous n'avons plus rien à faire ici.

Ils sortirent tous trois, et, dans la rue, le cri des vendeurs de journaux les étourdit d'emblée :

— Sarajevo !... L'attentat de Sarajevo !...

Un prêtre, qui marchait au bord du trottoir, s'arrêta devant Nicolas et demanda d'une voix timide :

— Que disent-ils ? Qui a-t-on tué ?

Ce prêtre était jeune. Il avait des yeux bleus, candides, et une barbe blonde.

— À Sarajevo, l'archiduc François-Ferdinand, dit Nicolas.

Le prêtre se signa et murmura en hochant la tête :

— Que de sang ! Que de sang !

Puis il continua son chemin et disparut dans la foule.

16

Les fenêtres de la salle à manger étaient ouvertes sur le matin calme. Un jet de soleil éclairait fortement la nappe blanche, damassée, le sucrier en vermeil, le verre à thé dans sa monture d'argent lourd. Une mouche paresseuse escaladait l'assiette des rôties. Le valet de chambre la chassa d'une pichenette et recula une chaise pour que Michel pût s'asseoir. Dans la cour, on entendait le cocher Varlaam et le chauffeur Georges qui se disputaient, selon leur habitude. Michel sourit à ces voix familières, déplia sa serviette et consulta les premiers journaux. Tout en buvant son thé, tout en croquant ses rôties, il parcourait les articles de fond. La presse entière célébrait la dernière *journée française* de Saint-Pétersbourg. L'entrevue de Nicolas II et de Poincaré suscitait un flot d'éloquence parmi les rédacteurs des diverses gazettes. Surtout le toast d'adieu du président français était commenté avec faveur : *L'accord s'est toujours établi et ne cessera de s'établir avec d'autant plus de facilité que les deux pays ont maintes fois éprouvé les avantages procurés par cette collaboration régulière et qu'ils ont, l'un et l'autre, le même idéal de paix dans la force, l'honneur et la dignité.*

Dans la force, l'honneur et la dignité ! Michel aimait ce langage fier. Il était sûr que l'Allemagne et l'Autriche n'oseraient rien entreprendre tant que les Alliés se montreraient calmes et résolus. Mais l'empereur, si changeant, si débile, saurait-il tenir contre son entourage ?

Et les socialistes ne tenteraient-ils pas, cette fois encore, de diviser et d'affaiblir le pays ? Déjà, la dernière page des journaux était consacrée aux grèves de Saint-Pétersbourg, de Moscou, de Nicolaïev, de Riga. Les employés du tramway, les typographes, les ouvriers des usines Poutiloff et Siemens avaient cessé le travail. La police dispersait des bandes armées de revolvers, de haches et de matraques. Et il était impossible de savoir à quelles consignes obéissaient les mutins en déclenchant des manifestations de masse pendant le séjour des Français à Saint-Pétersbourg. Les représentants des socialistes révolutionnaires et des sociaux démocrates affirmaient que les désordres étaient indépendants de leur volonté. Mais qui donc, alors, commandait ces hommes ? Michel rejeta les journaux d'un geste irrité et vida le fond de son verre. Il allait se lever de table, lorsque Tania fit son entrée dans la salle à manger. D'habitude, elle se réveillait tard et prenait son petit déjeuner au lit.

— Que se passe-t-il ? Il est bien tôt pour toi, dit Michel. Veux-tu prendre une tasse de thé ?

— Oui, dit-elle. J'ai mal dormi Il faisait si chaud ! Je ne pouvais plus rester dans la chambre...

Elle paraissait, en effet, très fatiguée, très inquiète. Le valet de chambre apporta une tasse, disposa un second couvert et se retira. Tania bâilla et désigna du doigt la pile de journaux.

— Quoi de neuf ?

— Rien de sensationnel. Le départ de Poincaré. Les derniers toasts. Les grèves de Saint-Pétersbourg et de Moscou. Mon impression est que cette entrevue entre le tsar et Poincaré aura grandement contribué au maintien de la paix. Une entente aussi loyalement exprimée fera réfléchir les empires centraux.

— C'est qui, les empires centraux ? demanda Tania en croquant une rôtie.

— Eh bien, l'Allemagne, l'Autriche...

— Ah ? dit Tania, et son œil vague parcourut la pièce, comme à la recherche d'un objet perdu.

372

Depuis quelques jours, Michel se sentait bizarrement gêné en présence de sa femme. Il avait l'impression qu'elle s'était écartée de lui soudain, et que la distance qui les séparait augmentait d'heure en heure. Mais il avait beau se demander sur quels indices il fondait sa conclusion, il ne trouvait rien. Extérieurement, Tania n'avait pas changé. Son visage, ses gestes, ses paroles étaient les mêmes qu'autrefois. Il pouvait la toucher, se faire entendre d'elle. Cependant, à plusieurs reprises, comme ce matin par exemple, il avait été frappé par l'idée que Tania n'était pas sa femme, mais une étrangère. Il la regarda très fort, au milieu du front, pour percer cet obstacle de chair et d'os.

— Pourquoi me regardes-tu ainsi ? dit Tania.

Elle avait rougi. Il eut scrupule de son insistance et voulut mentir :

— Je t'admire. Tu es si jolie...

À ces mots, la figure de Tania devint hostile. Elle haussa les épaules.

— Non. Je suis affreuse, dit-elle. Je me suis vue dans la glace. Affreuse.

Elle soupira et se caressa la joue, le menton, avec le revers de la main. Michel saisit cette main et la porta à ses lèvres. Tania tressaillit.

— Ma chérie, dit-il. Je vais te faire du chagrin. Mais tu m'excuseras, je pense. Voici : je ne rentrerai pas déjeuner. Le secrétaire particulier du ministre des Voies et Communications est à Moscou. Il tient essentiellement à me voir et...

Tandis que Michel parlait, Tania sentait se lever en elle une joie heureuse, violente. Elle répondit machinalement :

— Tu dis que tu ne rentreras pas déjeuner. Oh ! c'est dommage...

Déjà, mentalement, elle bouleversait son emploi du temps et accordait à Volodia quelques heures de plus, un déjeuner inespéré, des caresses supplémentaires. Depuis des semaines, elle organisait son existence entière autour de ces rendez-vous clandestins. Elle leur sacrifiait tout, follement, stupidement, négligeait ses enfants, sa maison, ses amis. Une seule idée la possédait : le voir le plus souvent, le plus longtemps possible, comme si, bientôt, elle n'en aurait plus le droit ni le loisir.

— Eh bien, dit-elle, ne viens pas. Je me passerai de ta présence.

Ses paroles, sa voix étaient naturelles. Elle disait, elle faisait, ce qu'il fallait dire et faire, sans que son esprit participât le moins du monde au débat.

— Je serai rentré vers six heures, dit Michel.

— Je t'attendrai, dit-elle.

Il se leva, déposa un baiser sur le front de Tania, ramassa les journaux, s'attarda encore un instant dans la pièce. Elle s'impatientait. Enfin, il s'en alla. L'auto démarra dans un vrombissement sensationnel. Allégée, palpitante, Tania se précipita vers le téléphone et demanda le numéro de Volodia :

— Oui, mademoiselle, le dix-sept-quatorze. Quatorze... Oh ! elle ne comprend rien, quatorze...

Son cœur battait. Lorsqu'elle entendit la voix de Volodia, elle défaillit de douceur. Heureusement, il était libre pour le déjeuner. Il congédierait ses domestiques.

Tania retroussa le pan de son peignoir et courut vers sa chambre à petits pas chancelants. La soubrette était là qui attendait ses ordres.

— La robe gris et mauve avec la ceinture d'argent.

La nounou et la gouvernante frappaient à la porte. Elles venaient présenter les enfants avant la promenade. Tania embrassa Serge et Boris avec emportement, joua un instant avec eux, puis, subitement, les repoussa :

— Allez, allez, je suis pressée...

Lorsqu'ils furent partis, elle regretta son geste et se promit de leur rapporter des jouets.

— Madame ordonne-t-elle d'atteler la calèche ? demanda la femme de chambre.

— Non, je prendrai un fiacre, dit-elle. Ou plutôt je marcherai à pied. Il fait si beau !

Elle était saisie de vertige. Depuis deux mois, toutes les valeurs de son univers intime fléchissaient une à une. La fidélité, la dignité, l'affection étaient des notions dépassées. Le mal et le bien se confondaient sans dommage. Quand elle s'efforçait de résumer les mérites de Volodia, elle était surprise par l'inutilité même de sa recherche. Il n'avait pas de qualités solides et distinctes comme Michel. Et on ne pouvait pas cerner et définir son caractère par la pensée. Tout en lui était trouble, évanescent, dangereux. Tantôt bon et sincère, tantôt faux, couard et hargneux, tantôt passionné, tantôt frigide, tantôt joyeux et tantôt triste, il défiait les classifications. Mais son instabilité même faisait son charme. Il émanait de lui une chaleur où Tania se trouvait à l'aise. Sa seule présence créait autour des êtres une température favorable à leur éclosion. Ce matin même, en se hâtant vers le rendez-vous, elle percevait ce glissement d'un monde à l'autre, d'un ordre à l'autre. À mesure que le fiacre s'éloignait de sa propre maison, elle se devinait libérée de l'exactitude, de l'habitude et de l'ennui. Elle abandonnait derrière elle quelque chose d'ancien, de traditionnel, de figé et de lourd à mouvoir, et se laissait enrichir par la promesse d'être heureuse d'une façon impertinente et coupable. À intervalles égaux, de petites phrases banales coupaient le courant de sa méditation. « Je ne devrais pas. C'est mal. J'ai un mari. Des enfants. » Mais cette honte n'était pas désagréable. Et, très vite, elle ne songeait plus qu'à son impatience. Le chemin était long. Les chevaux étaient lents. Tout ce temps perdu ! Et lui qui attendait !

Il la reçut dans ses bras, comme si elle eût échappé à un grand péril. Elle dut répondre à ses premières questions. Oui, elle était descendue du fiacre à cinquante pas de la maison. Non, personne ne l'avait remarquée et Michel ne se doutait de rien. Il respira profondément et se passa la main dans les cheveux.

— J'ai toujours peur, dit-il. Peur pour toi, pour

nous... Puis il secoua la tête et sourit tristement dans le vide. Tania, debout dans l'entrée, se débarrassait de son chapeau et de sa courte cape de soie. Elle pénétra enfin dans le petit salon aux volets clos à cause de la chaleur. Derrière cette porte, au fond, était la chambre.

— Tes domestiques sont sortis ? demanda-t-elle.

— Oui.

Il lui désigna un fauteuil :

— Assieds-toi.

— Pour quoi faire ?

D'habitude, ils ne s'attardaient guère au salon. Volodia parut gêné par l'interrogation de Tania, et elle l'entendit qui avalait une gorgée de salive. Elle le devinait inquiet, vulnérable. Dans les pénombres de la pièce, elle chercha son visage et découvrit un profil régulier, gris poussière, et un grand œil fixe, rêveur.

— Quoi ? Qu'y a-t-il encore ? demanda-t-elle.

Il lui prit la main, mais d'une manière amicale, légère. Elle fut déçue de le sentir distrait, sans désir et sans hâte.

— Tu sembles fatigué, dit-elle.

— Oh ! non, dit-il. Si tu savais... J'ai appris des choses...

Elle eut peur :

— Sur moi ?

— Non. Juste avant ton arrivée, j'ai eu la visite d'un ami, un journaliste... Il m'a dit... Les feuilles du matin n'en parlent pas encore... Il n'y en a que pour Poincaré et les grèves... Mais, ce soir, ce sera officiel... L'Autriche a adressé un ultimatum à la Serbie...

Tania tombait de haut. Désenchantée, refroidie, elle murmura :

— Et alors ?

Il s'anima soudain. Ses yeux brillaient. Ses lèvres remuaient vite :

— Alors ? Tu ne comprends pas ? L'Autriche veut la guerre. On ne connaît pas les termes de l'ultimatum, mais il est, paraît-il, très sévère, et le délai de réponse expire dans quarante-huit heures. Ajoute à cela que

Poincaré et Viviani sont en voyage. Le Kaiser est sur mer et ne sait pas donner des conseils de modération à François-Joseph. Les grèves russes battent leur plein. Les émeutes en Irlande retiennent toute la vigilance de l'Angleterre. Ah! les Autrichiens ont bien choisi leur moment. Ils espèrent envahir la Serbie avant que les grandes puissances se soient concertées. Le fait accompli, en somme. S'ils réussissent, nous n'aurons pas de guerre. S'ils tardent, les alliances joueront...

Il esquissa de la main un geste large et mou.

— C'est terrible...

Mais Tania ne pouvait pas s'intéresser à ce désarroi vulgaire. Occupée de son seul amour, elle niait tout ce qui n'était pas lui. Cette danse d'ombres, ces menaces, ces cris ne la concernaient plus. Elle était fâchée que Volodia manquât de sérieux au point de se détourner d'elle pour lire les journaux et redouter la mort. Il lui semblait qu'en participant à la crainte du monde il la frustrait d'une attention qu'elle méritait sans partage. Elle fit la moue :

— Oh! la la! Que d'histoires, mon cher!

— Je ne suis pas le seul à m'inquiéter, dit Volodia.

— Je suis bien sûre que si. Michel, ce matin, était plus calme.

— Parce qu'il ne savait rien encore.

— Ou parce qu'il en savait plus que toi. Tout finira par s'arranger.

— On ne disait pas autre chose à la veille de la guerre contre le Japon..., murmura Volodia.

— Peut-être, dit Tania. Mais, maintenant, la Russie a fait son expérience. Elle n'ignore plus ce que ça coûte, une guerre. Elle ne recommencera pas.

Volodia balança la tête avec obstination. Tania reconnut qu'elle n'avait pas su le convaincre. Pourtant, elle était certaine de ne pas se tromper. Comment lui expliquer, à ce garçon pessimiste et buté, que trop de bonheur était en train de mûrir et d'éclore sur terre, pour que la décision de quelques fous risquât de menacer la paix?

— Mon intuition ne me trompe jamais, dit-elle avec force. La guerre est impossible, parce que je ne la sens pas.

À ces mots, Volodia eut un sourire forcé et soupira :

— Tu as raison... N'en parlons plus... N'y pensons plus...

Mais elle savait qu'il feignait l'insouciance pour lui complaire. Il s'assit à ses pieds, comme d'habitude, coucha le front sur ses genoux. Il faisait tous ces gestes avec application. Pourtant, son esprit était ailleurs. Furieusement, Tania se pencha sur lui et lui baisa la bouche. Par ce baiser, elle espérait le délivrer de sa hantise, le ramener à elle et au plaisir. Déjà, il cédait de tout son corps à cet appel animal. Étourdi par un brusque désir, il oubliait l'Europe, les journaux, ses propres paroles. Il palpait avec des mains impatientes ces épaules, ces hanches qu'il avait d'abord dédaignées. Elle l'entendit gémir un peu sous un excès de joie, et fut fière de cette plainte, comme si elle eût triomphé d'une rivale.

— Viens, dit-il, avec un accent humble et insistant, qui la pénétra jusqu'au cœur.

Il se leva le premier. Elle se dressa à son tour.

Dans l'ombre chaude, les roses sentaient fort. Un rayon de soleil, filtrant à travers les volets, allumait un sentier de feux bleus et rouges sur le tapis du salon. Des étoiles de diamant scintillaient dans les pendeloques du lustre. Volodia prit Tania par la main et l'attira doucement, pas à pas, vers la porte qui conduisait à sa chambre. Elle se laissait faire, obsédée par la chanson du sang dans ses oreilles. En passant dans le rayon de soleil, elle cligna des paupières. Et, à ce moment, des cris éclatèrent dans la rue. Des vendeurs de journaux aboyaient les titres de leurs feuilles. En un clin d'œil, Volodia bondit vers la fenêtre, tira les rideaux, poussa les volets et se pencha sur le vide. Éblouie, les bras ballants, la tête creuse, Tania regardait cet homme qui l'avait fuie et lui tournait le dos maintenant, attentif aux rumeurs de la ville. Des larmes de rage lui gonflaient la face. Elle se mordait les lèvres. En contrebas, des voix étrangères se répondaient d'un trottoir à l'autre :

— *Départ de l'escadre française... Déclaration de Poincaré...*

Volodia quitta la fenêtre, les épaules basses. Il paraissait fatigué, vieilli, dans la lumière brutale du jour. Ses joues étaient râpeuses, piquées de mille petits poils brillants. Des rides sèches et minces entouraient ses paupières.

— Ils ne savent rien encore, dit-il, ou peut-être n'osent-ils pas le publier.

Il se tut, conscient d'avoir offensé Tania, et coula vers elle un regard consterné. Elle ne bronchait pas, sculptée dans le soleil, dure et droite. La lumière débordait ses yeux, élargissait, éparpillait le bleu de ses prunelles. Sa bouche s'entrouvrait sur de petites dents blanches et épaisses.

— Excuse-moi, dit-il. Il ne faut pas m'en vouloir.

Elle lui sourit, d'une façon intolérante.

— Mais je ne t'en veux pas, dit-elle.

Après cette soudaine rupture, il ne se sentait plus l'envie de reprendre le jeu. Dégrisé, perplexe, il demeurait debout devant la porte. Il s'irritait contre Tania qui ne comprenait rien au danger, et contre lui-même dont la moindre alerte suffisait à troubler les dispositions amoureuses. Enfin, il ferma les volets, tira les rideaux. Dans l'ombre, il devint plus calme.

— Je suis absurde, dit-il.

— C'est bien mon avis, dit Tania.

Elle se tenait encore sur la défensive. Il se rapprocha d'elle, honteusement :

— Oublie tout cela. Cette idée me hante, parce que je t'aime... Parce que je t'aime, uniquement... Ah ! si je ne t'aimais pas, la guerre ou la paix, tout me serait égal... Mais voilà... Que deviendrons-nous si la guerre éclate ?...

— Tu n'es pas mobilisable, d'après ce que tu m'as expliqué, dit-elle avec indifférence.

— Non. Du moins, pas immédiatement. Après, on ne sait pas. Une guerre moderne exige beaucoup d'hommes...

Une peur atroce envahit le cœur de Tania. Brusquement, elle regretta son insouciance. Elle imagina Volodia mobilisé, expédié vers des terres lointaines, blessé, tué. Ce fut un éclair.

— Non, dit-elle violemment. Tu ne bougeras pas. Et Michel non plus...

Elle avait parlé de Michel avec simplicité. Mais elle s'arrêta aussitôt, gênée par tout ce que ce nom évoquait en elle. Involontairement, elle associait Michel à leur destinée. Elle ne concevait pas que leur bonheur pût se décider loin de lui. Et, cependant, elle lui était infidèle. Qui comprendrait qu'elle aimât ces deux hommes de façon différente et chacun selon ses mérites ? Son affection pour Michel n'était diminuée en rien par la passion que lui inspirait Volodia. Ils appartenaient à deux mondes distincts. Et ils n'avaient pas à être jaloux l'un de l'autre.

— Michel non plus ne sera pas mobilisé, reprit-elle. Tout sera comme avant... Tout... Tout... Qu'est-ce que cela fait si les autres meurent ?...

Volodia baissa les paupières.

— Michel, dit-il tristement. Tu te préoccupes de Michel ?

La sonnerie du téléphone retentit. Il se dirigea vers l'appareil, décrocha l'écouteur et sa figure exprima un embarras comique.

— Allô... Oui, c'est moi... Bonjour...

Au ton de Volodia, à son attitude, Tania devina que Michel était à l'autre bout du fil.

— En effet, disait Volodia, je n'ai pas pu venir au bureau... Une affaire personnelle... Non, je ne veux rien préciser...

Il eut un rire faux, servile, qui déplut à Tania. Elle songea que Michel se couvrait de ridicule en téléphonant à l'instant même où son ami et sa femme s'apprêtaient à coucher ensemble. Elle eut mal pour lui. Elle le plaignit et le détesta d'être si crédule. En même temps, l'aplomb de Volodia lui parut insupportable. Remis de son émoi, il affectait la désinvolture. Inconsciemment, elle prit contre lui, contre elle-même, le parti de Michel.

— Non. Je ne suis pas seul, disait Volodia. Surtout ne passe pas, tu nous dérangerais... Ah ? Tu as su ?... Les journaux ne disent rien encore ?... C'est terrible !... Et ce délai de quarante-huit heures !... Ils l'ont fait exprès !... Ce soir ?...

Il se tourna vers Tania et murmura très vite :

— Il m'invite à dîner, ce soir. Les Jeltoff seront là et le représentant du ministre des Voies et Communications...

— Non, dit Tania avec une colère soudaine. Je ne veux pas.

Docile, Volodia revint à l'appareil :

— Impossible ce soir, mon cher... Mais un autre jour... Voyons... Après-demain, 13 juillet ?... D'accord... Je marque le 13 juillet...

Sa voix était égale, nette, bien timbrée. Mais, tandis qu'il parlait, Tania sentait naître, au niveau de son estomac, un malaise étrange, presque physique, une répulsion qui lui était inconnue. Cette conversation au téléphone, entre son mari et son amant, lui soulevait le cœur.

— Au revoir, Michel, dit Volodia. Je te verrai en fin d'après-midi. Nous discuterons des événements...

Il reposa l'appareil et s'essuya le front avec un mouchoir de batiste. Tania le considérait avec des yeux écarquillés par l'attention. Et, à le voir là, devant elle, sa propre déchéance lui semblait si proche, si vraie, qu'elle n'osait plus prononcer un mot. Pour la première fois depuis des semaines, elle se découvrait seule, abîmée, déshonorée et lasse, tout à coup. Elle frissonna, comme si quelque chose de gluant eût effleuré sa main. Le silence se prolongeait. Tania et Volodia demeuraient immobiles, unis par le même scrupule. Volodia respirait à longs intervalles. Il était bouleversé. Puis, soudain, comme pour écraser leurs remords à tous deux, comme pour tuer entre eux une présence, il se précipita vers elle et la serra dans ses bras. Brisée, étouffée, elle se débattait à peine.

— Nous sommes des cochons, des cochons ! geignait-il. Mais nous n'y pouvons rien. Le crime est commis. Il faut en profiter. Surtout, ne pas penser, tu comprends ? Comme des ivrognes...

Tout en parlant, il la bousculait, la poussait vers la chambre.

— Qu'arrivera-t-il encore ? dit-elle dans un souffle. Quelle fin devons-nous espérer ?

— Je te défends de réfléchir à cela ! cria-t-il. Laisse passer les jours. Jouis de l'occasion.

De grosses gouttes de sueur tremblaient à son menton. La peau de son visage était pâle, verdâtre. Il avait un regard de fou. Elle eut peur de ce masque qu'elle ne connaissait pas. Lorsqu'il essaya de dégrafer sa robe, elle protesta faiblement :

— Non... plus tard...

Mais il ne l'écoutait pas. Il s'acharnait sur elle, la pressait, la déshabillait, l'embrassait avec une voracité maladroite. Enfin, il la jeta sur le lit et resta debout, la tête basse, l'œil hébété, comme un assassin devant sa victime.

— Tu vois, dit-il, par instants, je me demande si la guerre ne serait pas une bonne chose. Un cataclysme. On est entraîné dedans. Et tout est résolu, sans qu'il y ait besoin d'intervenir. Ah ! que tout finisse, que tout finisse !...

Il hoquetait, il bredouillait lamentablement. Des larmes roulaient sur sa figure. Tania tendit les bras, l'attira vers elle, lourd et vaincu. Maintenant, elle berçait ce grand corps échoué contre son flanc. Un orgueil trouble l'animait. Auprès de cet homme abattu, elle se sentait appelée à panser les plaies, à chasser les rêves. Elle n'avait plus le droit de souffrir, puisqu'il souffrait, lui aussi. D'une main maternelle, elle recoiffa ce front renversé. Elle dit :

— Allons, il ne faut plus te tourmenter... La guerre n'est pas pour nous... Il n'y aura pas la guerre...

Les yeux à demi clos, les lèvres desserrées, il grogna :

— Je me fiche de tout... de tout... Demain n'existe pas... n'existera jamais... Je t'aime... Le reste importe peu...

— Moi aussi, je t'aime, Volodia, dit-elle. Et je voudrais bien ne plus t'aimer.

Ils déjeunèrent à deux heures. À quatre heures, Volodia sortit pour acheter d'autres journaux. Lorsqu'il revint, il trouva Tania rhabillée, recoiffée. Elle voulait partir. Il la retint. Mais elle refusa de retourner dans la chambre. Elle se sentait horriblement fatiguée et tremblante. L'idée de revoir Michel, pendant le dîner, l'empêchait d'être heureuse. Avec une obstination maniaque, elle imaginait son visage trop bon, sa voix trop douce. Elle s'en alla enfin, dans les rues chaudes et poudreuses, où flottait une odeur de briques pilées et de crottin.

À peine rentrée, elle se précipita dans la salle de bains, se dévêtit, se brossa les dents, se lava dans une eau tiède et parfumée, comme pour effacer de son corps les dernières traces de la faute. Après la toilette, elle reprit courage. Il lui semblait que, par la vertu de l'eau et du savon, elle réintégrait son premier rôle. Le souvenir de Volodia s'éloignait d'elle et la laissait en repos. Par instants, elle pouvait presque se croire innocente. Lorsque Michel vint lui rendre visite, elle l'accueillit sans le moindre embarras. Il l'interrogea sur l'emploi de sa journée, et elle répondit facilement, sautant d'un mensonge à l'autre, souriant et jouant des yeux. Pourtant, elle remarqua qu'il l'observait avec une insistance douloureuse. Jeltoff et sa femme, Eugénie Smirnoff, le secrétaire particulier du ministre, arrivèrent successivement et emplirent le salon de leurs bavardages. Dès le début du dîner, les messieurs parlèrent de l'ultimatum. Le secrétaire particulier du ministre pérorait en découpant une aile de poulet à petits gestes souples de chirurgien.

— Il faut que la Russie et la France demeurent sur leurs positions. L'Autriche cherche à nous en imposer. Montrons-lui que nous sommes plus forts qu'elle, et elle rengainera son sabre. D'ailleurs, cet ultimatum, dont nous ignorons encore les termes, est, paraît-il, interminable. Or, un ultimatum est un acte bref, cinglant : *fortiter in re, suaviter in modo*, et l'ultimatum autrichien est *suaviter in re, fortiter in modo*. Voilà pourquoi il ne s'agit que d'une manœuvre !

— En somme, dit Jeltoff, vous estimez que nous devons procéder par intimidation.

— Exactement, dit le secrétaire particulier.

— Mais l'intimidation risque d'exaspérer l'adversaire ! dit Jeltoff. Voyez-vous que l'Autriche et l'Allemagne aient réellement des intentions belliqueuses, et qu'au lieu de les laisser se servir sur la Serbie nous les provoquions, nous, à grands cris ?

— De toute façon, dit Michel, nous ne pouvons pas nous désintéresser du sort de la Serbie menacée par l'Autriche.

— Pourquoi ? dit Jeltoff. De la sorte, au moins, le conflit serait localisé. Une guerre de plus dans les Balkans, ce n'est pas un drame. C'est préférable à un conflit européen...

Le secrétaire particulier sourit d'un air sagace et méprisant :

— Si vous laissez l'Autriche envahir la Serbie, vous exciterez les appétits des vainqueurs. Ils se croiront tout permis, dans une Europe déficiente. Ils se jetteront à droite, à gauche...

— Je me demande, dit Eugénie Smirnoff, comment le chef d'un gouvernement peut être assez inhumain, assez cruel, pour déclarer la guerre et envoyer des milliers d'hommes à la mort.

— Il arrive souvent, dit Michel, que le chef du gouvernement condamne la guerre, en principe, mais soit obligé de mobiliser ses concitoyens pour défendre les richesses naturelles et économiques du pays. Le chef du gouvernement ne doit pas penser en père de famille, mais en homme politique...

Tania se taisait et observait ses convives.

— Vous ne dites rien, Tatiana Constantinovna, murmura Mme Jeltoff. Ces questions ne vous intéressent pas ?

Tania tressaillit, comme si elle se fût réveillée au bord d'un gouffre.

— Non, dit-elle. Je... je ne crois pas à la guerre...

Il lui sembla que tous ses invités la considéraient avec étonnement. Elle détesta toutes ces têtes coloriées qui oscillaient autour de la table. L'absence de Volodia lui était pénible. Lui seul pouvait la comprendre et la consoler d'un regard.

— Si on donnait la parole aux peuples, il y aurait moins de guerres, dit Jeltoff. Ce sont les dirigeants qui veulent la guerre, pour devenir des personnages historiques. On connaît ça ! Croyez-vous que l'homme de la rue souhaite en découdre ? À Saint-Pétersbourg, il ne pense qu'aux grèves, en Angleterre qu'aux sports, en Allemagne qu'à la bière, à Paris qu'au procès Caillaux, et il a bien raison.

— Ce procès Caillaux, susurra Eugénie Smirnoff, quel scandale. Une femme qui tue par amour pour son mari ! Moi, je l'admire...

— Il n'en demeure pas moins, dit Michel, que la publicité accordée à cette sale histoire d'amour et de politique me révolte. En des heures aussi graves que celle-ci, l'unique préoccupation de chacun devrait être l'avenir de la patrie...

Tania crut remarquer que Michel ne la quittait pas des yeux en prononçant ces paroles. Elle se sentit pâlir. Son cœur était lourd. Elle aspira l'air en suffoquant. À la fin du repas, elle se leva de table et, tandis que les invités se réunissaient au salon, passa dans le couloir et s'appuya contre le mur pour reprendre haleine. Puis, à pas mesurés, elle se dirigea vers les chambres d'enfant. Elle poussa une porte. La veilleuse éclairait la tête de Serge. Sa respiration était égale. Il souriait en rêve. Dans la pièce voisine dormaient Boris et la nounou. Elle n'osa pas entrer et se retira sur la pointe des pieds, comme une voleuse.

Lorsqu'elle reparut au salon, Eugénie Smirnoff la prit par le bras et l'attira dans l'encoignure d'une fenêtre.

— Vous êtes si pâle, ma chérie ! disait Eugénie. Je vous sens si anxieuse ! Moi aussi, les événements me bouleversent. Et cette chaleur...

— Oui, ce sont les événements, la chaleur, dit Tania.

Les invités ne se dispersèrent qu'à deux heures du matin. Tania était rompue de fatigue. Dans la chambre à coucher, Michel parlait toujours, citait des noms d'hommes politiques et de journalistes. Soudain, il s'arrêta et dit d'une voix triste :

— Tu es si loin, Tania. Je parle et tu ne m'écoutes pas. Que se passe-t-il ?

Elle faillit éclater en sanglots. Tout à coup, elle souhaitait que Michel la prît dans ses bras pour la protéger. Elle voulait qu'il fût plus fort, plus beau que Volodia, qu'il inventât des mots irrésistibles, qu'il se fît aimer, qu'il la délivrât de son obsession. Comme s'il eût compris sa pensée, il lui saisit les mains et l'attira doucement contre sa poitrine. Depuis sa liaison, elle multipliait les prétextes pour se refuser à lui. Cette nuit-là, ce fut elle qui mendia ses caresses. Mais elle les subit avec horreur, les paupières closes, la chair froide.

Lorsque Michel se fut endormi, elle demeura longtemps assise dans le noir. Elle ne doutait plus maintenant que Volodia seul fût capable de la contenter. L'habitude du plaisir avait suscité en elle un appétit nouveau. Le sang bourdonnait dans ses veines. Sa langue était sèche. Elle s'excusait en songeant qu'elle ne pouvait rien contre cette passion dévorante. Cependant, elle plaignait Michel et voulait se déchirer le corps. Une rêverie vague la prit. Elle s'assoupit enfin, malheureuse, excédée. Un peu plus tard, elle s'éveilla en sursaut. Elle avait fait un cauchemar : Michel reposait, mort, à ses côtés. D'une main tremblante, elle effleura la poitrine de son mari. Non, la peau était tiède et le cœur battait bien. Elle poussa un soupir de soulagement et se signa, les yeux grands ouverts sur la fenêtre où naissait le jour.

17

Le 13 juillet[1], à l'aube, Volodia s'éveilla d'une secousse et resta un long moment, assis dans ses oreillers, la tête lourde, les yeux éblouis par la lumière du matin. Il se sentait anxieux et brisé. Hier, Tania s'était décommandée, à la dernière minute, par téléphone. Elle se disait trop fatiguée pour venir. Sa voix était à peine perceptible. Volodia avait même cru comprendre qu'elle pleurait. Abandonné par Tania, et n'ayant plus rien à faire de la journée, il s'était amusé à courir les rues et les salles de rédaction. De cette poursuite effrénée, il ne conservait plus qu'un souvenir anodin. Des visages désolés se bousculaient dans sa mémoire. Il revoyait aussi des couloirs poussiéreux, des gazettes molles, tachées d'encre, les feuilles longues des dépêches Havas. La situation internationale s'aggravait d'heure en heure. La veille, un Conseil de la Couronne s'était tenu à Krasnoïé-Sélo sous la présidence du tsar. À l'issue de cette réunion, la presse avait publié un communiqué aux termes vagues et menaçants.

Entre-temps, on avait appris que le comte Pourtalès, ambassadeur d'Allemagne à Moscou, s'était présenté au pont aux Chantres pour déclarer que son gouvernement n'admettrait aucune intervention d'une tierce puissance dans le conflit austro-serbe. À la suite de cette visite, le ministre des Affaires étrangères, Sazonoff,

1. 26 juillet, selon le calendrier grégorien.

avait eu un entretien avec le ministre de Serbie, auquel il avait recommandé la plus grande modération. Les journaux d'hier, que Volodia avait encore sur sa table de nuit, étaient bourrés de nouvelles alarmantes. Des informations officieuses laissaient entendre que l'Allemagne rappelait des membres de l'état-major en villégiature en Suisse, en Norvège, au Tyrol, que certaines garnisons étaient consignées, qu'en Autriche les décrets de mobilisation seraient promulgués dans quelques heures. Plusieurs correspondants de presse citaient un article de la *Vossische Zeitung*, qui félicitait l'Autriche pour la noble franchise de sa politique extérieure, et un autre du *Berliner Lokal Anzeiger*, où il était dit textuellement : *Le peuple allemand pousse un soupir de soulagement. Il salue la décision de l'allié autrichien et lui prouvera très bientôt sa fidélité.* Mais, bien que le délai de l'ultimatum eût expiré le 12 juillet à six heures du soir, aucune précision n'était encore parvenue de Belgrade, ni de Vienne, au sujet de la réponse serbe. En admettant même quelque retard dans la transmission des dépêches, les journaux de ce matin devaient être renseignés. D'un bond, Volodia sauta du lit et courut dans la salle à manger. Les journaux étaient sur la table : *Les Nouvelles russes*, *Les Nouvelles moscovites*, *Le Feuillet moscovite*. Il déplia nerveusement la première gazette venue et lut : *Rupture diplomatique entre l'Autriche et la Serbie. Malgré le caractère conciliant de la note serbe qui lui fut remise hier à cinq heures quarante-cinq, l'ambassadeur d'Autriche, baron von Giesl, s'est déclaré insatisfait et a quitté Belgrade avec tout le personnel de la légation.*

Volodia se passa une main sur le front, comme pour chasser les derniers rêves de la nuit. Une appréhension mortelle écrasait son cœur. Ses jambes étaient faibles. L'ensemble de la situation se présentait nettement à son esprit. D'un côté, l'Allemagne et l'Autriche, armées jusqu'aux dents. De l'autre, les pays pacifistes, des ambassadeurs, des ministres, des secrétaires... Il frémit, regarda sa montre et regretta d'avoir dormi si longtemps. Sans prendre la peine d'avaler son petit déjeuner, il se leva, s'habilla en hâte et descendit dans la rue.

Les passants avaient des mines soucieuses, tendues. Des groupes d'hommes en blouse assiégeaient un vendeur de journaux. D'autres écoutaient un étudiant qui leur lisait à haute voix les informations de la matinée. Près du couvent de la Passion, un monsieur, vêtu d'un veston noir et coiffé d'un chapeau melon, escalada une borne et entonna *La Marseillaise*. Un cireur de bottes cligna de l'œil à Volodia et dit :

— Ça devient mauvais ! Mais il faut quand même penser aux chaussures.

Cette phrase, Volodia se la répétait en piétinant parmi la foule. Son esprit fatigué y découvrait un sens profond, une philosophie saine et juste. Quoi qu'il arrivât, chacun devait exercer son métier, sa passion. Le souvenir de Tania le frappa en plein cœur et l'emplit de délices. L'idée de la revoir ce soir, fût-ce chez elle, fût-ce en présence de son mari, lui était d'un grand réconfort. Et, cependant, il y avait tant d'amertume et tant de désespoir dans leur amour ! Ce n'était pas assez dire qu'une volonté étrangère les avait réunis. Créés l'un pour l'autre, ils n'avaient plus la force de se séparer. Ils étaient condamnés à une sorte de volupté funèbre. Seule la mort pouvait, semblait-il, délier le sortilège. La mort de qui ? De Tania, de Michel, de lui-même ?

De nouveau, la pensée de la guerre le recouvrit comme une vague de fond. Il oscilla un instant entre son angoisse particulière et l'angoisse unanime. Il lutta contre le monde entier, pour demeurer le plus longtemps possible Volodia Bourine, l'amant de Tania, l'ami de Michel, un homme seul, un homme libre. Mais, peu à peu, les visages des passants entrèrent en lui et s'emparèrent de son âme. Il se hâta comme eux vers un but louche et terrible. Il acheta les gazettes qu'il avait déjà lues. Il grimpa l'escalier tortueux d'un journal dont il connaissait le directeur, pénétra dans la salle de rédaction. Des hommes en bras de chemise écrivaient sur des coins de table. Le téléphone sonnait sans arrêt. L'air était gorgé d'une fumée bleuâtre, qu'un ventilateur rachitique brassait à lents coups de palettes. Volodia serra quelques mains au hasard. Malinoff, qu'il n'avait pas remarqué d'abord, le saisit par les épaules et l'entraîna vers le fond de la pièce. Son front était livide. Sa petite barbe blonde pendait tristement.

— Alors ? Vous avez lu ? demanda-t-il.

— C'est la guerre à brève échéance, dit Volodia.

— Non ! Non ! s'écria Malinoff. Nous conservons quelques chances encore. Les efforts de médiation anglaise aboutiront peut-être. Sinon, il reste une possibilité de localiser le conflit. La Russie consentira sans doute à baisser pavillon devant l'Autriche et l'Allemagne. Si nos gouvernants voulaient être moins fiers...

— Oui, mais comment leur faire comprendre ?

— Les socialistes s'en chargeront, dit Malinoff avec emphase. Dans tous les pays, ils préparent des grèves générales pour répondre à la mobilisation. À Londres, les anarchistes annoncent un congrès sous huitaine. À Paris, *L'Humanité* appelle ses fidèles à la guerre contre la guerre. Les journaux d'opposition allemands et autrichiens condamnent l'ultimatum et exigent des négociations pacifiques. Chez nous, les meetings se multiplient. Aujourd'hui encore, on m'en signale sept à Moscou. Les ouvriers des usines Prokhoroff, des usines Jeltoff... Vous connaissez mes opinions. J'admire ces hommes qui placent l'amour du prochain plus haut que l'amour de la patrie.

— Je les admire aussi, dit Volodia. Tout plutôt que la guerre, voilà ma devise. Si les socialistes peuvent empêcher la guerre, ils auront bien mérité du pays. Ils devront prendre le pouvoir...

— Oui, oui, dit Malinoff. Quelle affaire ! Figurez-vous que j'ai ma pièce en répétition à La Sauterelle. Un petit acte du genre populaire. Si la guerre intervenait... Ah ! je n'ai jamais eu de chance !

— Moi non plus, dit Volodia.

Il s'épongea le front. Contre toute raison, il lui

semblait qu'il allait souffrir plus que les autres de ces perturbations politiques. Si, dans un monde solide, paisible, familier, sa passion pour Tania était déjà menacée, que serait-ce en pleine guerre, en plein chaos ? Volodia ne savait pas vivre dans le désordre. Il fallait, pour qu'il fût heureux, qu'une société bien organisée encadrât sa personne, que des administrations secourables le déchargeassent de tout souci matériel, que le mécanisme de la Russie fonctionnât régulièrement, sans à-coups, sans surprises. Pour cela, il était prêt à payer des impôts, des taxes, et à fermer les yeux sur quelques injustices. Mais voici qu'on voulait le détourner de lui-même et le lancer dans l'aventure de tous. C'était irritant et grotesque. C'était anachronique. Il avait envie de protester en son nom : « Ils n'ont pas le droit de me faire ça, à moi ! »

Malinoff l'avait quitté pour répondre à un coup de téléphone. Il revint en brandissant son calepin :

— On me confirme la réunion des ouvriers de Jeltoff pour cet après-midi. Elle aura lieu dans la salle des fêtes de l'usine. Je m'étais promis d'y aller, seulement, je ne veux pas manquer ma répétition : Thadée Kitine est très susceptible, et, d'ailleurs, je ne suis pas tranquille quand on travaille mes textes loin de moi. Mais vous, cher ami, qui n'avez rien à faire de la journée, vous devriez vous rendre à ce meeting. Et puis, vous passeriez à La Sauterelle pour nous renseigner.

— Avec plaisir, dit Volodia.

Malinoff lui serra la main d'une manière vigoureuse et émue.

— Vous êtes un véritable ami de la paix, dit-il. À propos, savez-vous que je rencontre quotidiennement, au théâtre, un personnage qui prétend fort bien vous connaître ?

— Qui ?

— Un provincial récemment arrivé d'Ekaterinodar, Kisiakoff. Il a versé de l'argent dans l'affaire et courtise de près notre vedette, Liouba Diaz. Quel genre d'homme est-ce ?

— Je n'en sais rien, dit Volodia avec brusquerie.

— En tout cas, reprit Malinoff, il m'intrigue. Tout l'intéresse, il fourre son nez partout, tripote tout, critique tout... Et ses réflexions sont parfois si bizarres ! Il a l'air très bien renseigné. Ne serait-il pas dans la police, ou dans la diplomatie secrète, ou... ?

Volodia éclata de rire, Malinoff rit aussi, en se peignant la barbiche. Puis il soupira :

— Ah ! nous rions et, pendant ce temps-là, qu'est-ce qui se prépare ?

— Faisons confiance au peuple, dit Volodia.

Il se sentait pris, tout à coup, d'une sympathie tenace pour les braves ouvriers russes. Il était de tout cœur avec eux. Il ne comptait plus que sur eux pour le défendre. En sortant du bureau, il passa chez un marchand de fleurs, acheta un œillet rouge et le glissa ostensiblement dans la boutonnière de son veston.

La salle des fêtes de l'usine était vaste, poussiéreuse, délabrée. Sur les murs, jaune canari, se déroulait une frise où des masques antiques alternaient avec des flûtes enrubannées. Des bancs d'école, des caisses de bois blanc et des chaises dorées servaient de sièges à un auditoire nombreux. Il y avait là, parqués pêle-mêle dans une chaleur et une odeur puissantes, des ouvriers de l'usine Jeltoff, des étudiants, des journalistes, des marchands, et quelques soldats timides. Devant eux, se dressait une méchante estrade en planches. La toile de fond représentait des bocages bleuâtres, une fontaine rapiécée. Des pupitres de musiciens étaient entassés dans un coin, contre le piano droit. Au centre de la scène, on avait disposé une chaise de jardin et une table drapée d'étamine rouge. L'un après l'autre, les orateurs escaladaient les trois marches qui menaient au proscenium et s'adressaient au public, pour exalter les droits du peuple et flétrir les fauteurs de guerre.

Nicolas était assis au premier rang des spectateurs, entre Zagouliaïeff et Grünbaum. Sur l'insistance de ce dernier, il avait accepté de prendre la parole. Il attendait son tour. Et, tout en écoutant distraitement quelque tribun bavard, il songeait à l'étrange itinéraire qui, du terrorisme, l'avait ramené à l'action pacifique. Avait-il le droit, lui, le criminel politique, de s'élever contre le plus grand des crimes politiques, contre la guerre ? N'était-il pas condamné au silence par le sang qu'il avait versé ? Ne se trouvait-il pas mystérieusement complice de ceux qu'il prétendait combattre ? Plus il réfléchissait à cette question, et moins il se sentait coupable. Certes, il avait en commun avec les bellicistes un fort mépris de l'existence individuelle, une vue réaliste et cruelle des choses. Mais, s'il se jugeait capable d'abattre froidement un ennemi de la cause socialiste, tout son être se révoltait à la pensée que des milliers de soldats inconnus dussent être sacrifiés pour payer les erreurs des diplomates. Autant il était naturel de massacrer quelques fonctionnaires pour hâter la victoire du peuple, autant il était monstrueux de massacrer les peuples pour préparer la victoire de quelques fonctionnaires. Dans le premier cas, l'intérêt du plus grand nombre autorisait les actes les plus fous. Dans le second cas, l'intérêt du plus petit nombre ne suffisait pas à les justifier. Ainsi, bien qu'il fût partisan de la violence individuelle, Nicolas demeurait un ennemi de la violence collective. Il était prêt à risquer sa liberté, sa vie, pour arrêter, pour retarder la guerre. Il voulait bien mourir pour que d'autres vécussent en paix. Mais si, malgré ses efforts, malgré les efforts de tous, l'ennemi envahissait la Russie ? Que faire ? Les orateurs ne parlaient pas de cette éventualité tragique. Ils semblaient tous persuadés que des grèves et des émeutes, allumées d'un bout à l'autre de l'Europe, obligeraient les gouvernements à capituler devant le mécontentement général. Grünbaum avait une telle foi en l'Internationale qu'il applaudissait comme un forcené aux arguments les plus abstraits qu'on lui jetait du haut de la tribune. En ce moment même, tandis qu'un petit professeur étriqué s'égosillait et gesticulait sur l'estrade,

Grünbaum, les yeux plissés, la lèvre gourmande, paraissait goûter un plaisir intense. Il chuchota en se penchant vers Zagouliaïeff :

— Dans toute la Russie, le peuple entend cette même parole. Grâce à nous, il n'ignore pas qu'il est le plus fort et qu'il a droit à la vie...

Zagouliaïeff fit la moue :

— Ils sont si bêtes !...

— Camarades, disait l'orateur, l'impérialisme autrichien s'apprête à déchaîner une guerre injuste et inhumaine. L'ultimatum qu'il a adressé à la Serbie était rédigé en termes tels qu'un État indépendant ne pouvait pas l'accepter sans se démettre. Pourtant, la Serbie a souscrit à toutes les exigences de cet ultimatum. Elle a repoussé simplement la participation des fonctionnaires austro-hongrois à l'enquête judiciaire en Serbie ; encore a-t-elle proposé, si l'Autriche-Hongrie ne se jugeait pas satisfaite sur ce point, de déférer l'affaire à la Cour internationale de La Haye. Eh bien ! malgré cette humilité incroyable, l'ambassadeur d'Autriche, obéissant aux instructions de son gouvernement, a déclaré la réponse insuffisante et s'est retiré avec toute la légation. Voilà les faits, mais pour bien les comprendre, il nous faut remonter à la première crise balkanique de 1908.

— C'est stupide, murmura Nicolas. Nos hommes ne peuvent pas entendre ce langage...

L'orateur poursuivit son exposé en rappelant l'historique des relations austro-russes depuis l'annexion de la Bosnie-Herzégovine. Fréquemment, il rajustait son lorgnon et consultait des notes manuscrites. Il parlait du traité de Berlin, de la révolution jeune-turque, d'Æhrenthal et d'Isvolsky. La salle l'écoutait avec un ennui patient. Elle se réveilla lorsque le professeur, en guise de péroraison, clama des formules fameuses :

— Donc, camarades, les exploiteurs du peuple doivent payer leurs erreurs... Notre sang est à nous... L'Internationale se dressera contre les profiteurs...

Des voix discordantes lui répondirent :

— Oui ! Oui ! Vive l'Internationale ! Vive le prolétariat ouvrier !

Il se retira sous des ovations polies et fut remplacé par un gros homme congestionné et sale, qui abattit son poing sur la table et se mit à crier :

— Nous ne voulons pas de la guerre. Les ministres, les banquiers, les marchands de canons ont besoin de nous pour faire la guerre. Ils la font avec notre chair. Refusons de nous laisser mobiliser, et la guerre sera impossible. Notre sort dépend de nous seuls. Nous sommes innombrables ! Nous sommes plus forts que la mort !

Une tempête d'applaudissements déferla aux pieds du militant. Il demeura un instant la bouche ouverte, puis reprit son discours avec véhémence. Et toujours son poing frappait la table à intervalles réguliers, comme un marteau-pilon :

— Est-ce que vous avez envie d'être des héros ? Oui, s'il s'agit de servir la cause du peuple. Non, s'il s'agit de servir la cause des capitalistes. Dans tous les pays, à l'heure qu'il est, les ouvriers se rassemblent pour protester contre la guerre. Avec eux, nous allons crier : « À bas la guerre ! »

Toute la salle, obéissante, gueula sourdement :

— À bas la guerre !

La température montait. Les visages sortaient de la léthargie. Des regards s'allumaient, çà et là, dans la masse amorphe des auditeurs. On sentait que des cerveaux commençaient à réfléchir, un peu partout. L'orateur éprouva cette brusque adhésion de la foule et, triomphalement, rejeta sa crinière.

— Camarades, montrez que vous êtes de vrais camarades. Instituez la grève. Croisez vos bras. Refusez de servir les mauvais maîtres...

Chacune de ces phrases était saluée par des cris de joie et des battements de mains. Le public était habitué à ce langage simple et fort. Il reconnaissait au passage les mots d'ordre dont on l'avait nourri depuis des années. Et comme il comprenait tout, il était content.

— Tout à l'heure, si vous le voulez bien, dit l'orateur, nous défilerons en ordre dans les rues de Moscou. Le spectacle de cette manifestation disciplinée et puissante fera réfléchir les pouvoirs publics. Et cela d'autant plus que nous ne serons pas seuls. À l'instant où je vous parle, des centaines d'autres orateurs, dans cette ville même, et dans d'autres villes, et dans d'autres pays, convient les prolétaires à la défense de leurs intérêts sacrés...

Jusqu'au terme du discours, la foule multiplia ses acclamations, ses coups de sifflet et ses rires. Nicolas sentait, dans son dos, cette cohue épaisse, vivante, agitée de mouvements divers. Il en percevait la fièvre et comme l'adhérence, à ses épaules, à sa nuque. L'orateur rugit enfin, avec une bouche énorme, édentée, qui supprima d'un coup tout le reste de la figure :

— Camarades, contre la guerre, contre la mort... Hourra !

Dans le public, des hommes se levaient, criaient, jetaient leurs casquettes. Un chant grave, hésitant, naquit au fond de la salle :

C'est la lutte finale...

Des voix nouvelles relayèrent les voix isolées. Les timides, l'un après l'autre, se dressaient, se joignaient au chœur. Bientôt, l'assistance entière fut debout. Nicolas, en se retournant, vit cette muraille opaque de torses et de faces, ce bloc de chair, uni par un seul chant. Après cette explosion d'enthousiasme, il doutait de pouvoir encore bénéficier de la moindre attention. Ces hommes étaient convaincus, comblés, fatigués. Pour eux, tout était dit. Ils n'aspiraient plus qu'à sortir dans la rue pour se dégourdir les jambes.

— À ton tour, Nicolas, dit Zagouliaïeff.

Il secoua la tête :

— Pour quoi faire ? Ils ne m'écouteront pas.

— Si, si, il faut, dit Grünbaum. Insistez sur la nécessité du défaitisme. Lancez des mots d'ordre...

À contrecœur, Nicolas gravit les trois marches de l'estrade et s'immobilisa derrière la table drapée d'étoffe rouge. Autour de lui, bourdonnaient encore les accents de *L'Internationale*. Les auditeurs se rasseyaient un à un. Des chaises craquaient. On entendait rire des femmes. Nicolas attendit un moment que se calmassent les derniers murmures. Devant cette mer de visages, il se sentait affreusement seul et désarmé. Il regarda, au premier rang, Zagouliaïeff, Grünbaum. Il vit encore un tout jeune homme, à la face pâle, nerveuse, dont une tache de vin marquait la joue gauche. Puis, une fille aux pommettes fortes, aux lèvres sensuelles retint son attention. Elle ressemblait à Dora. Plus loin, vibrait un brouillard rose, une vapeur de présence. Dans un brusque vertige, sa responsabilité lui apparut. Qu'allait-il leur dire ? Était-il sûr de posséder la vérité ? Pour abréger ses propres scrupules, il cria :

— Camarades...

Le timbre de sa voix l'étonna. Elle sonnait juste et touchait le fond de la salle.

— Camarades, je monte à cette tribune pour affirmer, à mon tour, la nécessité d'une grève générale. Songez à notre force. Sur un ordre de nos chefs, nous sommes capables, en quelques heures, de paralyser la vie du pays. Les usines arrêtées. Les chemins de fer bloqués. Plus d'eau, plus d'électricité, plus de téléphones, plus de télégrammes, plus de ravitaillement. La panique. Le silence. La mort. Et, contre cette désaffection gigantesque de tout un peuple, le gouvernement ne peut rien.

Des applaudissements serrés accueillirent ce préambule. Nicolas reprit sa respiration avant de poursuivre :

— Donc, logiquement, la seule menace d'une grève générale devrait suffire à éviter la guerre. Mais encore faudrait-il que le prolétariat de Russie ne fût pas le seul à protester. Il importe que les ouvriers d'Allemagne, d'Autriche, de France, de Serbie, d'Angleterre, d'Italie, se joignent à lui. Je m'empresse de dire qu'en Allemagne des manifestations pacifiques grandioses se préparent. Et en France aussi, et en Italie...

— Alors, de quoi te plains-tu ? cria quelqu'un.

Nicolas eut un haut-le-corps et chercha des yeux l'interrupteur. Il ne put le définir dans cette assemblée confuse. Mais, déjà, il sentait qu'un point d'appui lui manquait. Il en éprouvait comme une gêne physique. Il continua cependant d'une voix forte :

— Nous sommes tous d'accord sur l'urgence d'une grève générale pour empêcher la guerre. Mais il est un aspect du problème qui n'a pas été discuté au cours de cette réunion et sur lequel je veux qu'on s'entende. Si, par malheur, cette grève générale ne suffisait pas à éliminer tout risque de conflit ; si certaines fractions du prolétariat russe ne suivaient pas nos consignes ; ou, si le prolétariat des autres pays, au lieu d'imiter notre attitude défaitiste, trahissait l'Internationale et cédait aux séductions d'un patriotisme belliqueux... Avez-vous réfléchi à cette conjecture ? Les ouvriers russes ayant saboté la mobilisation, et les ouvriers autrichiens et allemands, bottés, casqués, armés, qui s'avancent vers nos frontières. Quelle serait notre réponse, si la guerre, malgré nos efforts, devenait inévitable ? Laisserions-nous envahir notre sol, brûler nos villes, ou décrocherions-nous le vieux fusil de 1812 pour nous défendre ?

Il s'arrêta un moment pour donner au public le temps de le juger. Son regard se posa sur le jeune homme à la joue souillée d'une tache violette. Les bras croisés, le menton appuyé sur la poitrine, cet inconnu paraissait réfléchir. Non loin de lui, la femme aux lèvres épaisses souriait avec mépris. Grünbaum et Zagouliaïeff chuchotaient et se passaient des papiers. Et les autres, tous les autres, se rétractaient dans un silence hostile. Nicolas sentit qu'il n'y avait pas de contact entre lui et la salle. Sans doute avait-il eu tort d'exiger de ces gens rudes une pensée à laquelle on ne les avait pas préparés ? Il leur fallait de vieux clichés familiers, des mots d'ordre, des coups de gueule, des refrains. Et voici qu'il les conviait à la méditation. Il répéta sa question sous une autre forme :

— Camarades, j'attends une réponse. Résisterionsnous à l'invasion, si nos démonstrations pacifistes se révélaient inutiles ?

La surface humaine absorba ses paroles avec indifférence. Il dit encore :

— Croyez-vous qu'on ne puisse être à la fois révolutionnaire et patriote ?

Un ricanement discret se fit entendre.

— Pour ma part, reprit Nicolas, j'affirme bien haut que notre devoir est de protester contre la guerre par la grève générale. Mais, si cette protestation ne suffit pas, si nos frontières sont envahies, alors, oubliant nos discordes...

— À bas la guerre !

Une voix de gamin avait lancé ce cri. Aussitôt, on applaudit vigoureusement. Nicolas regarda Grünbaum. Il haussait les épaules. Sûrement, il trouvait que Nicolas avait eu tort de soulever le débat. Pourtant, il fallait bien que le problème fût étudié jusqu'au bout. L'hypocrisie des orateurs précédents était intolérable. Nicolas essuya la sueur qui perlait à son front et dit :

— Oui, cent fois, oui : « À bas la guerre ! » Ce noble cri, nous le pousserons en chœur aussi longtemps que nous serons entre nous. Mais, lorsque l'étranger viendra...

— Laissez-le venir, cria la même voix.

— Oui, oui, laissez-le venir.

Nicolas se forçait à sourire, mais son cœur lui faisait mal.

— Mes amis, dit-il. Nous nous comprenons mal...

— À qui la faute ?

— La doctrine socialiste reconnaît à chaque peuple le droit de disposer de lui-même. La nation est une chose réelle. La Russie est une valeur en soi. Si la Russie est attaquée, ce n'est pas le régime tsariste que nous défendrons en la défendant. C'est notre terre, notre histoire, notre langue, notre façon de vivre, c'est nous-mêmes...

— Et le tsar avec ! hurla la jeune femme aux pommettes proéminentes.

— Non, pas le tsar, répondit Nicolas. Car, en cas de victoire allemande, c'est le tsar qui gagnera. Guillaume II est pour l'impérialisme généralisé. Il maintiendra partout des autocrates à sa solde. Mais, en cas de victoire russe...

— Il n'y aura pas de victoire russe !

— Plutôt les Allemands chez nous que la guerre !

— Qu'est-ce que ça fait si les Allemands occupent le pays ? Ce ne sont pas des ogres !...

Les interruptions jaillissaient, à droite, à gauche. Toute la salle était en ébullition. C'était par un fol orgueil que Nicolas avait cru pouvoir convaincre et dominer la foule. À présent, il doutait qu'elle fût composée d'êtres humains. Il avait devant lui une assemblée de bipèdes féroces et bornés. Une sorte de ménagerie en colère, contre laquelle il ne savait plus qu'entreprendre. Il cherchait des mots capables d'émouvoir les esprits les plus épais. Dans un suprême espoir, il glapit :

— Je suis comme vous ! Je n'accepte pas d'être un soldat du tsar ! Mais je serais fier d'être un soldat de la Russie !...

On ne l'entendait pas. De nouveau, le public, debout, entonnait *L'Internationale*.

— Camarades ! Camarades ! vociférait Nicolas.

La honte, la rage le faisaient bégayer. Il n'admettait pas qu'on le soupçonnât d'avoir trahi la cause, lui, le militant des barricades, le terroriste du groupe de combat...

— Camarades, si vous me connaissiez...

— À la porte !... Vive la paix !...

Nicolas s'arrêta net. Il se sentait, brusquement, vidé de toute substance. Un sourire épuisé crispait ses lèvres. Les larmes et la sueur coulaient sur sa face livide. Il vit Zagouliaïeff qui lui faisait signe de descendre. Comme un homme ivre, il balança la tête :

— Je demande encore une minute d'attention...

— Non, non, assez !... Agent provocateur !... Mouchard !...

Un gros boulon, lancé à toute volée, vint frapper la

toile de fond avec un bruit mat. Nicolas ouvrit les bras dans un geste navrant et descendit de l'estrade. Les huées continuèrent pendant quelques minutes. Un ouvrier bondit sur la scène et annonça d'une voix de tonnerre :

— La séance est levée ! Tous dehors ! Dans l'ordre et la dignité !

La foule se rua en tumulte vers la sortie.

— Vous êtes bien avancé maintenant, dit Grünbaum en tirant Nicolas par la manche. Je vous avais recommandé de ne pas aborder ce côté du problème. Ce qu'il fallait leur prêcher, c'était la grève. Et rien que la grève. Libre à nous, le moment venu, de modifier la consigne.

— Oui, dit Zagouliaïeff. Mais notre Nicolas est trop honnête. Il veut faire partager à tous son indécision. Or, l'ouvrier n'est perméable qu'aux formules élémentaires...

— Je persiste à croire que non, murmura Nicolas d'un air buté. N'importe qui est capable de me comprendre. Et, un jour, tous ils me comprendront.

Comme il disait ces mots, une voix le fit sursauter :

— Hé ! Nicolas ! Nicolas Constantinovitch !

Il se retourna d'un bloc. Volodia Bourine était devant lui.

— Je ne vous avais pas reconnu d'abord. Vous avez fort bien parlé, mon cher Nicolas. Un peu trop bien, peut-être...

Nicolas était furieux d'être identifié par un ami de sa sœur. Cet homme qui lui disait tu, autrefois, le vouvoyait à présent. Il rougit et grommela :

— Chacun ses idées...

— Passerez-vous rendre visite à Tania, puisque vous êtes à Moscou ?

— Non, dit Nicolas, et il regarda son interlocuteur dans les yeux d'une manière directe, insolente. J'ai autre chose à faire.

Volodia tripotait du bout des doigts, négligemment, l'œillet rouge qu'il avait fixé à sa boutonnière.

— Eh bien, dit-il avec un sourire, je regrette que vous

ne teniez pas davantage à nous, mais permettez-moi de vous féliciter pour votre action énergique. Je crois, avec vous, que les socialistes éviteront la guerre. La guerre, la guerre... Ce serait inconcevable, monstrueux !...

Nicolas, fiévreux, brisé, l'âme en désordre, considérait avec mépris ce monsieur élégant qui lui tendait la main.

— Dépêchons-nous, dit Zagouliaïeff. Le cortège s'organise à la porte.

— J'ai décidé, moi aussi, de suivre le cortège, dit Volodia.

Grünbaum prit Nicolas par le bras et l'entraîna hors de la salle en chuchotant :

— Vous êtes fou de discuter avec le premier venu !

Dans la rue, ils se mêlèrent à un groupe nombreux d'hommes et de femmes qui chantaient *L'Internationale*. L'entassement était plus compact et plus disparate encore qu'à l'intérieur. La rumeur continue du peuple empêchait de penser. Nicolas, Zagouliaïeff, Grünbaum se tenaient par la main pour ne pas se perdre. De brusques remous les jetaient l'un sur l'autre, ou les écartelaient violemment. Mais la foule n'avançait pas. Elle grondait sur place et piétinait, comme inconsciente de son rôle. On eût dit qu'il lui manquait une âme. Cependant, peu à peu, une volonté primaire s'affirma au-dessus de ces corps. La masse humaine trembla sur ses assises, parut s'orienter et s'ébranla, tout à coup, pesante, irrésistible, submergeant quelques agents de police, engloutissant quelques curieux.

— Où allons-nous ? demanda Nicolas.

— Je ne sais pas. Au palais du gouverneur sans doute, dit Zagouliaïeff.

— À bas la guerre ! cria Grünbaum de sa voix de fausset.

Et mille voix reprirent docilement :

— À bas la guerre !

— Quelle force ! dit Grünbaum Ah ! le voilà bien le peuple à qui nul ne résistera !

Nicolas ne répondit rien. Cette foule lui rappelait

d'autres foules, aussi puissantes, aussi fraternelles : la foule du couronnement, la foule de la Khodynka, la foule du pope Gapone. Les années avaient passé, mais le peuple russe était là, immuable. Les mêmes têtes entouraient Nicolas que sur la place Rouge, sur le champ de manœuvre, ou devant la porte triomphale de Narva. Il reconnaissait, à droite, à gauche, ses compagnons de toujours. Comme des personnages de rêve, comme des symboles animés, ils surgissaient aux heures graves, se rassemblaient et se mettaient en marche à travers les rues de pierre. Sans doute étaient-ils présents déjà sous Boris Godounoff, et sous Catherine II, et sous Nicolas Ier, sur la place du Sénat. Sans doute avaient-ils vécu toutes les souffrances et tous les espoirs de la vieille Russie. Mais ils avaient la peau dure. Ils croyaient encore au bonheur. En se retournant, Nicolas les repérait, un à un, dans la marée anonyme. Il y avait là l'éternelle femme en fichu rouge, au visage martelé de douleur, aux yeux doux de génisse, et le petit ouvrier têtu, mal rasé, au front bas, et la fille au regard chaviré par la drogue, et le portier roux, hirsute, aux oreilles sanguines, et cet inconnu à barbiche noire et à lorgnon qui portait un livre sous le bras. Comment Nicolas avait-il pu prétendre les instruire ? Ils possédaient une science plus ancienne que le monde. Ils savaient tout mieux que lui. Ils n'avaient pas besoin de lui. De nouveau, il se sentit envahi par la contagion collective. Une ivresse pure, légère, reposante, circulait à travers son corps. Ses pieds heurtaient le pavé, régulièrement. Sa voix chantait avec d'autres voix. Son cœur battait avec d'autres cœurs. Il avait oublié sa défaite. Il était heureux. Après tout, Grünbaum avait raison. Chaque chose en son temps. D'abord protester contre la guerre, empêcher la guerre. Il était inconcevable que la guerre pût éclater contre la volonté de cette multitude.

Un soir chaud et grisâtre dominait la ville. Aux fenêtres des maisons, se penchaient des femmes curieuses, aux bras nus, des hommes en vestons blancs. Certains abandonnaient leur poste et venaient rallier le cortège.

À chaque croisement de rues, il y avait un remous, un arrêt indécis, pendant lequel on marquait le pas en chantant. Puis, la procession reprenait sa marche, comme si les anneaux de ce long serpent se fussent animés l'un après l'autre. À la place Zoubovsky, la colonne rencontra un groupe important d'ouvriers qui descendaient des faubourgs et qui se joignirent au défilé. Des drapeaux rouges apparurent, en tête. Le chant s'amplifia. Les visages se tendirent, si nombreux, si beaux, si graves, que Nicolas en avait la gorge serrée d'émotion.

— À bas la guerre ! À bas la guerre !

C'était bon de crier cela avec eux. Soudain, un frémissement, un murmure étouffé, comme le vent dans les feuillages, fit onduler les casquettes et les fichus. Nicolas se dressa sur la pointe des pieds pour essayer de comprendre la raison de ce mouvement. Des voix, de plus en plus fortes, hurlaient :

— Hou ! Hou ! À mort !

— Que se passe-t-il ? demanda Nicolas. Avons-nous rencontré un barrage d'agents ?

— Non, dit Zagouliaïeff. Mais une boutique allemande.

Et, de sa main tendue, il désigna, sur la droite, un peu en avant, les vitrines d'un magasin de charcuterie que conspuaient les manifestants.

— Mais ils sont fous ! dit Nicolas. Ils crient : « À bas la guerre ! » et : « À bas l'Allemagne ! »

Zagouliaïeff ricanait, les lèvres pincées, le menton pointu :

— Les voies du peuple sont impénétrables !

Grünbaum, lui, les yeux exorbités, les muscles du cou bandés comme des cordes, vagissait :

— Nous sommes tous frères ! Vive l'Internationale ! Vive l'Allemagne socialiste !

Mais personne ne l'entendait. Une pierre, lancée par un manifestant, vint fracasser la vitrine, et des rires énormes répondirent au fracas limpide du verre. Un long moment, le cortège demeura enlisé devant le magasin. Puis, un courant brusque tira toute la masse en avant. Des enfants piaillaient, hissés sur les épaules de leurs pères. Des chiens aboyaient. Les tramways s'arrêtaient pour laisser passer le cortège. Emporté par le flot, bousculé, écrasé, suffoquant de chaleur, Nicolas tentait encore de s'expliquer les motifs de ce revirement spectaculaire. Qu'était-il advenu depuis la réunion des ouvriers dans la salle des fêtes ? Là-bas, ils refusaient toute allusion à la guerre. Ici, la première enseigne allemande déchaînait leur fureur imbécile.

— À bas la guerre ! À bas l'Allemagne !...

Ces deux cris, inconciliables pour Nicolas, ne l'étaient pas pour la foule. Elle réfléchissait à sa façon. Et il était vain de vouloir la comprendre.

Quelques étoiles apparurent au ciel. Des croisées s'allumaient çà et là. La clarté blanche des réverbères ruisselait sur les fronts, incendiait les yeux. Nicolas eut peur de ce monstre à mille têtes, aux pensées lentes, aux réactions imprévisibles. Comme le cortège débouchait dans la rue de l'Arbat, à la fenêtre d'un premier étage surgit un homme en manches de chemise qui brandissait un drapeau dans chaque main : le drapeau russe et le drapeau serbe. La lumière électrique traversait l'étamine tricolore et la rendait translucide, rayonnante. On eût dit deux papillons phosphorescents, battant de l'aile dans le soir. Un cri énorme monta de la populace :

— Vive la Serbie ! Vivent nos frères slaves !

— Ils ont perdu la tête ! geignait Grünbaum.

À ce moment, Nicolas se sentit happé par le bras. Volodia l'avait rejoint. Il était blême, hagard, décoiffé :

— Mais... mais ils veulent la guerre maintenant ! bredouillait-il. Mais ils vont nous amener la guerre !...

Tout près de Nicolas, quelqu'un glapit :

— Vive la France ! Vivent les Alliés !

Nicolas jeta un coup d'œil rapide par-dessus son épaule. Celui qui avait crié cela était un jeune garçon, au regard étincelant, aux joues creuses. Peut-être, une heure plus tôt, s'était-il joint aux hommes qui avaient hué Nicolas. Les drapeaux avaient disparu de la fenêtre, mais ils flottèrent bientôt en tête du cortège. Les ori-flammes rouges n'existaient plus. La procession se déroulait, précédée des couleurs nationales. Un enthou-siasme têtu stimulait les manifestants. Les uns chan-taient *L'Internationale*. D'autres : *Dieu protège le tsar*. Et les deux hymnes ennemis se mariaient en un seul grondement sourd, saccadé, menaçant. L'union était faite. Non plus contre la guerre. Mais pour la guerre. Et cela en dehors de toute raison. Les paroles n'avaient servi de rien. C'était venu brusquement. Parce que, sans le savoir, chacun désirait qu'il en fût ainsi. Nicolas, lui-même, le désirait. Et Zagouliaïeff. Et Grünbaum. Jus-qu'à ce jour, ils avaient tous pensé que la notion de classe s'opposait à la notion de patrie. Mais pourquoi était-il juste de dire que la cause ouvrière était une réa-lité vivante et que la cause russe était une fiction ? Pourquoi devait-on aimer en masse les prolétaires de tous les pays, et s'interdire le moindre orgueil natio-nal ? On employait des mots. On oubliait les choses. Mais, lorsqu'on oubliait les mots, on comprenait les choses. Et il devenait évident qu'un pays pouvait avoir raison contre un autre pays, comme une classe contre une autre classe. En vérité, le bon droit existait aussi bien sur le plan national que sur le plan social. Depuis des siècles, il en était ainsi.

Au coin de la rue Sérébrianny, devant le consulat de France, une nouvelle station figea le cortège. Il faisait nuit déjà. Une nuit bleue, transparente, vaporeuse. À l'une des fenêtres du consulat, se montra un jeune homme en jaquette.

— Vive la France ! hurlait la foule.

Le jeune homme cria :

— Merci !

Et referma vivement la croisée.

— Vive la France ! Vive la Russie ! Vive l'armée ! À bas la guerre ! À bas l'Allemagne !

— C'est un désastre, dit Volodia en s'épongeant les joues et le menton.

— Le peuple l'a voulu, dit Nicolas.

Zagouliaïeff riait à gorge déployée, toussait, crachait dans son poing.

— Vous êtes impayables, dit-il enfin. Grünbaum est pour le défaitisme à outrance, parce que, selon lui, la guerre est un crime contre le peuple. Nicolas admet la nécessité de défendre le pays en cas d'attaque brusquée, parce qu'une victoire allemande raffermirait la monarchie en Europe. Et moi, je vous dis : ne vous occupez pas de ça. Avec ou sans la guerre, nous aurons la révolution. La vraie. Avec du sang. De l'injustice. Et un ordre nouveau. Peut-être même la guerre hâtera-t-elle nos chances ?

Nicolas secoua la tête :

— Non. Il faut vaincre les ennemis de l'extérieur avant de régler leur compte à ceux de l'intérieur.

— Que ferez-vous donc en cas de déclaration de guerre ? demanda Volodia.

— Je m'engagerai, dit Nicolas.

— Comme simple soldat ?

— Mais oui !

— Et vous vous dites socialiste ?

— Oui.

Volodia se frappa le front du plat de la main.

— Je ne vous comprends plus, dit-il. Ce soir, je verrai votre sœur. Voulez-vous me charger d'une commission pour elle ?

— Je n'en vois pas l'utilité.

— Eh bien, adieu, dit Volodia.

— Adieu, dit Nicolas.

Ils se serrèrent la main.

Volodia jouait des coudes pour traverser la foule. Lorsqu'il se fut un peu dégagé, il considéra, de loin, cette cohue obscure, immobilisée devant l'hôtel du consulat.

— Les voilà patriotes, maintenant, grogna-t-il. Et demain ?

Un fiacre était arrêté au bord du trottoir. Volodia s'approcha du cocher :

— Rue Skatertny. Tu feras un détour pour éviter les encombrements.

— Vous étiez devant le consulat, barine ? demanda le cocher.

— Oui.

— Ah ! c'est beau. Tout le monde est d'accord. Si les Allemands viennent, on les piétinera. Nous autres Russes, on est comme ça. Tant qu'on est entre nous, on se chamaille. Mais, devant l'étranger, on devient tous des frères. Regardez leur Napoléon...

— Il était français, Napoléon, dit Volodia.

— Ah ? dit le cocher d'un air mécontent.

Et il fouetta ses bêtes.

Comme le fiacre passait devant le caveau de La Sauterelle, Volodia se souvint de la promesse qu'il avait faite à Malinoff et frappa le dos du cocher.

— Arrête-toi là et attends-moi. J'en ai pour une minute.

Il pénétra dans le vestibule du théâtre et descendit les quelques marches qui menaient au caveau. Une fraîcheur agréable lui caressa le visage. La salle vide était plongée dans une pénombre blonde poussiéreuse où luisaient vaguement les surfaces polies des tables et des bancs. Au centre, se tenaient assis deux hommes dont les silhouettes n'étaient pas étrangères à Volodia. Il s'approcha d'eux sur la pointe des pieds et reconnut Thadée Kitine et Malinoff qui parlaient à voix basse. Un peu plus loin, Kisiakoff, appuyé au mur, les mains dans les poches, la barbe déployée, fumait une cigarette. Une lampe de secours éclairait mal la pièce où Lioubov et Prychkine échangeaient des répliques banales.

— Hé ! Prychkine, cria Thadée Kitine. Lorsque tu lui dis : « N'ouvre pas la porte, quoi qu'il arrive », tu devrais parler plus lentement, et sans la moindre menace dans la voix.

— Mais alors, le public ne comprendra pas ma colère, dit Prychkine en s'avançant vers le proscenium.

— Il la devinera. Cela vaut mieux. Et toi, Lioubov, ne roule pas des yeux terrifiés. Sois belle et bête, c'est dans le rôle. N'est-ce pas, Malinoff ?

— Exactement, dit Malinoff. Vous êtes la femme du peuple dans toute son animalité puissante et obtuse. L'épouse d'un maître de poste. Ne l'oubliez pas. Si une réplique vous gêne...

— Aucune réplique ne me gêne, dit Lioubov.

— Reprenons depuis l'entrée de Prychkine, dit Kitine.

À peine évadé de la cohue populaire, et plongé tout vif dans ce groupe d'acteurs consciencieux, Volodia éprouvait une étrange sensation de dépaysement et d'anachronisme. Là-bas, des ouvriers hurleurs brandissaient des pancartes, risquaient et défendaient leur peau, pariaient pour ou contre la guerre. Ici, loin des menaces d'un cataclysme universel, une poignée d'hommes et de femmes jouaient la comédie. L'important pour eux n'était pas de savoir ce que pensaient les grands de ce monde, mais si le public apprécierait le sens de tel geste et la valeur de tel propos. Peut-être avaient-ils raison contre les autres qui vivaient dans le rythme du temps ? Volodia se pencha vers Malinoff et lui toucha prudemment l'épaule.

— Ah ! c'est vous ? dit Malinoff en se tournant à demi.

Kitine toisa Volodia d'un regard mécontent. Il était fâché qu'un intrus vînt interrompre la répétition.

— Je ne resterai que quelques instants, murmura Volodia. Je voulais surtout vous dire que le meeting a tourné à la réunion patriotique. Le peuple veut la guerre. C'est sûr. Et il l'aura !

— Moi, je ne crois pas à la guerre, dit Malinoff.

— Parce que vous avez une pièce en répétition, dit Thadée Kitine d'un ton irrité.

Sur la scène, Lioubov et Prychkine avaient repris leur dialogue. Malinoff baissa la voix pour répondre :

— Nullement... Mais... Enfin, c'est une impression personnelle... Cette manifestation aux usines Jeltoff ne signifie pas grand-chose... Est-ce que Prychkine sera mobilisé, en cas de guerre ?

— Pas immédiatement, dit Thadée Kitine. Il souffre d'une hernie.

— Ah ! très bien, très bien, dit Malinoff. Savez-vous qu'il me vient une idée ? Ne devrais-je pas, à tout hasard, prévoir une fin patriotique à mon tableau ?

— Une scène d'amour qui se termine par un couplet belliqueux !...

— Eh bien, c'est très fréquent, dit Malinoff.

À ce moment, au-dessus de leurs crânes, retentit un bruit de piétinements confus. Le caveau était creusé sous la semelle de la chaussée. Sans doute le cortège passait-il dans la rue en chantant. Volodia rentra instinctivement la tête dans les épaules.

— C'est le défilé, dit-il.

Personne ne répondit. À travers l'épaisseur des pierres, ce grondement humain prenait une valeur d'avertissement majestueux. Prychkine s'était arrêté au milieu d'une réplique et considérait le plafond d'un air inquiet. Lioubov tira un mouchoir de sa ceinture et se tamponna les paupières.

— Ils sont fous, dit Prychkine.

— Eh bien, qu'attendez-vous ? Enchaînez, enchaînez ! cria Kitine.

— Je ne peux pas, dit Lioubov. S'il y a la guerre...

— Eh bien, dit Kitine, le théâtre ne fermera pas ses portes à cause d'une mobilisation. Nous devons travailler plus que jamais, avec un enthousiasme et un courage redoublés, pour être dignes d'amuser nos concitoyens.

— Bravo ! hurla Kisiakoff.

Il n'avait pas ouvert la bouche depuis l'arrivée de Volodia. Maintenant, il s'avançait vers lui, la main tendue. Avec répugnance, Volodia lui rendit son salut.

— Vous voyez, dit Kisiakoff, je viens me distraire comme un veuf... J'écoute ma petite Lioubov qui débite des fadaises... Excusez, honorable monsieur Malinoff, je plaisante... Oui, des fadaises... Elle est si jolie !... J'ai donné de l'argent pour le prochain spectacle... Alors, on me tolère dans la salle...

Il bâilla et se caressa la barbe avec contentement.

— Quoi ? Quoi ? reprit-il avec force. Vous êtes là, perdus de frousse. Et moi, l'approche de la guerre me comble de satisfaction. Il fallait ça. De grands coups de balai. Du sang à pleins seaux. Des bordées de coups de pied au cul. Voilà le traitement qui sauvera notre pays de la paralysie... notre cher pays...

— Je vous demande un peu de silence, dit Kitine. Nous allons reprendre. En place, Prychkine, Lioubov...

Kisiakoff s'assit sur un coin de table. Il soufflait en gonflant les narines.

— Elle a un buste qui fait rêver, chuchota-t-il.

— J'ai demandé le silence, cria Kitine.

Malinoff baissa les paupières et se prépara voluptueusement à écouter, une fois de plus, les paroles qu'il avait écrites.

— Je suis attendu chez les Danoff, dit Volodia, je vous quitte.

Il sortit rapidement. Mais, dans le vestibule, Kisiakoff le rattrapa et le retint par la manche.

— Que voulez-vous ? demanda Volodia.

Kisiakoff se mit à rire :

— Voir votre tête. Une dernière fois.

— Pourquoi une dernière fois ?

— Parce que dans deux jours, je serai loin d'ici, réfugié à Mikhaïlo. Et que, dans trois jours, sans doute, débutera la grande danse sacrée. Alors, nul ne sait ce qu'il adviendra de nous.

Il se frottait les mains en se dandinant d'une jambe sur l'autre :

— L'existence est passionnante, ne trouvez-vous pas ? Moi, quand tout va bien, je m'ennuie. J'ai l'impression que Dieu se désintéresse de son troupeau. Mais, lorsque les hommes deviennent bêtes et hardis, lorsque le sang chauffe, lorsque les poings se lèvent, lorsque ça commence à sentir la sueur, la poudre, le sang, oh ! comme il fait doux vivre sur terre ! Permettez que je vous embrasse en signe d'adieu. On va vous tuer, peut-être ?

Volodia haussa les épaules et se dirigea vers le fiacre qui l'attendait. Derrière lui, Kisiakoff agitait son mouchoir et répétait :

— Bonne chance, bonne chance...

Dès le début du repas, Tania comprit que la comédie était au-dessus de ses forces. Elle ne pouvait plus supporter de voir son mari et son amant, assis côte à côte, à la même table, devant les mêmes plats. Ce confort dans le mensonge était intolérable. Quand Volodia se penchait vers Michel et lui parlait avec animation, elle détestait Volodia pour son insolence et Michel pour sa crédulité. Or, justement, ce soir-là, ils semblaient tous deux particulièrement satisfaits l'un de l'autre. Ils ne s'occupaient pas d'elle et ne discutaient que de la guerre imminente. Volodia racontait le meeting auquel il avait assisté, les manifestations patriotiques qui avaient succédé aux discours défaitistes, la rencontre avec Nicolas. Michel, à son tour, rapportait les dernières nouvelles qu'il avait recueillies au cours de la journée. Il affirmait qu'à Belgrade et à Vienne la mobilisation avait commencé :

— Certes, les diplomates sont encore très actifs. Mais, lorsque le mécanisme de la mobilisation est déclenché il faut s'attendre au pire.

— Jusqu'à ce jour, dit Volodia, je misais sur une propagande monstre des socialistes en faveur de la paix. Or, ce que j'ai vu, ce soir, m'a complètement découragé et dégoûté. Si les socialistes allemands, autrichiens et français sont aussi patriotes que les nôtres, l'Europe est au bord de l'abîme. J'espère simplement que nos dirigeants garderont la tête froide et sauront accorder toutes les concessions nécessaires pour éviter le conflit. Je ne compte plus sur le peuple, mais sur les chefs.

— Malheureusement, dit Michel, on ne peut plus accorder de concessions sans détruire la Russie. L'Allemagne est si gourmande !

— Mais la Russie est si riche !

— Est-ce une raison pour nous laisser voler ? Non. Il faut répondre à la force par la force. Ce qui m'inquiète, simplement, c'est l'état de notre matériel. Sommes-nous préparés ?

— Avons-nous jamais été préparés ?

— D'après Soukhomlinoff lui-même — c'est un de ses proches qui me l'a raconté —, l'armée manque de fusils et de munitions. L'artillerie est démodée. Surtout — cela, je le sais par expérience — le réseau ferroviaire et routier n'est pas suffisant pour alimenter une grande offensive.

— Tu vois ! Tu vois ! s'écria Volodia. Tu le dis toi-même. Tout va mal. Va-t-on se battre avec des glaives de carton ?

Il roula sa serviette et la lança sur la table :

— Le monde est fou, fou, fou !

Tania lui jeta un regard irrité. Quelle que fût la gravité des nouvelles politiques, elle n'admettait pas que Volodia fût bouleversé pour une cause étrangère à leur amour. Elle était jalouse de cette guerre qui le détournait d'elle.

— Moi, dit Michel, je pense que si tous les hommes de bonne volonté se groupaient autour du tsar, n'eussent-ils que des pierres et des haches pour défendre la Russie, ils triompheraient.

— Idéaliste !

— La foi soulève des montagnes.

— Pas au XXe siècle, mon cher.

Volodia vida d'un trait son verre de vin blanc. Le teint terreux, l'œil fuyant, la lèvre mouillée, il paraissait malade de peur. Tania lui toucha la main sous la nappe. Il ne tressaillit pas à cette caresse. Une idée fixe l'obsédait : la mobilisation. Il dit très vite :

— Moi, la guerre, je la refuse, tu comprends ? Je la refuse !

— Pour ce que ça change ! dit Tania.

Elle se leva de table. Les deux hommes la suivirent dans le boudoir. Ils parlaient toujours, amicalement, violemment, et elle souffrait d'être délaissée. Elle s'installa sur un canapé, déploya sa large jupe de satin noir, brodée de paillettes blanches. Sans doute, sur le capitonnage rose pâle du meuble, sa silhouette sombre devait-elle se détacher selon un dessin précieux. Un peintre eût été séduit par le jeu de ces deux teintes opposées. Elle se sentit brièvement heureuse d'être si jolie et si bien habillée. Mais Volodia ne la regardait même pas. Alors, elle comprit l'inutilité de ses toilettes, de sa beauté, de sa vie. Une tristesse horrible lui étreignit le cœur. Elle eut envie de pleurer.

Michel et Volodia s'étaient assis près d'un guéridon en laque. Une clarté jaune tendre, filtrant à travers la soie épaisse de l'abat-jour, auréolait leurs deux visages fraternels. Volodia fumait nerveusement. Michel dépliait une carte. Une carte de la Russie. Subitement, Tania se rappela une soirée lointaine, avec la même pièce, les mêmes meubles, les mêmes figures et la même carte aux longs plis cassants. Il s'agissait alors de la guerre contre le Japon. Maintenant, on parlait d'une seconde guerre. Plus terrible que la première. Plus proche. Akim allait partir, Mayoroff, des amis à elle, des connaissances. Elle se mit debout, s'approcha des deux hommes et contempla la carte par-dessus leur épaule. De nouveau, elle vit, couché devant elle, son grand pays, vert et bistre, ponctué de villes, hérissé de montagnes, fendillé de fleuves, son grand pays toujours inquiet, toujours menacé. Et elle le détesta. Elle songea qu'il eût mieux valu naître en Suède ou en Suisse. Là-bas, du moins, on pouvait aimer à sa guise.

Sa respiration était courte. Elle éprouvait le même malaise que si elle se fût trouvée à une haute altitude, dans un air raréfié. Elle eut le vertige et se retint au dossier d'un fauteuil. Une idée absurde la ranima. Il lui semblait, tout à coup, que cette guerre survenait par sa faute. Elle l'avait préparée par le mensonge. Mais, si elle avouait son amour, si elle criait sa trahison, le péril serait conjuré. Il fallait cette explosion de franchise, pour que les hommes revinssent à la raison. Comment expliquer cela ? Seule une femme saurait le comprendre. Un moment, elle rêva à toutes les vies privées dont cette menace de conflit allait dévier le cours. Elle imagina des milliers de chambres, de visages, de mots. Partout, les masques tombaient, les liens se desserraient, un vent de pureté assainissait l'atmosphère. Comment Volodia pouvait-il encore se complaire dans la duplicité et la quiétude ? Elle eut un haut-le-cœur, porta un mouchoir à ses lèvres.

Lorsque Volodia fut parti, elle pria son mari de demeurer avec elle dans le boudoir.

— Tu ne veux pas te coucher ? dit-il tendrement. Tu n'es pas fatiguée ?

— Non, dit-elle. Mais range cette carte, ces journaux...

Tandis qu'il repliait la carte, elle le regardait avec force, comme pour fixer à jamais dans sa mémoire les moindres détails de la scène. Cette observation intense lui faisait mal. Elle gémit :

— Michel, je n'en peux plus !

Il tourna vers elle un visage étonné :

— Qu'as-tu, ma chérie ?

Elle crut qu'elle allait défaillir. Cette voix. Ce regard. Tant d'années avec cette voix et ce regard ! Elle remarqua soudain que Michel s'était coupé en se rasant. Une mince égratignure rose traversait son menton. La vue de cette égratignure la soulagea, bizarrement. Elle entendit que quelqu'un disait dans la pièce :

— Michel, je ne t'aime plus. Je te trompe avec Volodia.

Michel passa la nuit dans son cabinet de travail, au second étage de la maison. Après l'aveu de Tania, il s'était contraint à ne pas crier, mais avait exigé qu'elle se retirât et attendît ses décisions. Et elle s'était éloi-

416

gnée, blême et lourde de larmes. Elle devait pleurer encore dans sa chambre. Quelques années plus tôt, il l'eût sans doute tuée. Aujourd'hui, il ne le pouvait plus. Il avait vieilli, mûri. L'indulgence avait affaibli son cœur. Déjà, il tâchait de comprendre les autres.

Assis devant son bureau, dans la lueur ronde et verdâtre de la lampe, il contemplait ses mains et tentait de réfléchir calmement. Le choc avait été moins rude qu'il ne l'avait supposé. Il s'étonnait même de l'engourdissement qui s'était emparé de son être. Les paroles de Tania avaient confirmé ses soupçons. Certes, depuis longtemps, il la sentait devenir étrangère. Mais jamais il n'aurait imaginé qu'elle fût capable de le tromper de cette façon commode. Le nom même de son amant était un défi au bon sens. Un ami d'enfance. Presque un frère. Et tout à coup, ce mensonge, cette saleté entre eux. Il frémit, et un flot de chaleur lui monta au visage. Le dégoût, la haine accéléraient les battements de son sang. Il serra les poings. Il eut envie de frapper, d'assommer quelqu'un. Puis, une détente brusque le renversa sur le dossier de son fauteuil, et il fut plus tranquille et plus malheureux. Des idées faciles traversaient sa tête. Il dénombrait les résultats du désastre. Quelle que dût être sa décision, la vie familiale était compromise, gâchée. Rien n'était plus aimable de ce qui faisait, hier encore, sa joie. La maison se transformait en auberge. Les enfants se muaient en victimes. Le travail, la réussite se révélaient des mots vides de sens. Et les meilleurs souvenirs étaient empoisonnés jusqu'aux racines. Isolé, dépouillé, désolé, il respirait encore. Pour qui ? Pour quoi ? Pas de mélancolie. Tout problème comportait une solution. Maintenant, il ne s'agissait pas de geindre, mais de penser.

Il prit un papier, un crayon, nota quelques mots, repoussa la feuille. La première idée qui lui vint à l'esprit fut de provoquer Volodia en duel. Il détestait d'autant plus cet homme qu'il l'avait longtemps considéré comme son seul ami. À la lueur des événements, il ne doutait plus que la duplicité de Volodia remontât très loin. Volodia n'avait pas su, malgré les apparences, pardonner à Tania de lui avoir autrefois préféré Michel. Depuis, il n'avait vécu, travaillé, que dans l'espoir d'une revanche. Michel le voyait fort bien s'introduisant en tiers dans le ménage, feignant la camaraderie, l'amitié inoffensive, et préparant, avec une patience diabolique, la chute d'une femme qui n'avait pas voulu de lui. Avec horreur, il évoquait leur dernière entrevue, dans le boudoir, cette carte dépliée, les sourires, les serrements de main. Devant ce monstre de fourberie et de lâcheté, sa colère ne connaissait plus de bornes. Oui, il eût été bon d'abattre cette bête malfaisante. Mais, Volodia mort, la question ne serait pas réglée. Sa disparition n'aiderait pas Michel à établir des relations équitables avec Tania et les enfants. Bien mieux, le scandale deviendrait public, rejaillirait sur la famille. Et le nom des Danoff était sacré.

D'ailleurs, n'était-il pas égoïste et ridicule de songer au duel à la veille d'une guerre ? Non, la menace de tant de morts interdisait de lever la main sur un rival, quel qu'il fût. Il fallait remettre à plus tard l'acte du justicier. Volodia ne perdait rien pour attendre.

Alors, le divorce ? Michel ne voulait pas y consentir, à cause de ses fils. Il n'admettait pas que Boris et Serge fussent, par la faute de Tania, privés d'une éducation normale. Ces deux enfants, héritiers de son nom, devaient grandir dans une famille saine et respectable. Ils avaient sur leurs parents des droits acquis. Comment tolérer qu'ils vécussent loin de leur père, confiés aux soins d'une femme qui avait trahi son serment ? Il les verrait à certaines dates, brièvement, comme un étranger. Il perdrait chaque jour un nouveau morceau de leur âme. Mais si, en revanche, c'était lui qui obtenait la garde de ses fils, saurait-il, seul, excédé, maladroit, entretenir dans la maison cette affection tiède et constante dont ils avaient besoin ? Le divorce, d'ailleurs, était inadmissible pour d'autres raisons moins élevées. La loi exigeait des preuves grossières, vulgaires, qu'il lui était difficile de fournir dans sa situation. Cette mesure rendrait notoire une honte que la malignité publique s'empresserait d'exploiter. Et les enfants, plus tard, jugeraient aussi sévèrement leur père que leur mère.

Restait une dernière éventualité : la réconciliation. Mais Tania accepterait-elle de renoncer à son amant ? Et, même si elle se repentait, pourrait-elle, ayant déjà péché, tenir jusqu'au bout sa promesse ? Une femme qui s'était complu des semaines dans le mensonge était contaminée, affaiblie. Elle n'avait plus la même horreur de la faute et demeurait exposée aux atteintes du mal. Vivre avec la crainte perpétuelle d'une autre infidélité. Michel en était incapable. Il se rappela le beau visage de Tania, son corps pâle et chaud, ses gestes, son parfum. Et cette évocation le combla de chagrin et de rancune. Tout en elle était sali par le soupçon. Il abhorrait ses cheveux, le grain de sa peau, son haleine, son odeur, ses vêtements, sa voix. Il souhaitait que ses amies se détournassent d'elle. Aucune manœuvre de l'esprit ne prévaudrait jamais contre ce hérissement animal de tout son être à l'idée de revoir Tania. De nouveau, il s'irrita contre son indécision. Il était dans une impasse. Il ne distinguait rien au-delà de ses mains, de sa table. Cependant, demain matin, il fallait à tout prix qu'une résolution fût prise.

Il soupira, dégrafa son col. La nuit était calme, étouffante. De la ville, montait un murmure inquiet. Un papillon gris se cognait à l'abat-jour vert de la lampe. Dans la corbeille à papier, gisaient pêle-mêle les gazettes du matin. À la vue de ces feuilles froissées, Michel eut une courte défaillance. La guerre ? Son infortune personnelle lui avait fait oublier la menace qui pesait sur toute la Russie. Il se pencha vers la corbeille, ramassa un journal, le défripa, lut quelques mots, baissa la tête. Humilié, mortifié, il tentait maintenant de noyer sa colère individuelle dans une colère unanime. Un fétu de paille dans la tourmente. Voilà ce qu'il était. Son chagrin était misérable au seuil de cette catastrophe planétaire.

Il interrogeait sa conscience, mendiait un mot d'ordre, une direction. En vain. Une panique lamentable s'empara de lui. La peau de son front devenait douloureuse. Il se leva, s'approcha de la fenêtre. Devant le ciel étoilé, l'idée de son insignifiance lui fut encore plus sensible. Et, tout à coup, il comprit ce qu'il devait faire. La solution était si simple, si naturelle, qu'il s'étonnait de n'y avoir pas encore songé. Sa situation de famille l'avait fait exempter du service militaire. Il n'était pas mobilisable. Mais, en cas de guerre, il pouvait s'engager. Comme simple soldat. Dans le régiment d'Akim, par exemple. Ou dans un autre régiment. Partout, on l'accepterait avec joie.

— Voilà ! Voilà ! s'écria Michel, et il demeura un long moment tout étourdi de fierté.

Cette décision satisfaisait en lui un besoin de dévouement et de bravoure. En même temps, il se disait que, quoi qu'il advînt, ses fils respecteraient sa mémoire. Quant à Tania, sachant que son mari était en première ligne, elle n'oserait pas le trahir avec un embusqué. Il l'imaginait même écœurée par la seule présence de Volodia, émue, repentante. Le plaisir qu'il goûtait à cette perspective le surprit un peu. Normalement, l'avenir sentimental de Tania aurait dû le laisser indifférent. Et voici qu'il s'appliquait à prévoir les réactions de cette femme sans scrupule. Comme elle était encore mêlée à sa vie ! Comme il avait du mal à l'exclure de son destin ! À présent, il souhaitait que la guerre éclatât, au plus vite. Il appelait sur lui l'orage, le sang, la mort. Plus la tornade serait violente, et plus il saurait gré à Dieu de l'avoir déchaînée.

Dès demain matin, il partirait pour Saint-Pétersbourg, afin de soumettre quelques affaires urgentes au visa du ministre des Voies et Communications. Avant de quitter la maison, il laisserait à Tania une lettre de rupture. À son retour, la mobilisation serait peut-être déclarée. Et si les conversations diplomatiques aboutissaient au maintien de la paix ?

Non, c'était impossible. Les journaux eux-mêmes

affirmaient l'imminence du péril. À la fin de la semaine, au plus tard, toute l'armée russe serait concentrée aux frontières.

Il saisit une feuille de papier, trempa une plume dans l'encre et écrivit d'une main ferme :

Tania, après avoir longuement réfléchi à notre triste situation, j'ai adopté les conclusions suivantes. Quelle qu'ait été ton erreur, je ne me reconnais pas le droit d'exiger le divorce, car le bonheur de nos enfants doit passer avant nos convenances personnelles. Il serait injuste que la famille eût à pâtir de tes caprices ou de mon intransigeance. Donc, tu garderas mon nom et tu resteras sous mon toit. Il faut que tous, autour de nous, depuis nos fils jusqu'à nos domestiques, ignorent le différend qui nous a séparés. Je sais que tu seras discrète, puisque je te le demande. Comme, pour ma part, il me serait impossible de continuer à vivre auprès d'une femme qui m'a trahi et dont le repentir même n'excuserait pas la faute, j'ai résolu d'abandonner pour quelque temps cette maison où tout me rappelle ma disgrâce. Tu devines, certes, que la guerre est imminente, presque certaine. Bien que je ne sois pas mobilisable, ma conscience m'ordonne de m'engager. Je partirai donc, comme simple soldat, mais avec une joie et une fierté indicibles. Je te préviens, dès à présent, qu'il ne faut pas tenter de me dissuader. Ni tes larmes, ni tes cris, ni tes menaces, ne sauraient modifier ma ligne de conduite. La seule prière que je t'adresse en terminant cette lettre, c'est de veiller, en mon absence, à ce que l'honneur de notre foyer n'ait plus à souffrir de rien. Par respect pour tes fils, sinon par respect pour moi, tu dois accepter d'être fidèle.

Michel Danoff.

P.-S. — Si la mobilisation était décrétée pendant mon séjour à Saint-Pétersbourg, je ne rentrerais pas à Moscou et m'engagerais sur place. Mais toutes les dispositions pécuniaires seront prises à temps. Tu ne manqueras de rien. Je te le promets.

Michel relut sa lettre avec satisfaction. Pas une parole vive. Pas un reproche. Le nom même de Volodia n'était pas cité. Jamais il n'aurait cru qu'il lui serait aussi facile d'exprimer sa pensée. Il plia le feuillet, le glissa dans une enveloppe doublée de papier bleu. Puis il toucha machinalement les objets qui meublaient sa table. Il lui plaisait que tout fût en ordre dans son bureau. Après la crise qu'il avait subie, il éprouvait un soulagement merveilleux. On eût dit qu'en quelques instants, et comme sous l'effet d'une drogue, ses doutes, sa jalousie, sa honte, sa pitié venaient de s'endormir. Le mal était conjuré. Maintenant, il fallait liquider le passé, organiser l'avenir. Les Comptoirs Danoff, la Compagnie de chemin de fer, les participations à d'autres entreprises... Il avait si bien arrangé sa vie ! Il avait tant travaillé pour donner du bonheur à sa femme ! Il murmura :

— Dommage, tout de même... C'était bien...

Puis, il se leva pour trier ses papiers personnels. Il classait les documents par liasses dans des enveloppes numérotées : « Papiers de famille », « Papiers relatifs à la maison », « Factures », « Contrats avec les fournisseurs », « Lettres de Tania ».

Il s'interdit de relire ces lettres. Mais, à la seule vue de l'écriture familière, son cœur se serrait d'angoisse. Pour rompre cette contemplation, il alluma du feu dans la cheminée et brûla quelques vieux registres et des missives dénuées d'intérêt. Après quoi, n'osant réveiller le valet de chambre, il prépara lui-même sa valise. Il était content. Il se sentait propre, fort, sûr de lui. Il sifflotait en empilant son linge. Une lueur rose embrasait le ciel, au-dessus des toits noirs des maisons. Les oiseaux chantaient d'une voix aiguë. La charrette du laitier gronda sur les pavés. À six heures et demie, Michel sonna le valet de chambre pour lui confier sa lettre et commander un verre de thé chaud. Puis, il voulut jeter un coup d'œil sur ses enfants qui dormaient encore. Mais, devant la porte de Serge, une faiblesse le saisit. Il n'avait pas le courage d'affronter le visage assoupi de son fils. Il craignait de ne pas résister à l'appel de ces paupières closes, de ces mains innocentes ouvertes sur le drap. Furieusement, il se détourna, courut jusqu'au salon, arracha de l'album une photographie de Serge, une autre de Boris et les glissa dans sa poche. Il prit aussi une photographie de Tania.

Mais, au lieu de choisir parmi les effigies récentes de sa femme, il emporta un cliché jauni qui datait d'Ekaterinodar.

Deux heures environ après avoir quitté la maison des Danoff, Volodia était tiré du sommeil par la sonnerie du téléphone à son chevet. La voix de Tania, lointaine, enrouée, l'appelait comme à travers un songe. Mais, dès les premiers mots, il comprit qu'il ne rêvait pas. Une terreur panique s'empara de lui. Il bégayait :

— Quoi ? Quoi ? Mais tu es folle ?... Mais pourquoi lui avoir dit ?... Sa décision ?... Il te racontera ce qu'il voudra !... Mais de là à le croire ?... Il est capable de tout !... De tout, tu entends ?... Tiens-moi au courant... Demain matin, dès qu'il t'aura parlé, je veux savoir... Où est-il maintenant ?... Enfermé ?... Dans son bureau ?... Hum ! C'est mauvais signe... Je vais réfléchir de mon côté... Mais ne pleure pas... mais oui, je t'aime...

Il raccrocha l'appareil d'une main tremblante. Sa tête était vide. Ses oreilles bourdonnaient. Il se leva et se mit à marcher en rond dans la chambre. Mais, au moindre bruit, il sursautait et courait à la porte d'entrée. Connaissant Michel, il redoutait sa visite. Il s'attendait à le voir paraître d'un instant à l'autre, pâle, la lèvre mauvaise et une arme à la main. Il entendait déjà les injures que son ami lui cracherait au visage. Il évoquait un bras qui se dépliait dans sa direction. Un coup de feu. Et il n'y aurait plus de Volodia Bourine. Tout cela parce que cette sotte n'avait pas su tenir sa langue devant un mari soupçonneux. Ah ! les femmes étaient impossibles ! Il y avait en elles un appétit romanesque d'explications, de scandales et de larmes. Les plus raisonnables rêvaient encore d'être traînées par les cheveux, ou soufflétées jusqu'au sang, et qu'un duel opposât leur mari et leur amant dans un décor de neige. Mais lui n'était pas dupe. Il aimait Tania. Il lui sacrifiait son confort, ses habitudes. Il n'allait pas jusqu'à lui sacrifier sa vie. D'ailleurs, il ne sacrifierait sa vie à personne. Pas même au pays, au tsar, au diable ou à Dieu. Il grogna :

— À personne !

Et il donna un coup de poing sur sa table de nuit. Autour de lui, sur les murs, des photographies de femmes le regardaient avec une douce indifférence. Il avait juré à Tania de les détruire. Mais, d'un jour à l'autre, il retardait l'exécution de sa promesse. Pourtant, Tania méritait bien cet holocauste. Elle résumait et remplaçait à elle seule toutes ses anciennes maîtresses. Allait-il falloir, vraiment, qu'il se séparât d'elle ? Une nostalgie soudaine le submergea. Sa gorge se serrait. Des larmes montaient à ses paupières faibles. Comment faire pour garder Tania ? À force de réfléchir, Volodia avait la sensation de tournoyer dans une eau trouble. Pour se défendre, il lorgnait devant lui des objets fixes, familiers. Il essayait de reprendre courage en s'affirmant qu'il était encore dans sa chambre, que le lit se trouvait encore là, et la table, et la lampe. À quatre heures du matin, le téléphone sonna de nouveau. Cet appel strident frappa Volodia au ventre, comme une balle. Tania ! Quelle catastrophe supplémentaire voulait-elle lui annoncer ? Au moment de décrocher l'appareil, il se ravisa, en pensant qu'il s'agissait plutôt d'une manœuvre de Michel. Que dirait-il s'il entendait la voix de Michel dans l'écouteur ? Comment répliquerait-il à ses insultes ? Comment refuserait-il de le rencontrer ? Peut-être, même, Michel ne téléphonait-il que pour savoir si Volodia était encore chez lui. En répondant à Michel, Volodia le renseignerait, l'inciterait à venir et signerait son arrêt de mort.

Le téléphone sonnait toujours dans l'énorme silence de la maison. Volodia regardait l'appareil comme il eût considéré une machine infernale prête à exploser. Il suait à grosses gouttes. Enfin, le timbre se tut. Volodia s'épongea le front, prit un verre d'eau sur la table de nuit et but une longue rasade. Il parlait à voix basse :

— Voyons, du calme... D'abord, il faut gagner du temps... Que la fureur de Michel ne heurte aucun obstacle... Qu'il fonce dans le vide, tête en avant... Après, on verra...

Une auto passa dans la rue, ralentit devant la maison. Volodia s'arrêta de parler, l'œil rond, la bouche ouverte. La voiture s'éloigna.

— C'est intolérable, intolérable ! gémit Volodia.

Il mordilla les peaux de ses ongles. Des frissons lui parcouraient le corps.

— Partir au plus tôt...

Il chercha ses vêtements, s'habilla avec une hâte fébrile, descendit dans la rue. Jusqu'à l'heure d'ouverture des bureaux, il erra, solitaire et grelottant, à travers la ville assoupie. Enfin, il se rendit à la chancellerie du gouvernement de Moscou. Il comptait quelques bons amis au service des passeports. Lorsqu'il leur expliqua qu'il désirait partir pour la Norvège, les fonctionnaires lui déconseillèrent de tenter le voyage. L'époque était incertaine. On redoutait une guerre à brève échéance. Mais Volodia feignit une sérénité renseignée. Il eut même la force de rire.

— Je sais de source sûre que la paix est d'ores et déjà sauvée, dit-il. D'ailleurs, en cas de conflit, la Norvège n'est pas au bout du monde. Je reviendrai...

Tandis qu'on lui préparait son passeport, il courut chercher de l'argent à la banque et donna un coup de téléphone à son valet de chambre pour lui ordonner de boucler ses valises et de les faire déposer à la consigne de la gare Nicolas. Il voulut aussi téléphoner à Tania pour prendre de ses nouvelles. Mais, au dernier moment, il préféra s'abstenir. Il lui écrirait avant le départ du train.

Après une nuit de larmes et de prières, Tania s'était endormie à l'aube, le corps brisé et l'âme vide. Elle n'ouvrit les yeux qu'à onze heures du matin. Dès son réveil, le valet de chambre lui apporta la lettre de Michel. Elle la lut avec stupéfaction. En parlant à Michel, elle n'avait pas songé aux conséquences probables de son aveu. Elle s'était déchargée de son tourment, sans réfléchir, comme on rejette un poids qui vous écrase les épaules. Dans son for intérieur, elle était sûre que Michel trouverait une solution au dilemme qui l'agitait. Elle lui avait fait confiance, comme toujours. Et il était parti. Elle téléphona à Volodia. Personne ne répondit à son appel. Cette nuit déjà, elle lui avait téléphoné en vain. Mais, pour l'instant, Volodia l'intéressait moins que Michel. S'il y avait la guerre, Michel s'engagerait, elle en était certaine. Il fallait donc, à tout prix, que cette guerre fût évitée. Elle se fit présenter les journaux, parcourut les télégrammes du *Novoié Vremia : Mobilisation partielle en Autriche. Manifestation d'enthousiasme à Vienne, par suite de la rupture des relations diplomatiques avec la Serbie. Mobilisation générale à Belgrade. Guillaume II interrompt son voyage en Norvège.* Une démence collective s'était emparée du monde. D'un bout à l'autre de l'univers, les hommes avaient la fièvre et se préparaient à tuer. L'air même de la pièce était chargé d'effluves électriques. Tania étouffait de chaleur et d'angoisse. Jusqu'à ce matin, la guerre n'avait été pour elle qu'une notion abstraite. Mais, maintenant, elle savait que la guerre c'était Michel partant pour le front, confondu dans une masse de soldats anonymes. Elle imagina des attaques nocturnes, des coups de feu, un corps inanimé, un visage de cire aux prunelles révulsées. Son visage. Elle ferma les yeux. Et la lumière devint rouge, sanglante, à travers la peau mince de ses paupières. Elle ouvrit la bouche et poussa un cri :

— Par ma faute ! Par ma faute !

Ses forces diminuaient. Elle ne pouvait plus pleurer.

Simplement, elle serrait ses mains l'une contre l'autre. Sa femme de chambre frappa à la porte, entra sur la pointe des pieds, dit quelques mots incompréhensibles. Tania ne répondit rien. Elle se laissa coiffer, habiller en silence. Puis, tout à coup, la conscience lui revint, et elle fut étonnée de se voir debout et vêtue pour sortir. Que voulait-elle faire ? Ah ! oui, passer à l'église.

À l'église, elle pria longuement, follement, pour supplier Dieu d'empêcher la guerre. Elle se prosternait, se signait, heurtait les dalles avec son front, comme les femmes du peuple. À travers son désarroi, une clarté douce commençait à poindre : « Dieu ne permettra pas... Dieu m'a entendue... Dieu rendra les hommes aux femmes et la paix à la terre... » Un mouvement de flux et de reflux emplissait sa tête. Elle se sentait bien. Quelques cierges palpitaient dans l'ombre. Des vieilles chuchotaient derrière une colonne. Tania dut faire un effort pour s'arracher à ce refuge de ténèbres et de silence. Rentrée chez elle, elle se rappela qu'elle avait invité des amis pour le déjeuner. Elle les décommanda en prétextant une migraine. Puis, elle se fit servir une collation dans sa chambre, mais elle oublia d'y toucher. Allongée sur son lit, elle s'abandonnait à une sorte de torpeur dolente. Des images nombreuses la visitaient sans laisser de trace. Brusquement, elle pensa que le plus commode eût été de se suicider, de disparaître. Mais elle renonça à ce projet, à cause de ses fils. Quel que fût son avenir, elle était tenue de rester auprès d'eux. Elle n'avait plus qu'eux au monde. À cette idée, un regain de tendresse gonfla son cœur. Elle se leva péniblement et suivit le couloir qui menait aux chambres d'enfant. À travers la porte, elle entendait Mlle Fromont qui discutait en mauvais russe avec la nounou :

— Vous comprenez, ma pauvre, tous les peuples sont fous, parce qu'ils manquent de civilisation. Les Russes, les Allemands, les Autrichiens, les Serbes, les Français, tous, tous ! Mais les Suisses resteront neutres. Moi, je suis neutre...

Tania poussa la porte. Serge et Boris, assis à croupetons sur le tapis, jouaient à la catastrophe de chemin de fer. Elle courut vers eux et les embrassa avec emportement.

— Maman, demanda Serge, pour où il est parti papa ? Quand est-ce qu'il reviendra ?

Tania surprit le regard attentif de Mlle Fromont. Sans doute, tout le monde dans la maison soupçonnait qu'une dispute avait éclaté entre Monsieur et Madame. Elle eut honte de ses yeux brûlés par les larmes, de sa coiffure défaite. Elle se redressa un peu.

— Il reviendra bientôt, dit-elle.

— Et il y aura la guerre ?

— Mais non, Serge.

— Les enfants ne doivent pas poser de questions, dit Mlle Fromont avec sévérité. Allez vous habiller. Nous partons pour la promenade.

— Laissez-les avec moi, dit Tania.

Et elle emmena les enfants dans son boudoir. Là, elle s'installa avec eux au fond de la grande bergère et ouvrit un livre d'images sur ses genoux. Tout en lisant à haute voix, elle sentait avec délices ces deux corps confiants serrés contre son corps. Serge respirait à petits coups pressés. Boris avait appuyé sa joue contre la main de Tania. Il ne comprenait pas bien. De temps en temps, il disait :

— Lis moins vite...

Une chaleur agréable envahit la chair de Tania. Sa tristesse devenait douce. Le ciel se couvrit. Une pluie fine souffla sa fraîcheur dans la pièce. Tania se leva pour allumer une lampe. À ce moment, elle entendit un bruit de cavalcade légère. Elle courut à la fenêtre. Un détachement de Cosaques défilait dans la rue. Dans la lumière grise, ces hommes gris, ces chevaux gris avançaient comme une procession de fantômes. Les sabres, les fusils brillaient à peine. Les sabots tintaient comme du verre. Où allaient-ils, ces inconnus ? Partaient-ils déjà pour les frontières menacées ? Seraient-ils parmi les premiers à supporter le choc ? Les enfants s'étaient rapprochés d'elle. Serge battait des mains :

— Des soldats ! Des soldats !

Tania ferma la croisée.

— Tu en verras d'autres, dit-elle.

Et elle retourna avec les enfants vers la bergère, vers le livre d'images. Derrière les vitres, retentissait maintenant la chanson de marche d'un régiment :

> *Soldats, soldats, mes petits compères,*
> *Où sont donc vos femmes ?*
> *Des canons chargés jusqu'à la gueule,*
> *Voilà ce que sont nos femmes !*

Tania serra les mâchoires, prête à pleurer. Le chant s'éloignait, clamé par des voix fortes :

> *Soldats, soldats, mes petits compères,*
> *Où sont donc vos sœurs ?*
> *Des lances et des baïonnettes,*
> *Voilà ce que sont nos sœurs...*

— Ils chantent bien, dit Serge. Ils parlent de leurs femmes, et de leurs sœurs. Et pas de leurs petits garçons ?

À ces mots, Tania cacha son visage dans ses mains.

— Laissez-moi seule ! cria-t-elle.

Les enfants, effrayés, reculèrent lentement vers la porte et s'en allèrent.

Au courrier du soir, Tania reçut la lettre de Volodia qui lui annonçait son départ pour la Norvège. Il n'y resterait pas longtemps, disait-il. Mais il fallait *attendre la fin de l'orage*. Quand Michel se serait calmé, Volodia reviendrait à Moscou et envisagerait la possibilité de résoudre pacifiquement le problème. Pour l'instant, il conseillait à Tania le courage et l'assurait de son amour. Tania déchira la lettre. La fuite de Volodia la laissait étrangement indifférente. Elle était comme endolorie et sans âme.

Ce jour-là, elle assista au dîner des enfants, les borda dans leur lit, les bénit et demeura longtemps au chevet de Boris. Le garçon s'endormit en lui tenant la main. Derrière son paravent, la nounou se retournait, geignait, récitait des prières. Elle finit par dire :

— Il faut le laisser, barynia. Sans cela, vous lui passerez votre peine.

— D'où sais-tu que j'ai de la peine ?

— Eh ! qui n'en a pas, barynia ? La vôtre se lit comme dans un livre. Une grande peine. Et de tout petits enfants. C'est dur !

Tania dégagea sa main.

— Je m'en vais, dit-elle.

Sur le seuil de la porte, elle écouta encore la respiration égale de son fils. Puis elle partit, lasse et tremblante, et regagna sa chambre où personne ne l'attendait.

18

Akim se trouvait en permission à Ekaterinodar lorsque la mobilisation générale fut décrétée. Mayoroff était mobilisé comme médecin. Nina s'engageait dans la Croix-Rouge. Constantin Kirillovitch enrageait d'être trop vieux pour endosser l'uniforme. Et Zénaïde Vassilievna pleurait. Dans la rue de la ville, la foule se pressait en chantant *Dieu protège le tsar* et promenait des effigies grossièrement coloriées de l'empereur. Un enthousiasme frénétique s'était emparé de ceux-là mêmes qui, la veille encore, dénigraient le gouvernement. La menace allemande avait réalisé le miracle que des années de politique intérieure n'avaient pas su préparer.

Au bureau du commandant de la place, Akim apprit que les hussards d'Alexandra, cantonnés à Samara, étaient mobilisés en première ligne et déplacés vers le front de Pologne. Le plus simple était de filer vers le nord, sur Riajsk et Riazan, et de rejoindre la formation qui devait logiquement passer par l'une de ces villes. Akim n'était pas équipé en tenue de campagne. Il n'avait emporté avec lui que du linge fin et des bottes vernies. Cependant, au lieu de procéder à des achats qui eussent retardé son départ, il préféra prendre le premier train. Le voyage fut long et pénible. Assis dans un compartiment bondé de monde, Akim ne faisait attention à personne et ne songeait qu'à son nouveau destin. La guerre russo-japonaise avait été pour lui une expérience décevante. Mais cette guerre-ci — il le sentait — lui donnerait l'occasion d'accomplir des prodiges. Il ne se demandait pas si le pays était prêt pour la grande aventure, si les armements et les munitions existaient en quantité suffisante, mais, uniquement, si lui-même était assez bien entraîné pour le rôle majeur que lui confiait la volonté de Dieu. En face de ce conflit, il adoptait naturellement une attitude sérieuse et myope qui limitait le débat à sa propre personne. L'idée même des blessures, de la mort, ne l'affligeait pas. N'avait-il pas vécu depuis toujours pour ce genre de fin glorieuse et utile ? À un moment, il remarqua que ses voisins chuchotaient entre eux. Il crut entendre les mots : « Hussards d'Alexandra. » Et il fut fier que ces inconnus eussent identifié son uniforme. En vérité, il tirait vanité des louanges qu'on adressait à son régiment, plus qu'il ne l'eût fait des compliments dédiés à une maîtresse. Il souhaitait que le fanion noir, frappé de la tête de mort, fût cité en exemple à toutes les forces armées de Russie. Et il était sûr qu'il en serait ainsi. L'essentiel était de rejoindre la formation au plus vite. Mais où ?

Akim était en route depuis quarante-huit heures. Le train approchait de Riajsk, et, dans aucune gare, on n'avait entendu parler d'un transport de troupes vers l'ouest. Au matin du troisième jour de voyage, Akim fut éveillé par un rayon de soleil qui lui brûlait les yeux à travers la vitre du compartiment. Il cligna des paupières et se pencha pour observer le paysage. Le convoi était à l'arrêt dans une gare. Sur une voie parallèle, stationnait un train de marchandises, barbouillé d'inscriptions à la craie. Par la lucarne du wagon d'en face, passait une tête de cheval, fine, aux oreilles pointées, aux yeux latéraux, bombés, inquiets. Akim refoula un cri de joie. L'animal était noir jayet, marqué d'une étoile blanche au front. C'étaient les couleurs exactes des montures de son régiment. Tous les chevaux des hussards d'Alexandra avaient cette robe digne et funèbre, rehaussée d'une étoile de neige ou de balzanes.

Plus de doute ! Les camarades étaient là ! Par miracle, il les avait rejoints à travers le temps et l'espace. La guerre commençait bien. Comme un fou, Akim bondit hors du wagon, traversa la voie, atterrit sur un quai bondé d'officiers nonchalants. Il trébuchait, portant sa valise de la main droite, retenant son sabre de la main gauche. Il hurlait :

— Eh ! les amis !

Tous se tournèrent vers lui. Et il reçut en plein cœur cette masse de visages familiers, de nez, de bouches, de cheveux, d'épaulettes, de rires. Il était chez lui.

Le reste du voyage s'accomplit, pour Akim, avec une rapidité et une aisance déconcertantes. Parmi les officiers, il n'était question que de la guerre. Tous croyaient fermement à la victoire russe dans un bref délai.

Arrivés à Smolensk, les hussards d'Alexandra apprirent qu'ils seraient dirigés sur Varsovie. Comme le régiment avait été longtemps cantonné dans le pays, cette nouvelle réjouit tous ceux qui y avaient laissé des amis ou une maîtresse. On disait que les Polonais eux-mêmes s'étaient ralliés à la cause russe depuis la déclaration de la guerre, et que les socialistes étaient devenus les plus sûrs soutiens du régime. À la station de Malkin, proche de la capitale polonaise, le régiment fit une halte pour se reformer avant d'entrer solennellement dans la ville. Mais Akim, qui ne possédait pas d'équipement de campagne, obtint du colonel l'autorisation de se rendre séance tenante à Varsovie, afin d'y acheter des bottes et un sabre. Profitant de l'aubaine, les autres officiers le chargèrent de commissions personnelles. Il n'y avait pas de train prévu pour Varsovie avant midi. Akim fit le trajet sur une locomotive qui retournait au dépôt. Cette randonnée vertigineuse lui chavira le cœur. Longtemps après son arrivée, tandis qu'il se promenait dans les rues de la ville, il revoyait devant ses yeux les silhouettes noires du chauffeur et du mécanicien, aspergés de flammes, de fumée, fouettés de rails étincelants, déchirés de vitesse. Il entendait leurs voix hurlant dans le vacarme des roues :

— Paraît que les Allemands se débinent dès qu'ils voient les nôtres !

— Avant deux mois, tout sera fini, Votre Noblesse !

Au magasin de la Société économique, où Akim acheta son équipement, le vendeur ne fut pas d'un avis contraire :

— Les Allemands sont moins bien armés qu'on ne le croit. D'ici à la fin de l'année, ils demanderont grâce.

Quant au directeur de l'hôtel où Akim était descendu, il déclarait même :

— Il est possible que les hostilités s'arrêtent dès les premiers coups de feu échangés.

Cependant, Akim avait le sentiment que la guerre serait longue et coûteuse.

Ce même jour, à deux heures de l'après-midi, tandis qu'il déjeunait dans le restaurant de l'hôtel, il entendit une rumeur sourde, menaçante, comme venant d'un peuple impatient. Il s'approcha de la fenêtre et l'ouvrit à deux battants. Une foule dense encombrait les trottoirs. Des drapeaux flottaient aux balcons.

— Que se passe-t-il ? demanda Akim au garçon qui changeait les assiettes.

— Ils attendent l'arrivée de votre régiment, dit l'autre. On vient de nous téléphoner. Les hussards sont dans les faubourgs. Ils approchent...

Akim redressa la taille. Une bouffée d'orgueil lui monta au visage.

— Apporte du champagne, cria-t-il.

Et il demeura près de la fenêtre, à regarder la foule. Cette assemblée de têtes inconnues ne lui inspirait pas confiance. De seconde en seconde, la masse était grossie par des apports nouveaux. Les chantiers, les cabarets, les magasins se vidaient au profit de la rue. Des ouvriers en tenue de travail, des bourgeois endimanchés, des femmes en fichu, des mondaines aux chapeaux de paille, s'entassaient pêle-mêle au pied des maisons. Les croisées se meublaient de visages. Les trottoirs débordaient de curieux. Quelques agents de police renvoyaient les fiacres et les autos vers les rues transversales. Aux réverbères, pendaient des grappes de gamins hurleurs. Un drapeau mal accroché tomba sur la tête d'un vieux monsieur. Il y eut des rires. L'air était chaud, saturé de promesses d'orage. Les oiseaux volaient bas. Très loin, Akim crut percevoir l'appel irritant des trompettes. La foule frémit sur place, comme traversée par un brusque courant.

— Les voilà ! Les voilà !

Akim se pencha sur l'appui de la fenêtre. Son cœur battait d'angoisse. Tout au bout de la rue, il y avait un remous noir et argent, une poussière, une musique en marche : les hussards. À mesure qu'ils approchaient, les ovations devenaient plus stridentes. Une vague de cris déferlait, partie de loin, balayant tout sur son passage. Les trompettes sonnaient fort. Les sabots tintaient. La tête de la colonne apparut entre deux haies de faces glapissantes.

— Vivent les hussards ! À bas l'Allemagne !

D'abord, venait le colonel commandant le régiment entouré de ses aides de camp. Un bouquet de roses était glissé sous l'épaulette droite de son uniforme, et des fleurs des champs décoraient sa selle et pendaient à ses étriers. Puis s'avançait la cohorte serrée des musiciens sur leurs chevaux noirs marqués de blanc. Les trompettes d'argent, ornées du ruban de Saint-Georges, ondulaient comme un ruisseau de lumière entre les figures roses et gonflées. Les cavaliers se tenaient raides, portés par le chant guerrier. Quelques montures encensaient de la tête ou caracolaient nerveusement. Alors, il y avait une fausse note. Et c'était encore plus joyeux, plus viril, que si la marche avait été jouée à la perfection. Derrière les trompettes, défila le deuxième escadron, dont Akim était le capitaine en second, et que commandait présentement un jeune lieutenant très pâle, l'œil vide, une botte de roses à la main. Le fanion du deuxième escadron, noir à dents d'argent, flottait au-dessus des casquettes à bandes rouges. Les lances des hussards étaient bien parallèles. Des bouquets de fleurs pointaient hors du canon de leurs fusils. Tout le régiment était harnaché de fleurs, comme s'il eût émergé d'un jardin touffu. Et la foule, ivre de joie, jetait encore des fleurs, des cigarettes, des mouchoirs, vers ce cortège d'hommes et de chevaux.

Akim reconnaissait les visages des hussards, un à un. Malgré lui, pour chaque camarade, il se posait la même question : « Sera-t-il tué, ou blessé, ou sortira-t-il indemne de l'aventure ? » Certaines figures, fraîches et gaies, lui paraissaient promises à la mort. D'autres, calmes, indifférentes, il les imaginait tordues par la douleur. D'autres, enfin, ne lui disaient rien. Il se reprocha cette inquiétude. Le drapeau du régiment, roulé dans son fourreau, passait devant lui. Des oiseaux affolés tournoyaient au-dessus de la rue. Les gens gueulaient. Les trompettes sonnaient. Cette musique, ces cris, Akim avait l'impression qu'ils jaillissaient de son cœur. Déjà, en queue du cortège, venaient les chariots de vivres, les fourragères, la roulante. Akim s'éloigna de la fenêtre. Il se sentait très fort, très grand, et comme récompensé pour toutes les souffrances futures.

Un peu plus tard, il descendit dans la rue. Bien que le régiment fût loin, la foule ne se dispersait pas encore. Elle bouillonnait sur place, chantait, hurlait à tue-tête. Akim n'avait pas fait trois pas que des bras vigoureux le saisissaient et l'enlevaient du sol. Il se retrouva assis sur les épaules de deux ouvriers hilares. À hauteur de ses genoux, moutonnait un fleuve de visages.

— Vive l'armée ! Vivent les hussards ! Vive notre régiment !

Des étudiants lui tendaient des cigarettes. Une femme l'agrippa par la taille au risque de le faire chavirer, l'attira, le baisa sur la bouche. Elle avait des yeux pleins de larmes. Comme Akim se redressait, la multitude se mit en marche. Il voulut se défendre, sauter à terre. Mais les ouvriers le maintenaient assis fortement et lui broyaient les cuisses. Entre les façades des maisons, à perte de vue, s'étendait la masse intégrale du peuple. Akim prenait possession de ce monde inconnu. Il s'efforçait d'isoler, à droite, à gauche, une tête, un regard, un geste de la main. Mais ils étaient trop nombreux. Çà et là, comme des bouées, on voyait se balancer les silhouettes maladroites d'autres officiers portés en triomphe. Des voix rudes chantaient :

> *Dieu protège le tsar,*
> *Règne pour notre gloire,*
> *Règne pour terrifier l'ennemi,*
> *Ô notre tsar orthodoxe !*

Akim mêla sa voix à celle de la foule. Tout en chantant, il songeait aux troubles de 1906, aux charges de cavalerie contre les révolutionnaires, à sa haine irréductible de la populace. Comme tout avait changé, soudain ! Le peuple et l'armée étaient unis dans un seul amour. L'ouvrier et l'officier reconnaissaient qu'ils étaient frères. Plus de socialistes. Plus d'anarchistes. Plus de minorités polonaises ou finnoises. Des Russes.

Akim éprouvait dans son cœur une allégresse insensée, héroïque. Le grondement de cette cohue ne l'effrayait plus, ne l'irritait plus, mais lui semblait en quelque sorte aimable et nécessaire. Il croyait être arrivé à un instant de son existence où il ne saurait pas différer le don total de sa personne. Jusqu'ici, sans le vouloir, il avait triché avec le destin. Aujourd'hui, il était prêt à se sacrifier pour cette terre, pour ces gens, pour ce ciel. Toute la Russie le portait. Sur ces épaules, sur ces bras, il montait, d'un élan continu, vers une apothéose patriotique et barbare. Comme c'était bien ! Comme c'était beau ! Il ferma les paupières, un moment, bercé par une houle humaine. Et, ballotté dans le noir, il rêva qu'il avait gagné la guerre.

Puis, il rouvrit les yeux. Des cloches sonnaient. Quelqu'un essayait d'arracher un bouton de son uniforme. Du balcon d'un second étage, une femme lança un bouquet qu'il reçut en pleine face, comme une gifle. Il le baisa galamment et le glissa sous son épaulette. Enfin, profitant des remous causés par l'arrivée d'un tramway, il échappa à l'étreinte des ouvriers et se faufila, en jouant des coudes, vers une rue plus calme. Il dut s'appuyer au mur d'une maison pour reprendre haleine. Son cœur battait vite et fort. Des gouttes de sueur brillaient au bord de ses cils. Ou bien, c'étaient des larmes. Une jeune femme passa qui menait un petit garçon par la main.

— Un soldat ! Un soldat ! cria l'enfant.

La jeune femme sourit. Akim lui rendit son sourire. Elle s'arrêta.

— Vous... vous êtes bien un hussard d'Alexandra ? demanda-t-elle.

Elle était assez jolie, blonde, un peu fade, le nez retroussé. Elle parlait le russe avec un accent polonais. Akim claqua des talons et porta la main à la visière de sa casquette.

— Capitaine en second Arapoff, dit-il.

Elle inclina la tête.

— Eh bien, bonne chance, monsieur le capitaine en second, dit-elle.

Et elle s'éloigna. Akim se sentit triste, brusquement, de n'être pas marié. Il eût aimé qu'une femme l'accompagnât, pleurât un peu contre sa poitrine. Une femme dans ce genre-là, pas très jolie, blonde, fade, avec un nez retroussé. « Trop tard, trop tard. La guerre... » Il haussa les épaules et se mit à marcher, d'un pas résolu, vers les faubourgs sud de la ville. Son régiment était cantonné en lisière du parc Lazenky, dans l'ancienne caserne des hussards de Grodno. C'était là, et non à l'hôtel, qu'Akim voulait passer sa première nuit de guerre.

Le lendemain matin, arrivèrent à Varsovie quelques nouvelles recrues. Parmi elles se trouvait le volontaire Michel Alexandrovitch Danoff. Sur la demande du capitaine en second Arapoff, il fut incorporé au deuxième escadron de hussards.

Fin du troisième et dernier tome de la fresque romanes-que qui a pour titre Tant que la terre durera... *Font suite à ces trois tomes les deux intitulés* Le Sac et la Cendre *et les deux intitulés* Étrangers sur la terre. *L'ensemble des sept tomes compose la trilogie de* Tant que la terre durera...

4750

Composition Nord Compo
Achevé d'imprimer en Europe (France)
par Brodard et Taupin à La Flèche (Sarthe)
le 21 janvier 1998. 6027T-5
Dépôt légal janvier 1998. ISBN 2-290-04750-3
Éditions J'ai lu
84, rue de Grenelle, 75007 Paris
Diffusion France et étranger : Flammarion